中国农村
社会保障政策研究

◆ 严 俊／著

Zhongguo nongcun
Shehui baozhang zhengce yanjiu

人民出版社

目　录

导　　论

　　社会保障政策是公共政策的一个重要组成部分,它是国家通过立法,采取强制手段对国民收入进行分配和再分配以形成专门基金,对基本生活发生困难的社会成员给予物质上的帮助,以及对全体社会成员提供普遍福利,以确保社会成员的生活权利,从而实现社会安定的一项重要政策。改革开放以来,为了适应市场经济发展的需要,我国在建立和完善社会保障制度方面进行了一系列努力,取得了初步成就。但是,从总体而言,这方面的改革主要是在城市进行的,农村的社会保障问题虽得到一定关注但没有引起足够的重视。公共政策研究者应该以高度的社会责任感关注中国这一世纪初的难题,认真探讨建立农村社会保障体系的必要性、可行性及其具体途径,呼吁政府的有关政策制定部门对这一公共政策问题给予进一步的重视,在已初步纳入政策议程的基础上,尽快拿出比较可行的、覆盖面更广的、更具有普遍意义的政策方案,初步建成具有普遍效力的农村社会保障体系,保障广大农民特别是农民中的弱势群体的基本生活,确保农村乃至全国的社会稳定,以便为社会主义现代化建设创造一个良好的社会政治环境。① 下面将着重论述完善农村社会保障政策的必要性及其重要意义。

----

　　① 　参见胡象明:《公共政策研究应关注农村社会保障与社会稳定》,《江苏社会科学》2001 年第 6 期。

第一节 研究我国农村社会保障政策的
紧迫性和必要性

贯彻落实以人为本的科学发展观,实现城乡统筹发展,必须着力解决的一个基本问题是:构建农村社会保障体系,城乡居民平等享有国民待遇,切实保障农村居民最基本的人权——生存权、健康权。长期以来,我国的社会保障制度建设主要针对城镇居民,占全国人口绝大多数的农村人口的基本生活保障主要依靠家庭自行解决。但随着经济的快速发展,农村人口的流动性持续增长,人们的生产方式和生活方式已发生巨大变化,农村人口面临的生存和健康风险加剧,相当数量的人口处于绝对贫困和相对贫困状态;同时,随着人口老龄化的发展,农村人口的未来生存压力逐步累积。此种状况将成为我国全面建设小康社会和社会主义和谐社会的重大障碍。因此,建立完善的农村社会保障体系,完善农村社会保障政策迫在眉睫。

一、构建社会主义和谐社会的必然要求

构建社会主义和谐社会战略任务的提出,表明中国特色社会主义事业总体布局,更加明确了由社会主义经济建设、政治建设和文化建设三位一体扩展为包括社会建设内容的四位一体,这是对马克思主义理论中国化的重要丰富和发展,同时也对社会保障制度建设提出新的要求。公平正义是社会主义和谐社会的深厚基础,农村社会保障制度的缺失是构建社会主义和谐社会的重大障碍。完善农村社会保障政策是建立农村社会保障制度的基本前提和重要保证,也是构建社会主义和谐社会的必然要求。

　　中国共产党在总结改革开放尤其是全面建设小康社会以来现代化建设的实践经验的基础上,从社会主义初级阶段出发,为完成党的使命而提出了构建社会主义和谐社会的重大战略任务,其立论依据就是党的十六届四中全会通过的《中共中央关于加强党的执政能力建设的决定》中已经明确的"适应我国社会的深刻变化","巩固党执政的社会基础、实现党执政的历史任务的必然要求"。这是我们抓住和用好重要战略机遇期、实现全面建设小康社会宏伟目标的必然要求。

　　我们所要建设的社会主义和谐社会,应该是民主法治、公平正义、诚信友爱、充满活力、安定有序、人与自然和谐相处的社会。社会主义和谐社会的这些基本特征是相互联系、相互作用的。促进社会主义和谐社会建设,就要切实保持经济持续快速协调健康发展,切实发展社会主义民主,切实落实依法治国的基本方略,切实加强思想道德建设,切实维护和实现社会公平和正义,切实增强全社会的创造活力,切实加强社会建设和管理,切实处理好新形势下的人民内部矛盾,切实加强生态环境建设和治理工作,切实做好保持社会稳定的工作。①

　　由此,我们可以看出:(1)构建社会主义和谐社会的物质基础是国民经济的持续稳定发展。这是我们长期以来得出的历史经验。生产力低下,物质匮乏,人民群众生活水平低,即使要建设和谐社会也只能是低水平的"和谐"。(2)和谐社会的最低要求和基础条件是人民群众的基本生活得到保障,社会主义经济发展本身并不是目的,人民群众生活水平普遍提高才是其目的。(3)实现

---

　　①　参见《人民日报社论:构建社会主义和谐社会》,《人民日报》2005年2月26日头版。

社会和谐的运行机制是社会结构合理,社会再分配机制有效,社会改革所获得的利益为大多数人分享,社会具有较高的公平和公正性。(4)人民群众安居乐业、社会秩序良好、稳定有序是和谐社会的基础。① 可见,社会保障与社会和谐存在着较高的相关性。和谐社会应该是国家政治稳定、经济繁荣、社会发展、百姓安居乐业,老有所养、病有所医、失有所助、贫有所依、少有所教,居者有其屋、劳者有其业。因此,社会保障是和谐社会的题中应有之义。健全和完善社会保障制度是构建社会主义和谐社会的必然要求;构建社会主义和谐社会,离不开健全、完备的社会保障制度。和谐社会的首要特点就是公平,而社会保障天然追求社会公平。社会保障的出发点,就是为了化解人们现实生活中的风险与矛盾,它满足着人的生活保障与发展需要,维系着市场经济条件下社会竞争的起点公平,维护着发展中的过程公平,致力于实现人的全面发展和促进社会的文明进步。社会保障对社会公平与正义的追求,以及通过相应的制度安排来实现国民共享经济社会发展成果,符合并体现了和谐社会的核心价值取向。因此,构建社会主义和谐社会离不开社会保障制度的保障与维系作用,社会保障制度是构建社会主义和谐社会的重要内容。社会保障的法制性既是社会保障本身的需要,也是民主法制社会的具体体现,是社会和谐的保证;社会保障的社会性体现在对象的普遍性、管理机构与服务的社会性及基金来源的多元性,有利于协调各方面的利益关系,形成一种安定团结的良好社会氛围;社会保障的公平性既是社会保障的出发点和归宿,又是社会和谐的基础和表现;互济性是社

---

① 参见梅哲:《构建社会主义和谐社会中的社会保障问题研究》,华中师范大学出版社 2006 年版,第 57 页。

会保障的基本特征,它有利于形成整个社会互助友爱、融洽相处的和谐局面。

与此同时,我们应当认识到我国是一个农业大国,大约80%的人口在农村,农村社会保障是我国社会保障体系极其重要的组成部分。但受传统城乡二元结构模式的影响,造成现在我国城乡发展极不平衡,在城市社会保障体系基本建立的同时,农村社会保障却存在着保障水平低、社会化程度低、政府扶持力度小、覆盖范围窄、法律制度缺失等诸多问题。适时建立健全农村社会保障体系,有利于实现社会公平,维护社会的稳定,促进城乡融合和共同发展,是落实科学发展观、构建社会主义和谐社会、全面实现小康社会建设目标的必然要求和重要体现。

二、坚持"以人为本",落实科学发展观的必然要求

党的十六届三中全会明确指出:"坚持以人为本,树立全面、协调、可持续的发展观,促进经济社会和人的全面发展。"这是我们党在完善市场经济和全面建设小康社会进程中确立的科学发展观。科学发展观是一个有机的整体,坚持以人为本是核心,树立全面、协调、可持续的发展观是前提,促进经济社会和人的全面发展是目的。落实科学发展观,坚持以人为本,需要切实解决与人民群众切身利益相关的突出问题。社会保障是"民生"工程,对于保障人们的基本生活权利起着非常重要的作用,对于维护社会稳定、促进经济发展具有积极的保障作用。当前,抓住机遇,尽快建立健全社会保障体系,对建立和谐社会具有重要而积极的意义。

人的发展需要社会保障制度的支撑和维护。因为人的发展就是"人的社会化、高素质化与老龄化等主要方面,社会越是向前发

展,社会化、现代化程度就愈高,人的发展就愈是离不开对社会保障制度的依赖"。① 社会保障是社会发展的"减震器"和"稳定器",已经成为衡量人的权利能否得到实现、社会发展是否和谐和国家综合国力强弱的重要尺度。社会保障制度的发展目标就是要为社会成员的基本生活权利提供安全保障,以确保其不因特定事件的发生而陷入生存困境,促进整个社会经济的协调、稳定发展,实现社会的公平和正义。通过社会保障制度的实施,社会成员解决了由于生活无保障而出现的基本生存问题,并且获得了在其基本生活得到保障的前提下参与社会竞争的机会,为其能力的发挥奠定了基础;社会保障还通过对意外事故中的不幸者的救济、为失业者提供失业保险或者失业救济、为疾病患者或者因病致贫、因病返贫的弱势群体提供医疗保障,消除各种危及人的生存和发展的社会风险,免除社会成员的后顾之忧,调动其劳动的积极性和创造性。这些正是人的发展的价值目标的充分体现,从而实现了人的发展与社会发展价值目标的有机统一,这正是科学发展观所要体现的内涵。

但是,由于制度、经济等原因,我国农村居民长期处于社会权利被剥夺的地位,其处境根本无法与城市居民相提并论。很多农村居民生活压力大,经济承受力低,风险抵御力弱。一方面,部分农民生活日益贫困化,甚至处于"生存危机"边缘,即绝对贫困化;另一方面,现阶段城乡差距拉大并有进一步扩大的趋势,造成农村居民的相对剥夺感不断强化,使他们最先也最强烈地感受到社会改革与社会发展的牺牲与代价。于是,在这一庞大的农民队伍中

---

① 郑功成:《社会保障学——理念、制度、实践与思辨》,商务印书馆 2000 年版,第 214 页。

就蕴藏了巨大的社会风险隐患。而社会保障正具有济贫帮困、解危救急的特性,它向收入较少以致丧失来源而生存困难的社会成员提供基本的生活保障,从而增强保障对象的生活保障感、心理平衡感、社会公平感,进而保证社会安定,减少社会动荡。[①] 因此,在科学发展观指导下的农村社会保障政策是调节收入分配、缩小贫富差距、保障低收入者的基本生活、缓和社会矛盾、促进农村稳定的重要手段;是有效扩大内需的重要举措,因为农村集中了我国最大的消费群体;是缓解农村人口老龄化的重要手段。

三、统筹城乡发展、消除城乡二元结构的现实选择

我国是一个经济落后的发展中国家,如果要加快工业化进程,实现经济起飞和经济现代化,完成二元经济结构向一元经济结构的转化,需要相当长一段时间。我国从 20 世纪 50 年代开始推动工业化,1950 年,我国工业产值占国民收入的 14.1%,城市人口占总人口的 11.2%,与发达国家相比,要落后 100—200 年。1978年,我国工业化率和城市化率分别为 46.8% 和 16.6%,两者相差30.2%。1980 年以来,我国进入经济迅速增长和结构剧变的经济起飞阶段,城乡生产力布局和人口空间分布都发生大规模的变迁,城市化进程逐渐加快。预计到 2020 年,城市人口将到 55025 万人,城市化率将达到 38%。到 2050 年,我国将达到中等发达国家的水平。[②]

在我国二元经济结构将长期存在的现实情况下,党的十六届

---

① 参见王剑:《农村社会保障制度建设与构建农村和谐社会》,《广西社会科学》2007 年第 5 期。

② 参见毕世杰:《发展经济学》,高等教育出版社 2003 年版,第 152 页。

三中全会提出的"五个统筹"中,统筹城乡发展居于首位,而统筹城乡发展的实质就是要破解城乡二元结构,形成城乡区域协调发展的社会制度环境,实现城乡经济社会的良性互动。建立城乡协调的社会保障制度是其中一项重要任务,然而我国现行社会保障制度是在传统的国家保障制度的基础上演变而来的,存在着严重缺陷,主要表现在:一是对城乡居民实行不同的制度,致使城市社会保障制度的固态化与农村社会保障制度的严重缺失并存;二是城市居民从生到死的一揽子保障项目与农村居民仅有个别低层次保障项目并存;三是城市居民社会保障水平的高福利状态与农村居民的救济型低水平的保障并存;四是城乡隔绝的社会保障制度,使市场经济条件下的人才资源优化配置难以形成。

　　这种城乡二元结构的社会保障模式对我国农村的负面影响是巨大的。首先,在二元社会保障模式下,农村居民的生存状况不但没有得到改善,而且由于农村剩余劳动力的不断增加,农村劳动效率的低下,导致家庭和集体相结合的保障模式不能满足农民的基本保障需要,大量农民变为弱势群体,陷入贫困化。其次,二元社会保障模式扩大了城乡之间已经存在的差距。由于户口、就业制度等对城乡人口采取了差别对待的制度性安排,导致城乡劳动者的收入差距一直存在。1964 年的城市和农村居民人均收入的比例为 2.2:1,1994 年为 2.87:1,2000 年为 2.76:1,2007 年扩大到 3.33:1。城乡二元社会保障模式加剧了城乡已经存在的差距:据统计,1978 年,城市居民享受的各种社会福利人均 526.7 元,相当于当年城市人均工资的 81.7%,城市居民享受的社会福利包括社会保险和其他与就业有关的种种福利。再次,二元社会保障模式和其他社会政策相互交织,导致我国城乡社会结构转型和社会保障一体化更加困难。我国特定时期,农村集体和家庭相结合的保障模式尽管可以保证农民的生存需要,但随着农村人口的继续增加和土地面积的减少,这种社会保障模式对农民的保障功能正变得越来越脆弱。这种社会保障模式的保障项目齐全且待遇较高,对城市劳动者有利,但国家不堪重负。在这种情况下,如果吸收农民进城就业并给予相应的社会保障待遇,就很难实现。因此,一方面国家就会堵死农民进入城市谋职和生存的路子;另一方面,当时的工业化政策不允许农民从事农业以外的产业。这就导致城乡社会结构转型处于停滞状态,社会保险的覆盖面很难扩大,农村集体和家庭相结合的保障覆盖面反而扩大,增加了我国城乡社会保障模式整合进程的难度。

因此,当前我国社会保障制度改革与建设的重点在于:通过制度创新重新配置社会保障资源、优化社会保障项目、调整社会保障水平,在加大对城市社会保障制度改革与完善力度的同时,应在新农村建设的过程中,着力加强农村社会保障制度建设,努力提高农村居民的社会保障水平。这是我国完善农村社会保障政策的正确方向。

四、农村社会转型向社会保障提出的要求

工业化和现代化进程业已对传统社会结构产生严重冲击,而经济全球化成为推进各国现代化进程的强力催化剂,传统的农业社会结构将出现巨大的震荡。与这一进程相伴而生的生产模式、消费模式、生活模式及行为模式将继续影响传统社会的结构与制度安排,使其产生重大制度变迁效应,形成经济社会模式的嬗变和转型。城市化的加速发展,促使粮田迅速变为城市的新区;现代化传媒工具的高度普及,打破了业已形成的城乡封闭的既有社会结构和社会秩序;农村人口流动频率的加速,更加快了现代城市快速

扩张的步伐。与传统农村经济与社会保障制度密切关联的土地保障、家庭保障及社区互助保障制度面临前所未有的考验。由于二元经济的既有结构，大多数发展中国家的农村人口游离在社会保障制度之外，而土地保障、家庭保障及社区互助保障网络，则是广大农村地区最基本和最重要的保障形式。但这类农村社会保障的基本制度安排形式，在经济社会大转型的背景下，因家庭结构小型化和核心家庭数量的增加，使农村家庭保障日益弱化，传统的非正规的保障体系十分脆弱。一方面，发展中国家工业化、现代化进程的完成有待时日，大量农村劳动者难以在短时期内进入城镇的社会保障体系；另一方面，既有土地保障、家庭保障又因种种因素难以发挥应有的保障功能，势必形成发展中国家社会保障的巨大的"制度真空"。一旦出现经济波动和其他社会震荡，现存的农村社会保障的"制度真空"极有可能引发恶性的社会风险事件，对社会稳定和经济社会的协调发展带来潜在威胁，这是发展中国家在新的发展进程中尤需高度重视和充分关注的问题。①

　　而目前，在我国广大的农村地区，除政府构建的有限规模的社会救助和其他社会保护制度外，土地保障、家庭保障和社会互助保障等非正规制度形式则是农村社会保障的主要形式乃至主要制度基础。但是，在农村社会转型中出现一些新的弱势群体则将因为农村社会保障制度的缺失而陷入困境。比如，贫困农户是农村中的弱势群体，可以分为两类，一是分布在中国西北、西南部分地区及部分老少边区，由于自然环境、生产条件恶劣，大部分农户虽然

----

① 　参见林义:《农村社会保障的国际比较及启示研究》，中国劳动社会保障出版社 2006 年版，第 4—5 页。

终年劳动,温饱问题仍然难以解决。二是在非贫困地区,因家庭缺少劳动力,资金严重不足,农具不全,土地狭小,收成很少,而需要社会救济和帮助的农户。此外,根据我国当今农村人口占总人口的 70% 计算,我国农村现有 65 岁以上老年人已接近 7000 万人。这样庞大的老年人口,在我国农村主要还是以家庭养老为主的情况下,由于农村劳动力的大量流动以及农村现代家庭结构的转变,传统的家庭养老服务功能日益弱化,以及当前农村社会福利提供严重不足,致使农村数量庞大的老年人生活照料和精神慰藉越来越没有保障。①

因此,无论是我国农村社会转型的现实情况还是在转型中出现的一些弱势群体的现状,都要求完善目前的农村社会保障政策,使我国农村社会能够顺利转型,维护社会安定。

五、"三农"问题向社会保障提出的要求

从历史的角度来看,作为一个传统的农业大国,中国长达几千年的历史从根本上来讲是一部农耕文明史。虽然新中国成立后进行了几十年的工业化建设,但是中国作为农业大国的基本事实没有改变。根据第五次人口普查显示,我国的农村人口占总人口的 63%,即 8 亿多,因此农民的状况在很大程度上影响全国人民的状况;农业的发展状况依旧关系着整个国计民生、粮食安全,直接制约着国家工业化进程;农村的发展状况在很大程度上依旧决定和体现着整个国家的发展状况。由于历史的原因,从清朝中期,我国就已经形成了很高的人地比例关系;新中国成立后,由于采取了不

---

① 参见张吉会:《论农村社会转型中的弱势群体》,《实事求是》2002 年第 6 期。

合理的人口政策和城乡二元体制，导致了今天"三农"问题的严峻形势。历史告诉我们，历史上"三农"问题是一个关系到国家存亡、政权稳固的关键问题。同样，它也是当前影响我国社会主义国家现代化建设能否顺利进行的首要问题。[①] 邓小平同志曾指出：农民多是中国现代化建设的特点，农村安定、富裕，国家才能稳定和发展。从某种意义上说，解决了中国的"三农"问题就等于实现了农业现代化，即实现了工业化、农业产业化、城市化，解决了共同富裕、可持续发展等问题。

尽管各级政府和学术界对如何解决"三农"问题提出了多种观点，如农村城镇化、农民非农化和农业产业化等，但这些不是一朝一夕可以实现的，它更多的是一种趋势和发展方向。农村的发展水平决定着中国经济的总体发展水平，农村问题如果不能得到较好的解决，中国的国民经济发展就不可能实现大的跨越。在我国广大农村地区，仍然有相当比例和数量的农民还没有解决温饱问题，他们的生活和生产状况令人担忧，农村社会保障的滞后更使这种状况雪上加霜。农村的贫困和失业问题仍然较为突出，它不仅关系到农村经济社会和国民经济的全面健康发展，更牵涉到社会的稳定和农民对政府及执政党的信任。因此，搞好农村社会保障体系的建设已是迫在眉睫。但是解决问题的关键在于要坚持以解决好农民群众最关心、最直接、最现实的利益问题，切实解决农村诸如上学难、看病难等问题，促进农村和谐社会建设。目前，农村正在建立新型合作医疗制度，一些有条件的地方探索建立了最低生活保障制度，农村教育的财政支持力度也在加大。但是，相对于城市，农村在社会事业和农村社会保障制度方面的差距还

---

① 　参见吴康：《"三农问题"内涵探析》，《太原大学学报》2007 年 6 月。

非常大。要逐步加大公共财政对农村社会事业和社会保障制度建设的投入，建立和完善农村医疗、卫生、教育、社会保障等制度，为提高农民的生活质量和综合素质，全面推进新农村建设提供重要保证。

第二节　我国农村社会保障政策研究现状

在国内，社会保障问题一直是理论界研究的热点问题，并随着我国社会主义市场经济的逐步建立和完善，社会保障制度的研究也逐步白热化。主要体现在以下两个方面。

一、关于中国农村社会保险制度的理论研究

郑功成（1994）在其《社会保障概论》中对社会保障进行了界定与内容的划分。田家官（1994）、丛树海（1994）、多吉才让（1995）、俞传尧（2000）也从不同的角度对社会保障的内涵与外延进行了集中的论述，并分析了社会保障制度的特征、功能和作用。胡乐亭（2000）在其《社会保障概论》中对农村社会保障的含义、特点、意义进行了系统的研究，并论述了农村社会保障制度构建的原则和内容。庹国柱、王国军（2002）在其《中国农业保险与农村社会保障制度研究》中，对城乡社会保障制度的区别作了现实的比较，并论证了农村社会保障与城市社会保障的必要性、衔接模式等。曾业松（2004）在《新农论》中论证了我国现阶段构建农村社会保障制度的原则和基本框架。庹国柱（2002）、郑功成（2002）、孙蓉（2004）等分别研究了农业生产保险的意义、供给模式、组织形式，以及加入WTO之后我国农村社会保障建设的框架体系。这些文献集中探讨了社会保障制度的框架体系，并对农村社会保

障的理论进行了研究。国外学者 Alice G. 和 Sidney Goldstein 研究了农民工流动的途径和对当前政策的挑战。[①] Elisabeth J. Croll 指出,新世纪中国社会保障改革的方向是整合中央与地方政府、市场、社区、家庭和个人的力量,建构覆盖全国公民的社会保障体系(Elisabeth J. Croll,1999)。[②]

二、关于中国农村社会保障的实证分析

任保平(2002)在《中国社会保障模式》一书中将新中国成立以来农村社会保障制度划分为两个阶段(即 1949—1956 年和 1957—1978 年),之后是农村改革时期的农村社会保障(即 1978 年至今),并对不同阶段农村社会保障制度发展状况、特征进行了总结。王梦奎(2001)在《中国社会保障体制改革》中对我国农村社会保障制度发展现状进行了考察。劳动和社会保障部课题组(1994)也对农村社会保障发展阶段进行了划分。朱忠贵(2003)揭示了农村养老问题、农村医疗和农村贫困问题的严重性和紧迫性。杨翠迎等(2004)在考察的基础上对浙江省失地农民的社会保障状况进行了揭示。胡亦琴(2003)、姚海明(2004)等对我国农业保险的现实问题及其根源进行了深入的研究,认为发展农业保险关键在于政府要发挥主导作用,并根据农业保险的经济属性设计出一套有效的制度模式。丛树海(1999)在《公共支出分析》中对社会保障支出进行了国际比较,指出我国农村社会保障支出水平远远落后于经济发展水平相当的其他发展中国家,解释了农村

①　Alice, G. ,Sidney Goldstein, 1997,*Migration in China : Methodological and Policy Challenges*, *Social Science History*, Vol. 11,No. 1.

②　Elisabeth,J. C. , 1999,*Social Welfare Reform : Trends and Tensions*, *The China Quarterly*, No. 159.

社会保障制度存在的资金投入不足等问题。这些文献从不同角度对现实中国农村社会保障存在的问题进行了揭示。国外学者指出,农民工的快速增长带来了失业风险和以后的养老风险(Athar Hussian,1994)①,或与美国的墨西哥移民比较(Kenneth D. Roberts,1997),或将中国农民工的权利状况与日本和德国的外国劳工比较(Dorothy J. Solinger,1999)②,观点虽有偏颇,但值得我们反思。

第二节　研究意义、基本概念及研究方法

我国的城镇社会保障制度经过长期发展与改革,其体系基本形成,制度相对完善,而且社会保障水平也相对较高。城镇社会保障制度是全国社会保障制度建设的重点,但绝不意味着农村社会保障制度并不重要。随着我国工业化和城镇化进程的加快,社会保障制度从工业延伸到农业、从城市延伸到农村是一个必然趋势。传统的农村家庭保障方式将逐步被现代社会保障制度所取代。到目前为止,中国农村社会保障实际上还没有一个较为成型的制度,我国尚处于正式制度下的城市社会保障与非正式制度下的农村社会保障结合体阶段。吸取城市社会保障制度建设的经验教训,总结农村开展社会保障工作的诸多不足,对于建立和完善中国农村社会保障制度具有重要的战略意义。

---

①　Athar,H. ,1994, *Social Security in Present-Day China and Its Reform*, *The American Economic Review*,Vol.84,No.2.

②　Dorothy J. Solinger,1999, *Citizenship Issues in China's Internal Migration: Comparisons with Germany and Japan*,*Political Science Quarterly*,Vol.114,No.3.

一、本书的研究意义

（一）保障农民的基本权利，实现社会公平

从国民社会保障的权利角度看，全体国民都具有享受社会保障的基本权利，农民自然应该包括在内。长期以来，农民为国家的社会经济发展作出了巨大的贡献和牺牲，理应得到与城市居民平等的待遇，共享社会经济发展的成果，并以此来缓解城乡居民在收入上的不平等和社会地位的不平等。同时，有人认为，国家通过给予农民一定的土地承包经营权已经给予了农民一定的保障。但是，这种土地使用权的保障作用是十分有限的，因为土地的公有制性质决定了农民在生病或年老体弱最需要钱的时候，不能变卖土地以供所需。① 在中国农村老龄化趋势加快，家庭结构日益小型化的情况下，广大农民的老无所养、病无所医的状况必将成为严重的社会问题。中国是农业大国，80％的人口居住在农村，农村稳定是整个社会稳定的基础，只有在农村尽快建立社会保障制度，才能切实保障农民的基本权利，使得广大农民享受平等的国民待遇，并且能极大地推动我国人权事业的发展；不仅能缩小城乡差别，充分体现社会公平，消除农民的不平衡心理，减少社会矛盾和冲突，而且能极大地推动我国法治现代化的进程，从而稳定农村秩序，促进农村经济和整个社会经济的持续发展。

随着城镇社会保障制度基本框架的逐步确立与完善，城镇大多数居民享受着项目齐全、待遇水平较高、稳定而且制度化的社会保障。而农村大多数居民却几乎没有稳定、制度化的社会保障，只

---

① 参见于颖：《建立中国农村社会保障制度的思考》，《东北财经大学学报》2001 年第 3 期。

有少数人群享受着国家给予的特殊保障和不确定的社会救济。将农村居民人为地排除在社会保障体系之外是明显的缺失公平的制度安排。社会保障体系的城乡二元结构造成社会公平的理想与现实的脱节,人为地拉大了城乡之间的差距。农村社会保障的欠缺不仅严重地影响着广大农村居民的生活保障和生活质量,造成贫困现象的恶性循环,而且严重地违背了社会保障应该体现的公平原则,进而直接妨碍着农村和谐社会的构建。因而,建立完善的农村社会保障制度,不仅创造和维护了公平,而且在维护公平的基础上促进农村社会的和谐发展。社会保障作为建立在社会公平基础之上,并以追求社会和谐为目标的制度安排,是构建农村和谐社会的基本之策。

(二)有利于促进农村经济的可持续发展

建立农村社会保障制度,完善农村社会保障政策,是农村经济可持续发展的客观要求。农村经济的可持续发展,必须以不断深化改革与大力发展农村市场经济为前提;而农村改革的深化和农村市场经济的发展,又必须以建立农村社会保障制度为重要条件。

首先,大力发展农村市场经济要求建立健全农村社会保障制度。市场经济的一个显著特点就是风险经济,农村经济也是一种典型的风险经济。以家庭联产承包为主的双层经营体制的实行,使农户成为独立的商品生产者和市场行为主体,从而决定了他们必须独立承担生产经营中的各种风险,如自然灾害、意外事故和价格变动等,因而对相应的社会保障提出了要求。

其次,建立农村社会保障制度也是农村剩余劳动力不断增多的客观要求。我国9亿人口在农村,2/3的农村劳动力在从事农业,实际耕地面积仅有14.5亿亩,人均只有1.2亩,随着农村改革的不断深化和农业劳动生产率的提高,将有大量的剩余劳动力需要脱离传统的农业而转移到第二、三产业就业，也有相当一部分人会在家待业。这些脱离传统农业的农民，如同城镇在岗职工和失业人员一样，也迫切需要有社会保障。[①]

再次，农村家庭保障能力弱化要求强化农村社会保障制度。在我国农村实行市场经济体制改革前的集体经济条件下，农民的基本生活保障主要依靠集体。随着家庭联产承包制在农村的普遍推行和农村市场经济的发展，集生产和消费功能于一体的农民家庭，成为农村市场主体和农业生产的最小单位。过去实行的以集体保障为主体，国家和家庭保障为补充的农村社会保障体系随之解体，农村社会保障功能基本上由农户家庭承担。但农村家庭保障的能力毕竟有限，家庭经济基础普遍较薄弱。失去了集体的保障，单个家庭很难抵御市场经济带来的各种风险。

因此，完善社会保障政策，对保护被市场经济竞争淘汰的农民，保障其基本生活，从而促进农村市场经济的发展具有重要的意义。

（三）有利于推进农业现代化和农村城镇化的发展

首先，农村经济社会的现代化不仅包括经济发展、政治发展，而且要有公正和安全感，而公正安全中的一部分是通过社会保障来实现的。因此，要实现农村现代化，就必须把社会保障因素考虑进来。我国农村现代化的核心是农业现代化，在家庭联产承包经营基础上实现农业现代化，必须以国际化和市场化为导向，通过推进土地经营权的流转和集中，发展农业规模经营，着力提高农业的市场竞争力。而发展农业规模经营需要有两个前提：一是农业劳动力能够稳定地进入非农产业，农民家庭收入来源主要依靠非农

---

① 参见童星：《社会保障与管理》，南京大学出版社 2002 年版，第 51 页。

产业;二是要有可靠的社会保障能够帮助他们抵御未来的各种风险,解除他们的后顾之忧。否则,即使他们稳定地从非农产业中获得稳定的高收入,也不会放弃土地使用经营权。① 因此,建立和完善我国农村社会保障制度,可以让农民感觉到土地并不是他们抵御未来风险唯一的保障,从而解除对未来风险的担忧,加快农业现代化的发展。

其次,农村城镇化进程是一个经济不断发展、产业加快聚集和农民不断非农化的过程。反过来,农村城镇化有助于提高经济的集约程度和产业结构的调整升级。因此,农村城镇化是我国经济全面振兴的主要动力之一。加快建立农村社会保障体系,并与城镇社会保障体系有效衔接,能够推动农村非农产业的劳动力向城镇转移,形成统一的劳动力市场,对农村城镇化进程中出现的乡镇企业,能够改善其吸引劳动力人才的被动地位,使之得到更快的发展。完善的农村社会保障体系,也能够妥善解决好城镇化中出现的失地农民问题,为他们提供安全保障,甚至就业保障。

(四)保证计划生育政策的有效落实

新中国成立以来,我国国民经济发展速度并不低,经济总量也很可观,但人均水平却非常低,仍属于较低收入国家。我们在经济建设上的努力在很大程度上被庞大的人口基数轻而易举地抵消了。人口过多不仅阻碍了社会生产力的发展和人民生活水平的提高,而且影响了我国经济建设战略目标的实现。因此,实行计划生育,控制人口增长,是我国实现现代化必不可少的重要条件。计划

---

① 参见王越:《中国农村社会保障制度建设研究》,中国农业出版社 2005 年版,第 200 页。

生育作为一项基本国策必须长期坚持下去。①

　　建立农村社会保障制度有利于改变城乡居民间社会保障的不公平状况,有效缓解城乡二元社会经济结构造成的发展不平衡状况,增强农村的社会文明质量,实现社会的稳定和国家的长治久安,同时也有利于落实计划生育政策。长期以来,我国计划生育工作的重点和难点都在农村,这不仅是因为农民觉悟和文化水平低,更重要的是因为"养儿防老"在农村是一种无奈的选择。如果没有社会保障,农民年老后经济上只能依靠子女,如果子女不多或没有子女,由于年老丧失劳动能力,其基本生活保障就面临着威胁。建立农村社会保障制度可以改变我国由几千年前继承而来的家庭养老、多子多福的传统观念,从而避免计划外的高出生率和因老人供养问题引发的日益突出的家庭矛盾,也为未来可能出现的农村人口严重老龄化问题提供了一个有效的防治措施。

二、基本概念辨析

(一)政策

　　政策是指政府、政党或其他组织为实现其目标而制定的各种规则和采取的各种行动的总和。这一定义包括了三层含义:第一,政策的主体可以是社会中的各种组织,但政府和政党的政策体系在社会中的影响最大;第二,政策的目标是为了实现组织的目标,以及围绕组织的目标而有序地处理各项日常事务;第三,政策包含了规则体系和各种具体的行动。其特征为:

　　1. 政策是有组织的活动。政策是指由特定的组织发起和实

---

　　①　参见安增龙:《中国农村社会养老保险制度研究》,西北农林科技大学博士学位论文,2004 年 11 月,第 109 页。

施的行动体系,以及围绕这种行动而制定的规则体系。也就是说,政策行动是一种有组织的行动,它是由特定的组织制订方案和规则,通过特定的组织及组织体系来调动资源并加以实施的行动过程。

2. 政策具有明确的目的性和方向性。政府、政党和其他各类组织为了实现其组织目标,需要有步骤地采取各种各样的具体行动。同时,各类组织面临各种各样内部和外部的影响因素,也需要随时作出各种行动上的反应。为了使组织的行动有序化,使其能够在错综复杂的环境中始终保持明确的方向,就需要通过制定相应的政策来规范和整合各种具体的行动,以便使各种行动能够服务于组织的目标。

3. 政策具有明确的行动内容。任何一项政策除了具有一定的目标之外,还必须有明确的行动内容。这一点是一个组织的政策与组织目标的不同之处。组织目标对政策起到指导作用,而政策则是实现目标的具体行动。

4. 政策是规则体系与行动体系的结合。从行动内容上看,政策既可以是某一组织为某类活动制定的一套规则体系,也可以是这一组织具体实施或参与的活动,并且在很多情况下是兼有制定规则体系和实施具体的行动。作为一套规则体系,它表现为各种法律、法规、条例、规定等;而作为实施或参与的具体活动,它又表现为各类组织为完成各项任务而制定的各种计划、方案、措施和各种具体的活动项目,以及在此过程中所投入的人力和经费等。①

---

① 参见关信平主编:《社会政策概论》,高等教育出版社 2004 年版,第 4—5 页。

（二）政策与制度

制度是人类互相交往的规则。它抑制着可能出现的、机会主义的和乖僻的个人行为，使人们的行为更可预见并由此促进着劳动分工和财富创造。制度要有效能，总是隐含着某种对违规的惩罚。制度包含内在制度和外在制度。内在制度是从人类经验中演化出来的。它体现着过去曾最有益于人类的各种解决办法。其例子既有习惯、伦理规范、良好礼貌和商业习俗，也有盎格鲁-撒克逊社会中的自然法。违反内在制度通常会受到共同体中其他成员的非正式惩罚，例如，不讲礼貌的人发现自己不再受到邀请。但是，也有各种执行内在制度的正式惩罚程序。外在制度是被自上而下地强加和执行的。它们由一批代理人设计和确立，而代理人则是通过一个政治过程获得权威的，其中的一个例子就是司法制度。外在制度配有惩罚措施，这些惩罚措施以各种正式的方式强加于社会（如遵循预定程序的司法法庭）并可以靠法定暴力（如警察）的运用来强制实施。所以，内在制度和外在制度的区分依规则的起源而定。①

"制度"（或"社会制度"）主要指一种规范体系，以及与其相对应的结构（组织或群体等）和必要的物质条件。而政策是一个组织为达其目标而采取的行动。政策与制度之间有许多相通之处：首先，政策中包含了规则的要素，这与制度是相通的；其次，绝大部分政策往往都是在既定的制度基础上制定和实施的；再次，政策行动可以建立一套新的制度或改变现有的制度，即政策行动的成果可以转化为一定的制度。

---

① 参见［德］柯武钢、史漫飞：《制度经济学：社会秩序与公共政策》，韩朝华译，商务印书馆 2000 年版，第 35—37 页。

另外,政策与制度也有一些不同之处。首先,从基本视角上看,制度主要是指一套既定的规则、结构和行为规范,而政策则主要是指一个组织在一个领域中的行动体系。制度概念是从静态的视角,而政策概念则主要是从动态的视角去反映一个领域的状况。其次,就规范的要素而言,尽管政策和制度都包含了规范的要素,但制度概念所包含的规范要素主要是一种客观的、既定的规范体系;而政策概念中的规范要素主要是指一个组织制定和实施特定规范体系的行动。再次,从产生的方式上看,制度既可以是自上而下规定的,也可以是以约定俗成的方式自然形成的;而政策则是一个组织有目的地制定和实施的。或者说,制度可以是内部自发的和自然形成的,但政策却是人为的。①

政策既然是有计划、有目的的持续的行动过程,在其形式化的表达和实际的行动过程中当然就既包含着抽象的价值取向、原则等的表达和追求,也包含着一系列具体的行为规则。它肯定不属于非正式的制度,即不属于习俗、惯例。但是,我们也不能说政策就是正式制度。制度有两个特征:一是制度是在总体空间上延伸最大的那些实践活动,一般来说单项政策中因为包含一系列的相关政策才被称为制度,例如人们所说的社会福利制度,总是由或多或少的一系列的社会政策构成的。二是制度在社会生活中具有较持久的特性。作为人为制定的政策,不仅在其制定的过程中会有各种不同的力量、见解之间的直接或间接的相互作用、相互竞争,在其实施过程中也是如此。一项政策最终能够体现在有关人员的实践活动中,往往要经过一个或长或短的博弈过程,直至涉及的有关人员(包括政策的制定者、执行者和目标对象)中认可或接受政

① 参见关信平主编:《社会政策概论》,高等教育出版社 2004 年版,第 5 页。

策的目标、原则、价值取向并且习惯了政策中有关规则的人达到了临界规模,政策才能成为制度。①

我们可以说政策是建立和改变制度的工具、方式,决策者可以通过政策直接改变既有的制度,也可以通过政策影响既有的制度使之发生变化,或者通过制定新的政策创建新的制度。但是,政策要真正成为制度必须经过一个过程。这个过程,在微观层次,是个人把有关规则内化为自己的行为方式的过程;在宏观层次,是有关规则逐渐稳定、临界规模的参与者能够对有关反应作出预测并验证自己的预测的过程,这可以称为制度化过程。只有经历了这样的过程,相关的政策才可能成为制度。可见,政策与制度概念有诸多差异,同时二者又是紧密联系的,所以本书在研究政策和制度的概念内涵时使用它们,也有一些地方在使用两个概念的区别不大时,就没有严格区分了。

(三)公共政策

公共政策概念定义为"政府或社会公共权威机构为有效管理社会、处理公共事务和解决社会问题而制定的行动方案和行为准则"。概括起来看,政府的公共政策具有公共性、权威性、价值性以及阶级性与社会性的统一等基本特点。②

1. 公共性。"公共政策"最突出的特点之一在于政策行动的公共性。所谓"公共性",即公共政策是面向社会公众,与社会中的公共事务有关的政策,而不是处理政府或其他任何一个组织的内部事务。

---

① 参见杨伟民编著:《社会政策导论》,中国人民大学出版社2004年版,第31页。

② 参见关信平主编:《社会政策概论》,高等教育出版社2004年版,第8—10页。

公共政策的公共性具体体现在一些重要的方面:首先是政策主体的公共性,即公共政策是由代表社会中公共权威的组织(一般是政府)来制定和组织实施的;其次是政策对象的公共性,即公共政策是面向社会公众的,而不是仅与特定的政府组织的成员有关:再次是政策目标的公共性,即政府制定公共政策的基本目标不是为了政府自身的利益,而是为了社会的公共利益;最后是政策过程的公共性,即从政策的制定、实施和资源调动方式等方面看,公共政策都需要有公众广泛的社会参与,并且政策的程序、方法及其他相关信息一般都应该公开化。

2. 权威性。政府公共政策的权威性来自于几个方面:首先,在当代民主社会中政府的权威最终是来自民众的授权;其次,政府具有在国家机器支撑下的强制性的社会管理权;再次,政府具有超越地方社区以上的大范围的行政控制体系,而社区权威则只局限于比较狭小的范围;最后,一个国家的政府可以通过国家主权的原则而抵制来自国外的干预,以保持自己在国内公共事务中全高无上的权威。

3. 价值选择。公共政策的价值选择是指决策者在制定公共政策的过程中首先要对各种政策行动的价值优先性作出判断,然后以此为基础来决定公共政策的走向。所谓政策行动的价值优先性,则是指某种政策行动相对其他行动而言的重要程度,这种相对的重要性不是纯粹由客观事实来决定的,而是在一定的客观现实的基础上,由社会中的组织、利益群体或个人按其利益及主观偏好为基础而作出的主观判断。

4. 阶级性与社会性的统一。一方面,公共政策致力于实现人类所共同遵循的一些价值目标,制定和实施某些公共政策有时能够得到社会中各个群体的一致欢迎。因此,公共政策的目标具有社会一致性的一面。但另一方面,在迄今为止的任何一个社会中都在不同程度上存在着群体之间的利益分化,而公共政策往往处于这些利益矛盾的焦点上。因此,公共政策的走向往往与某些群体的利益密切相关。在阶级社会中,政府公共政策更常常明显地代表着特定阶级的利益。由于实施公共政策实际上就是政府在各个利益群体之间实施强制性的利益再分配,在这一过程中,有些人可能会得到"实惠",而另外一些群体则可能受到利益损失。在利益得失的驱使下,各个不同的阶级或利益群体往往会对特定的公共政策采取不同的态度,有时甚至产生相当尖锐的冲突,因而使公共政策带有鲜明的阶级性特征。对政府而言,虽然在各种不同的政治体制下政府的性质及角色有所不同,但当代社会中绝大多数国家的政府总是力图使其公共政策在阶级性与社会性之间有一定的平衡。由于各种客观和主观的原因,政府的公共政策行动常常很难摆脱阶级性的影响,但政府也总是试图要使其公共政策在各个群体之间的利益冲突中寻找平衡,尽可能兼顾各群体的利益。

(四)社会政策

社会政策就是社会为满足其作为整体的需求和其成员个人的公众认可的需求而制定和实施的各种措施、计划、方案、法律、制度;也可以说社会政策就是社会为了维持和提高社会福利水平而制定和实施的各种措施、计划、方案、法律、制度。

社会政策是一定地域范围内的公共权威机构制定的,使个人或家庭可以在市场之外以非等价交换的社会供给方式得到可以直接支配和使用的资源,以满足社会性地认识到的个人需求、增进公民的个人福利和社会福利的政策。这里的公共权威机构,可以是国家的中央政府、地方政府或有关的国际组织;这样的社会政策不仅仅是直接提供资金、物品和服务的政策,还包括为个人提供机会的政策,也包括引导和规范其他非政府组织提供社会福利和社会服务的政策。

在理解社会政策时需要注意以下几点:

第一,简单地说,我们可以把社会政策理解为通过满足社会性地认识到的、个人难以通过市场机制实现的基本需求和必要的社会需求,来增进个人福利和社会福利的政策。

第二,社会政策公开宣称的目标与实际追求的目标,以及实际实现的目标之间是有差别的,甚至是有很大差别的。

第三,与公民的个人福利和社会福利有关的政策,除了人们习惯上理解的社会政策外,其他公共政策和经济政策与公民福利和社会福利也有着密切的联系。

第四,公民福利的实现程度不仅与政府的政策有关,也与个人行动,以及其他人的行动、其他组织的行动有关。政府的社会政策也不仅仅是直接提供资金、物品和服务的政策,还包括引导和规范其他非政府组织提供社会福利和社会服务的政策。

第五,在不同的国家,不同的人对社会政策的作用范围有着不同的认识。最主要的分歧是:社会政策主要与纠正社会(特别是市场经济)运行的失灵有关,还与对公民福利和社会福利的总体考虑有关。

第六,社会政策的形成是在有关各方对社会现实的认识、各方认可的社会需求和各自理解的好社会或理想社会的基础上相互作用的结果。但是,其形式化的表达和实施是该社会范围内的政治权威机构,一般而言是由地方政府和中央政府或国际机构来承担的。①

---

① 参见杨伟民编著:《社会政策导论》,中国人民大学出版社 2004 年版,第53—54 页。

（五）社会政策与公共政策的区别①

所谓社会政策与公共政策的区别,准确地说是指社会政策与不包括社会政策的其他公共政策的区别。对于社会政策与公共政策的区别,可以从三个方面来认识:

第一,社会政策与公共政策提供的物品和服务具有不同的性质。公共政策主要涉及的是不具有排他性的物品或服务的公共供给;而社会政策主要涉及的是可以排他性地使用或消费的物品和服务。

第二,社会政策与公共政策增进社会福利的路径不同。社会政策供给的是一部分私益物品和服务,因此,从道理上说,它增进社会福利主要通过满足个人的某些需求、通过增进个人福利来增进社会福利;而不包括社会政策的其他公共政策则是通过增进社会福利来增进个人福利的,如维持了社会安全、社会秩序,控制了具有有害的外部效应的社会经济活动,推进了具有有益的外部效应的社会经济活动,协调了对公共资源的使用等,都是通过增进一定范围内的公共福利、集体福利来增进个人眼前的或长远的福利。

第三,决定社会政策与公共政策的大前提不同。由于通过社会政策和公共政策提供的物品和服务性质上的差别,也导致了决定社会政策与公共政策的大前提是不同的。因为依据公共政策提供的物品或服务在使用或消费上不具有排他性,这是需要制定公共政策的根本理由,所以从理论上说,哪些物品和服务需要国家或政府制定公共政策、以公共供给的方式来提供,是可以通过实证研究来确定的。通过采用各种科学的、实证的研究方法,认识到了某

---

① 参见杨伟民编著:《社会政策导论》,中国人民大学出版社 2004 年版,第88 页。

种物品或服务的使用或消费不具有排他性,而只能在一定范围内共同使用或消费,也就证明了这种物品或服务的供给需要国家或其他范围的公共权威机构制定规则,以便在相关范围内协调它们的供给和消费。

制定社会政策是向社会成员提供可以通过市场交换获得的具有排他性的物品或服务。在市场经济社会中,绝大部分物品和服务是个人通过市场交换获得的,为什么部分私人物品和收费服务要在市场体系之外,以非等价交换的方式供给? 对这个问题是不能通过对物品和服务本身性质的实证研究来回答的。也就是说,社会政策的大前提是无法通过科学研究、实证分析推论出来的。当然,社会政策研究并不排斥实证研究,而且还需要大量运用实证研究的方法。

此外,决定社会政策的大前提是价值判断。由于社会政策主要关注的是以社会供给的方式来满足一些特别的个人的生活需求、社会需求,这个领域不仅仅与运用科学的知识和手段进行研究有关,还与伦理道德、价值观念有着密切的关系,因此也就形成了社会政策研究的双重特征。

（六）社会政策与公共政策的共同点①

所谓社会政策与公共政策的共同点,主要指的是它们的形成过程的共同点。虽然决定社会政策和公共政策的大前提不同,但是,无论是依据价值判断还是实证研究确定了应该制定的政策以后,社会政策与公共政策的具体形成过程又是共同的。这主要表现在两方面:

---

① 参见杨伟民编著:《社会政策导论》,中国人民大学出版社2004年版,第90页。

一是一项具体政策的确定往往是各种社会力量博弈的结果，即根据大前提被认为是应该制定和实施的政策能否提上决策机构的议事日程，能否通过既定的决策程序被制定和实施，因为无论社会政策还是公共政策的实施都要涉及稀缺资源的使用，影响到现有利益格局的调整，即使是有关非排他性物品或服务的提供，也不是所有的人都同意的。因此，无论社会政策还是公共政策都必然要在实际的社会政治结构的基础上、经过各种社会力量或公共或隐蔽的博弈过程，才能决定其命运——是否能够成为一项政策。

二是确定下来的政策的设计、执行都应该主要以科学知识和相关技术的运用为主，以此来保证政策的科学性。这不仅是一般公共政策制定和执行的基本特征，也应该是社会政策制定和执行的基本特征。因为任何一项政策的制定和实施，都要涉及目标群体的确定、资源的筹集和调配、人力的组织和安排、有效的政策手段的选择等，所有这些方面都需要具备科学的精神和运用科学的知识。

三、本书的研究方法

（一）研究思路

本书首先探讨完善农村社会保障政策的紧迫性及必要性；其次，对国外社会保障理论渊源进行梳理，为研究提供理论依据；再次，对国外不同体制下的农村社会保障政策实践进行归纳分析，为我国农村社会保障提供经验借鉴；又次，对我国农村社会保障政策作一简要回顾，在此基础上对中国农村社会保障政策的现状、存在的问题进行宏观分析；最后，对中国农村社会保障政策制定、政策执行和政策调整的影响因素、存在问题进行微观分析，并在此基础上提出完善农村社会保障政策的对策建议。

（二）研究重点

本书着重分析农村社会保障公共政策。即通过对农村社会保障政策制定、政策执行、政策评价及调整影响因素的分析，找出农村社会保障政策制定、政策执行及政策调整中存在的问题，并在此基础上提出对策建议。

在实施农村社会保障政策的过程中，首先，政策制定环节，要体现政府主导、依靠农民、辅以工业、城市和国家财力的支持，通过家庭保障、集体保障、乡镇企业保障相结合，实现基础性的社会保障。对农村社会保障分项目、农民分群体来探索农村社会保障建设中的问题与发展的可行途径。其次，在政策的执行环节，通过对农村社会保障政策执行过程中的"缺位"、"越位"、"不到位"、"错位"现象进行分析，提出相应的对策建议。最后，在政策评价环节，对农村社会保障中的养老保险政策、合作医疗政策和社会救助政策效果进行评价，并从环境因素、信息传递机制等方面分析政策调整的价值取向。

（三）研究方法

本书是以马克思主义理论为指导，在对档案史志文献等资料进行论证分析、开展实地调研和充分运用已有研究成果的基础上，以公共政策分析方法为主，综合运用经济学、社会学、管理学、法学等多学科知识，尝试对中国农村社会保障体系的构建进行政策分析。

具体的研究方法是：

1. 规范研究与实证分析相结合的方法。

2. 定性分析与定量分析相结合的方法。

3. 比较研究方法。

4. 制度分析方法。

四、本书的创新与不足

（一）本书的创新

综合运用经济学、社会学、法学、管理学等不同的学科，从不同的视角、不同层面对农村社会保障问题进行研究、探索，然后用公共政策分析的方法，从政策制定、政策执行、信息反馈及政策修正等方面对农村社会保障进行研究，目前尚属空白，这也正是本书的创新之处。

（二）本书的不足

有关农村社会保障的理论和实践，目前尚未形成定论，尤其是从政治学的视角，对中国农村社会保障政策过程进行分析的研究尚属空白，没有更多的资料可以查阅；在实践中，中国农村社会保障起步晚、起点低、问题多、任务重，甚至有些地方处于刚刚起步阶段。因此，本书属于尝试性研究，这也为本书的研究增加了难度。

第一章　国外社会保障的
理论与实践

　　目前全球有 160 多个国家建立了社会保障制度,70 多个国家的社会保障制度覆盖到农村人口。西方发达国家经过一百多年的社会养老保险的实践,形成了相对完善的制度,同时由于这些国家农村人口或农民人数占国家总人口的比例非常低,其社会养老保险覆盖了所有农业人口,实现了"国民皆保险"。但有相当数量的国家是与我国经济发展水平相当的发展中国家和地区,这些国家还没有完全建立真正意义上的农村社会养老保险制度。发达国家在社会保障政策的制定和运行过程中,形成了包括农村社会保障在内的诸多的社会保障理论。发达国家和部分发展中国家的农村社会保障的实践,对我国农村社会保障制度建设具有重要借鉴意义。

第一节　国外农村社会保障的理论

一、发达国家农村社会保障理论

（一）国家干预主义的理论

　　国家干预主义是相对于经济自由主义的一种经济主张,它强调市场机制存在缺陷,必须通过国家积极干预经济生活的方式来弥补市场不足,而不是放任经济自由发展。国家干预主义的思潮大致经历了几个阶段：最早可以追溯到重商主义；随后是古典经济学时期的国家干预主义，西斯蒙第、穆勒是这一时期的主要代表人物；直到凯恩斯主义的兴起，国家干预理论才真正迎来了黄金时代。

1. 德国新历史学派。

为保护本国第二次世界大战后国内经济的发展，实现国家统一，德国的经济学家主张用保护主义和国家干预主义来恢复经济，与经济自由主义的政策相对抗。19 世纪 40 年代，德国出现了以李斯特为代表的旧历史学派，到 19 世纪 70 年代演变为新历史学派。新历史学派提倡的国家福利的社会保障思想对德国社会保障制度的建立和发展产生了深远的影响。

新历史学派也叫社会政策学派或"讲坛社会主义"，其主要的代表人物是古斯诺夫、施穆勒等，该学派强调经济理论的相对性和经济学中的历史方法，主张采用渐进的社会改良主义政策来加强国家政权。他们提出要增进社会福利，实行社会改革，并通过工会组织来调整劳资之间的矛盾，主张由国家来制定劳动保险法、孤寡救济法等。这些主张都成为德国政府实行社会保障制度的依据。新历史学派的政策主张主要有以下几点：

（1）强调伦理道德因素的重要作用。他们用道德因素来解释国内的劳资冲突问题，认为劳资冲突不是经济利益造成的，而是由于感情、教养和思想上存在的差距造成的。要解决劳资冲突，应该对工人进行道德和伦理教育，而不是通过阶级斗争。

（2）主张国家直接干预经济。亚当·斯密认为，国家负有三项职能：抵御外国侵略；维护社会安全；经办公共事业和公共设施。德国新历史学派认为国家还具有经济管理的职能，主张强有力的国家干预，并且国家还负有"文明和福利"的职责。瓦格纳非常强调国家在促进经济发展中的作用,并且认为国家在为民众提供充分的社会福利方面的重要职能,应该通过社会政策增进民众的社会福利。

(3)实施社会立法,促进社会福利事业的发展。他们主张推行社会保险制度,建立工厂监督员制度和劳资纠纷仲裁制度,加强劳动保护,对贫穷者提供社会救济,同时在一些经济领域推进国家化,自上而下地实行经济和社会改革。这些主张被俾斯麦政府所接受,从而成为德国率先实施社会保险的理论依据。

2. 福利经济学。

(1)福利经济学的发展。1920 年,庇古出版了《福利经济学》,第一次将福利经济学作为一门独立的学科来看待,并首次建立了福利经济学的理论体系。自此以后,福利经济学成为经济学的一个日益重要的分支,在众多国家得到广泛的传播和发展。

经济学界一般将福利经济学的发展划分为两个阶段,或者将福利经济学分为新旧两派,旧派(亦即第一阶段)以英国经济学家庇古为代表:新派(即第二阶段),则源于意大利著名经济学家帕累托,还有英国的卡尔多、希克斯与美国的勒纳、萨缪尔森等所倡导。

(2)庇古的福利经济学思想(即旧福利经济学)。庇古是英国著名的资产阶级经济学家。《福利经济学》一书使得庇古被资产阶级经济学界称为"福利经济学之父"。他从边沁的功利主义原则出发,以阿弗里德·马歇尔的均衡价格和"消费者剩余"理论为依据,提出了一套较为完整的福利学说。

首先,他从边际效用价值论出发,提出了福利、社会福利与经济福利等概念,认为福利表示人的心理状态并寓于人的满足之中;这种满足可以由于对财物的占有而产生,也可以由于其他原因而产生,而全部福利则应该包括所有这些满足。其中以货币计量的那部分社会福利被称为经济福利。

其次,阐明了经济福利与国民收入的关系。庇古用效用来衡量福利和经济福利,而效用是可以通过商品的价格进行衡量的,那么经济福利也是可以用货币来计算和衡量的,而国民收入也是可以用货币来衡量的那部分客观社会收入,因此"经济福利和国民收入在概念上是对等的"。同时,他认为国民收入的大小与国民收入的分配是影响经济福利的主要因素,即影响一个国家经济福利的经济原因是国民收入的形成和使用,其中国民收入的形成是生产资源的配置问题,而国民收入的使用则是社会资源的分配问题,进而针对如何衡量和增进社会经济福利问题得出了"收入均等化"的观点,针对如何才能实现生产资源最优配置的问题得出了政府应当干预经济的结论。

最后,庇古还提出了向富人征税尤其是向富人的消费征税,再以转移支付的方式将这部分收入转移给穷人的主张。如向穷人提供免费教育、失业保险、社会救济、医疗保健保险等措施即是直接转移支付;还有间接转移支付,如由政府对穷人的基本生活必需品和住宅的生产给予补贴以降低这些物品的供给价格,使穷人能够更多地消费这些物品等。当所有人的收入均等从而使货币的边际效用相等时,社会经济福利就会达到最大化。

庇古的一系列理论首次将社会福利与国民收入联系在一起,将社会保障的发展与国民经济的发展联系在一起。

(3)新福利经济学。不同于旧福利经济学,新福利经济学以序数效用论为理论基础,运用无差异曲线的分析法来解释福利问题。以下是新福利经济学的主要理论:

①帕累托的福利经济思想。第一,序数效用论。序数效用论

是新福利经济学重要的理论基础,是区别于旧福利经济学的一个显著标志。它是由意大利的经济学家帕累托提出,并成为新福利经济学的补偿原则、社会福利函数、相对福利理论等的出发点。

根据序数效用论的观点,效用或满足不能相加而只能有水平高低之分,一个人达到最大的满足,不是指达到最大的满足总量,而是指达到最高满足的水平,福利增加的途径就不是像庇古所说的那样,达到最大满足的总量或最大效用的总量,而是力求达到最高的满足水平。

第二,帕累托最优原理。这一原理是整个福利经济学的核心思想。它是指这样一种状况:"当某种分配标准为既定时,我们可以遵照这种标准,研究何种状态会使集体中各个人达到最大可能的福利;让我们考虑任何一个特定的状态,并且假定在适合所包括的关系方面做一很小变动,如果这样做以后,每一个人的福利都增进了,显然新的状态对每一个人就更有利;相反,如果所有人的福利都减少了,则新的状态对于每一个人就没有利。但是,另一方面,如果这种小变动使一些人福利增进,而另一些人福利减少,那么对于整个社会来说,就不能认为这种改变是有利的。因此,我们规定最大偏好状态是:在那种状态,任何微小的改变,除了某些人的偏好依然不变而外,不可能使所有人的偏好全增加或者全减少。"①

②补偿原则。在帕累托最优原理提出后,一些经济学家认为要达到帕累托最优的条件较为苛刻,不具有广泛的适用性。正式提出补偿原则的是美国经济学家霍推林,他在一篇论文中论述桥

---

① 帕累托:《政治经济学教本》,第 617— 618 页,转引自厉以宁:《西方福利经济学述评》,商务印书馆 1984 年版,第 85 页。

梁或铁道的费用偿还时提到,如果采取补偿和课税的办法来补偿桥梁等企业在固定费用上的损失,那么全社会将因企业收费的降低和使用率的增加所得到的利益大大增加,社会净得的效率增加,每个人的境况都会好起来。

补偿原理的实质就是,如果一些社会成员经济状况的改善不会同时造成其他社会成员状况的恶化,或者一些社会成员状况的改善补偿了其他社会成员状况的恶化,社会福利就会增加。在具体的实践中,在一部分人受利另一部分人受损的情况下,政府可以通过一些政策向受利人征收一定的税收来补偿给利益受损者,从而增加整个社会的福利。之后,卡尔多和希克斯等人在20世纪30年代末期提出并论证了"假想的补偿原理",对新福利经济学的发展起到了很大的推动作用。

③"社会福利函数"理论。美国学者柏格森、萨缪尔森等人,提出了社会福利函数理论。他们认为,社会福利和影响社会福利的各个因素之间存在一个函数关系,在一定的收入分配条件下,社会福利的最大化在于人们对影响因素各种组合的选择,个人自由选择是个人福利是否能达到最大化的重要条件,而社会福利又是随着个人福利的增减而增减的。因此,要保证社会福利最大化,政府应当保证个人的自由选择,进行合理的收入分配。

3. 瑞典学派。

瑞典学派是以瑞典的斯德哥尔摩大学为主要阵地的当代资产阶级经济学的重要流派,又称斯德哥尔摩学派或北欧学派。它形成于20世纪二三十年代,在第二次世界大战之后有了更大的发展。

19世纪末20世纪初的瑞典已经步入了垄断资本主义阶段,经济发展无一例外地受到了周期性的经济危机造成的经济衰退以及日趋尖锐化的劳资矛盾、阶级斗争等的困扰。特别是空前严重的经济危机,使得新古典经济学的自由经营理论破产,为了维护本阶级利益,瑞典的资产阶级经济学家不得不在理论上探求另一条道路,瑞典学派便应运而生。

瑞典学派的主要特点是在沿袭传统的一般均衡价值理论和分配理论的基础上,首创了分析经济现象的一些新概念,并运用了宏观总量的分析方法和动态分析方法,建立了一个动态经济理论体系。

它关于社会福利的理论和政策主要有:第一,福利国家理论是瑞典学派的重要组成部分。瑞典福利国家理论反对新古典经济学派的自由放任,主张国家干预,通过国家的政策措施调节分配,消除收入分配上的两极分化,实现人人都能够“按照需要得到福利”。第二,利用收入再分配的方法,主要是利用累进所得税以及转移性支付,兴建社会福利设施,使社会各阶级、集团之间的收入和消费水平通过再分配趋于均等化,从而实现收入的平等。最重要的一点是,瑞典学派的福利国家理论在瑞典实施之后,成功地帮助瑞典摆脱经济危机,并使得瑞典走上积极稳定的福利国家道路,形成独特的瑞典模式,成为福利国家的典范。

4. 凯恩斯理论。

(1)凯恩斯经济学的历史背景。凯恩斯经济学(主要是指凯恩斯在《就业、利息和货币通论》一书中的经济理论,不包括其追随者补充、修改和发展了的凯恩斯主义经济学)产生于 20 世纪 30 年代,它是 1929—1933 年世界性经济危机的直接产物。经济大萧条引发了资产阶级经济学家的思考,传统的经济理论“供给创造自己的需求(萨伊定理)”受到质疑,面对市场失灵,主要的资本主义国家在财政、金融和其他方面进行全面的政府干预,此时的垄断资本主义国家的统治集团需要一种反对自由放任、主张国家干预的新经济学,凯恩斯经济学应运而生。

凯恩斯在 1936 年出版《就业、利息和货币通论》(以下简称《通论》)一书,他彻底放弃了"供给自动创造有效需求"的传统经济理论,运用总量分析方法,提出了有效需求不足理论以及相应的国家经济干预思想。他的有效需求管理理论为实施社会保障制度提供了有力的理论支持。

(2)就业理论。就业理论是凯恩斯经济学理论体系的核心。他认为,有效需求是决定社会总就业量的主要因素,能否达到充分就业取决于有效需求的大小,在市场经济现实中,经常存在的有效需求不足是引起经济危机和严重失业的根本原因。要解决失业和危机,必须依靠政府对经济的干预和调节,刺激有效需求,从而实现"充分就业"均衡。

在市场的供给与需求曲线上,总需求曲线与总供给曲线上相交的一点决定就业量,除此之外的任何一点都不能构成真正有效的社会需求,也不能达到充分就业。在没有政府干预的情况下,资本主义经济体系总是处在实际就业量低于充分就业水平(总需求曲线与总供给曲线的交点)的情况下。因此,他提出市场的一般均衡在没有政府干预下也可以实现,但那是偶然,只有在政府干预下,一般均衡才成为常态。

另外,凯恩斯在摩擦性失业和自愿失业之外,提出了"非自愿失业"的概念,即一部分人愿意接受现行工资但仍找不到工作,造成这种失业的原因是社会对商品的有效需求不足。并且他强调,在现实经济中,如果仍存在摩擦性失业和自愿失业,那么这种情况仍然可以称作充分就业。实现充分就业,就是要解决非自愿失业问题。

（3）有效需求理论。凯恩斯的有效需求中的需求是总需求，而不是个别企业或行业的需求。"有效"则表明，只有同总供给相等的总需求对实际就业量才是有效的。所以，这里有效需求是指总供给和总需求达到均衡时的总需求。

凯恩斯认为，有效需求不足则源于消费需求不足和投资需求不足，这是由于三大基本心理规律造成的，即心理上的消费倾向、心理上的对资产未来收益的预期，以及心理上的灵活偏好。

消费倾向是指收入和消费之间的函数关系，这种函数是一个相当稳定的函数。凯恩斯认为存在一条基本心理规律：当收入增加时，人们将增加自己的消费，但是消费的增加没有收入的增加多。并存在边际消费倾向递减的规律，根据这一规律，随着就业和收入的增加，个人用来增加消费的部分越来越少，不能达到供给与需求的均衡点，因此必须增加个人或家庭收入以刺激社会总消费。在现实中，需要考虑到不同收入阶层的边际消费倾向，对高收入阶层来说，他们的边际消费倾向较低，而低收入阶层的边际消费倾向较高，因此国民收入分配的均等程度直接影响到社会总消费的数量。如果政府通过一定的政策修正国民收入的分配状况，使得高收入阶层的财富向低收入阶层转移，就会促进社会消费上升，从而刺激总需求，促进经济发展。

资本边际效率指的是预期增加一个单位投资可以得到的利润率。它取决于资本供给价格与资本预期收益，与供给价格成反比，与预期收益成正比。凯恩斯认为，如果其他条件相同，资本家对利润率的预期将随投资的增加而降低，即资本边际效率递减。

按照凯恩斯的看法，只有资本资产的预期收益超过资本资产的供给价格或重置成本，继续投资才有利可图，才能产生投资引诱。而在经济危机时期，资本边际效率剧烈波动，需求不足主要是投资需求不足造成的,要增加就业,除了刺激私人投资外,国家应更多地担负起组织直接投资的责任。

流动偏好指的是公众愿意用货币形式持有收入和财富的欲望和心理。这种偏好代表了货币的需求,货币的多少代表了货币的供给。虽然货币数量的增加可以在一定程度上降低利息率,但是,由于流动偏好的作用,利息率的降低总有个最低限度,超过了这个限度,无论货币的供给量如何增加,人们宁愿把货币保留在手中而不肯储蓄,资本家对利润率的预期低于利息率,他也不会进行投资,结果就会造成投资需求不足。

(4)凯恩斯的政策主张。面对社会失业严重的问题,凯恩斯提出一系列政策主张,其核心思想是国家采取各种措施,增加社会货币总支出,扩大全社会对消费和生产资料的需求,以消除危机,实现充分就业。

同时凯恩斯的反危机理论为当时西方各国实施"普遍福利"政策产生最直接的影响,主要表现在:在刺激消费需求方面,凯恩斯主张国家一部分通过税制,一部分通过限定利率,以及其他手段对消费倾向施加导向作用。如果政府能够有意识地将财政政策作为更为平等的收入分配工具,财政政策对消费倾向的影响就会更大。在刺激投资方面,凯恩斯认为最有效的手段就是由国家直接进行投资来弥补私人投资的不足,以此来提高国民收入和就业水平。他主张把财政政策放在反危机政策的首位,用举债的方法扩大政府支出的扩张性财政政策,即便国家出现财政赤字也在所不惜。

凯恩斯提出的一系列反危机理论,在英国首先得到传播,以后对世界各国实行社会保障制度给予的影响最大、最直接,从此奠定了社会保障制度的理论基础。

5. "贝弗里奇报告"。

1942 年,贝弗里奇发表的《关于社会保险与相关服务的报告》即《贝弗里奇报告》,是影响英国乃至许多国家社会保障制度发展的重要文献。

该报告确立了第二次世界大战后英国福利体系重建的基本框架,标志着福利国家思想开始由理论变为现实。在社会保险计划方面,针对全体公民的九种不同情形,《贝弗里奇报告》提出了涵盖社会救助、社会保险和社会福利的全方位的完整的社会保障规划。这种全方位覆盖所有公民的社会保险计划使福利国家思想从人们的理想转变成为一种具体可行的社会行动方案。《贝弗里奇报告》提出了构建福利国家社会保险计划的六项原则:一是基本社会待遇标准统一;二是缴费率统一;三是行政管理职责统一;四是待遇标准适当;五是广泛保障;六是分门别类,适合不同人群。这六项原则集中表达了福利国家思想的社会保障政策主张,这些政策主张可以概括为四项主要原则:一是普遍性原则和类别性原则,即社会保障应该满足全体公民不同的社会保障需求,在《贝弗里奇报告》中,社会保障被首次赋予了普遍性原则和类别原则,被认为是代表社会进步的可理解的政策的一个组成部分。二是保障基本生活原则,即社会保障只能确保每个公民基本的社会生活需要。三是统一性原则,即社会保障的缴费标准、支付待遇和行政管理必须统一。四是权利和义务对等原则,即强调社会保障中政府责任和公民义务的统一。

概括起来,福利国家思想的政策主张主要是:一是社会保障应以保障居民拥有维持基本生活所需要的生活资料为出发点;二是社会保障应惠及全体居民并实行全民的全面保障。正是建立在全民全面的理念基础之上,《贝弗里奇报告》才被人们公认为是福利国家思想的发源地。

6. 布莱尔的"第三条道路"。

"第三条道路"是由美国总统克林顿的几个外交顾问于1992年所提出,后来为布莱尔所借用并加以重新阐释,并正式提出"第三条道路"的主张。布莱尔成为"第三条道路"最积极的倡导者之一。"第三条道路"是西方左派为了把自己与老左派和新右派区别开来,标明自己的理论创新而量身定做的标签。

布莱尔称"第三条道路"是现代社会民主重新得到恢复并取得成功的道路。英国著名社会学家安东尼·吉登斯的社会结构化学说和现代性批判学说则为布莱尔倡导的"第三条道路"提供了深层的理论动因,并且吉登斯将"第三条道路"称为社会民主主义的复兴。

根据吉登斯的理论观点,"第三条道路"倡导一种积极的福利思想,主张用"社会投资国家"或"福利社会"取代"福利国家","福利国家"强调的是国家或政府的福利开支水平和活动;"福利社会"强调的是把国家的福利活动与市场、市民社会以及家庭的福利活动结合起来。

布莱尔及其所领导的工党主张改革英国的福利制度的措施有:首先,反对教育、医疗商业化,主张个人的权利与义务结合,增加个人的投入与选择,保证公平,降低成本,提高效率;其次,提出通过工作性福利改革福利国家。这种工作性福利强调只有工作才有报酬,并且强调改革就业政策,让有劳动能力者走向就业,摆脱对福利的依赖。布莱尔认为,传统的慷慨福利制度从供求两方面阻碍就业机会的创造:一是挫伤了工作的积极性,福利国家强调的是雇主为国家做贡献和纳税,结果使企业严重受缚,致使就业增长缓慢,贫困和失业不断出现;二是形成了人的懒惰和依赖,解决这一矛盾的方法是建立与全球化相协调的福利国家。这一思想赋予福利以特殊概念,适当的最低标准,在英国表现为适中的补贴、最低工资。

(二)经济自由主义的理论

1. 供给学派的理论。

供给学派是 20 世纪 70 年代末美国经济"滞胀"中诞生的一个与凯恩斯主义相对立的经济学派,属于经济自由主义思潮。之所以称为供给学派,是因为它强调生产和供给,不仅包括生产和劳务的供给,还包括要素的供给和供给的效率。反对凯恩斯主义的需求管理,注重供给,主张刺激储蓄、投资和工作积极性,主张让市场机制更多自行调节经济,这是供给学派的本质特征。其主要代表人物有阿瑟·拉弗、马丁·费尔德斯坦等人。

供给学派关于社会保障问题的政策主张主要有以下几点:第一,利用减税来扩大劳动力的需求。供给学派根据拉弗曲线来论证实施减税政策的正确性,认为持久的降低税率,会刺激人们储蓄,提高储蓄率,从而增加商品和劳务的供给。从长期来考察,由于商品和劳务供给的增加,将会开辟新的税源,使得税收总额得到增加,财政将保持收支平衡。所以减税是长期的经济稳定政策。第二,削减福利开支。他们认为第二次世界大战后发展起来的福利制度一方面增加了政府的支出,从而增加了税收,产生了不利的供给效应;另一方面也助长了穷人依赖政府的思想,增加了自愿失业,减少了劳动供给。所以,他们主张大幅度地减少政府的转移支付,认为这会有利于减少政府税收,增加劳动供给,刺激产出的增长。

2. 哈耶克关于社会福利的思想。

哈耶克作为新自由主义的主要代表人物,从伦理学角度探讨平等与自由的含义,极力地反对国家干预,批判计划经济体制的无效率不能带来资源的合理配置,倡导自由市场竞争。自由是哈耶克新自由主义经济学的思想灵魂,他的社会福利思想亦是建立在有关自由的政治思想主张的基础之上的。

(1)自由与责任。他认为自由就是"一个人不受制于另一个或另一些人因专断意志而产生的强制性状态。"①自由的意义在于"一个人自行决定什么样的需要和谁的需要在他看来最重要"②,自由的目的是向个人提供机会,使个人所具有的知识得到最大限度的发挥。哈耶克认为自由始终是与个人责任密不可分的,个人责任要求我们对自己的命运负责,不承担个人责任也就意味着丧失了自由。他还认为,在自由社会中,不存在任何由某一群体成员共同承担的"集体责任",所有人都有责任意味着所有人都没责任。在社会保障的发展中强调个人责任,越来越受到国家的重视。

(2)批判福利国家。对于福利国家,哈耶克认为,福利国家构成了对个人自由的威胁。它以整齐划一的标准剥夺了个人在诸多问题上的选择权,福利国家实际上是一个"家长式国家","家长"控制着社会大多数人的收入,并根据自己对社会成员需要的判断分配财富,这使政府的权力大增,个人的自由和责任日益削弱。高水平的福利政策助长了懒汉行为,破坏了经济发展的竞争力,抑制了自由经济的发展。

(3)对社会保障制度的理性批判。哈耶克指出了现实社会保障制度中的不足:社会保障专家的掌权会导致制度的自我膨胀,市

---

① 〔奥〕哈耶克:《自由秩序原理》,邓正来译,三联书店1997年版,第4页。
② 〔奥〕哈耶克:《自由秩序原理》,邓正来译,三联书店1997年版,第93页。

场作用受限；依靠权威强制推行的社会保障制度必然带来低效率；强制性收入转移实质上是一种施舍，并非法律权利。他认为社会保障是个相对概念，在《通往奴役之路》中，他将保障分为两种："一种是有限度的保障，它是大家都能够获得的，即确保每个人维持生计的某种最低需要；另一种是绝对的保障，它不可能让所有人都得到，也不应当把它作为特权给予任何人。"①哈耶克主张有限度的保障，认为绝对的保障会对自由构成最严重的威胁。

3. 艾哈德的福利理论。

艾哈德是德国著名的经济政策专家，他在最基本的学术观点和经济政策主张上都与德国的弗莱堡学派相近，因此人们有时也将他算做弗莱堡学派的成员，但事实上他有自己独立的学说体系。《大众的福利》是他的主要著作之一，书中集中地反映了艾哈德社会市场经济理论的基本主张。

艾哈德的经济思想的基本主张是反对高度统制型经济政策，反对国家过度干预经济与社会发展，极力提倡经济自由。他认为，直接干预经济并不是国家的职责，至少在经济本身没有这种干预要求时应该是这样的。他在社会保障领域也有一些值得思考的思想和理论：

（1）经济政策和社会政策的关系。艾哈德认为："经济政策越是富有成效，社会政策的干预和辅助措施实际上就越是没有必要。"②但他并不否认，在现代工业国家中，即使再完美的经济政策也需要社会政策措施的补充。但这一切都存在于一个大前提下，

_____

① ［奥］哈耶克：《自由秩序原理》，邓正来译，三联书店1997年版，第117页。

② ［德］路德维希·艾哈德：《大众的福利》，丁安新译，武汉大学出版社1995年版，第182页。

即"任何有效的社会救助只有在充裕的和不断增长的国民生产总值,也就是高效经济的基础上才有可能性"。有效的经济政策带来的经济发展,是社会保障发展的重要基础,而相关的社会政策只能从属于经济政策。

(2)对福利国家的态度。福利国家使得一些人认为,集体对福利负有总的责任,自我承担责任的意识衰弱,这种思想对国家是一种威胁。艾哈德认为,集体性福利必须具有一定的限度,个人过度地依赖国家福利,会增加国家和社会的开支。他对强制性社会保险制度提出批评,指出"以强迫为基础的普遍的人民保险,不论是按一个标准还是分门别类缴保险金,和普遍的国民供给制相比,最多只是程度上的差异,而不是原则不同。如果这种国家强制保险超出了急需保护的人的范围,国家还迫使那些根据其经济生活和职业生活地位根本不需要这种强制保险和依赖关系的人也接受保险,那么就是有了向福利国家发展的趋势"。①

(3)强调社会保障中的个人责任。艾哈德指出,自愿、自由并自我负责地克服生活风险,是自由经济与社会制度中独立生存的必要前提。他在最后还指出:"社会保障当然是好事,也是十分需要的。但是社会保障必须主要是靠自己的力量,自己的劳动和自己的努力得来的。社会保障不等于全民的社会保险,不等于将个人的责任转嫁给任何一个集体。开始时必须实行个人自己负责,只有当个人负责还赚不足或者必须停止时,国家和社会的义务才发挥作用"。②

---

① 〔德〕路德维希·艾哈德:《大众的福利》,丁安新译,武汉大学出版社1995年版,第185页。

② 〔德〕路德维希·艾哈德:《大众的福利》,丁安新译,武汉大学出版社1995年版,第192页。

（三）公共产品理论

1. 公共产品的概念分析。

人们对公共产品的研究源于人们对公共性问题的讨论。最早对这一问题作出贡献的是大卫·休谟。在《人性论》一书中，休谟论述了政府的起源，他试图说明，某些对每个人都有益的事情，只能通过集体行动来完成。此后，一些学者陆续对公共产品进行了阐述，现代经济学对公共产品的研究开始于萨缪尔森，更多的学者开始深入研究公共产品，从而形成了丰富的公共产品理论。

公共产品是与私人产品相对应的一个概念，从最宽泛的意义上说，私人产品是能够实现单个人独自消费的产品，而公共产品则是可以被一个以上的消费者共同消费或共同享用的产品。众多经济学家对公共产品有不同的理解，后来被人们广泛承认的是萨缪尔森的经典定义："公共产品是指任何一个人对该产品的消费都不会减少其他人对该产品的消费的产品。"

2. 公共产品的特征。

公共产品最为重要的基本特征是：消费的非排他性和消费的非竞争性。所谓非排他性，是指一个人对一件公共物品的消费并不排斥他人对它的同时消费；也就是说，任何人都不可能阻止其他人对该产品进行消费，并且每个人都可以消费相同的数量。所谓非竞争性，是指一旦公共物品被提供，增加一个人的消费不会减少其他任何消费者的受益，也不会增加社会成本，其新增消费者使用该产品的边际成本为零。根据这两大特征基本可以辨别出公共产品，但也有些产品并不同时具有这两个特征。

除此之外，公共产品还具有规模效益大、投资成本高、生产具有自然垄断性、不容易对消费者收费等特点，它们与基本特征是相互联系的。

3. 公共产品的分类。

根据物品的排他性和竞争性的两个特征综合比较,将物品分为具有排他性和竞争性的私人产品、具有非排他性和非竞争性的纯公共产品,还有介于两者之间的只有竞争性而非排他性或只有排他性而非竞争性的混合产品。

(1)纯公共产品。纯公共产品指的是严格满足非竞争性和非排他性两个条件的产品。一般来说,能够同时满足这两个条件的纯公共产品是很少的,如灯塔的例子,很多经济学家把它作为公共品的典型例子,认为灯塔既不易排他,又具有非竞争性,但是在英国一段时期内,灯塔恰恰是由私人部门提供的,而且很有效。

(2)混合产品。有人将它称为准公共产品。它分为两类:一类是利益外溢的准公共产品。这类准公共产品所提供的利益的一部分由其所有者享有,或其效益可以定价,在技术上可以实现价格排他,从而具有私人物品的特征;但其利益的另一部分则可由所有者以外的人享有,所以又具有公共产品的特征。如公共卫生事业,公民个人接受疫苗注射,首先受益的是接受注射者本人,但同时也为他可能接触到的人带来了正的外部效应。

另一类是拥挤性的准公共产品。是指那些随着消费者人数的增加而产生拥挤,从而会减少每个消费者可以从中获得效用的社会产品。这种社会产品的效用是为整个社会成员所共享的,在消费上具有非竞争性,但可以轻易地做到排他,即不付费者可以被排除在消费之外;而当消费者人数达到拥挤点后,其边际生产成本就不为零,即这类产品又具有一定程度的竞争性。例如公路,当行驶的车辆达到它的设计流量时,再增加车辆的行驶便会减缓车辆通行的速度,发生交通事故的频率也会上升。桥梁、游泳池、电影院等都具有这方面的特征。

4. 公共产品的供给。

(1)纯公共产品。它在消费上的非竞争性和非排他性的特征,决定了只能公共提供。所谓公共提供,就是政府通过税收或公债等形式筹集资金以支付产品的生产成本和费用,并向全体公民免费提供的方式。

由于公共品的非排他性特征和效用的不可分割性,消费者都不会有自愿付费的动机,"免费搭车"的现象变得普遍,并且在非排他性下,以价格机制为核心的市场不能使得生产和供给达到最优状态;而靠私人部门去直接交易,会因为成本高、收益低而不愿或无力生产,或者容易造成生产垄断,损害消费者利益。因此,政府必须通过国家预算开支,担负公共产品的生产和供给的主要责任。

(2)混合产品。对利益外溢的公共产品,如教育、科学、卫生保健等,可以采取政府补贴与收费相结合的方式。这种具有正外部效应的公共产品,政府应该鼓励人们去消费,就教育来看,受到良好教育的公民,不仅自己有益,而且有利于全民素质的提高,很多国家都对教育给予适当的补贴。但也不能由政府的财政全部包揽,这样就会造成政府越位行为。

对拥挤性的准公共产品,其支出供给方式应以市场提供为主,政府提供为辅。对大中型项目建设,政府可采取一定的投融资手段参与建设;对一些市场化程度较高、社会效益较大的项目,政府可采取参股方式提供资金支持;对完全由市场能解决的项目,政府可不安排资金投入。

(四)其他理论

1. 贫困循环理论。

"贫困循环"是经济学家纳克斯在 1953 年出版的《不发达国

家的资本形成》一文中,系统考察了发展中国家的贫困,探讨了贫困的根源和摆脱贫困的途径后提出的,是经济学家解释发展中国家贫困问题的最早尝试之一。

纳克斯认为,发展中国家之所以贫困,不是因为这些国家国内资源不足,而是因为其经济中存在着若干个互相联系和相互作用的"恶性循环"。而资本形成不足则是贫困恶性循环的中心环节。从资本的供给方面看,发展中国家人均实际收入低,低收入意味着低储蓄能力,低储蓄能力必然导致资本形成不足,从而导致生产规模和生产效率难以提高,生产率低又造成新的一轮低收入,这样周而复始地形成了"低收入—低储蓄—低资本形成—低生产率—低收入"这一恶性循环。从资本的需求来看,发展中国家人均收入低,低收入意味着低购买力,低购买力造成投资引诱不足,从而使生产率难以提高,又导致新一轮的低收入,形成一个"低收入—低购买力—投资引诱不足—低资本形成—低生产率—低产出—低收入"的恶性循环。①

因此,纳克斯得出一个著名的"一国穷是因为它穷"的命题。这个理论实际要说明,发展中国家要摆脱贫困,打破恶性循环,必须大规模地增加储蓄,扩大投资,促进资本形成。"贫困循环"理论反映了发展中国家贫困的重要特征,并初步探讨了产生贫困的根源和摆脱贫困的途径,但它过分强调了储蓄的作用和资本积累的重要性。

2. 持久收入假说(弗里德曼)。

持久收入的消费函数理论是由美国著名经济学家弗里德曼提

---

① 参见叶普万:《贫困经济学研究》,中国社会科学出版社 2004 年版,第30 页。

出来的。该理论假定的内容主要有:在人们的持久性收入与持久性消费之间存在稳定的比例关系,由于人们持久性收入是稳定增长的,人们对货币的需求也是稳定增加的,那么中央银行对货币的供给也应当是稳定增加的。弗里德曼通过对美国的统计资料分析得出结论:收入的变动对于人们对货币需求的影响作用要远远大于利率变动对于人们对货币需求的影响作用。

也就是说,理性的消费者为了实现效应最大化,不是根据现期的暂时性收入,而是根据长期能保持的收入水平即持久收入水平来作出消费决策的。家庭消费很大程度上取决于其长期预期(即持久的收入)。

3. 马斯洛的需求层次理论。

需求层次理论是美国人本主义心理学家马斯洛提出的一种很有影响的社会学思想。在马斯洛撰写的《激励与个人》一书中,他发展了亨利·默里关于人的需要的思想,把人的需要按照发生的顺序,由低级到高级呈梯状划分为五个层次,即生理需要、安全需要、社交需要、尊重需要和自我实现需要。他认为,在低层次需要获得相对满足之后,才能发展到较高层次的需要;但高层次的需要发展后,低层次的需要仍然继续存在,只是对行为的影响作用减低而已。

从马斯洛的五个需求层次看,社会保障的重要性就凸显出来。对于处在越低需求层次的人,社会保障发挥的作用越大,也只有社会保障才能保证这部分群体的最低生活需求。社会保障制度的建立,就是能够促进社会成员的需要获得满足并由低级向高级转移。

4. 公民权利论。

马歇尔的公民权利理论是福利国家制度最主要的价值基础,它既可以帮助人们从理论上来认识国家福利的发展,又可以为构建社会变迁和福利制度、经济政策和社会政策之间的关系提供理论基础。

马歇尔认为权利同人类的自由、平等和幸福有着密切的联系，它在本质上就是为保护人们生活的安全和幸福而被确认的。因此，权利同社会福利是紧密相连的，福利是人们作为社会性存在的一种权利，而权利是对反映人们的社会生活具有特殊重要性的基本需要和利益的社会福利的保护。马歇尔把公民资格分为公民权利、政治权利、社会权利。其中，社会权利是指从享受一点点经济福利和社会保障的权利到分享整个社会文明成果，并过上按主流标准制定的文明人的生活。他把公民资格三部分的发展分别纳入三个世纪，公民权利在 18 世纪，政治权利在 19 世纪，社会权利在 20 世纪。公民资格本质上包含了对平等的社会地位、平等的权利与义务的内在要求。

公民权利观念的形成是对 19 世纪以来人们所追求的福利权利的肯定，是以社会福利的实现为基本目标的普遍人权的表达，它从法律、政治和社会平等的立场肯定了福利作为公民基本权利的合法性与合理性。

二、马克思主义关于社会保障理论及思想

(一) 马克思的理论思想

马克思主义并不能归为社会保障理论流派，但其理论体系中，关于社会保障的一些思想对社会保障的实践和发展具有重要意义。马克思关注的是劳动力的价值与社会保障基金之间的关系，在论述社会产品的分配中涉及对劳动者的保障问题，并提出了"六项扣除"理论，为建立社会保障基金提供了理论依据。

1. 马克思的"六项扣除"理论。

社会保障是国家为履行社会保障职能，发展社会保障事业而

参与的国民收入再分配。在《哥达纲领批判》中，马克思指出："我们把'劳动所得'这个用语首先理解为劳动的产品，那么集体的劳动所得就是社会总产品。现在从它里面应该扣除：第一，用来补偿消费掉的生产资料的部分。第二，用来扩大生产的追加部分。第三，用来应付不幸事故、自然灾害等的后备基金或保险基金。"马克思强调，"从'不折不扣的劳动所得'中扣除这些部分，在经济上是必要的"，同时"剩下的总产品中的另一部分是用来作为消费资料的。在把这部分进行个人分配之前，还得从里面扣除；……为丧失劳动能力的人等等设立的基金，总之，就是现在属于所谓官办济贫事业的部分"①。在《资本论》中，马克思进一步强调剩余价值的一部分，从而剩余产品的一部分，必须充当后备基金或保险基金，"甚至在资本主义生产方式消灭之后，也必须继续存在的唯一部分"②。

上述的六项扣除理论，从客观上反映了马克思对社会保障必要性的肯定，认为建立社会保障后备基金是维护工人阶级根本利益的一项有效措施，并说明了社会保障是通过国民收入的分配与再分配手段实现的。

2. 阐明了社会保障与劳动力价值的关系。

马克思认为劳动力价值包括三个部分，即劳动者维持自身生存所必需的生活资料的价值、劳动者养活家属所必需的生活资料的价值、劳动者为了掌握一定生产技术所必需花费的受教育的训练费用。随着劳动者生活水平的不断提高，必要劳动将会扩大，这时劳动者的必要劳动不仅包括维持再生产所必需的生活资料价

---

① 《马克思恩格斯选集》第 3 卷，人民出版社 1995 年版，第 302—303 页。

② 《资本论》第三卷，人民出版社 2004 年版，第 960 页。

值,还应该包括劳动者丧失劳动能力后维持生存所必需的生活资料价值。因而劳动者的社会保障基金从本质上说是必要劳动创造价值的一部分,是劳动者应得的利益,说明了为劳动者建立社会保障基金账户,为劳动者缴纳一定比例的费用是政府的一项责任。

3. 最低工资问题。

马克思虽然指出平均最低工资应该由最必需的生活资料的价格来决定,最低工资必须能够满足工人最基本的生活需要,但是,马克思同时指出,最低工资所产生的结果是:它往往给工人带来直接的损失,并使他们必须在更加恶劣的条件下挣得工资。

4. 对资本主义福利制度批判。

以批判的态度对待资本主义国家,是马克思理论的基本立场。马克思等虽然承认资本主义国家一些福利制度和立法在一定时期里的积极作用,但是他们指出,在资本主义制度下,福利只是资产阶级进行统治的一项工具,通过福利政策给予工人阶级一定的利益,安抚工人阶级,压制工人运动,从而维护自身的统治。因此,马克思希望工人阶级能够积极地争取自身的利益,坚持自身的政治斗争目标。

(二)恩格斯和列宁的社会保障思想

恩格斯和列宁对社会保障也有许多精辟的论述。恩格斯在《反杜林论》中提出了建立社会保障后备基金的必要性。他指出:"劳动产品超出维持劳动的费用而形成剩余,以及社会生产基金和后备基金靠这种剩余中而形成和积累,过去和现在都是一切社会的、政治的和智力的发展的基础。"[1]列宁明确提出了社会保障的原则,指出:"最好的工人保险形式是国家保险;它是根据下列

---

① 《马克思恩格斯选集》第3卷,人民出版社1995年版,第538页。

原则建立的:(一)在工人丧失劳动力的一切情况(伤残、疾病、年老、残疾;还有女工的怀孕和生育;供养人死亡后所遗寡妇和孤儿的抚恤)下,或在他们因失业而失去工资的情况下,国家保险都应给工人以保障;(二)保险应包括一切雇佣劳动者及其家属;(三)对一切被保险人都应按照偿付全部工资的原则给予补偿,同时一切保险费应由企业主和国家负担;(四)各种保险应由统一的保险组织办理,这种组织应按区域和按被保险人完全自行管理的原则建立。"①

上述原则和思想虽然是针对第一次世界大战后资本主义社会条件下的情况提出的,但对现实中国农村社会保障制度的建设仍具有重要的指导意义。

第二节 国外和我国台湾农村社会保障的实践

一、发达国家农村社会保障的实践

(一)自由主义福利体制

以美国、加拿大等国家为代表。这些国家缺乏稳定的跨阶级联盟,国家福利主要以贫困线为贫穷者提供残补式的安全网。强调个人在市场中的权利,并寻求市场解决的方式,并且认为国家的介入愈少愈好。自由的福利体制国家是以市场扮演为核心,家庭与国家角色均是边际性的;自由福利体制的凝聚形成的主要方式是个人式的,即靠个人在市场得到福利与服务,其去商品化的程度是很小的。这一类型的国家是强调以资产调查的救助、有限支付移转或社会保险为主要社会政策。其特征是较高的就业率,较低

---

① 《列宁全集》第21卷,人民出版社1990年版,第155页。

的税赋,较低的社会支出规模以及较高的工资差异与所得不平等。

1. 美国。

(1)美国农村社会保障政策。美国由于农村人口占总人口中的比例一直很低(大致维持在 10% 以下),农业产值占国内生产总值的比重在 1990 年就只有 2%,城乡差距并不明显,城乡二元经济结构并不突出。因此,美国的社会保障制度基本上是覆盖全面的统一的社会保障制度,没有明显的农村社会保障制度和城市社会保障制度之分。美国强调个人自由,注重个人选择,其社会保障制度建立的时间较晚,到 20 世纪 30 年代资本主义经济危机时,美国才开始建立社会保障制度,并由国会通过了《社会保障法案》,意味着社会保障最终形成了一种制度。

美国的社会保障制度就内容来看,包括养老、医疗、失业、残疾、生育以及社会救济等保险项目;就涉及范围而言,是一种连同农民在内的全民社保制度,即农民同城市居民一样能够享受到养老保险、医疗保险、房屋保险等社会保障公共产品。其中的养老保险分国家强制性保险和个人储蓄性保险等三类。而医疗保障方面,国家虽没有一体化的医疗保险制度,但是目前已有包括农民在内的占人口总数 82% 的人享有医保。具体到美国农村,主要推行的是大病医疗保险制度,即购买大额健康保险。同时,美国农村医疗合作社在对农民的医疗保障上也发挥着重要作用。在其他农村基本社会保障方面,如对低收入农户等所需要的食品救助等,美国除联邦政府食品和营养局负责执行援助计划外,各地慈善机构也参与免费提供。①

----

① 参见黄立华:《美国农村公共产品的供给及启示》,《北方经贸》2007 年第 1 期。

（2）美国农业保险政策。美国农业保险启蒙于 1922 年，美国国会参议院组织专门委员会开始调研农业保险的实施问题。1933—1934 年的严重旱灾导致农业大幅度减产，推进了农作物保险的实施。1938 年，美国通过《联邦农作物保险法》，根据该法案，在农业部内设立了联邦农作物保险公司（简称 FCIC），由农业部长任命的董事组成的董事会负责管理。但经过 40 多年的发展，农作物保险事业在美国发展并不理想，直到 1980 年，美国开办的农作物保险范围仅限于不需要联邦财政补贴的地区和农作物上面。这虽然有利于遏制经营亏损，但它在农业生产中的作用就显得很薄弱。例如，到 1980 年，FCIC 也只为全美半数地区的 30 种农作物提供保险，就是在这些地区，农民的参与率也是很低的，投保的作物面积不过 10%，占总播种面积的 7%。1980 年后，美国再次修订《联邦农作物保险法》，决定将农业保险作为农业灾害保障的主要形式，并把保险项目扩展到所有农业占重要地位的县，原则上 FCIC 可以承保在美国生产的任何农产品商品（包括水产养殖）。为了鼓励农民参加农作物保险，该法规定，以作物平均产量的 50% 和 65% 为其保障水平的投保农民，政府补贴保费的 35%。保障水平为 75% 的投保农民，政府的保费补贴要少一些。从农业保险的业绩来看，1980 年以来取得了巨大的进步，1980 年承保的作物只有 30 种，到 2000 年已达到 100 种。2000 年承保的面积超过了 8094 万公顷，是 1980 年 1052 万公顷的 7.7 倍。承保的面积已占可保面积的 76%。2000 年保险总额达到 341 亿美元，是 1980 年的 10 倍。① 据统计，目前美国农作物可保品种已达百余个，投

---

① 参见王越：《中国农村社会保障制度建设研究》，中国农业出版社 2005 年版，第 104 页。

保农户有近 150 万户,参与率高达 75%。为了防止欺诈,减少道德风险,政府还拨专款用于农险数据建设,仅在 2004 年,美国便叫停了 9400 万美元的不当赔付。① 由此可见,美国农业保险可以给各国提供许多宝贵的经验。

2. 加拿大。

(1)加拿大农村社会保障制度的发展。从 1908 年到 1972 年,特别是第二次世界大战之后,加拿大逐步建立并完善了社会福利制度。20 世纪 40 年代和 50 年代,建立了工商业职业团体年金制度,1950 年开始兴办职业灾害保险,1952 年创建老人所得保障制度,1957 年设立联邦政府注册退休储蓄计划,1964 年通过加拿大社会救济法,1966 年创办国民年金制度,1971 年大幅度修正 1940 年创办的联邦失业保险法。由于农业生产的特殊性,不易判断农民是否失业,农民不能加入失业保险;农民因无固定雇主,不能受职业灾害保险和职业团体年金制度的保障,但从政治和社会的角度考虑,又不能忽视农民的福利。因而,加拿大于 20 世纪 50 年代末期逐步设立农民所得“安全网计划”,其目标是稳定并提高农民收入,减轻农民因农产品跌价或生产成本提高而造成的短期性所得损失。90 年代以前的农民所得政策以“社会救济”为主,“社会保险”为辅;而 90 年代则是政府分担保险费用,协助农民加入保险,以“社会保险”为主。

(2)加拿大农村社会保障相关政策。加拿大 50 年代末的农民所得“安全网计划”的目标是稳定并提高农民收入,这一计划的主要措施是 1957 年通过的《农村平稳法》,这一计划还包括《全国

---

① 参见黄立华:《美国农村公共产品的供给及启示》,《北方经贸》2007 年第 1 期。

三方协约平稳计划》和《西部谷物平衡法》。"安全网计划"的主要目的是减轻农民因农产品跌价或生产成本提高而造成的短期性所得损失。即政府补贴农产品价格,使农业劳动和资本投入能获得合理报酬;或者使农产品价格和生产成本之间维持合理比例。①

由于加拿大农业人口占全国劳动人口的比重由1961年的10%降低到1991年的4%,农业生产净值占国内生产净值的比例也逐渐下降,由70年代的1.3%降到0.2%,1987—1993年间,有四年农业生产净值为负数,即农业生产毛额少于农业生产成本。政府须常拨巨款补贴农民,财政负担过重。因此,90年代后,为保障农民收入,加拿大政府鼓励农民及农产品加工者依照市场需要决定农产品生产的种类和数量,以确保劳力和资本投入获得合理报酬,虽然政府的农业政策已不再影响农民对产销的决定,但政府仍须协助农民减轻产销风险所造成的损失。1991年4月,加拿大国会通过《农民所得保护法》(简称PIPA),政府将农民所得政策整合为两大计划:一是作物保险,借以减轻生产风险造成的损失;二是净所得稳定计划,借以鼓励农民在高收入时多储蓄,以备低收入时使用,并积存农民退休基金。②

此外,净所得稳定计划(简称NISP)是继1991年PIPA通过后,除作物保险外最重要的保障农民利益的政策。加拿大在20世纪40年代及50年代设立许多职业团体年金计划,使受雇者在工作期间由劳资双方支付保险费,而农民因无固定雇主而无法设立农民年金制度。NISP不但能保障农民可获得最低水平以上的收

---

① 参见丁文萱:《加拿大农民所得政策及对我国农村社会保障制度建设的启示》,《东方论坛》1999年第3期。

② 参见齐海鹏:《西方国家农村社会保障制度的比较分析及启示》,《中国集体经济》2007年第2期。

入,还能保障农民退休后的收入。因此,这个计划也称"农民年金计划",该计划由联邦政府、省政府和各产品农民代表组成的 NISA 委员会办理,参加年金计划的必须是从事农业、农业公司或农业合作社的成员。农民每年向委员会提出申请,自愿参加,也可随时申请退出。参加年金计划的每一位农民都有两个账户,第一账户记录农民的存款额,每年标准可存入政府规定的农产品净销售额的 2%,最高可存入 20%,但不得超过 25 万加元;第二账户记录联邦政府和省政府联合支付的"相对基金"、额外和普通利息收入。①例如,农民存入净销售额的 2%,联邦政府及省政府则分别由一般税收中资助相当于净销售额的 1%,作为相对基金存入第二账户,同时,联邦政府将第一账户存款利息的 3% 存入第二账户。为了限制政府拨付给高收入农民的相对基金,还规定每一农民在第一和第二账户的总金额不能超过过去 5 年平均净销售额的 1.5 倍。参加年金计划的农民提款使用时,必须向 NISA 委员会申请,如申请提款额多于可提款最高限额,只准按规定限额提款,账户可以转移和继承。农民年金计划是依照"自助、他助与互助"的原则建立起来的社会保险制度,保证农民及家属不因灾害和退休而中断收入。农民退休(65 岁)前,依照农产品销售额的法定比例缴纳年保险金,使农民因加入年金计划而得到实际的经济利益。②

3. 澳大利亚。

(1)澳大利亚农村社会保障政策概况。在社会保障制度的建立和发展方面,澳大利亚可以说是全世界的先驱。1901 年澳大利

---

① 参见吕文峰:《加拿大农民年金制度介绍》,台湾《农训月刊》1995 年 12 月。

② 参见丁文萱:《加拿大农民所得政策及对我国农村社会保障制度建设的启示》,《东方论坛》1999 年第 3 期。

亚联邦成立后,新南威尔士和维多利亚两州率先实行了养老金发放制度,这是澳大利亚社会保障制度的开端。1938 年,旨在建立社会保障体系的《国家健康与养老金法案》出台。该法案在社会保障体系等问题上多有突破原有福利制度之处,因而被认为是澳大利亚现代社会保障制度的起点。澳大利亚社会保障基本覆盖了所有居民,没有农业户口与非农业户口之别。凡是在澳大利亚出生,享有居住权以及移居澳大利亚满 10 年或者移居澳大利亚虽不满 10 年,但在此期间变成了老年人、残疾人和失业者的,都会被纳入联邦政府的社会保障范围。但是,要想真正享受到政府的保障,其收入和财产必须低于国家规定的贫困线。贫困线是动态的、相对的,由联邦政府视情况加以调整。①

澳大利亚的社会保障主要包括养老、医疗、失业、家庭保障、伤残保障、优待抚恤等。①养老金。澳大利亚联邦政府自 1908 年颁布《残疾抚恤金和养老金条例》起就确立了养老金制度。对男士年满 65 岁以上、妇女年满 60 岁以上的,实行养老金补贴政策。凡领取养老金者可以得到各种优惠待遇。②失业保障。凡通过财力审查并积极求职的失业者,可以领取失业救助,其主要类型有:求职补助、高龄失业者补助、青年就业补助等。③医疗保健。国家以税收形式从人们的收入中提取 1.5% 作为医疗基金。这种医疗保健制度包括支付在公立医院的医疗费以及医师门诊费的大部分。此外,联邦政府还提供一笔资金,补助指定药店的经营费用。④有抚养未成年子女义务的家庭,通过财力审查,可以享受包括家庭补助、儿童成长补助、生育补助、家庭税收优惠政策等在内的各项待

---

① 参见陆发才:《澳大利亚社会保障制度及启示》,《中国财政》1998 年第 12 期。

遇。⑤伤残保障。因残疾而工作困难的残疾人,通过财力审查,可以领取各项收入补助、交通费补助和护理费补助。各级政府还通过实施残疾人就业工程以帮助残疾人再就业。⑥优待抚恤。退伍军人和军人遗属可根据不同条件享受伤残抚恤金、遗属年金、特别养老金等各项待遇,并享有各项优待措施。⑦其他保障。包括:A. 住房补助、移民补助、救灾经费和特别救助等收入保障;B. 对社会保障对象的各项社会服务。①

(2)澳大利亚农村医疗保险政策。在医疗保险方面,澳大利亚政府制定了面向农村的一系列优惠政策。主要包括:①将农村地区居民获得基本的医疗、预防、妇幼保健、精神卫生以及安全饮用水和合理的营养等作为重点,并要求建立与农村地区初级卫生保健相关的社会支持系统。②联邦和州政府制定和实施了一系列的优惠政策措施,推动农村卫生专业队伍的建设和发展。在20世纪90年代末期,联邦政府为了实现其政治承诺,依托综合性的大学设立专门为农村培养卫生专业人才的学校,直接推动了一批高质实用人才的建设。③从需方角度而言,与城市地区的居民相比,联邦政府建立的医疗保健制度尽量减少农民的自付费用,减轻其疾病负担。从供方而言,在医疗保健制度的基础上,联邦政府和州政府还在农村开展许多公共卫生服务项目,如针对老年人和土著人的健康检查和评估项目,以使农村医疗卫生机构和专业人员能够从服务项目中获得更多的收入。④在人口较为集中的农村设立区域性和综合性的医疗中心,在较为偏僻的地方设立小型医疗机构,偏远地区则依靠皇家飞行医生、初级卫生保健站和当地社区等

---

① 参见吕学静:《各国社会保障制度》,经济管理出版社 2001 年版,第 331—335 页。

多种途径提供基本医疗卫生服务。⑤把提高土著人的健康保障水平作为农村卫生的重要内容,近年来联邦政府鼓励在土著人居住较为集中的地区建立社区自治性组织,发挥土著人自我管理、自我发展的积极作用,向土著人综合提供卫生、教育等各项社会服务,逐步建立起政府投入、社会支持以及土著人管理和受益相结合的运行机制。同时,联邦政府加大了土著医疗专业人员的培养、教育步伐,以使更多土著医疗专业人员为土著人提供优质的医疗卫生服务。①

（二）保守主义福利体制

包括历史上的合作主义(corporatism)和德国俾斯麦以来的家长式威权主义国家,如意大利、德国、奥地利和法国。这种类型的福利国家体制由保守立场占优势的政府所制定,以确保劳工阶级的忠诚以及中产阶级的支持。它强调社会整合和国家强力介入社会政策,希望通过阶级和地位(包括职业地位)分化的社会政策来形成合理的阶级结构并达到对国家的忠诚。一方面,国家希望取代市场成为福利供应者(例如提供基础公共年金,以及以社会保险方式提供的职业附加给付);另一方面,又赋予家庭承担起提供福利的责任,让家庭取代福利国家来提供各种服务。只有在家庭服务无能为力时,国家才提供辅助性的福利与服务,即依赖并极大化家庭主义所扮演的福利服务功能。这类福利体制国家的特征是较高的失业率,较低的女性劳动参与率,中度的税赋,中度的社会支出规模,社会安全体系以提供高所得替代率的所得转移为主,中度的所得不均与工资差异。

---

① 参见姚建红:《澳大利亚的农村卫生体制》,《中国初级卫生保健》2006 年第 7 期。

1. 意大利。

（1）意大利社会保障制度的发展。意大利的社会保险制度至今已有 100 多年的历史。早在 1859 年，议会就通过了老年退休法律，但并未实行，直到 1864 年才在政府公务人员中建立养老保险制度；1898 年建立工伤保险制度；1919 年建立私营企业养老保险和失业保险制度；随后陆续建立了残疾、遗属、疾病、生育、家庭津贴等社会保障制度。意大利现行社会保障体制主要是在第二次世界大战后逐步建立、发展和完善起来的。战后意大利宪法规定，每个劳动者在年老、残废、患病、遭遇工伤事故以及失业时，均有权取得救济和补助；每个公民均有权取得健康保障，贫困者可享受免费医疗；每个丧失劳动能力和生活无着的人，均有权得到抚恤和社会救济等。① 意大利现行社会保障体制涉及的范围很广，保障形式多达千余种，主要有：养老保险、医疗保健、失业补贴、工伤事故和职业病补贴、家庭补助、社会救济、免费义务教育、住房补助等。这对意大利经济和社会诸方面都起到了应有的积极作用。

（2）意大利农村社会保障政策。意大利南方比北方落后，全国农业人口占总人口的 5%。意大利的社会保障税收入，90% 用于养老金，10% 用于免费医疗。意大利农民与城市人口享受完全相同的义务教育、免费医疗和退休养老待遇，真正实现了城乡一体化。在义务教育方面，意大利实行 14 岁义务教育制，即 14 岁以前必须接受教育。义务教育免学费，但要交课本费、校车费和食宿费。在医疗卫生方面，意大利从 1957 年起对城乡居民实行统一的免费医疗体制。当然，免费医疗也不是一分不缴，是有一定限制条件的。全免费的情况有两种，一是对年纪大的人，即男年满 65 岁、

---

① 参见单建秀：《意大利社会保障情况》，《国际资料信息》1996 年第 9 期。

女年满 60 岁以上的人全免费。二是对大病、急诊全免费。哪怕是外国人在意大利出差旅游，没有购买保险，如果发生急诊，即使动手术也全免费。对日常的伤风感冒等小病不是全免费，一般要交相当于医药费用的 10% 左右，主要是挂号费。意大利的城乡免费医疗体制是一项很好的社会福利制度，但也给国家财政带来了沉重的包袱，很多大区(意大利分四级政府：中央、大区、省、市镇)已赤字累累。在退休养老方面，意大利对城乡居民实行统一的退休养老政策。目前的退休年龄是男 65 岁、女 60 岁，农民与城市居民完全一样。社会保障法规定，劳动者缴社会保障税 20 年，每年最少要缴 1500 欧元，这是享受基本社会保障的条件。对于缴税不足 20 年的，或从不缴该税的居民，退休后每月只能得到 230 欧元的最低档养老金。对缴税达到 20 年，且每年缴税 1500 欧元的居民，退休后每月可得到 450 欧元的养老金。一般情况下，农民每年缴 1500 欧元，多缴自愿，缴得越多退休后得到的养老金也越多。城市居民由于收入较高，每年缴纳的社会保障税一般都超过 1500 欧元，因而退休后每月得到的养老金比农民高。①

2. 德国。

(1)德国农村社会保障制度的发展。德国是世界上最早制定农村社会保障制度的国家之一。1886 年 5 月，《关于农业企业中被雇佣人员工伤事故保险法》的公布和生效，是德国农村社会保障体系的开端。此时，德国城市化水平已达 40% 以上，正处于经济快速发展时期，并在 1910 年，全国基本实现了城市化。1957 年 10 月，德国农村养老保险体系的建立标志着德国朝着建立一个独

① 参见丁国光：《公共财政怎样覆盖农村——有关意大利农村的调查报告》，《乡镇论坛》2007 年第 1 期。

立的、全面的农村社会保障体系方向迈出了重要的一步。①

（2）德国农村社会保障政策。目前，德国农村社会保障制度主要包括养老保险、医疗保险、事故保险、护理保险和生育保险五个项目，可以向农民和他们的家庭在生活发生变化时（生病、丧失劳动力、年老、死亡等）提供全面的保护。

在农村养老保险方面，建立于1957年的农场主辅助养老基金是专门以职业为导向确保农场主及其配偶以及在农场工作的家庭成员及其家属的社会保障。它们应被看做是对传统养老金的一种补偿。而且，农场主辅助养老基金是收入政策的一部分。标志着德国开始对独立经营的农业企业主及其共同从事农业生产的家庭成员实行一种特殊的老年保障制度，从此德国朝着建立一个独立的、全面的农村社会保障体系的方向迈进。1995年，农民老年援助更名为农民老年保障，被正式归入社会保险领域。农民老年保险的赔偿范围有：①包括康复在内的医疗；②职业和家庭援助；③年龄超过65岁人领取的养老金、提前退休养老金及伤残救济金、鳏寡抚恤金、孤儿抚恤金、法律已经宣告死亡的失踪者的抚恤金、过渡津贴以及为不能经营农场的幸存配偶提供的职业或家庭援助等；④为低收入农场主或其在农场工作的有投保义务的家庭成员提供的保险税款津贴；⑤给放弃财产及生产的农场主支付的养老金和补偿津贴。②

在农民医疗保险方面，德国在1972年建立了农民医疗保险体系，旨在降低农业企业的经济风险，因为在此之前，一个家庭成员

---

　　①　参见周振、谢家智：《国外农村社会保障制度比较及对重庆的启示》，《重庆社会科学》2007年第12期。

　　②　参见王越：《中国农村社会保障制度建设研究》，中国农业出版社2005年版，第232页。

的一场重病会很快危及企业的生存。在德国，对农民与对职工一样，在医疗保险资金的筹措方面也采用共同承担经济责任的原则，即每一个农民应该按照自己的经济能力缴纳一定的医疗保险费。高收入者多缴低收入者少缴，但所有参保人都有权获得同等的保险服务。这种制度设计，体现的是德国社会所推崇的互助共济、风险分担的"社会团结"理念。同时，德国的医疗保险机构按照所谓的收入替代标准，为农民确定了 20 个保险费等级，并且为每一个等级确定了应缴纳的保险费的数额，规定最高保险费数额不得低于最低保险费数额的 6 倍。与职工医疗保险不同，为了减轻农民的负担，联邦政府通过制定《农民医疗保险法》确定了国家为农民提供医疗保险津贴的原则。

农业事故保险是为农、林工作者设定的法定事故保险。它与为工商业者设立的法定事故保险相似，同属德国社会保障的一个分支。由于农业和林业的特殊条件，在许多情况下，需要有特殊的法规来处理农业社会保障中出现的问题。农业事故保险赔偿的范围主要为：一是负担受保人因工作事故或患有职业病而须支出的医疗费用；二是提供职业援助，即根据受保人的素质、才能和先前的职业，帮助他们重新找到工作，或者帮助伤者获得从事新的职业所应具备的素质资格。同时，农业事故保险基金的一部分重要职责就是：任命合格的专家、专业监督和审计人员到农场检查，确保遵守相关法规；提供培训课程，提高受保人的安全工作常识；通过建议、协商、咨询及借助新闻、广播和电视等媒体改善事故的防范；为农机设备制造商提供防范事故的安全建议。

在护理保险方面，1995 年，社会护理保险法颁布实施，农民被纳入保障之列。农村护理保险基金设在农村医疗保险基金之中。凡是参加农村医疗保险的成员均是农村护理保险的成员。

在生育保险方面,1986 年,联邦养育子女法开始适用于农民,养育子女的农妇(或者农夫)有权利获得养育补贴。[1]

在政策的执行上,依据农业发展政策的需要,政府针对不同的农村社会保险项目给予不同程度的援助。德国政府对养老和医疗保障的援助最多,其开支分别占各类公共福利总支出的 43% 和 23% ,而直接的贫困救助开支所占比例最低,只有 4% 。在德国看来,养老和医疗保险是与人力资源、经济发展联系在一起的,自然要给予特别的重视和援助。此外,农村投保人可以随着职业身份的转变,从农村社会保障体系灵活地转向普通社会保障体系。如一个农场主转变为一个工商业企业中的雇员,原先在农村养老保险体制中的缴费年限可以折算进普通养老保险。

3. 奥地利。

(1)奥地利社会保障制度的发展。奥地利是世界上较早建立社会保险的国家之一,早在 100 多年以前就开始兴办合作医疗,1887 年就开始颁布实施第一种险种:工伤保险,颁布时间之早仅次于德国,可以说它是世界上第二个实施保险的国家。经过 100 余年的发展,特别是 20 世纪 50、60 年代的发展,现在形成了四大种类完善的社会保障体系,即社会保险、社会福利、社会优抚和救济。[2]

(2)奥地利农村社会保障政策。奥地利的农村社会保障政策的提出也是较早的。早在 1928 年,维也纳、下奥地利、布尔根兰州政府就颁布了《农业工人事故保险法》,为农林业工人提供事故保

---

[1]　参见韦红:《德国农村社会保障政策的特点与启示》,《新视野》2007 年第 3 期。

[2]　参见曾柏苓:《奥地利社会保障制度的特点与启示》,《云南行政学院学报》2001 年第 1 期。

险服务,同时适用于自营就业的农民及其家属。在疾病和伤残保险方面,当时奥地利还没有专门针对自营就业的农民及其家属的强制性保险义务。在第二次世界大战之前,奥地利农民只自愿参加疾病保险,但保险思想日益受到农民的欢迎。到1965年,约1/5的农民自愿参加了疾病保险。1908年和1911年,政府围绕将农林业自营就业人口纳入法定养老保险的计划两度提起讨论。1954年4月,下奥地利农业协会提出通过置换产业来实现农民的老年养老保险。1955年,奥地利政府提交决议草案,但当时没有得到农业相关利益团体的同意,1957年再次审议时获得通过,并于1957年12月颁布实施《农业补充养老保险法》,由农业补充养老保险机构负责运营。被该部法律纳入保险义务范围的,除了农业企业主以外,还包括他们主业在农林业领域并在农林业企业中稳定就业的子女。该法的基本条件有以下三个:①在农林业领域稳定的就业关系;②通过置换产业获得住房与全部的生活消费;③除了共同劳动子女供养以外,未获其他老年供养福利。

于1971年开始实施的《农民养老保险法》属于强制性保险,农林业企业经营人员及其共同劳动的家属在年老、丧失就业能力和死亡时,依法为其本人或家属提供生活保障。农民养老保险的缴费,按照普通税务的统一标准分等级进行,并根据保险等级确定养老金计算基础。《农民养老保险法》也为农民在养老金不到某一最低水平时提供均衡补贴,但计算总收入时,不计入农林业的产业置换的收入。《养老金调整法》同样适用于农民养老保险。根据《工商业自营人员养老保险法》的模式,联邦政府也通过普通税收对农民养老保险提供专项资金。农民补充保险机构改为农民养老保险机构,并且根据《社会保险法通则》第29次修正案和《农民养老保险法》的两次修正,从1974年1月1日起,农民养老保险机构与农民疾病保险机构合并建立农民社会保险机构,同时负责为农民提供事故保险服务。1978 年 10 月 11 日,《农民疾病保险法》和《农民养老保险法》合并统一为《农业自营就业人员社会保险法》,并同时颁布实施。至此,奥地利养老保险体制已经实现了全民覆盖,各项政策措施也达到协调一致。①

4. 法国。

(1)法国社会保障制度的发展。从 20 世纪初的首次立法,经过近百年的建立、改革与完善,法国已经建立了一套完善的社会保障制度,在以社会保障完善而著称的西欧诸国中居于较领先的水平。目前,法国建成了面向全体公民、农民、自由职业者和公务员等人的四大类社会保障体系,涵盖医疗、养老、失业、工伤、家庭补助等各个方面。

(2)法国农业社会保险政策。法国农村社会保险是由"农业社会互助金管理处"管理,通过提供"农业社会互助金"的形式来实现的。"农业社会互助金"的主要保障范围是养老保险、医疗保险和家庭补助。参加保险的人数逾 600 万,占法国总人口的 10%左右。法国农业社会互助金由多方面构成:第一,农业人口所缴纳的各种保险金。这种保险金包括两种,一种是职业保险金,含疾病、工伤、残疾、丧偶、死亡、年老、生育、失业和家庭补贴等各项目;另一种是附加保险金,用于农村社会保险的管理、卫生和医务监督等。第二,人口补偿。即投保人投保比例较高的保险项目有义务在财政上支持投保人投保比例较低的项目,约占全部资金来源的28%。第三,家庭补贴。它由全国家庭补贴金库提供,约占全部资

---

① 参见祝亚雄:《奥地利养老保障制度研究》,复旦大学出版社 2007 年版,第 62— 63 页。

金来源的 4%。第四,国家财政预算补贴和国家对家庭的补贴,约占全部资金来源的 14%。第五,部分税收政策上的补贴,约占全部资金来源的 27%。从总体上看,法国农业社会互助金的外部来源占 3/4 左右,国家予以支持的部分接近 1/4,可见法国政府对稳定农业的重视。

法国农业社会互助金的保险对象和发放标准,分为领薪农业人员和非领薪农业人员两部分。领薪人员包括农业有限公司的经理、雇工和农校的学生、领薪的总经理以及这些成员的家属;非领薪人员包括农业雇主、农业经营者、农业企业主等。农业社会互助金的发放根据投保者所缴纳的保险金的内容不同,享受标准也不同。在条件具备的情况下,领薪人员可享受农业社会保险、家庭补贴和工伤补贴。非领薪人员可享受农业经营者的疾病保险、家庭补贴和农村养老保险。[1] 法国的农业保险不管形式如何,由于它是非盈利性的,所以法国对所有农业保险部门都实行了对其资本、存款、收入和财产免征一切赋税的政策,通过法律的形式给予保障,并制定了《农业保险法》。其中规定,农业保险的项目由国家法律规定,保险责任、再保险、保险费率、理赔计算及许多做法也用法律或法规予以确定。对一些关系到国计民生的大宗产品,国家实行强制性保险;对主要农作物(水稻、小麦、大麦、果树等)和主要饲养动物(牛、马、猪等),政府制定了强制保险的规定。[2]

法国的农村社会保险体制显得比较灵活。它的好处是对不同成员有不同的适应性,能调动参保主体的积极性,社会保险启动

---

① 参见齐海鹏:《西方国家农村社会保障制度的比较分析及启示》,《中国集体经济》2007 年第 2 期。

② 参见张晨光:《法国农业保险制度及经验》,《全球科技经济瞭望》2005 年第 1 期。

快,农民的社会保险收入可以维持在全社会保险收入的平均水准上;缺点是保险资金来源分散,管理成本高。

(三)社会民主主义福利体制

1. 瑞典。

(1)瑞典社会保障制度的发展。瑞典的福利制度起源较早,1884年,瑞典议会第一次讨论社会保障问题。1911年瑞典政府开始对某些由工人自发组织的互济会提供小额津贴。1913年,瑞典议会通过全世界第一个全国性社会保障计划——"全国养老基金方案"。1934年至1939年期间,政府先后公布了《失业保险法》、《家庭补贴法》和《妇女就业法》等,从而极大地丰富了社会保障法律体系。此后经过几十年的发展,瑞典已经建立起一个完善的社会保障体系。其特点是建立了以全体国民为对象的社会保障制度,涉及老年、残疾、儿童、妇女、贫困家庭等不同群体,不分城乡,全面实现整体生活的平等,保障全体国民的生活质量,实施着"从摇篮到坟墓"的社会保障计划。

(2)瑞典农村社会保障政策。瑞典和德国一样都有统一的农村社会保障管理机构,这种管理机构不仅能对各种农村社会保障项目进行统一管理,还能实现社会保障资金的统筹,解决因制度上存在的不足带来的不公平现象。

在养老保险方面,养老保险主要有基本养老保险和附加养老保险。基本养老金是按照《全国养老金法案》规定实施的一种普遍的义务保险,瑞典公民人人有份、数额相同。附加养老金是以瑞典全体国民一生收入的多少和纳税情况评算,这就与退休前的工薪收入水平相关,并能够反映退休者以前的工作技能、劳动性质等差别。这种计算方式促使人们终生努力工作多获薪酬,以便退休后多拿养老金。另外,对于没有资格领取附加养老金或只可领取很少一部分,但在生活中又有各种不幸的退休人员,可以享受养老金补贴、残疾津贴、住房补贴等,实现基本每位退休人员都能"老有所养"。

在医疗保险方面,瑞典医疗保障制度执行的是 1962 年颁布、1991 年修订的《疾病补偿法案》。按照法律规定,所有瑞典公民无论经济状况如何,居住地是农村或是城市,在医疗方面都享有平等权利。因此,瑞典医疗保障实行社会保险和普遍保障双重制度,并以现金补助和医疗照顾来实现。在瑞典,将近 90% 以上的医疗服务是由公立医院与公立卫生设施提供的,在公立医疗服务保健机构工作的医生占全国医生总数的 95%。瑞典医疗保险的适用项目包括现金补助和医疗补助两种。从资金来源看,现金补助的资金来源于受保人、雇主的缴纳和政府财政;医疗补助的资金来源于政府财政。然而,瑞典用于医疗保险的支出一般包括医疗费补助、医药费补助和疾病补贴等。对于独立劳动者和其他合格的非受雇人员(其中包括农民)不同于一般的受雇用人员,从因病失去能力的第 2—3 天起,支付其收入损失的 65%,从第 4 天起,支付其收入损失的 70%。最高日补助为 587 克朗,且补助要缴税。支付标准要明显低于受雇人员。[①]

2. 挪威。

(1)挪威社会保障制度的发展。挪威是世界上较早形成的"福利国家"之一,在 20 世纪 30 年代,政府就制定了许多社会福利立法。1948 年,挪威开始建立全民社会保障体系,并于 1967 年通过《全民社会保障法》。直到今天,它仍是挪威最重要的基本社

---

① 参见张燕、李晶晶、张汉江:《德国瑞典农村社会保障法律制度研究》,《中国乡镇企业》2008 年第 2 期。

会保障制度,对缩小挪威地区和贫富差距、确保经济发展以及所有居民的社会福利发挥了重要作用。挪威社会保障制度的宗旨是:①确保疾病患者的医疗护理,确保老弱病残者的生活;②使收入不足以维持最低生活水平的人获得必要的保障;③向社会贫困者提供帮助。其保障对象是全体居民,当然也包括挪威农民,不仅如此,还适用于和挪威签订社会保障互惠协议的国家的公民,如丹麦、芬兰、瑞典、美国、加拿大等国的公民。

(2)挪威社会保障政策。挪威非常重视通过提供平等的公共服务保证区域的均衡发展。因此,其农村与城市享有同等的公共服务与社会保障政策,同时,挪威政府还在农村采取了很多的就业措施。

挪威社会保障主要有以下形式:①养老金。一是基本养老金和赡养补贴。适用于16岁至66岁期间参加全民社会福利保险达3年以上者或在挪威居住20年以上者,参保40年以上者可获得全额基本养老金,余者递减。二是补充养老金。适用1966年后至少有3年的年收入高于当年基准数额者,工作40年以上者可领取全额,工龄低于40年则相应减少。三是特殊补贴。适用于没有或领取很少补充养老金的退休者,参保至少40年者可享受全额,参保年数越少,补贴就越少。②抚恤金。一是遗偶补贴,二是子女补贴。③伤残补助。包括基本补助、护理补助、伤残补贴。如因伤残导致大量的额外开销,可领取基本补助,如伤残者需特别照料,可领取护理补助。④康复补贴。一是医疗康复补贴,二是职业康复补贴。⑤患病医疗补助。凡加入全民社会保障者,均可享受在公立医院免费住院、治疗和用药。对于在公立医院之外看病、接受心理或物理治疗产生的费用,当事人需承担个人自理部分,其余部分由市政府或社保基金承担。个人自理费用实行封顶制,某些特殊疾病或人群(如儿童、孕妇)还可免交部分费用。⑥病休和产育现金补贴。一是病休补贴。二是照料补贴、护理补贴及培训补贴。三是产育或收养现金补贴。⑦失业救济。工作时间较前减少50%以上的被认为是失业者,失业救济根据其以前的工资收入、加上在过去 1 年或 3 年中平均每年领取的病休、产育、收养及失业补贴等计算。①

3. 丹麦。

(1)丹麦社会保障制度的发展。丹麦是一个经济发达、社会富裕的国家,尤其以农业闻名,其农业产品足够养活所有北欧国家的人口,但是从事农业生产的人只占总人口的 5%。丹麦在 20 世纪 50 年代以前是一个农业社会,具有农业社会的价值和传统,农业供销合作社在丹麦经济中占据重要地位。从 1840 年起,农业人口在地方政府中就有了发言权。1849 年丹麦宪法制定后,农民在全国政治中有了发言权。在丹麦,供销社和健康保险社、储蓄银行一样,是给人们提供自我帮助的工具。合作社在 19 世纪 70 年代得到迅速的发展,到了第二次世界大战前发展到 1900 多个,全国有 1/3 的家庭加入了合作社。丹麦的合作经济促成了农业的现代化并保护发展了农民的社会地位,从而也保存了农业文化,成为丹麦福利国家的文化根源。

丹麦的历史传统和经济社会条件决定了国家倾向于依赖农民,社会政策选择中间道路。1891 年,丹麦通过了养老金法,1892年,通过了健康保险法。到了 1917—1921 年,在俄国和德国革命的笼罩下,又通过协商,取消了贵族在其领地的特权,银行法和有限公司法也同时出现。这些内在的调和因素和外在的革命影响都体现在丹麦社会保障的发展过程中。到了 20 世纪 60 年代,妇女

---

① 参见张润森:《挪威的社会保障制度》,《世界经济文汇》1993 年第 4 期。

开始进入劳动力市场,这时的政府开始承担起家庭责任。

丹麦社会政策的指导原则是"所有的人都有权享受起码的生活水准",国家将保证这种原则的实现。在这一原则上建立起来的社会保障制度具有保障的普及性、社会服务的全面性、高度的政府作用、地方政府的作用等特点。

(2)丹麦的社会保障政策。丹麦的社会保障政策的内容包括各种社会转移支付、多种服务和照顾、对特殊人群的社会措施、健康服务和医院、住房政策以及教育和培训。丹麦的社会转移支付几乎百分之百地由政府资助,其中,75%来自于中央政府税收,25%来自于地方政府税收。转移支付额中最大的养老金计划遵循的原则是提供最高限度。养老金分三种,即基本养老金、年金附加和特殊年金。1995年,政府重新调整了三项养老金的支付额,支付额是根据需求确定的,不与收入挂钩。除了社会转移制度,丹麦社会保障制度的突出特点就是社会服务。社会服务的对象是老人和儿童。国家给老人和儿童的社会服务在社会支出中占了很大的百分比,主要原因是社会选择了给妇女以就业的完全平等权。[1]转移支付的水平以保证平等生活费支出为主要标准。一般来说,法定养老金收入占平均工资的48%,失业救济金收入占平均工资的70%,其他现金补贴收入占平均工资的39%—56%。20世纪80年代以来,转移支付在大幅度增长。其中一个重要的原因是失业率提高造成的。在转移支付项目中的最大项目是失业救济金、自愿提前退休金和养老金,大约占全部转移支付总额的3/4。[2]

---

① 参见周弘:《丹麦社会保障制度:过去、现在、未来》,《中国农村观察》1996年第2期。

② 参见吕学静:《各国社会保障制度》,经济管理出版社2001年版,第388页。

（四）东亚福利体制①

1. 日本。

（1）日本农村社会保障制度的发展。20世纪30年代至第二次世界大战结束前，为解决当时农村医疗设施不足以及农民医疗费用负担沉重等问题，日本首先建立了由农民参加的"普通国民健康保险互助会"（在城市建立的是"特别国民健康保险互助会"），但其覆盖面较小，保障程度很低。1938年制定的"国民健康保险法"标志着农村居民的公共医疗保险正式起步。第二次世界大战结束至20世纪60年代，为解决国民生活的极度困难，日本政府颁布了一系列法律，"生活保护法"、"国民健康保险法"等，并首次颁布了"国民养老金法"。到20世纪60年代，以农村公共医疗和养老保障为支柱的农村社会保障体系初步建立并开始得到迅速普及，从而进入了"国民皆保险"、"国民皆年金"的时代。20世纪70年代至今，日本整个社会保障体系不断得到补充、改革和完善，相继出台"儿童津贴法"、"老人保健法"、"护理保险法"等，并修改"国民养老金法"，使得国民养老保险成为全体国民共同的基础养老保险。

（2）日本农村社会保障政策。日本农村社会保障体系框架主要由社会保险（包括医疗、养老、护理保险）、公共援助（生活保护）、社会福祉（老人保健、儿童津贴）等组成。

第一是养老保险。日本从1942年开始推行养老保障制度，1961年建立了基础养老金（国民养老年金）制度，规定20岁以上的国民都有义务加入基础养老年金。在国民年金制度的保障对象

---

① "东亚福利体制"概念已被学术界认可，虽然东亚只有日本可被称为发达国家，但这里我们还是将其放在"东亚福利体制"来研究。

中,第一号被保险者就包括了自行从事工商业农林渔业的个体经营者及其妻子、学生等。保障内容包括老年、残疾及遗属生活困难,其经费来源由被保险者承担保险费的 2/3,国库负担 1/3,由中央政府中具体负责的机构,即厚生省社会保障厅管理。国民年金的给付主要由老年基础年金、残疾基础年金、遗属基础年金构成,对农民还有附加年金及基金给付,加入该制度满 40 年的保险者,退休后每月可领取 6.7 万日元的老年基础年金。

在年金保险制度中,专门设有农民年金基金制度。它的保障对象分为必须加入者和任意加入者。必须加入者即国民年金中的第一号被保险者。这部分基金来源主要是保险费和财政补贴,补贴比例依据参保者的年龄及参保年限而规定不同的补助标准,由都道府县和市町村农协来管理。年满 65 岁的农民每月除领取基础年金外,可再领取一定数额的"农民老龄养老金"。

第二是国民健康保险。它保障的是农民、个体经营者、无业者、不能享受"雇员健康保障"的退休人员及上述人员的直系亲属。保障内容包括生病、负伤、分娩和死亡等,其经费来源由保险费和国库各补助 50%。被保险人在享受医疗待遇时得自付部分医疗费用,自付比例为 30%。由全国各市町村地方政府进行管理。

第三是护理保险。它保障的是年满 40 岁以上的公民,也适用于广大农村的农业生产经营者,经费来源为国库负担 25%,都道府县和市町村各负担 12.5%,护理保险费 50%,由全国各市町村地方政府进行管理。护理服务的费用标准按服务类型及患者病患程度划分为 5 种不同类别,个人享受护理保险待遇时得负担所需费用的 10%。

第四是农村公共援助(生活保护)。其保护对象是全体国民,凡是家庭劳动所得扣除国家最低支出标准而收不抵支者均属于保障对象。其经费来源由国库补助 3/4,都道府县和市町村负担其余的 1/4,保障内容包括生活、住宅、教育、医疗、分娩和生产等,由全国各都道府县和市町村进行管理,业务实施机构为当地的"保健事务所"。

第五是农村福祉。其中的老人保健保障对象是 70 岁以上的老人,保障内容为老人在家保健和提供保健设施,费用由公共医疗保障机构负担 66%,国库负担 23%,都道府县和市町村各负担5.5%。儿童津贴保障对象是家庭收入低于规定标准的,生育第1、第 2、第 3 个孩子者及单亲家庭,费用由国库负担 4/6,都道府县和市町村各负担 1/6;保障内容为儿童抚养。

另外,日本民间的农业相互救济协会("农协")举办的人身共济保险,在农民养老及其他方面的保障中发挥了重要作用。它不以营利为目的,以市町村为单位开展活动,并得到了政府的大力支持。农协的成员主要是农民,在管理形式上分为基层农协、县级共济联合会和全国共济联合会,形成三级风险分散机制。实际上,农协是对老年生活需要和社会保障力量不足的弥补机制。[①]

2. 韩国。

(1)韩国的农村社会保障制度的发展。20 世纪 70、80 年代,随着经济快速发展,韩国逐步建立了医疗、就业、养老和贫困救济的社会保障体系。1973 年 12 月颁布《国民福利养老金法》,1975年实行私立学校教师养老金制度。1977 年开始实行健康保险,1979 年 1 月扩展到公务员和教师队伍,同年 7 月又扩展到规模在

① 参见林德明:《日本农村社会保障体系的发展历程及现状》,《世界农业》2004 年第 5 期。

300 人以上的公司中,1981 年覆盖面进一步扩展到有 16 名以上员工的小企业,1988 年 5 个员工以上的小企业也被覆盖;并通过先在几个农村地区进行试点,农村自营者也于 1988 年加入健康保险计划,韩国由此实现了社会健康保险覆盖全民的目标。国民退休金制度于 1995 年起适用于从事农业和渔业劳动者和农村的个体户。1999 年,韩国国民养老金制度覆盖到了全部劳动者。①

　　(2)韩国农村社会保障政策。在养老保险方面,韩国的国民养老金是公共养老金体系中的主体部分,覆盖了 18 岁以上的全体公民,当然包括从事农业和渔业劳动者和农村的个体户,这成为韩国老年社会经济保障的根基。在国民年金加入者中,私人部门雇员的保费由雇员与雇主按 1∶1 的比例分摊,自雇者(地域加入者)全部由本人负担,其中只有农渔业自营业者每月接受政府的小额补贴。这种养老基金属于自我保障类型。其国民养老金给付的起始年龄标准为男女均 60 岁,后逐步提高到 2033 年的 65 岁。养老金给付明显具有收入关联性质,对退休雇员的给付金额是受保人在工作期间由本人和雇主缴费的积累之和,以及缴费期间的保险费利息收入;自雇者的养老金给付则全部来自其退休前的缴费积累和相关的利息收入。养老金的数额与其中断收入前的收入水平相关。韩国的养老金给付,按照所有受保人上一年平均月收入与退休者整个缴费期间平均月收入之和的 1.8 倍计算,可长期给付或一次性给付;参加保险超过 20 年者,每超过 1 年,月补助额增加 5%,受退休者供养的无收入亲属(子女、父母或配偶)可享受增发年金的定额给付。在年金调整方面,韩国也根据价格变化调整补

---

① 　参见姜向群:《韩国养老保险制度的发展、特点、问题及与中国的比较分析》,《东北亚论坛》2003 年第 5 期。

助,年金保险费原则上每 5 年调整一次。养老金的一次性给付是收入关联制度的明显特征。[1]

在医疗保险方面。政府公务员和教师、普通雇员健康保险的筹资方式具有确定性,是直接按雇员和雇主收入的一定比例征收。普通雇员的平均缴费率依然保持在收入的 4% 之内。对于自营业者,由于不能得到他们收入水平的全部可靠信息,所以自营业者健康保险的缴费基数由财产和收入两个部分组成。财产包括自营业者家庭拥有的不动产和汽车;收入包括税后收入或评估收入。韩国的健康保险补偿水平制定得相对较低,补偿范围一般包括:内科、外科服务,产妇照顾,住院治疗,药品,针灸治疗等,还包括每隔两年一次的为被保险人和他们供养的 40 岁以上的所有亲属提供的体检。被保险人受益的天数从 2002 年开始已经不受限制。对于住院治疗的被保险人,自己承担 20% 的医疗费用;对于门诊病人,则依据医疗机构类型的不同有不同的费用分担方式:综合性医院,病人自己承担 55%,其他医院则在 40%。除此之外,病人必须完全承担未保险的医疗服务费用。[2]

3. 新加坡。

新加坡农村养老保险实行公积金模式,也是一种个人账户储备积累筹资模式。在基金管理和运营方面,新加坡是由政府操纵、垄断经营。新加坡从 1955 年开始实行中央公积金制度。该制度规定:政府机关、法定机构、企业等雇佣单位,在职工的薪金中必须按照规定的提取比例配发公积金,连同职工自负部分一起存入公

---

① 参见安增龙:《中国农村社会养老保险制度研究》,西北农林科技大学博士论文,2004 年 11 月。

② 参见林义:《农村社会保障的国际比较及启示研究》,中国劳动社会保障出版社 2006 年版。

积金专用账户。经过几十年的探索,中央公积金制度逐渐发展为综合性社会保障体系。

中央公积金的筹集。中央公积金由雇主和雇员共同缴纳,政府规定所有新加坡公民和永久居民都必须缴纳公积金,并存入个人账户。按照不同的用途,中央公积金分别记入三个不同的个人账户:(1)普通账户,可以用于购置产业、获批准的投资、保险、教育、转拨款项以供父母退休账户使用。(2)医疗储蓄账户,可以用于支付住院和医药方面的费用。(3)特别账户,可以作为晚年养老和应急之用。随着雇员年龄的变化,三个个人账户的记入比例也相应地调整。

中央公积金的使用。主要用于三个方面:(1)养老保险。新加坡政府规定,除完全丧失工作能力和永久离开新加坡这两种情况下可以提前支取公积金外,必须在年满55岁并且在退休账户中保留一笔最低存款,才能领取公积金。(2)医疗保险。医疗储蓄账户主要用于支付个人或家人的住院费用,包括病房费、医生费、外科手术费、各种治疗检查费等。为了保证退休者有一定的资金支付医疗费用,新加坡政府规定雇员在55岁退休时,其医疗储蓄账户中必须保留14000新币的存款。(3)住房保障。中央公积金可以用于两项购屋计划:一是公共住屋计划,可以用普通账户中的存款一次性购买付清建屋发展局提供的住房,或者先向建屋发展局贷款,再用缴纳的公积金按期偿还,这项计划还允许用公积金来支付由建屋发展局组织的组合房屋翻新费用;二是住宅产业计划,也就是用普通账户存款购买私人住宅产业及相关的费用。

公积金的投资和管理。公积金可以用于投资。会员可以根据自己的公积金储蓄情况,在中央公积金局提出的投资计划基础上,独立选择自己的公积金投资计划。为防止滥用公积金结余,政府还规定会员要将选择投资计划后公积金余额的 99% 购买政府债券。为了加强对公积金的管理,政府设立了中央公积金管理局。公积金管理局设理事会,由政府、职工代表、雇主、社会保障专家四方组成,主席由政府委任,公积金管理局日常工作由总经理负责。政府对公积金存款无权动用,只能以政府债券的形式有偿借用并如期归还。①

4. 中国台湾

(1)台湾社会保障制度发展。台湾于 1950 年首创劳工保险(目前参加者占人口的 34.8%),1958 年开办公教人员保险(占 2.7%),1985 年实施农民保险(占 7.7%)。同时,随着社会救助法的颁布施行和儿童福利法、少年福利法、老人福利法、身心障碍者保护法的实施,台湾省的社会福利日趋完善并制度化。随着半数以上的劳动人口在 20 世纪 90 年代初期进入服务业,台湾省逐渐构建起覆盖全民且较为规范的社会保障制度。1995 年,台湾省实施了全民健康保险制度;2002 年,颁布了《就业保险法》,形成了较为规范的失业保障制度;同年 6 月,通过了"年金法草案",力图在近期内建立全民养老保险制度。社会救助法也几经修订,逐渐增加了教育服务和就业服务等积极措施。②

(2)台湾农民健康保险政策。1985 年,台湾省开始试办农民健康保险,选定 41 个组织健全、财务结构良好、人员配置适当、辖区医疗资源充足的基层农会为投保单位,由台闽地区劳工保险局办理;1988 年,扩展到台闽地区全部农会会员。1993 年,"卫生署"成

---

① 参见张金海:《新加坡的社会保障制度》,《山东劳动保障》2001 年第 11 期。

② 参见郎大鹏、郝如玉:《台湾的社会保障制度》,《经营与管理》2007 年第 8 期。

立"中央健康保险局筹备处",筹设"中央健康保险局",专责办理全民健康保险业务,整合原有公保、劳保、农保健康保险;1995年,"中央健康保险局"正式成立,同年3月开始实施全民健康保险。

台湾省农民健康保险的保障范围为农会会员及年满15岁以上从事农业工作的农民。农民所属或户籍所在地基层农会为其投保单位。随着健康保险的保障范围几经扩大,到1995年,"农业委员会"会同"卫生署"发布《实际从事农业工作者申请参加全民健康保险认定标准及资格审查办法》,将申请被保险人的农民条件由全年投入农业生产资料人均达月投保金额3倍以上调整为2倍以上,同时取消未领有其他社会保险养老给付或老年给付的要求,再次扩大被保险人的适用范围。农民健康保险的保险项目分为生育、伤害、疾病、残废及死亡五种,并给予医疗给付与现金给付,前者包括伤害给付与疾病给付,后者包括生育、残废及丧葬津贴,其中现金给付较试办期间增列了残废给付项目。其基金来源于创立时政府一次拨付金额、当年保险费及其利息收入与保险给付支出结余、保险滞纳金、基金运营受益等。保险费由政府和农民共同负担,农民负担30%,政府补助由试办期间的50%提高到70%。

二、发展中国家和地区农村社会保障的实践

（一）印度农村社会保障制度

印度经济发展水平不高,贫富差距悬殊,但印度社会能基本保持多年来的和谐与稳定,其相对完善的社会保障体制功不可没。其中,对农民的社会保障措施有以下几个方面:

1. 农村养老保障。在国家老年养老金计划下,中央给州提供每人每个月75卢比的救助款作为各州支付65岁及以上的老年人的养老金,所有州和联邦领土也有各自的给付标准不一的养老金

计划。另外几个州还有对农业工人的养老金计划。此外,印度政府强制性规定,保险公司必须将业务拓展到农村地区。在5年时间内,保险公司必须在农村地区销售一小部分保单,比例须逐年增加。另外,印度的一些合资公司开发了专门针对农村市场的产品,渠道上也发展了一些非政府组织、基层政府组织以及社会团体。尽管这项政策的长期成败尚不明朗,但在2004年,印度农村寿险业的发展基本达到了政府的期望。

2. 农村医疗保障。初级保健是印度农村公共医疗卫生服务体系的基础。印度已经形成了三级医疗保健网,通过保健站、初级保健中心和社区保健中心三部分,免费向广大穷人提供医疗服务。此外,印度政府在2005年开始实施《国家农村健康计划》,对基本医疗保障系统进行建设性的改善。计划具体措施有:增加政府的公共医疗健康开支,减少在保健基础设施开支中的地方性不均衡;共享资源,优化保健系统中的人力资源,对保健项目管理实行分权和区域化;建立普遍性的公共健康服务体系;注重加强医药系统建设以推进医疗保健等。[1]

3. 农村就业保障。印度议会2005年以口头表决的方式批准了《全国农村就业保障法案》。根据要求,印度在未来5年内将斥巨资在全国200个农村地区通过修建公共设施、制作手工产品等途径,以确保7.2亿农村人口每个家庭都能获得100天的就业机会,通过参与那些只需一般技能的工作,使其每天能领取最低工资以解决其温饱问题。[2]

---

[1] 参见张乐:《印度社会保障体系概述》,《南亚研究季刊》2006年第2期。
[2] 参见陈继辉:《印度要给农民发工资,每年工作至少100天》,《环球时报》2005年8月26日,第4版。

4. 最低生活保障。《国家最低保障计划》确保要使社会中（尤其是农村地区）最贫困的人受益。计划主要集中在千年发展目标上，即要使贫困线以下的穷人数额减半以及普及初等教育等。

5. 农业保险。国家农业保险计划从 1999/2000 年的雨季开始实施，其目的是为农民在面临由于自然灾害、病虫害而造成的损失时提供保险项目和资金支持，同时帮助农民稳定收入，特别是在灾年时。[①]

（二）南非农村社会保障制度

南非城市化程度较高，农村人口的绝对数及占总人口的比例均呈下降趋势。2001 年，全国农村人口 1987.6 万，占总人口的 44.8%。从人文发展指数看，南非农村总体发展水平高于发展中国家平均水平，城乡差别也不是很大。南非没有专门针对农民的社会保障体系，但政府的扶贫政策向农村地区倾斜。全国统一的社会保障措施有：

1. 社会福利。以提供各类社会补助为主要形式：（1）老年补助。不享受其他养老津贴的 60 岁以上的女性和 65 岁以上的男性公民，每月可领取 700 兰特补助。（2）残疾补助。18 岁以上经医学诊断为残疾的公民，每月可领取 700 兰特补助。（3）老兵补助。曾参加第二次世界大战或朝鲜战争、60 岁以上或有残疾的老兵，每月可领取 638 兰特补助。（4）儿童抚养补助。有 7 岁以下子女、月收入 800 兰特以下的城市家庭和 1100 兰特以下的农村家庭，每月可获 160 兰特补助，2006 年将逐步扩大到 14 岁以下儿童。（5）领养补助。有 18 岁以下领养子女的家庭，每月可获 450 兰特补助。（6）照料补助。有 18 岁以下残疾且需人照料的子女

---

① 　参见乐波:《印度的农业保险》,《世界农业》2007 年第 1 期。

的家庭,每月可获 620 兰特补助。(7)领取前三类补助者,如果不能自理、需他人照料,每月还可获 120 兰特额外补助。除补助外,南非对在公立医院就医的 6 岁以下儿童、孕妇和残疾人实行免费医疗。

2. 社会保险。(1)失业保险。每月工作 24 小时以上者均须入保,雇主和雇员分别缴纳相当于雇员月收入 1% 的保费。(2)职业伤害和疾病补偿。雇主向国家专门设立的专项基金缴纳费用,对因工作中的事故而受伤或患职业疾病的雇员给予补偿。(3)道路交通事故补偿。通过对燃油征税建立专项基金,对因司机过失造成交通事故的受害者给予补偿。

3. 社会救济。对因仍在等待永久性补助、因伤病半年内不能工作、因遭遇自然灾害等原因而基本生活需要不能满足的个人或家庭,提供一定金额的临时性补助。

此外,南非采取了一些积极的措施来缓解农村失业问题:(1)加快土地改革进程。通过重新分配土地、偿还土地和土地使用权改革,造就一批黑人农场主;保障在白人农场劳作的农业工人及佃农的土地使用权。(2)发展小型扶贫项目。一些省级政府指导、扶持黑人农民发展种菜、养鸡等小规模农场,组织农村妇女开展缝纫等副业。(3)通过修建基础设施等公共工程项目创造短期就业机会。(4)促进产业发展,提高经济吸收劳动力的能力。(5)通过教育培训提高劳动力素质。(6)改造并健全劳动力市场。[1]

(三)巴西的农村社会保障

1960 年,巴西政府颁布《社会保障法》,开始全面实施社会保

---

[1]　参见李新烽:《南非土地制度研究》,中国社会科学院研究生院博士论文,2000 年 5 月,第 67 页。

障制度。从 20 世纪 70 年代开始,根据农业工人参加社会保险的法令,巴西的社会保障在农村得到了较快的发展,1971 年成立了农村福利协会。1988 年颁布新宪法,规定从此时开始,乡下的农民也必须缴纳保险费,逐步实现城乡居民利益的均等化。

1. 医疗保险制度。巴西的医疗保险制度建立于 20 世纪 20 年代。巴西医疗保险制度的特点是,不论贫富都享有医疗保障的权利,医疗保险覆盖面广,发展速度快,待遇水平较高。

首先,医疗保险制度的管理和医疗服务的提供,是由社会福利部管理,自办医疗保险机构的保险医院分为高、中、初三个层次,此外还有一些与政府签订分包合同的私人医院和医生。居民患病后,必须按照规定的程序就诊,否则一切费用自理。其次,巴西农民医疗保险费用是以税收附加的形式缴纳保险金,再加国家财政适当补贴。国家税收和财政补助约占保险基金总数的 22%。医疗保险基金采用集中收缴、分散包干使用的办法。[1]

2. 非缴费型社会救助年金。农村非缴费型社会救助年金成为巴西农村社会保障的重要特色,受到国际劳工组织等众多机构的重视。

3. 巴西的农村年金计划。1971 年,巴西军政府颁布法令,由农村劳动者社会保障基金为农村人口及其家庭提供养老金。1988 年,巴西新宪法把"社会保障制度必须为农村家庭提供经济保障"作为一条重要原则,改善了农村年金计划。对农村居民而言,扩大了养老金的覆盖范围,降低了农民领取养老金的年龄,承认农民也有权享受法定最低工资保障,并在缴费和给付方面作了特殊规定,

---

① 参见杨惠芳、陈才庚:《墨西哥和巴西的农村医疗保险制度及其对中国建立农村新型合作医疗制度的几点启示》,《拉丁美洲研究》2004 年第 5 期。

提高了农民的保障水平。

4. 社会救助年金计划。最初由军政府在 1974 年首先引入。1993 年,巴西通过新的《社会救助法》,确定建立社会救助年金计划。该计划资金全部来源于中央政府,其中包括一项最低转移支付,由联邦政府支付给 67 岁及以上的农村(或城镇)老年人以及无法独立生活或工作的残疾人,在实施中需要进行家庭收入调查。救助发放的评估体系较为健全,每年对救助发放进行一次重新评估。

5. 巴西的农业保险。受国家财力和地区发展不平衡的影响,巴西农业保险主要在较发达地区实行。主要由联邦中央银行独家负责农业保险。农业保险范围以生产成本为上限,政府和农民各自负担50%的保险金,从而促进农民通过参加农业保险降低生产风险。[1]

第三节　国外农村社会保障政策的启示

一、各福利体制国家社会保障政策的特点

(一)自由主义福利体制国家社会保障政策特点

"自由主义"福利国家以美国、加拿大等国家为代表,这些国家缺乏稳定的跨阶级联盟,受自由主义思潮的影响,它强调个人在市场中的权利,寻求市场解决的方式,并且认为国家的介入愈少愈好。因此,自由主义福利体制凝聚形成的主要方式是个人式的,即靠个人在市场得到福利与服务,其去商品化的程度是很小的。

---

[1]　参见张红宇、陈良彪:《巴西农民收入支持政策及启示》,《世界农业》2004年第 10 期。

自由主义福利国家提供的福利,主要是根据贫困线为贫穷者提供残补式的安全网,居支配地位的是经济调查式的社会救助、有少量的普救式转移支付或作用有限的社会保险计划。给付主要提供给那些低收入的、依靠国家救助的受保护者,通常是工人阶级。这一类福利体制国家有较高的就业率,较低的税赋,较低的社会支出规模以及较高的工资差异与所得不平等。从政府、家庭与市场三个向度上说,在自由主义福利国家中,市场扮演了核心角色,家庭和国家都是边际性的。

从以上对美国、加拿大、澳大利亚的农村社会保障政策的介绍中可以看出,自由主义福利国家强调社会保障主要是个人的事,应以自保为主,国家予以资助。强调劳动者个人在社会保险方面的不可替代的责任,包括对农民的保障制度。

(二)保守主义福利体制国家社会保障政策特点

这种体制类型的国家包括奥地利、法国、德国和意大利。政策由保守立场占优势的政府所制定,以确保劳工阶级的忠诚以及中产阶级的支持。强调社会整合和国家的强力介入社会政策,希望通过阶级和地位分化(包括职业地位)的社会政策来形成合理的阶级结构。

在提供福利方面,实行保守主义福利体制的国家,一方面,政府希望取代市场成为福利供应者(例如提供基础公共年金,以及以社会保险方式提供的职业附加给付);而另一方面又赋予家庭承担起提供福利的责任,让家庭取代福利国家来提供各种服务。只有在家庭服务无能为力时,国家才提供辅助性的福利与服务,即依赖并极大化家庭主义所扮演的福利服务功能。

如对于农民社会保险的提供,保守主义国家政府坚持个人与政府共同负担的原则,劳动者享受社会保险的权利与承担社会保险费缴纳的义务对等。享受社会保险的待遇水准与社会保险费的缴纳情况及个人收入的多少相联系;社会保险缴费中记录个人缴费情况,不建立以付给为目的的个人账户;社会保险基金的筹集以现收现付为主,在受保成员中调剂使用,体现出成员间互助互济、共担风险的原则。

（三）社会民主主义福利体制国家社会保障政策特点

社会民主主义福利国家是以斯堪地纳维亚国家为代表的,主要是指瑞典、挪威和丹麦等国。在这些国家中,由于有劳工阶级的社会力量发展所形成的阶级基础,并且有社会民主党长期执政和形成的全国共识,即借助社会权的扩张与国家通过收入再分配政策而提供普遍式的社会福利与服务来实现全国的凝聚或团结。

受《贝弗里奇报告》的影响,这类国家的福利提供具有很高的非商品化特征,它坚持普救主义原则的社会给付,向所有人提供基本的、相同数量的给付,寻求最高平等标准。其社会安全体系以相当慷慨的社会服务为主,低度的所得不均与工资差异。而且,社会民主福利国家体制提供大量的社会服务和工作机会,不仅满足家庭需求,而且也允许妇女选择去工作而不是照顾其家庭。最著名的范例就是瑞典和挪威,瑞典这种全民性保险金和广泛而优厚的补贴制度,使瑞典的所有公民都有权获得基本生活保障,由国家承担各种风险。

（四）东亚福利体制国家农村社会保障政策特点

东亚被称为生产主义的福利资本主义,有些学者将东亚福利国家称为“发展型国家”,而不是真正意义上的“福利型国家”。因为东亚的福利体制是生产性的,社会政策是服务于经济发展的。

东亚国家的社会福利支出规模都比较小,因为它们优先考虑的是将有限的资源用于发展经济而不是福利方面;同时对市场提供福利的干预和管制却很严格;东亚福利国家的社会保障制度不是普世的,它针对不同的社会阶层而设立,条块分割,国家公职人员享有一定的特权,而自雇者的福利制度与较快的经济增长相比则显得比较落后。与欧洲国家相比,家庭在东亚的福利中扮演重要的角色,"家庭化"倾向比较严重,即家庭福利状况独立于市场的程度比较低。福利发展的方案总是片断性的、零散的不成体系。

二、国外农村社会保障政策的比较

（一）国外农村社会保障政策的共性

根据对几个主要国家的农村社会保障制度分析,其政策的共性集中体现在以下几个方面:

第一,各国的农村社会保障政策的建立都经历了较长的时间。从各国社会保障政策的发展历程来看,有一个共同的特点就是:社会保障政策从工业延伸到农业,从城市延伸到乡村,一般都经历了漫长的过程,存在一个很长的时间差。例如:美国在1935年开办职工养老保险,直到1990年才全面建立了农村社会养老保险政策,时差为55年,但美国自1965年建立了城市社会医疗保险后,至今仍没有专门的农村社会医疗保险;德国早在1883年就颁布了工人的《疾病保险法》,为工人建立社会医疗保险,直到1957年才建立了农村社会养老保险,其间经历了74年;日本在1941年开办了厚生年保险金,1971年才建立农村社会养老保险,其间时差为30年。而中国台湾地区也用了44年的时间。

第二,农村社会保障政策体系的内容大致相同。各国农村社会保障项目大致都包括农村居民最低生活保障、养老保障、医疗保障、社会救助、社会福利和农业保险等项目,其中农村养老保险、最低生活保障和医疗保险是农村社会保障政策的核心。农业保险是生产环节的重要风险补救机制,并多在发达国家得到实施。

第三,这些国家基本上都通过立法来确保农村社会保障的发展。如美国的《社会保障法案》、日本的《国民养老年金法》等,都为本国社会保障的发展奠定了重要的法律基础,为农村社会保障的顺利推进发挥了重要作用。

第四,各国建立农村社会保障时,有一定的经济发展原因。联邦德国是最早建立农村社会养老保险的国家,1957 年,农业在其GDP 中的份额仅为 5.7%,农业劳动力结构份额为 13.7%,而工业产值份额却为 54.5%,工业劳动力结构为 47.3%,此时的德国已是十分发达的工业化国家,农业的发展完全依靠工业剩余的支援。日本是在 1971 年建立农村社会养老保险,当时日本农业在国民经济中的地位很低,农业占 GDP 的比重由 20 世纪 50 年代初的25.6% 下降为 14.4%。农业生产增长率在 1951—1961 年间平均为 3.6%,1961—1970 年间平均为 3%,1971 年比上年负增长 6%。丹麦是一个古老的农业国,农业在国民经济中一直占有重要的地位,但农业 GDP 的比重由 1960 年的 14.0% 下跌到 1976 年的6.9%,农业的地位也迅速下降。波兰政府也是 20 世纪 70 年代中期建立农村社会养老保险,其农业份额也只有 14.5%。由此可见,各国在建立农村社会保障政策时,农业问题比较突出,发展农村社会保障正是以工补农的一种战略措施的表现,是工业反哺农业的一个重要组成部分。①

第五,大部分国家对农民的社会养老保险进行了大幅度的补贴。一是农民社会养老保险是为老年人提供财力支持的体系。在

---

① 参见王越:《中国农村社会保障制度建设研究》,中国农业出版社 2005 年版,第 112 页。

国家经济快速发展过程中,由于工业化、城市化等因素使得农村老年人口比例大幅上升,由此引起农业劳动力老化,农业劳动生产率低下,农村老人生活贫困日益加剧等诸多农村社会问题,严重地困扰及阻碍着各国经济的进一步发展。由此,各国政府为解决农村问题,对农民社会养老保险进行补贴,旨在促进农民参加该项保险,解除青年农民的后顾之忧。二是农村社会养老保险难以实行个人养老保险的形式。农民社会养老保险的承保对象是农民,农民的低收入特点决定着政府应为该项保险进行补贴。农民收入低下,购买保险能力受到限制,在实行自愿投保而无保费补贴情况下,往往投保的积极性不高,从而造成农民的社会养老保险有效需求不足。三是农村社会养老保险是国家促进农业发展的重要经济政策。要保持国民经济的稳定持续发展,农业的基础地位是不容忽视的。实施积极的,包括农民养老保险在内的农村社会保障政策是必要的。①

(二)国外农村社会保障政策的差异

首先,农村社会保障建立的经济基础不同。西方发达国家的农村社会保障是建立在以私有制经济为主体,市场经济充分发展,生产力水平很高的基础之上的;而发展中国家的农村社会保障则是建立在农村生产力不发达,市场经济不完善,有的甚至是以公有制经济为主体的计划经济基础之上的,如社会主义国家的越南、朝鲜等,因而必然导致农村社会保障建设水平上的巨大差异。

其次,农村社会保障建设的范围不同。西方发达国家的农村社会保障,非常重视农业保险;虽然对保险对象也作了一些限制,

---

① 参见安增龙:《中国农村社会养老保险制度研究》,西北农林科技大学博士论文,2004年11月。

但加上各种辅助保障政策,实际上仍包括了农民在内的全体公民。而发展中国家由于现有的生产力水平还不高,从整体上看还处于低收入的贫困阶段,涉及农村社会保障的较多项目还未建立起来,覆盖面也只是限于极为贫困的农村居民,远远不能满足农村的正常社会保障需求。

再次,农村社会保障的筹资模式不同。目前世界上 160 多个国家建立了社会保障,其中开征社会保险税筹集资金的国家占一半以上。在一些经济发达的西方国家,社会保险税占全部税收的 1/3 以上,如英、美等国。从筹资模式来看,英、美等国主要靠征收社会保险税筹集社会保险金,而德国、日本则靠雇主和农民缴费筹集社会保险金,新加坡、智利等国则是靠强制储蓄来筹集社会保险金。因此,农村社会保险金的筹集模式存在明显的差异。

三、对我国农村社会保障建设的启示

第一,农村社会保障政策构建必须尊重国情,建立在本国的生产力发展水平之上。虽然在西方国家社会保障的发展历程中,农村社会养老保险的发展滞后于城市是普遍现象,但我们得清楚地看到西方发达国家的经济实力和农业发展的状况:西方发达国家农民具有面积很大并拥有所有权的土地和大量农用机具等财产,其农业产出率远远高于在细小规模上"土地家庭联产承包"的中国农业,这些国家农民的生活水平不低于甚至高于城镇居民,农村社会养老保险对他们来说在一定程度上是社会公平的一种象征。另外,西方发达国家即使在工业化之前,其农民的绝对数和相对比例都无法与中国相比,且发达国家的工业化完成于人口老龄化的低速增长期,而中国的工业化将要完成于人口老龄化高峰期,中国工业化过程中要承受比发达国家大得多的养老压力。因此,中国

农村社会养老保险的缺失对工业化和社会稳定造成的威胁大大高于过去的西方国家。所以,我国应该根据自己国家的国情和特色,结合自己社会的传统,在继承的基础上顺应时代的潮流加以改革创新,努力探索适应我国生产力水平和经济实力的农村社会保障制度建设道路。

第二,农村社会养老保险的建立必须立法先行。西方发达国家都有一套较为完整的社会保障法律体系。例如,日本共有283个涉及社会保障的法规,从保险对象、保险项目、险种的费用,保险给付条件和给付标准,到基金的经营、管理等社会保障的各方面,都以法律的形式固定下来。市场经济是法制经济,社会保障政策的良性运行离不开健全的法制,社会保障的标准、实施对象、保障项目、操作程序以及相应的权责利都必须依靠法律事先确定下来,才能确保农村社会保障工作依法有序地运行下去。所以,明确保护农民相关利益的法律是农村社会保障得以确立的首要条件。

第三,努力追求农村社会保障的社会化及资金来源的多元化。现代社会保障事业是全体社会成员的共同事业,一些国家鼓励本国社会成员主动参与社会保障事务,包括参与分担缴费、参与经办保障事务、参与管理和监督社会保障政策的实施等,社会保障不再单纯是政府的责任。这种做法使社会保障事业具备了更为坚实的社会、经济基础。农村社会保障的基金来源,应坚持以政府负担为基础,农村集体经济、投保者个人为重要补充的三方共同负担的原则。

第四,必须以渐进的方式推进城乡社会保障政策的衔接。西方国家并不是一开始就建立了城乡统一的社会保障体系,即便是农业人口比重较低的美国,也是城市社会保障的建设早于农村社会保障,只不过发展到现在城乡社会保障的区分并不明显,几乎达到了完全统一的程度。但目前大多数国家农村和城市社会保障并未完全统一起来,而是在发展中让农村社会保障逐步与城市社会保障进行有机衔接。我国是一个拥有 13 亿人口的大国,要使社会保障政策立即覆盖全社会是不现实的,应借鉴西方的做法,渐进式地推进城乡建立起有区别的社会保障,随着生产力的发展和"以工补农"政策的推进,逐步在保障项目和保障内容上实现城乡社会保障的衔接,为最终实现全民保障和全国统一的社会保障奠定坚实的基础。这是一个长期的发展历程,分阶段地推进统一的社会保障建设是十分必要的,是符合中国城乡生产力发展的现实差异的,也是我国逐步实现共同富裕的重要战略思路。

第二章 我国农村社会保障政策的沿革与发展

我国是典型的"二元结构"的发展中国家,城乡差距大,不仅表现在经济、文化上,也表现在政府的政策上,如我国的社会保障制度,长期集中在城镇,城镇居民受惠颇多。而作为我国社会保障制度重要组成部分的农村社会保障体系,其建设历程始终不尽如人意,占全国总人口70%的农民始终处于社会保障制度的边缘。

针对社会保障存在的城乡二元结构、城乡社会保障发展不平衡、农村社会保障比较滞后等情况,近年来,按照党中央、国务院关于统筹城乡发展的要求,各地结合农村经济社会发展的实际,积极探索实行与城镇有别的社会保障制度:一是自20世纪90年代起,国务院决定在部分地区进行农村社会养老保险试点;二是自2002年起,国家为了保障农民的基本医疗需求,缓解农民因病致贫、因病返贫问题,开始在中西部地区和东部贫困地区试行以大病统筹为主的新型农村合作医疗制度;三是自2007年起,在全国范围内建立农村最低生活保障制度;四是一些地方积极探索试点农民工的社会保险和失地农民基本生活保障制度,等等。上述试点积累了一定的经验,为加快农村社会保障制度建设奠定了坚实的基础。①

---

① 参见刘波:《加快农村社会保障制度建设》,《光明日报》2007年12月9日。

2002 年 11 月,党的十六大报告提出,建立健全同经济发展水平相适应的社会保障体系是"社会稳定和国家长治久安的重要保证"。十届全国人大四次会议通过的《中华人民共和国国民经济和社会发展第十一个五年规划纲要》明确要求,发展农村社会保障,探索建立与农村经济发展水平相适应、与其他保障措施相配套的农村养老保险制度。基本建立新型农村合作医疗制度。有条件的地方要建立农村最低生活保障制度。完善农村"五保户"供养、特困户生活补助、灾民救助等社会救助体系。党中央、国务院的上述要求,为加快农村社会保障制度建设提供了政策指导以及应当遵循的基本原则和方针。党的十六届五中全会通过的《中共中央关于制定国民经济和社会发展第十一个五年规划的建议》指出:认真解决进城务工人员的社会保障问题。有条件的地方要积极探索建立农村最低生活保障制度。2006 年 10 月召开的党的十六届六中全会指出,加紧建设社会保障制度是实现和谐社会的一项重要任务。2007 年 7 月 11 日,国务院发出《关于在全国建立农村最低生活保障制度的通知》,要求将符合条件的农村贫困人口全部纳入保障范围,稳定、持久、有效地解决全国农村贫困人口的温饱问题。在城市社会保障体系已基本形成的情况下,在全国建立农村最低生活保障制度,既能率先在基本生活救助制度方面实现城乡困难群众同等待遇,逐步缩小城乡公共服务差距,也是为建立适应社会主义市场经济体制的覆盖城乡居民的社会保障体系作出新的探索。党的十七大报告提出:社会建设与人民幸福安康息息相关。必须在经济发展的基础上,更加注重社会建设——努力使全体人民学有所教、劳有所得、病有所医、老有所养、住有所居。

正确认识我国农村社会保障政策的现状及其中存在的问题,深入分析产生这些问题的原因,对于促进农村社会保障事业发展,大力推进社会主义新农村建设,具有十分重要的现实意义。

第一节　我国农村社会保障政策的形成与发展

一、"五保户"政策

我国的"五保户"政策是党和政府在对贫困人口救济过程中,逐步探索建立起来的具有中国特色的一项政策。它是国家对农村无法定抚养人或扶养人、无劳动能力、无生活来源的老人、孤儿和残疾人实施供养的政策,不但是我国传统农村社会救济政策中一项经常化和制度化的措施,也是今天构建农村社会保障体系中的重要一环。我国的"五保户"政策自 1956 年起开始实施,至今已有 50 多年的发展历程,其中经历了数次的调整和变动。其发展历程大致可分为以下三个阶段:

（一）1956—1978 年的形成和发展阶段

1956 年 1 月 23 日,中央政治局提出的《1956 年——1967 年全国农业发展纲要（草案）》中,首次把供养农村孤寡残幼写进了农村的发展规划,该纲要提出:"农业生产合作社对于社内缺乏劳动力,生活无依靠的鳏寡孤独的农户和残废军人,应当在生产上和生活上给以适当的安排,做到保吃、保穿、保烧（燃料）、保教（儿童和少年）、保葬,使这些人的生养死葬都有指靠"。这即是后来五保供养政策的雏形。为了落实《1956 年——1967 年全国农业发展纲要（草案）》,同年 6 月 30 日,第一届全国人大第三次会议通过的《高级农业生产合作社示范章程》,对农村五保供养工作作出了更为详细的政策规定。根据这些规定,农村集体组织对生活无依无靠、无劳动能力、无经济来源的孤寡老人、残疾人和孤儿,开始实行"保吃、保穿、保住、保医、保葬（保教）"的"五保"供养制度。

此后该制度逐步在广大农村全面推广,成为我国农村社会保障制度中最具特色的一项重要内容。

1958 年 12 月,中共八届六中全会通过的《关于人民公社若干问题的决议》指出:尝试建立敬老院,集中收养五保对象。1962 年 9 月 27 日,中共八届十中全会通过的《农村人民公社工作条例(修正草案)》规定:生产队按照丰歉情况,经过社员大会决定,可以适当留些储备粮,以便备荒防灾,互通有无,有借有还,并对困难户、五保户加以适当的照顾(34 条)。生产队可以从可分配的总收入中,扣留一定数量的公益金,作为社会保险和集体福利事业的费用,扣留多少,要根据每一个年度的需要和可能,由社员大会认真讨论决定,不能超过可分配的总收入的 2%—3%。公益金怎样用,应该由生产队社员大会讨论决定,不能由少数干部自由支配。生产队对于生活没有依靠的老、弱、孤、寡、残疾的社员,遭到不幸事故、生活发生困难的社员,经过社员大会讨论和同意,实行供给或者给予补助。这些供给和补助的部分,从公益金内开支(36 条)。公社和生产大队,在今后若干年内,一般地不从生产队提取公积金和公益金(16 条)。至此,人民公社时期的五保供养政策全面建构起来。这一时期五保供养的责任主体主要是农村基层的集体经济组织,由合作社或者生产队负责五保供养物资的筹集、分配,生产队与生产队之间、公社与公社之间缺乏余缺调剂,统筹的层次比较低,就其性质而言,属于一种典型的社区供养,类似于有组织的、社区内部的互助。

(二)1978—2000 年的调整和整顿阶段

20 世纪 70 年代末 80 年代初,随着家庭联产承包责任制在农村的实行,集体经济大幅萎缩,原来依托集体经济组织的"五保"供养方式难以为继。因此,在实践中出现了村提留、乡镇统筹和亲友供养等方式,并大力发展农村敬老院,实行集体供养,政府给予必要的支持。从 1985 年起,通过乡镇统筹方式解决"五保供养"经费的模式逐渐在全国推广,"五保供养"模式是对符合"五保"供养条件的农村居民,在吃、穿、住、医、葬(教)方面给予经费保障、实物帮助和生活照顾。其工作由乡镇人民政府负责安排并实施,农村集体经济组织负责提供"五保户"所需的经费和物品。1994 年 1 月 23 日,国务院颁布实施了《农村五保供养工作条例》,第一次明确了五保的性质,统一规范了五保对象、确定对象的程序、供养的内容、形式和标准、经费的来源与筹集办法、监督和管理等。这些行政法规的颁布和实施,对规范五保供养工作、完善五保供养政策具有积极的意义。1997 年 3 月 18 日,国务院出台了《农村敬老院管理暂行办法》,确定敬老院是农村集体福利单位,以乡镇办为主,村办为辅,供养对象以五保对象为主,经费实行乡镇统筹,村办敬老院由村公益金解决,并通过发展院办经济和接受社会捐赠进行多方融资,同时对敬老院的院务管理、财务管理、生产经营、工作人员的选用等方面也做了规定,从而使敬老院走上了规范化发展道路。

这一时期的五保供养政策还是比较系统的,从政策文本的内容上来看,也是比较全面的。但缺陷在于:政策规定不够细致,尤其在操作层面缺乏更详细的解释,也没有一定的量化标准,这使得此时期五保供养工作虽然稳步发展,取得了可喜的成绩,但是也存在不少的问题,这些问题在 2000 年开始的农村税费改革以后显得更为突出。[1]

---

① 参见王先进:《五保供养政策的历史传承与制度创新》,《学习与实践》2007 年第 9 期。

（三）2000—2006年的深化改革阶段

2000年3月2日,中共中央、国务院下发了《关于进行农村税费改革试点工作的通知》,启动了农村税费改革工作。随着农村税费改革的推进,农村五保供养的资金筹集方式由原来的乡镇统筹和村提留为主演变为以农业税附加、农业特产税附加(两税附加)为主,五保供养资金集中于乡镇管理,由村级组织统一使用,五保供养的责任主要还是由村级组织承担。虽然也有来自其他方面的资金,但是供养资金缺乏仍制约着五保供养工作的开展。为此,2004年8月23日,民政部、财政部、国家发展和改革委员会联合颁布了《关于进一步做好农村五保供养工作的通知》,要求各地区规范五保管理、实现应保尽保;加强资金管理、确保五保供养资金落实;加强敬老院建设,加强督促检查,确保五保供养政策的落实;并在五保供养资金落实上进一步重申了两税附加和乡镇财政补助这一做法。但是此举依然未能从根本上改变这一困境。2004年,民政部等部委在《关于进一步做好农村五保供养工作的通知》中,提出了以县乡财政为依托的政策构架,初步形成了以县级财政为最低统筹单位的新的五保供养政策。2006年3月1日,国务院重新修订和颁布实施了《农村五保供养工作条例》,新修订的《农村五保供养工作条例》重点修改了有关农村五保供养资金渠道的规定,明确今后五保供养资金在地方人民政府预算中安排,中央财政对财政困难地区的农村五保供养给予补助,同时在改革农村五保供养的审批管理程序、强化监督管理、建立五保供养标准自然增长机制、加强五保供养服务机构建设与管理、保障五保供养对象的合法财产权利等方面也作了修改和完善。随后,民政部等部委下发了《关于贯彻落实〈农村五保供养工作条例〉的通知》(2006年9月6日),对五保供养对象的管理、五保供养资金的落实、五保供养标准的制定、五保服务机构的建设与管理、五保供养工作的组织领导等问题又作出了具体的解释和要求。新条例的出台和实施，标志着我国五保供养政策进入了一个新的发展阶段。①

二、合作医疗政策

中国人口 70% 以上生活在农村,作为一个农业大国,农民的医疗保健问题直接影响到我国农村的经济发展和社会稳定。农村合作医疗制度是推进我国农村卫生事业的重要内容,也是促进农村社会发展的基本政策之一。该制度在我国经历了一个长期的探索和演变过程,大致可分为以下几个阶段:

（一）起源与发展阶段

早在抗日战争时期,陕、甘、宁边区就举办了医疗合作社(或称卫生合作社)。新中国成立初期,东北各省也积极倡导运用合作制和群众集资的方式举办基层卫生组织。1952 年 9 月 27 日,《人民日报》刊登的《三年来中国人民卫生事业》一文对此给予了肯定。我国农村正式出现具有保险性质的合作医疗保健制度,是在 1955 年农业合作化高潮时期,山西、河南、河北等地农村出现了一批由农业生产合作社举办的保健站和医疗站。1956 年,全国人大一届三次会议通过的《高级农业生产合作社示范章程》中规定,合作社对因公负伤或因公致残的社员要负责医疗,并且要酌量给以劳动日作为补助,从而首次赋予集体介入农村社会成员疾病医疗的职责。②

---

① 参见宋斌文:《当代中国农民的社会保障问题研究》,中国财经经济出版社 2006 年版。
② 参见武志宏:《合作医疗的前世今生》,《中国卫生产业》2007 年第 3 期。

在我国农村,合作医疗真正大规模的普及是在 1966 年以后的"文化大革命"期间。由于毛泽东同志亲自批示发表了湖北省长阳县乐园公社合作医疗的经验,全国绝大多数生产队都办起了合作医疗。"文化大革命"结束后,合作医疗曾一度载入我国宪法。1978 年 3 月 5 日,五届人大通过的《中华人民共和国宪法》第三章第五十条规定:劳动者在年老、生病或丧失劳动能力的时候,有获得物质帮助的权利。国家逐步发展社会保险、社会福利、公费医疗和合作医疗事业,以保证劳动者享受这种权利。卫生部也根据宪法精神和当时的实际情况,对合作医疗做了初步总结,制定了《农村合作医疗章程(试行草案)》,于 1979 年由卫生部、农业部、财政部等部委联合下发。至 1980 年,全国仍有约 90% 的行政村实行合作医疗。农村绝大部分地区的县、公社和生产大队都已建立起医疗卫生机构,形成了较为完善的三级预防保健网。[①]

(二) 衰弱和恢复阶段

20 世纪 80 年代初期,农村开始实行家庭联产承包责任制,集体经济在许多地方削弱甚至解体,合作医疗失去了主要的经济来源。全国绝大多数社队的合作医疗迅速解体、停办,绝大部分村卫生室变成了乡村医生的私人诊所,致使合作医疗覆盖面大幅下降,由 1980 年的 68.8% 骤降到 1983 年 20% 以下,到 1986 年下降到 5%,农村合作医疗跌入最低谷,至此农民基本上没有医疗保障。

1993 年,中共中央在《关于建立社会主义市场经济体制若干问题的决定》中提出,要发展和完善农村合作医疗制度。1994 年,国务院研究室、卫生部、农业部与世界卫生组织合作,在全国 7 个

---

① 参见刘伯龙等:《当代中国农村公共政策研究》,复旦大学出版社 2005 年版,第 250—251 页。

省 14 个县(市)开展"中国内存合作医疗制度改革"试点及跟踪研究工作。1997 年 1 月,中共中央、国务院在《关于卫生改革与发展的决定》中提出:积极稳妥地发展和完善合作医疗制度,要在政府的组织和领导下,坚持民办公助和自愿参加的原则。筹资以个人投入为主,集体扶持,政府适当支持。要通过宣传教育,提高农民自我保健和互助共济意识,动员农民积极参加。要因地制宜地确定合作方式、筹资标准、报销比例,逐步提高保障水平。预防保健保障制度作为一种合作形式应继续实行。要加强合作医疗的科学管理和民主监督,使农民真正受益。力争到 2000 年在农村多数地区建立起各种形式的合作医疗制度,并逐步提高社会化程度;有条件的地方可以逐步向社会医疗保险过渡。为贯彻上述决定,卫生部等部门于 1997 年 3 月向国务院提交了《关于发展和完善农村合作医疗若干意见》,并得到国务院的批复。重建农村合作医疗制度的努力达到高潮。①

(三)新型农村合作医疗阶段

从 2002 年开始,全国推行政府担当主导作用的新型农村合作医疗,限制市场的消极影响,强化政府责任和义务。2002 年 10 月 29 日,中共中央和国务院发布了《关于进一步加强农村卫生工作的决定》,要求到 2010 年农民人人都能享受初级卫生保健,在全国农村基本建立起适应社会主义市场经济体制要求和农村经济社会发展水平的农村卫生服务体系和农村合作医疗制度。同年,《中华人民共和国农业法(修订草案)》通过,为合作医疗提供了法律支持。2003 年 1 月 10 日,国务院办公厅转发卫生部等部门《关于

---

① 参见刘伯龙等:《当代中国农村公共政策研究》,复旦大学出版社 2005 年版,第 256 页。

建立新型农村合作医疗制度意见》，新型合作医疗制度是由政府组织、引导、支持，农民自愿参加，个人、集体和政府多方筹资，以大病统筹为主的农民医疗互助共济制度。到 2004 年，全国已有 30个省、自治区、直辖市在 310 个县（市）开展了新型农村合作医疗试点，覆盖农业人口 9504 万人，实际参合农民 6899 万人，参合率为 72.6%。①

三、扶贫救济及优抚安置政策

（一）扶贫救济政策

早在 1982 年 12 月 10 日，中央财经领导小组会议即作出决定：国务院每年拨 2 亿元"三西地区农业建设"专项补助金，用于农业建设，以彻底改变三西地区贫困落后面貌。中央政府和地方各级政府的联手投资、扶贫，加快了农村贫困人口脱贫的步伐。实行最严格的耕地保障制度，尽量少占地。确实需要占地的，应该给予合理的补偿，尽可能安置一些在其土地上劳作的农民。当然，在经济发达地区，有的已经把这部分农民纳入了低保，探索建立社会保险制度，但是要在面上推广就涉及财力问题。

我国的扶贫资金来源有：国家扶贫资金和地方配套资金、社会捐助资金、世界银行扶贫资金和众多国际组织扶贫资金。《中国农村扶贫开发纲要（2001—2010）》中要求：要进一步增加财政扶贫资金。中央财政和省级财政都必须把扶贫开发投入列入年度财政预算，并逐年有所增加。要针对目前贫困地区财政困难的实际情况，加大财政转移支付的力度。要加强财政扶贫资金的管理，努

---

① 参见胡宏伟：《中国农村合作医疗政策取向的历史回顾与评析》，《广西经济管理干部学院学报》2006 年第 1 期。

力提高使用效益。中央财政扶贫资金主要用于扶贫开发工作重点县，适当支持其他贫困地区。财政扶贫资金（含以工代赈）实行专户管理。资金分配计划每年下达到有关省、自治区、直辖市，由地方根据扶贫开发规划统筹安排使用。中央和地方各级政府投入的财政扶贫资金，必须按照扶贫开发规划下达，落实到贫困乡、村，重点用于改变基本生产生活条件和基础设施建设。对因灾害致贫、返贫，国家除了划拨救济款物之外，还要动员国内外社会各界人士和机构、组织进行救灾捐助，以分担国家救灾能力或灾民社会保障能力的不足。①

（二）优抚安置政策

在优抚安置方面，国家制定、颁布了一系列法律、法规。1984年5月，六届全国人大二次会议通过了《中华人民共和国兵役法》；1987年12月，国务院颁布了《退伍义务兵安置条例》；1988年7月，国务院颁布了《军人抚恤优待条例》。这些法律、法规的颁行，标志着优抚安置工作步入了法制化的轨道。与此同时，进一步深化优待抚恤制度改革，逐步形成国家、社会、群众三结合的优抚工作制度。为适应农村家庭联产承包责任制的新形式，国家对群众优待制度进行了重大改革，优待方式由"优待工分"改为由乡镇人民政府采取平衡负担的办法，通过农民群众的统筹给予农村义务兵家属现金优待，从农民人均收入的5%中支付。全国绝大多数地区实行了以乡镇为单位统一筹集优待金、统一优待金标准、统一兑现的优待办法。在20世纪80年代，抚恤制度也进行了改革，提高了抚恤标准。"三属"的抚恤由定期定量补助改为定期抚

---

① 参见扈立家等：《我国农村社会保障体系建设问题与对策》，《党政干部学刊》2006年第4期。

恤,农村"三属"的生活有了较为可靠的保障。农村退伍军人安置工作由单一的救济抚慰向扶持生产、开发使用退伍军人两用人才转变。1982 年,民政部在全国推广扶持复员退伍军人勤劳致富的经验,解决了他们的生产、生活困难。至 1987 年,全国已建立2052 个两用人才服务机构。①

四、农村社会养老保险政策

农村社会养老保险是农村居民在其年老丧失劳动能力时获得物质帮助,以保障基本生活权利的制度。一般通过国家立法,对养老保险的对象,资金的筹集、管理和运用,养老金的标准,计发办法,管理体制等都有具体的规定。中国农村社会养老保险的发展历程大体划分为四个阶段:

（一）1949—1980 年的萌芽阶段

新中国成立后,党和政府十分重视农民的社会保险和生活福利问题。1956 年 6 月 30 日,第一届全国人民代表大会第三次会议通过《高级农业生产合作社示范章程》;1962 年,中共中央制定《农村人民公社工作条例修正草案》,这两个文件对于如何在农村建立社会保险和生活福利制度作了原则规定,部分规定在实践中也基本得到落实。但是,"文化大革命"以前的中国并未实行农民养老金制度。1978 年,党的十一届三中全会通过的《农村人民公社条例（试行草案）》的第 47 条规定,对有条件的基本核算单位,主要是经济比较发达的地区可以实行养老金制度。②

---

① 参见张立荣:《中国农村社会保障政策变革:回顾与前瞻》,《江汉论坛》2003 年第 1 期。

② 参见刘伯龙等:《当代中国农村公共政策研究》,复旦大学出版社 2005 年版,第 183 页。

（二）1981—1992 年的探索阶段

1982 年，全国有 11 个省市 3457 个生产队实行养老金制度，规定凡参加集体生产劳动 10 年以上，年满 65 周岁的男社员和年满 60 周岁的女社员，可享受养老金待遇。约有 426000 名农民领取了养老金，一般每人每月可得到养老金 10—15 元不等，最多的可达 20 元以上。养老金由大队、生产队根据经济状况按比例分担，从队办企业利润和公益金中支付。这可能是我国最早的较完全意义上的农村社会养老保险实践了。

民政部于 20 世纪 80 年代中期开始要求各地探索建立农村社会保障新制度。1986 年 10 月，民政部和国务院有关部委在江苏沙洲县（现张家港市）召开了"全国农村基层社会保障工作座谈会"。会议确定：根据农村的实际，在经济比较发达的地区发展以社区（乡镇、村）为单位的养老保险。1986 年 12 月 24 日，民政部在沙洲会议的基础上，向国务院递交了《关于探索建立农村基层社会保障制度的报告》，就农村基层社会保障制度的构思、资金来源、家庭的作用以及农村社会保障主管部门等问题提出了粗线条的构想。一些地区根据沙洲会议的精神，开展了社区型养老保险试点，资金主要来源于乡、村的公共积累。1987 年 3 月 14 日，民政部下发了经国务院同意的《关于探索建立农村基层社会保障制度的报告》，各地农村尤其是经济发达地区的农村加快了建立农村社会养老保险的步伐。1989 年，民政部选择北京大兴县、山西大云县进行县级农村社会养老保险试点，试点中确立了一些基本原则，也探索出一些很好的具体做法。

1991 年 1 月，国务院授权民政部在有条件的地区，开展建立农村社会养老保险制度的试点。1991 年 6 月，国务院在《关于城镇企业职工养老保险制度改革的决定》中，进一步明确了农村（含乡镇企业)的养老保险制度改革由民政部负责。同时原民政部农村养老办公室制定了《县级农村社会养老保险基本方案(草案)》，确定了以县为基本单位开展农村社会养老保险的原则。1992 年 1月,民政部将《县级农村社会养老保险基本方案(试行)》印发全国。1992 年 7 月,民政部在湖北省武汉市召开了"全国农村社会养老保险经验交流会",重点总结推广了武汉市农村社会养老保险加大推进力度、加快发展步伐的经验,推动了各试点工作的迅速发展。

(三)1993—1997 年的发展阶段

1993 年,国务院批准民政部成立农村社会保险司,1994 年组建了农村社会养老保险管理服务中心,健全了管理机构。随后,全国有 20 多个省级人民政府的民政部门相继成立了农村社会保险管理处,1100 多个县市区建立了事业性的农村养老保险管理机构。1995 年 10 月,民政部在浙江省杭州市召开全国农村社会养老保险工作会议,明确了在有条件的地区积极稳妥地发展农村社会养老保险制度,并力争在 2000 年年初步建立,2005 年基本建立农村社会养老保险制度。此后,民政部依照国务院部署和《中华人民共和国国民经济和社会发展"九五"计划和 2010 年远景目标纲要》的要求,结合对试点经验的总结,有计划地扩大试点,进一步在有条件的地区建立了农村社会养老保险制度。到 1997 年年底,全国已有 30 个省(自治区、直辖市)的 2097 个县(市、区)开展了农村社会养老保险工作,8288 万农村人口参加了养老保险,基金积累近 140 亿元。1997 年全国已有 55.79 万农民领取了养老金,养老金支出 3.15 亿元。与此同时,全国建立农保机构 27797个,拥有一支包括专职农保人员 24163 人、兼职农保人员 28251 人和数十万人代办员的农保队伍,基本形成了从中央部委到各省、地、县、乡、村的多级工作网络和上下贯通的管理体系,操作程序比较规范,管理制度基本健全,覆盖我国农村大部分地区的农村社会养老保险制度初步建立起来。①

（四）1998 年至今的整顿规范阶段

1998 年机构改革中,国务院决定将农村社会保险管理职能划入新组建的劳动与社会保障部,以便对社会保险实行统一管理。受多方因素影响,全国大部分地区农村社会养老保险工作出现了困难。中央政府对这项政策的态度也发生了动摇。1999 年 7 月,国务院指出目前我国农村尚不具备普遍实行社会养老保险的条件,决定对已有的业务实行清理整顿,停止接受新业务,有条件的地区应逐步向商业保险过渡。各地面临着两个选择:第一个方案是继续在有条件的地区进行农村社会养老保险的探索,不具备条件的地区暂不开展。第二个方案是政府制定政策、实行市场化运营,政府转变职能,业务经办商业化。对于这两个方案,有关部门分歧仍然很大,至今还没有一个定论和说法。②

五、农村居民最低生活保障政策

农村居民最低生活保障制度,是指中国政府对于家庭人均收入低于当地农村居民最低生活保障标准的农村贫困人口按最低生活保障标准实行差额补助的一种社会救济制度。民政部认定的贫困人群主要指孤老、重病、残疾、人口多劳力少、因灾等 5 种,认定的贫困标准为年人均收入 625 元以下或 825 元以下。

---

① 参见安增龙:《中国农村社会养老保险制度研究》,西北农林科技大学博士论文,2004 年 11 月。

② 参见刘伯龙等:《当代中国农村公共政策研究》,复旦大学出版社 2005 年版,第 185 页。

1992 年,我国农村最低保障制度率先在山西省左云县试点。1994 年,民政部决定在农村初步建立起与经济发展水平相适应的层次不同、标准有别的最低生活保障制度。同年,国务院召开的第 10 次全国民政工作会议提出,到 20 世纪末,要在农村初步建立起与经济发展水平相适应的层次不同、标准有别的最低生活保障制度。至此,很多地区开始进行试点工作。1996 年,民政部下发《关于加快农村社会保障体系建设的意见》,明确提出在全国范围内积极探索建立农村最低生活保障制度的任务。[1] 但是,该意见权威性不够,指导性不强,很难适应新时期农村低保工作的发展要求,至于规范农村低保制度建设的单项法规仍属空白。在这种情况下,《中共中央国务院关于积极发展现代农业扎实推进社会主义新农村建设的若干意见》(中发[2007]1 号)和温家宝总理在十届全国人大五次会议上作的《政府工作报告》都指出,2007 年要在全国范围建立农村最低生活保障制度,这是建设社会主义新农村和构建和谐社会的一项重要举措。目前,全国已有 26 个省(自治区、直辖市)全面建立了农村最低生活保障制度,其他地方在完善农村特困户生活救助的同时,正加紧准备向农村最低生活保障过渡。截至 2007 年 3 月底,全国农村最低生活保障对象为 1788.4 万人,另外,还有农村特困救助对象 577.5 万人。按照有关的工作部署和目前的进展情况,2007 年内全国各地都将建立和实施农村最低生活保障制度。[2]

---

① 参见刘伯龙等:《当代中国农村公共政策研究》,复旦大学出版社 2005 年版,第 230 页。

② 参见云南省科技厅政策法规与体制改革处:《农村最低生活保障政策问答》,《农村实用技术》2007 年第 7 期。

第二节　我国农村社会保障的现状及存在的问题

一、我国农村社会保障现状

农村社会保障制度是与城市社会保障制度相对应的概念,是指国家或社会为了保证农村社会成员个人及其家庭的经济安全和必要的福利,以农村基层社区为依据,通过国家、社区和个人三方面共同努力,依照国家有关政策的规定付诸实施的社会保障制度。我国农村社会保障体系主要包括社会保险、社会福利、社会救助、优抚安置和社会互助等内容。随着农村市场经济的不断发展,建立、健全农村社会保障制度已成为当前社会经济发展的客观要求。

（一）农村养老保险

1. 传统的家庭养老保险功能削弱。养儿防老的观念在我国农村根深蒂固,家庭赡养一直是最重要的养老方式。在以自给自足为基本特色的农业社会中,生产技术基本稳定,社会分工程度很低,"子承父业"高度概括了上下两代人之间的密切关系。这种稳定的世代交替,能在家庭内部自然地完成赡养老人的职能,并形成相应的道德规范。但是随着以社会分工为特征的工业社会的到来,这一自然稳定的关系就被打破了,"子承父业"不复存在,父子两代除了血缘关系和未成年时的抚养关系之外,几乎没有其他关系。子女的劳动技能要靠自己的努力去掌握,劳动机会要靠自己去争取,为此往往必须离开生养之地、离开父母。父母不可能像传统经济时期一样控制子女的劳动和收入,子女也不可能像小农经济条件下一样听命于父母。家庭结构也发生了重大变化,代与代之间的独立性增强,农村同样是 4:2:1 的家庭结构,子女的负担很重。这一切使赡养老人只有传统道德这一个约束力,而这个约束力也在日益递减。随着农村经济改革的深入,农民的养老观念发生了重大的转变,养儿防老的观念则在逐渐减弱。

2. 土地生产资料的功能削弱。从 1978 年到 1998 年,全国农民平均来自第一产业的收入比重由 91.5% 下降到了 57.2%,其中纯农业收入仅占总收入的 42.9%。目前农民家庭经营收入中,大约 40% 来自第二产业与第三产业,1/4 左右来自劳动收入。来自转移性与财产性的收入约占纯收入的 5.7%。由此可见,来自土地的农业收入已难以保证农民的基本生活,以之养老更是奢望。有的农民已经摆脱土地的束缚,参与到现实的社会保障中。近年来农民的承包地被大量征用,代价是极少的土地补偿费。所以完全依靠土地来养老的选择也是不可行的。[①]

3. 农村养老保险制度的现状分析。从 1992 年 1 月民政部颁布《县级农村社会养老保险基本方案》至今,我国近年来农村社会养老保险制度的改革与实践,取得了一些明显的成果(如表 1 所示):

表 1　我国农村社会养老保险事业发展状况

内　容		1997 年	2000 年	2002 年
机构设置状况	地市及以上机构(个)	214.0	293.0	243.0
	县级机构(个)	2046.0	1985.0	1832.0
	乡镇级机构(个)	1985.0	18247.0	12996.0
保障状况	年末在保人数(万人)	7451.8	6172.3	5461.8
	全年领取保险金人数(万人)	61.4	97.8	123.4
	人均领取保险金(元/年)	543.0	418.0	429.4

---

① 参见张淑荣等:《我国农村社会保障制度存在的问题与对策研究》,《农业经济》2007 年第 1 期。

　　另外,全国实行农村社会养老保险的情况是:东部沿海地区显著地好于中西部地区,上海、江苏、山东等地区已达到较高的覆盖率,而在中西部大部分地区推行这一政策十分困难。在东、中、西部地区年末参保人数方面,2002 年较 1999 年出现了大幅度的下降;在基金滚存结余方面,除了东部地区略有增长外,中、西部地区均出现了减少的情况。这说明现行的农村社会养老保险制度对农民的吸引力正在弱化。

　　我国农村人口老龄化程度已较高,2000 年只有 5.5% 的农村老人得到不同程度的生活和服务保障,90% 以上的老年人仍然要全部依靠家庭养老。由于农户中劳动力过剩和劳动力不足的现象同时影响着农村居民的收入水平提高,居家养老方式受到的冲击将日益加大。据预测,2010 年,我国 65 岁以上老年人口将上升到 1.14 亿人,占总人口的 8.4%;到 2030 年将达到 2.31 亿人,占总人口的 15.3%。如果按 2000 年城乡老年人口的结构计算,2010 年农村 65 岁以上老年人数为 7718 万人,到 2030 年将增加到 1.55 亿人,而农村目前仅有 7.8% 的人口参加了社会养老保险。[①]

　　从上述也可以看出,虽然农村养老保险制度取得了一些初步成果,但同时也存在着一些无法回避的制度建构和体制运行问题。现行农村社会养老保险制度缺乏社会保障应有的强制性和国家责任性,还不具有社会保险的基本特征。主要表现在:

　　(1)社会保障面过小,导致农村社会养老保险缺乏社会保障应有的社会性。截至 2001 年年底,全国农村参加养老保险的人数仅为 5995.1 万人,农村社会养老保险基金滚存结余 216.1 亿元,

────────

　　① 　参见安增龙:《中国农村社会养老保险制度研究》,西北农林科技大学博士论文,2004 年 11 月,第 64—66 页。

参保人数比 2000 年的 6172 万人有所下降。

（2）保障水平低，无法达到满足农村老年人基本生活的社会养老保险的根本目的。按照《县级农村社会养老保险基本方案》规定，农民缴纳保险费时，可以根据自己的实际情况按 2 元到 20 元等 10 个档次分月缴费。但由于农村经济发展水平低，大多数地区农民投保时都选择了保费最低的 2 元/月的投保档次。在不考虑通货膨胀等因素的情况下，如果农民在缴费 10 年后开始领取养老金，每月只可以领取 4.7 元，难以起到养老保障的作用。如果一个投保者按最高标准缴纳，且缴费达到足够年限 40 年，从 60 岁算起，该投保者按月可领取养老金 700 元，基本上可以解决养老问题，但以这种方式缴费的农民太少。

（3）国家在农村社会保险中的责任轻，导致目前农村养老保障很难称为社会保险。由于国家和集体的责任未通过约束性规范加以具体规定，因而在实际工作中，当集体经济实力不强时，农村社会保障资金的来源主要是农民个人。这就使这种农村社会保障失去了意义。即使在采取完全积累制的新加坡，雇工社会保险费也都是由雇佣双方共同缴纳的。①

（二）农村合作医疗

由于我国农村医疗健康保障制度改革正处于整合阶段，目前农村医疗卫生保障的现状是令人担忧的，具体表现以下几个方面：

首先，绝大多数农民没有任何形式的医疗保险。据调查显示，在广大农村享受医疗保险的农民仅占总人口的 12% 左右，其余的要自费看病，全国有 2000 多个县还没有建成初级医疗保障体系，

---

① 参见冯章龙：《中国农村养老保险制度的现状、问题及对策》，《经济界》2006 年第 4 期。

离建设全面小康社会所要求建立比较完善的医疗卫生体系还有相当大的差距。

其次，1998 年国务院机构改革后，由于职能的转变，原来由卫生部主管的农村医疗卫生事项移交给了劳动与社会保障部，由于农民健康保障事关国家财政投入和减轻农民负担等一系列政策性问题，不是哪某个部门所能单独解决的，故社会保障部门近几年对农村卫生医疗体系建设没有具体的动作，导致农村医疗保障工作实际处于"两不管的真空地带"。

再次，城乡医疗卫生资源分配不合理，拉大了城乡差距。1990年，城市居民用于医疗保健的费用是农村居民的 1.35 倍，到了 2000 年，这一数字上升到 3.63 倍，差距急剧拉大。从地区来看，各地城乡居民的医疗保健消费支出比例差别也很大，如 2000 年，北京、上海、浙江城市居民人均医疗卫生支出分别为农村居民的 2.36 倍、2.4 倍和 2.7 倍，而贵州为 8.43 倍。就各地农村家庭人均医疗保健支出来看，差异也很大，2000 年，天津为 271 元，北京为 249 元，上海为 209 元，浙江为 200 元，而贵州仅为 27.68 元。从政府对农村卫生投入比例来看，也呈逐年下降趋势。根据全国卫生总费用测算结果，1993 年农村卫生费用占全国卫生总费用的 34.9%，1998 年为 24.9%，5 年下降了 10 个百分点，平均每年以 2 个百分点的速度递减。1998 年全国卫生总费用为 3776 亿元，其中政府投入为 587.2 亿元，用于农村卫生费用为 92.5 亿元，仅占政府全部投入的 15.9%。政府对农村卫生投入的减少，直接导致了一部分农村居民尤其是贫困农村居民健康状况的恶化。根据 1998 年全国卫生服务调查数据，87.44% 的农村居民没有任何社会医疗保障，也就是说有 7.5 亿农村居民完全被排斥在现有的医疗社会保障制度之外。

最后,农民医药费用的增长大大快于农民收入的增长,加大了"奔小康"的难度。从1990—1999年,农民平均纯收入由686.31元增加到2210.34元,增长了2.2倍;而据同期卫生部门统计,农民每人次平均门诊费和住院费,分别由10.9元和473.3元,增加到79元和2891元,增长了6.2倍和5.1倍。由于在市场化改革进程中,我国医药市场操作不规范,流通环节重重,药品批发商为牟取暴利,以不正当手段搞促销,而医药市场又缺乏有效的监管,从而导致交易成本过高,医药费用迅猛增长,大大快于同期GDP的增长速度,超过了农民承受能力,农民的医疗保障需求严重不足。

为解决越来越多农民因病致贫的问题,扭转以往农村合作医疗屡扶屡垮的状况,党中央和国务院在总结以往经验与教训的基础上,于2003年年初出台了以"大病统筹"为主的新型农村合作医疗政策,并在当年下半年开始新型农村合作医疗的试点工作。2006年,我国共有4.06亿农民参加新型农村合作医疗,占全国农业人口的45.8%。2006年1—9月,全国共有1.4亿农民从新型农村合作医疗中受益,共得到医疗费用补偿95.8亿元。[①]

但是,目前我国新农村合作医疗在实施过程中也遇到一些困难,主要表现在:

1. 资金筹集十分艰难。按照规定,从2003年起,中央财政每年通过转移支付对中西部地区参加新型合作医疗的农民按人均10元给予补助,地方财政每年对参加新型合作医疗农民的资助标准不低于人均10元,农民群众以家庭为单位自愿参加合作医疗,

---

① 参见宋斌文:《当代中国农民的社会保障问题研究》,中国财经经济出版社2006年版,第104—105页。

个人缴费额以乡镇为单位按上年人均纯收入的 0.8% 筹资,但人均不得低于 10 元。其中的问题是,中央财政的资金到位是没有问题的,地方财政的资金能否到位或是到位后能否持久还是一个问号,同时个人缴纳的部分是以乡镇人均纯收入为基数计算的,这里就存在一个报表数与实际数的差距,如果报表数水分少,与实际接近,人民群众还能接受,否则将引起人民群众的抵制和反对。

2. 观念难转变。对于大多数农民群众来说,一年拿 10 元钱并不困难,但一旦你去向他收取这 10 元的合作医疗基金时,就变得十分困难。原因在于过去的农村合作医疗反反复复,许多农民对此持怀疑态度,一阵风似地搞一两年,最后还是不了了之。少部分农民群众还把对合作医疗的不信任转嫁到对干部、对医务人员的不信任,认为减免的一点医药费还不是卫生部门又通过药费涨价、多开处方给扣回去了。除此之外,农民群众寻求医疗保障的意识不强,无风险规避意识,尽管深知合作医疗的好处,一旦知道自己三年五年不害病时,就是不愿掏那份"不必要"的钱,更不愿眼看自己出钱供别人吃药。

3. 合作医疗管理操作难。合作医疗额外(非必要)成本过高。享受合作医疗的都是定点限额报销,村中心卫生室、镇卫生院、县医院都规定有不同的报销比例,连门诊费、住院费也规定有不同的报销额度,年累计报销也有最高限额,不得突破。在报销费用的过程中,还得出示合作医疗证、身份证等证件,手续程序繁杂,而具体用于合作医疗的资金又不多,定点医疗单位报销的标准低,农民群众享受的报销范围和幅度都不大,对于害大病,一花就是几千元的家庭根本无济于事,所报销的一点费用还不够往返的车船费,无形之中又挫伤了部分农民群众的积极性,或许今年参保了,明年又不参加了。①

（三）农村社会福利

近几年来，我国农村社会福利事业获得较快的发展，并呈现出一些不同以往的特征：

1. 农村社会福利以五保户福利为主。我国农村社会福利对象主要是五保户，尤其是无依无靠的老年人。五保对象供养标准随农民生活水平的提高而提高，这与减轻农民负担之间存在着突出矛盾。国家为稳定农村社会，增加农民收入，各级政府强调乡镇统筹费不超过上年农民人均收入的 5%，且统筹金额几年不变。而《农村五保供养工作条例》规定，五保供养的实际标准，不应低于当地农民一般生活水平。由于政策有矛盾，认识不统一，筹集五保对象供养钱粮的工作困难重重。同时，五保户福利的特征是以分散供养为主，集中供养为辅。分散供养的五保对象扶养措施落实难度越来越大，疾病治疗经费无保障。随着农村经营管理方式的变化，相当多的农民农闲时间都外出打工、经商去了，留在家的多是老年人、妇女、儿童，他们中的相当一部分人员自身生活都需要别人照顾，经济条件较好的农民家庭，可将老人寄养在农村敬老院，而五保老人特别是无生活自理能力的五保对象的日常扶助就很难落实，对那些生活不能自理的残疾老人，要请人护理又没有经费，不护理又违背民意，乡镇、村干部的社会压力大。②

2. 国家和集体不断加大对农村社会福利机构的投资力度。为适应农村人口老龄化的发展趋势，国家和集体增加了对农村养

---

① 参见张淑荣等：《我国农村社会保障制度存在的问题与对策研究》，《农业经济》2007 年第 1 期。

② 参见吴泉源：《农村五保户的供养现状与思考》，《长沙民政职业技术学院学报》2003 年 3 月。

老机构以及设施的建设投入,有计划、有目的地建成了一大批农村养老服务的样板机构和示范窗口单位,进而带动了整个农村福利事业的发展。据统计,仅 1998 年国家对农村养老服务事业的资助拨款达 1 亿多元,农村集体统筹投入 9.8 亿元。

3. 农村社会福利机构的服务和功能不断扩展。我国农村不仅改建和新建了一大批敬老院、光荣院、老人公寓等社会养老机构,而且新增了社会福利服务设施,如老年人活动中心、活动站、茶社等,为农村老年人提供了满足其基本生活需要和精神需要的各类服务项目。社会福利机构的服务对象开始公众化,不仅对五保老人提供"五保"服务,还逐步扩展到社会老人,提供了诸如寄养代养、托老服务、家庭护理以及其他一些临时性的养老服务。

4. 农村残疾人的生活和身体状况得到较大改善。为了帮助贫困地区的残疾人尽快脱贫致富,中国残疾人联合会和中国农业银行于 1992 年共同制定并实施了"康复扶贫贷款计划"。十年来,通过这种贴息贷款和地方政府的匹配资金,许多贫困地区的残疾人摆脱了贫困,解决了温饱,在一定程度上缓解了残疾人的贫困状况。从残疾人的康复治疗来看,不少残疾人回复了健康。截至 2000 年,全国农村约有 220 万例白内障患者得到了手术治疗,年手术量由原来的 10 万例提高到 45 万例,实现了白内障盲人数的负增长。[1]

(四)农村社会救助和社会优抚

1. 农村社会救助。

(1)特困户定期定量救济政策。2003 年年初,民政部通过对

---

① 参见周志凯:《对我国农村社会福利事业的思考》,《生产力研究》2006 年第 6 期。

农村困难群体的调查研究,制定了对生活极度困难、自救能力很差的农村特困户的救济办法。主要做法是:对不救不活的农村特困户发放"农村特困户救助证",实行定期定量救济。以农村社会救济工作的制度化、规范化克服农村社会救济的随意性、临时性,切实保障好农村最困难的特困群体的基本生活。

(2)临时救济措施。临时救济的主要对象是不符合五保供养条件和农村特困户救济标准,生活水平略高于特困户的一般贫困户,其生活水平处于最低生活保障的边缘地带,一旦受到饥荒、疾病、意外伤害等影响,就很容易陷入贫困境地。对于这部分人,一些地区的地方政府采取了临时救济的方式。临时救济一般都采取不定期的多种多样的扶贫帮困措施,如年节来临时给予生活补助,或不定期地给予生活物品救助的方式等。救济经费一般由当地政府财政列支,辅之以社会互助的方式。

(3)灾害救助制度。灾害救助对象是突然遭受灾害侵袭的农户。近几年来,我国自然灾害发生频繁,长江、黄河虽未发生大范围流域性的洪涝灾害,但局部灾害严重,给灾区群众生产生活和社会经济发展造成较大影响。"十五"期间,全国共安排救灾资金近300亿元,其中中央安排178亿元,地方安排了约122亿元,救助灾民4亿多人次,恢复重建倒损房屋近1000万间。民政部副部长李立国在一次全国救灾救济工作会议上指出,从2001年民政部开始推动制定救灾应急预案,到2005年5月国家颁布《国家自然灾害救助应急预案》,全国救灾应急预案体系已基本形成,这标志着我国自然灾害应急救助体系初步确立。

(4)最低生活保障制度。目前,农村最低生活保障制度在全国范围内普遍建立。截至2007年年底,已有3451.9万人(1572.5万户)享受了农村最低生活保障,比2006年增加1948.2万人,增长

128.7%,平均保障标准为 70 元/人·月。截至 2007 年年底,共有 525.7 万(492.4 万户)农村五保老人享受到了农村五保救济,比上年同期增长 8.5%,农村五保分散供养平均标准为1432.0 元/人·年,农村五保集中供养平均标准为 1953.0 元/人·年。由于全国普遍建立了农村最低生活保障制度,绝大多数农村特困户转为享受农村最低生活保障,截至 2007 年年底还有 30 万人(14.7 万户)农村人口享受了农村特困救济,比上年同期减少 699.2 万人,降低 95.9%。此外,还有 508.5 万人次得到了农村临时救济。

2. 农村社会优抚安置。

党和政府在继承传统的优抚安置优点的基础上进行了改革创新,逐步形成了国家、社会、群众三结合的优抚工作制度,使得优抚对象的抚恤标准不断提高,优抚法规不断完善,农村优抚安置工作从无到有,取得了可喜的成就。据统计,截至 2007 年年底,全国共有国家抚恤、补助各类优抚对象 545.7 万人,由于新增加了参加作战和核试验的军队退役人员,优抚对象比上年同期增加 49.3 万人,增长 16.3%;各级民政部门落实优抚安置事业费 186.8 亿元,比上年同期增长 18.7%。军休干部、退役士兵和无军籍职工的交接和安置工作稳步实施,《退役士兵安置条例》草案已上报国务院和中央军委,多年来制约优抚安置工作的"瓶颈"问题正在得到解决。2007 年全年安置城镇义务兵、士官 26.3 万人,比上年同期降低 10.2%,接收军队离退休人员 2.5 万人,比上年同期降低 12.4%,保证了军休干部等人员的政治待遇和生活待遇。

二、我国农村社会保障政策存在的问题

除了传统的五保制度、救灾救济制度得以延续外,随着农村低保工作和新型合作医疗制度试点的逐步推进,农村社会保障初步

呈现向城市社会保障体系对接的趋势。但总体看来,目前我国农村社会保障还处于缝缝补补的非规范化、非系统化阶段,农村社会保障制度缺位的原因是多方面的,原有的保障制度随着农村经济体制改革而瓦解,新的保障制度由于经济发展缓慢尚未建立。即使一些发达的农村地区所实施的社会保障,依然存在不少问题,主要包括:

(一)体制机制不完善

从理论上讲,农村社会保障体系应完整地包括农业生产保险、农村社会保险(含养老、医疗、失业、工伤、生育保险)、农村社会福利、农村社会救助(含农村社会最低生活保障、农村救济、救灾和扶贫)、优抚安置和自愿补充保障等内容,而且社会化保障项目较多。但目前我国农村社会保障仍主要由农村家庭来承担。在农村,土地既是生产资料,又是生活资料,受历史传统文化的影响,农村逐渐形成了家庭供养、自我保障、家庭互助的长期传统。实际上"农村社会保障以家庭保障为主"既不符合社会保障的基本要求,也不符合农村人口政策要求。特别是在农村计划生育政策实施近30年的今天,农村人口结构已发生很大的变化。据统计,农村家庭平均每户人数从1978年的4.55人下降到2004年的3.08人。目前,农村人口老龄化问题日益突出。按照国际标准,一个国家总人口中60岁以上的老年人超过10%即可认为是老龄化国家。据有关部门测算,到21世纪初,我国将进入老龄化国家的行列。西方国家进入老龄化国家行列时,其经济和社会已高度发展,年人均收入都在5000美元以上,具有比较雄厚的经济实力。而我国目前的年人均收入仅为几百美元,农村的人均收入水平更低,经济承受能力不强。所以,我国面临着严峻的老龄化挑战。

在农村家庭保障能力逐渐弱化的情况下,我国农村社会保障体系仅初步建立起了农村最低生活保障制度、农村养老保障制度、农村社会福利救济制度、农村社会优抚制度,而且其中的一些保障体系还处于在发达农村地区的试点之中,并未成型。可以这样认为,到目前为止,我国并未建立起全国统一的农村社会保障体系。况且,在城镇已建立多年的失业保险、医疗保险、工伤保险、生育保险和辅助保险并未在农村施行,致使我国现行的农村社会保障体系残缺不全。更为紧要的是,随着农村城镇化的迅速推进,我国近几年来产生了大量的失地农民和进城务工的"民工潮"。在城市,失地农民和农民工均生活在城市的边缘,尤其对失地农民来说,他们"种田无地、就业无岗、低保无份",成为新的弱势群体和社会不稳定因素。有资料显示,目前全国失地农民总数估计在4000万人左右,每年都要新增200万人,社会矛盾日渐突出,在2004年全国130多起农村群体性突发事件中,有87起是因农民失地引发的。从农民工来看,农村户口阻碍着他们真正融入城镇社会和工业劳动者群体,并被面向城镇居民的相关制度(包括社会保障制度)所排斥,这种排斥也使得农民工在城市成为又一个弱势群体。据农业部统计,近几年来,我国每年约有7500多万农村劳动力外出务工,占农村劳动力总数的16.3%,这表明农民工不仅已经成为我国庞大的社会群体,而且因缺乏相应的社会保障更易遭遇各种意外风险以及陷入生活困境,引发各种社会矛盾。在现行的农村社会保障体系中,针对失地农民和农民工问题的社会保障制度并没有及时地建立起来,导致农民工和失地农民的权益无法得到正常维护。①

---

① 参见王越:《中国农村社会保障制度建设研究》,中国农业出版社2005年版,第166页。

（二）覆盖面小、保障水平低

1. 农村社会保障覆盖面小。当前农村以养老、医疗为重点的社会保障工作仅在小范围内进行，并没有按法律、政策的规定，把凡是符合条件的农民都纳入社会保障。这样，本应由社会统一承担的社会保障项目转嫁给了社区集体或企业，变成了"企业保障"、"社区保障"，加重了村集体与企业的负担，社会保障基金的互济性不能得到充分发挥。

首先，据 2000 年统计，享有养老金的农民、五保户和定期救济抚恤的人数只占农村劳动者的 1.9%，尚有 4.1 亿农村劳动者未纳入社会保障体系，加上县以下城镇集体单位的 1000 多万职工和 4600 多万城镇个体经营者，全国乡村有 4.7 亿劳动者基本上没有享受社会保障。截至 2004 年，建立农村社会保障网络的乡镇达到 19917 个，农村社会保障网络覆盖率仅为 53.3%。与此同时，建立农村社会保障基金会的村委会还不到村民委员会总数的 30%，这表明全国目前还有 40% 以上的乡镇和 70% 左右的村委会还没有将农村社会保障工作提上议事日程，农村社会保障制度只是在部分区域得到较快发展。其次，我国实行家庭联产承包责任制以后，农村合作医疗保障制度大部分已经解体，目前有合作医疗的农村地区仅占 15% 左右，全国 85% 的农村没有合作医疗保障，在仅有的合作医疗保障地区，医疗费用报销比例一般仅有 30% 左右，根本谈不上满足农民对医疗保障的需求。根据世界卫生组织公布的《2000 年世界卫生报告》，在全球 191 个国家和地区中，中国的医疗资源分配公正指数排名第 188 位，是世界上公共卫生资源配置最不公平的国家之一。再次，较多的农村社会保障项目并未在农村推行，大多数农民基本上被排斥在现代社会保障体系之外。目前，我国仅在部分发达农村地区如广东、浙江、上海、北京等省市探索建立了农村养老保险制度,由于农民投保档次比较低,投保时间较短,养老保险水平远不如城镇居民。[1] 此外,全国虽有 1100 个县开办了农村养老保险,但参加的农村人口不到 10%。积极推行的农村合作医疗制度虽然解决了部分群众的就医问题,但是没有从根本上解决农村人口与集体在医疗保障中的依附关系,医疗保障只是社区化,而没有实现社会化。这种状况不仅削弱了诸如社会保障对劳动者的生活保障作用,而且成为集体经济和乡镇企业进一步发展和参与市场竞争的障碍。[2]

2. 农村社会保障水平低。据统计,全国农村有 301.5 万"三无"孤老残幼人员,其中集体供养、分散供养 229.2 万人,占 76%;国家定期救济的人数为 24.1 万人,占 8%;由农民代保代养的约占 5%;应保未保的"三无"孤老残幼尚有 15 万人,约占总数的 5%。此外,在农村城镇化和农村剩余劳动力转移的过程中,一部分农民处于社会保障的真空地带。社会救济对象和优抚对象保障标准低,生活相对贫困,退伍军人和残疾人就业安置难度大,优抚事业的发展与其承担的任务极不相适应。[3]

(三) 资金投入不足

改革开放以来,我国经济经历了长期快速发展,国家经济实力显著增强,GDP 总量持续增长。以 2006 年为例,我国的 GDP 为209407 亿元,国家财政支出用于社会保障的比例,已经从 1998 年

---

① 参见王越:《中国农村社会保障制度建设研究》,中国农业出版社 2005 年版,第 167 页。

② 参见张秉福:《论农村社会保障制度的现状、问题及对策》,《学术论坛》2006 年第 4 期。

③ 参见王晓莉:《当前我国农村社会保障问题研究》,《合作经济与科技》2007 年 6 月。

的 5.52%提高到 2006 年的 11.05%（国际上通常把社会保障支出占国内生产总值的比重作为衡量社会保障支出水平的主要指标）。而发达国家的社会保障支出水平均呈逐步上升的趋势，到 20 世纪 90 年代中期，大部分发达国家社会保障支出已占 GDP 的 1/3 左右。2006 年我国人均 GDP 水平接近 1960 美元，与英国、芬兰、丹麦、法国、德国等发达国家 1960 年的人均 GDP 相近，但我国 11%的社会保障支出水平与这些国家 1960 年的支出水平却有较大差距，甚至低于当时人均 GDP 仅 458 美元的日本。即使是这 11%的社会保障支出，其中的绝大部分也被占总人口 30%左右的城镇居民所享受，而占总人口 70%左右的农民享受的社会保障支出却低得可怜。由此可见，我国的社会保障支出不仅存在总量不足的问题，也存在分配不公的问题。据劳动和社会保障部的最新测算，中央财政如果每年转移支付 200 亿元，中国农村就有望普遍建立起农村社会养老保险制度，中国 8 亿农民就可以普遍地老有所养。[①] 近年来，我国财政收入持续稳定增长，财政发展的步伐不断加快。全国财政收入从 1 万亿元到 2 万亿元，用了 5 年时间；从 2 万亿元到 3 万亿元，仅用了 2 年时间。2005 年 1 月至 11 月，全国财政收入比上年同期增长 18.5%，其中，中央财政收入 15560.98 亿元，增长 17.5%；地方财政收入 13380.92 亿元，增长 19.8%。这说明，政府现在开始大幅增加农村社会保障方面的投入，不仅是完全必要的，而且也是可以承担的。

近年来，国家虽然增加了对农村民政社会保障的投入，如国家多次调整优抚对象的抚恤标准，并增加自然灾害救济经费，但是其

---

① 参见童兆颖:《构建我国农村社会保障"三步走"战略的思考》,《统计与决策》2005 年第 15 期。

增加的速度远远低于物价上涨的速度。由于物价上涨,特别是粮食价格的上涨,原来核定的社会救济费,其保障能力只有原来的一半甚至1/3。另外,烈军属优待、五保供养采取农民负担的方式与对优待金、五保供养经费调整的需求已不相适应。随着农村经营方式和分配方式的变革,烈军属优待、五保供养方式由原来生产队集体经济负担变为一家一户农民负担。

(四)缺乏统一有效的管理机制

1. 农村社会保障管理散乱。我国农村社会保障的现状是城乡分割、条块分割、多头管理、各自为政。条块之间既无统一的管理机构,也无统一的管理立法。从管理机构上看,部分地区在国有企业工作的农村职工的社会保障统筹归劳动部门管理,医疗保障归卫生部门和劳动者所在单位或乡村集体共同管理,农村养老和优抚救济归民政部门管理,一些地方的乡村或乡镇企业也推出了社会保障办法和规定,有的地方的人民保险公司也搞了农村保险,形成了"多龙治水"的管理格局。由于这些部门和单位所处地位和利益关系不同,在社会保障的管理和决策上经常发生矛盾。多家分管,条块分割,政事不分,缺乏监督,必然造成管理体制的混乱。①

2. 农村社会保障资金管理缺乏法律保障,管理制度不规范,难以保值和增值。社会保障制度需要强有力的法律法规来支撑,而我国农村社会保障方面的法制尚不完善,目前还没有一部专门调整社会保障关系的基本法律。关于社会保障的法规也极少,农村社会保障工作无法可依致使社会保障资金管理缺乏约束,资金使用存在风险,难以解决保值增值问题。此外,管理制度的不规范

---

① 参见王巧玲、陈可:《论农村社会保障问题》,《理论学刊》2006年第1期。

是农村社会保障的一个致命伤。如在保险金的管理上,社会保险经办机构集征缴、管理和发放业务于一身,缺乏必要的监督制约。进城农民工的社会保险金的缴纳,没有统一的账号,连续性差。如流动性很大的农民工在转移就业地到社会保险统筹范围区域外工作时,原来参加的保险在一次性支付给个人后关系即被解除。要参加异地社会保险时又要重新办理有关手续,在领取社会保险金时手续复杂,这说明管理水平低且不规范。农村社会保障工作的技术性很强,对管理水平要求高。由于缺乏规范的管理制度和法规约束而漏洞百出,尤其是一些从事农村社会保障工作的基层工作人员素质较差,有的把农民交来的"养命钱"挪做他用或私分等;有的把社会保障基金借给企业使用或用来搞投资、炒股票等。农村社会保障基金的安全性、收益性令人怀疑。由于不规范的管理,有的农民担心国家政策多变,对参保后能否拿到养老金心存疑虑;有的农民误认为缴保费是政府乱收费行为,从而产生抵触情绪。如此种种,是造成农村社会保障对农民没有强大吸引力的重要原因。[①]

3. 管理制度不健全,缺乏专业人才。社会保障制度实施的技术性很强,对管理水平的要求理应是相当高的。可是,由于缺乏专业人才和严格的管理制度,加上机构设置不健全,致使漏洞百出。从可持续性来看,农村社会保障尤其是社会养老保险改革似乎成了一些基层农村干部政绩考核的主要指标,甚至对基层工作实行"养老保险一票否决制",这样就容易用行政命令的方式来强摊硬派,一旦风头过去或领导不重视,原先的保障措施很快会半途而

---

① 参见盘意文:《浅谈农村社会保障问题》,《经济与社会发展》2006 年 2月。

废,农民的投入无法收回,会严重影响农民的参保积极性。[1]

三、存在问题的原因分析

(一)城乡二元经济结构的制约

城乡二元经济结构一般是指以社会化生产为主要特点的城市经济和以小生产为主要特点的农村经济并存的经济结构。我国城乡二元经济结构主要表现为:城市经济以现代化的大工业生产为主,而农村经济以典型的小农经济为主等。城乡经济二元化已经成为中国现代化道路上的一个巨大障碍。拿户籍制度来讲,它人为地把同一行政区内的居民分成了城镇居民和农村居民,客观上起到了强化城乡二元结构的作用。农村人口众多和可耕土地的相对不足致使大量农民进城务工,成为农民工。但是,户籍制度使这些农民工进城后承担了城镇居民的工作,却无法享受城镇居民的待遇。不可逾越的户籍制度,注定他们只能成为城市的"候鸟"。著名的政治社会学家陆学艺曾动情地指出:"长期以来,我们就这样人为地分割出城市和农村、市民和农民;用户籍制度把人分为城市人口与农业人口,将几亿农民拒之于城市之外……用工资福利制度把人分为有权享受和无权享受的两种人,最后将农民拒之于一切社会保障的制度之外。"[2]城乡二元经济结构在事实上把城市和农村截然分割,使得农民在养老、医疗、福利等社会保障方面严重滞后于城镇。"农村很穷,农民很苦,农业很危险",这并不是因为农民不努力,而是在相当大程度上因为当前的经济结构使然。

---

① 参见王越:《中国农村社会保障制度建设研究》,中国农业出版社2005年版,第173页。

② 陈桂棣、春桃:《中国农民调查》,人民文学出版社2004年版,第178页。

（二）现行农村土地制度的制约

中国现行的农村土地制度是农民长期承包 30 年不变,这就意味着农民拥有长期的土地使用权。中国的农民只要一出生（具有正式户口）,就有分配土地的权利,直到死亡为止,终身享受土地保障。所以,在人们的眼里农民总是有经济保障的,这就使得政府忽视农民的社会保障权利,从而制约了农村社会保障制度的发展。① 不仅如此,由于各级政府把农民拥有土地看做是最基本的生活保障,因而从战略思想上一直对农村社会保障制度的建立缺乏紧迫感,认为没有必要或可以缓一缓,因而一直将农村社会保障制度的建设放在非常次要的位置,甚至至今一些欠发达的农村地区仍未将农村社会保障制度提上议事日程。事实上,中国农民长期处于被掠夺的状态,在计划经济体制下,用巨大的工农产品剪刀差使农业辅助工业的发展,进而城市社会保障水平又远远高于农村。在市场经济体制下,应该是工业反哺农业的时候,但至今仍未建立起高水平的农村社会保障制度,农村和城市社会保障制度仍存在十分明显的差距。从本质上讲,目前城市高水平的社会保障是以牺牲农村社会保障为代价的,所以才导致农村社会保障制度的缺失。

（三）现行"分税制"财税体制的制约

现行"分税制"财税体制是制约包括农村社会保障体系建设在内各项社会事业发展的最大瓶颈。当前我国财政核算单位分为中央、省、市、县、乡镇五级。按照"分税制"规定,中央拿走全部增值税的 75% 和消费税的 100%;省里拿走省内金融系统的全部税

---

① 参见杨翠迎:《中国农村社会保障制度研究》,中国农业出版社 2003 年版,第 52 页。

收和省属企业上缴的留成,另外还要求市、县上缴一部分税收;地市税收来源是除国税和省属税种外的属地其他各种税收;而县级以下财政则是中央返还 25% 的增值税和 0.3% 的消费税(以完成指令任务为前提),以及属地的营业税、特产税、屠宰税、个人所得税、土地使用税等零散小额税种,税源严重不足。而县乡二级财政不仅要负担公务人员工资,还要兑现中小学教师的工资,承担部门法规定的一定比例的科技、文化教育、医疗卫生、农业、民政救济、计划生育等的投入,承担着县乡级公路、农田水利灌溉、堤防等基础设施建设的投入,财政负担极为沉重。由于"分税制"仅解决了中央与地方财权分配关系,没有理清两者间的事权与责权关系,致使县、乡两级政府所负担的事权很大,而掌管的财权又极其有限,从而造成了大部分县级财政为"吃饭财政",乡级财政是"要饭财政",没有财力对农民提供包括社会保障在内的(准)公共产品。①税费改革后,原本就处于"吃饭财政"状态的县乡两级财政实力进一步削弱,村级集体经济趋于瓦解,中央财政转移支付又相当有限,原由乡镇统筹和村级集体经济负担的部分五保户和其他一些农村贫困对象失去了救济保障。在欠发达地区的农村,情况更为严重,一些符合五保政策的对象,因财政下拨资金有限而被挡在五保门外,未能实现应保尽保,当地村干部也无可奈何。

(四)现实的客观经济条件的制约

社会保障体系的建立和运行,必须要以完善合理的产业结构和相对发达的经济状况为前提。但目前农村和城镇经济发达程度的差距较大。城镇在我国经济发展中扮演着主角,国家大部分投

---

①　参见宋斌文:《当代中国农民的社会保障问题研究》,中国财经经济出版社 2006 年版,第 187 页。

资项目都放在城镇,许多关系国计民生的企事业单位都位于城镇,这就决定了城镇社会保障有良好的经济环境,而且城镇居民收入较高,有能力缴纳社会保障费用,城镇地区有条件建立规范稳定的社会保障基金。相对而言,农村地区是农业占据主导地位,广大农民被束缚在农业生产上,农村更多关注的是农业生产和农民生活的稳定,很少上升到社会保障的高度,这在很大程度上遏制了农村社会保障的发展。另外,农民的素质普遍较低,农民的小农意识根深蒂固,太关注眼前利益,看不到长远利益,即使现阶段推行农村社会保障,也很少有农民会主动接受和参与,而更多的则是持有一种怀疑和观望的态度,落后的经济状况严重制约了农村社会保障制度的快速发展。[1]

（五）农村社会保障资金筹资模式过于单一

当前,我国农村社会保障资金来源主要是以农民个人缴纳为主,集体次之,国家为补充。由于农民收入增长缓慢,家庭保障功能逐渐下降,这种筹资模式只会加剧城乡发展差距。近年来,国家财政虽然逐渐加大了对农村社会保障的投入,但其增长速度远低于经济社会发展和物价波动速度。由于物价上涨,原来核定的社会救济费,其保障能力只会下降,这使得国家和集体对农村社会保障承担的责任过小,不仅造成资金来源的不足,降低了保障标准,而且也影响了农民参加养老、医疗等社会保障的积极性,加大了推进社会保障工作的难度。[2]

---

[1]　参见王越:《中国农村社会保障制度建设研究》,中国农业出版社 2005 年版,第 195 页。

[2]　参见王越:《中国农村社会保障制度建设研究》,中国农业出版社 2005 年版,第 191 页。

（六）农村家庭的经济保障职能下降

家庭既是人们组成社会的"细胞"，又是人类赖以繁衍、进行生命的生产和再生产的基本单位。没有家庭的自身保障，家庭作为社会生产和再生产的基本单位就失去了存在和延续的内部动力。然而，正如商品经济的发展必然冲垮自然经济，新的生产方式必然代替旧的生产方式一样，在发展市场经济的今天，建立在自然经济基础上的家庭保障功能正在逐步丧失。

第三章　农村社会保障政策的制定

政策制定是制度建立、优化、发展的起始环节,它直接关乎政策的有效性,以及制度的合理性。农村社会保障政策的制定,将直接影响中国亿万农民的社会保障水平,检验政府在"三农"问题上的解决能力。

第一节　农村社会保障政策的目标

从制度变迁理论角度解释,农村社会保障制度实质上是一种涉及政治、经济和社会生活等多方面的社会稳定制度。一项好的农村社会保障政策应当兼顾多重目标,诸如追求社会公平、维护社会稳定、缩小城乡差距;并在制定过程中遵循多种原则,如科学性、稳定性、法制性、民主性等。

一、体现社会公平

社会保障制度中的公平,是指社会保障面向全体社会成员,只要是一个国家的公民,享受社会保障的权利是平等的,政府及社会都有责任和义务对处于弱势地位的社会成员予以必要的帮助,使之不仅能够保证基本生存的需要,而且能够共享由社会发展所带来的益处,任何社会成员都不应由于地位、职业、出身、年龄和性别等方面的差异而被排除在外。维护社会公平是社会保障制度的核心建制理念,促进效率是现代社会保障制度的天然属性。社会保障制度的公平观是:与社会生产力水平相适应,以促进社会公平为根本目标和评价标准,给同类的人以同样的权利和待遇,将不同类的人的待遇差别控制在社会公认的合理范围之内并尽可能缩小这种差距。[①]

农村社会保障在相当长的时间内未被纳入国家社会保障体系,大部分社会保障的内容将整个农村人口排挤在保障制度之外,这种现象在很长一段时间内,被许多人认为是"自然而合理"的,这在一定程度上凸显了我国在建立农村社会保障制度价值取向上的偏差。我们认为,社会主义国家应该比资本主义国家体现出更多的公平正义,应该使全体居民共享社会经济发展的成果。否则,一部分社会成员只有义务没有权利,享受不到社会发展的利益,就难以体现出社会主义制度的优越性。农村社会保障制度的长期缺失是一种分配制度的非正义,这种非正义已导致社会成员之间严重的对立和冲突,已影响到社会合作体系的稳定。[②] 随着我国农村社会经济的不断发展,党和政府意识到将农民排除在社会保障制度之外是一种不合理的制度安排,农村社会保障制度的建立将关系到国家经济的长远发展与社会的长治久安。建立农村社会保障制度必须体现社会公平,以公平为基本原则,这将有利于农民基本生存权的平等;有利于缩小分配结果的不公平;有利于促进人们之间的代际公平;是社会主义市场经济维护农民利益公平的需要;有利于实现社会的公平和稳定。农村社会保障政策制定的公平性

[①] 参见杜飞进等:《中国社会保障制度的公平与效率问题研究》,《学习与探索》2008 年第 1 期。

[②] 参见晋利珍:《罗尔斯公平正义论对我国农村社会保障制度建设的启示——基于经济伦理视角的分析》,《人口与经济》2008 年第 1 期。

主要体现在两个方面：

一方面,农村社会保障要缩小农村与城镇之间的差距。社会保障的基本社会功能是为社会成员个人维持最低生活需要提供保证,并将之作为政府向社会成员提供的一种承诺,并担负起一定的社会责任。社会成员在基本生活得到保障的前提下,能有一个参与社会竞争的公平起点,而不至于一开始即因先天不足而陷入生存困境。从这个角度来说,农村居民与城市居民应该具有同等的社会保障标准。而在我国,社会保障制度存在着明显的城乡差别,城市和农村的保障内容和范围形成两个极端,城乡之间的社会保障水平差异很大。城市各项社会保障指标远远高于农村,近年来,城市社会保障支出占全国社会保障支出的比重均保持在97%以上,支出总额远远高于农村。社会保障支出的巨大差异造成了城市和农村社会保障水平的巨大差异。因此,农村社会保障制度要体现公平性必须缩小城乡之间的差距,加大对农村社会保障的财政投入比例,使得农村社会保障制度设计与政策安排能够解除农民的后顾之忧,让农民集中精力投入到生产中去,从而推动农村经济的发展,提高农民的生活水平。

另一方面,农村社会保障要维护农民的基本生存权。国家要逐步完善在教育、医疗、养老等方面的社会保障政策,使农民充分享有国家经济发展带来的好处与实惠。1999年,国务院颁布的《城市居民最低生活保障条例》只适用于城市居民,而占我国人口2/3以上的农民则无缘享受最低生活保障。农民是我国公民的重要组成部分,应该享有宪法规定的物质帮助权。目前我国拥有3.38亿城市人口,农村进城务工人员已升至1.85亿,他们为城市发展作出了巨大贡献却无法享受城市的社会保障。要摒弃农民因为有了土地而排除在社会保障之外的思想,土地保障功能的弱化已经危及农民的基本生存权利。

总之，农村社会保障制度设计与政策安排要从维护和实现社会公平和正义、构建和谐社会的新视野出发，国家应当在公平正义的价值观指导下，加快农村社会保障制度的建设，尤其是贫困地区的农村养老保障和医疗保障制度建设，也使为我国的工业化作出巨大贡献与牺牲的农民尽快享受到改革发展的成果。

二、稳定性、可持续性与前瞻性

当前农村社会保障的某些政策在实践过程中稳定性、可持续性较差，缺乏前瞻性。以农村养老社会保险为例，从1991年农村社会保险制度试点开始，全国各地尤其是较富裕的农村地区，对推行这项制度热情很高，工作也做得十分细致，甚至有些地区因为农民投保率高，成绩突出，得到了民政部的大力表扬，并被树立为全国各地学习的榜样和楷模。然而这项制度却难以承受时间的考验，经过几年的发展之后，出现了滑坡现象。有些曾受表扬的典型地区，时隔不久却已经解体。这些地区农村社会养老保险制度大都是在上级领导的指示下一哄而上建立的，甚至有一些地方把推行农村养老保险制度当做政绩的突破口。农村养老保险制度的顺利实现必须具备两个条件：一是农民能持续稳定地缴费；二是养老保险制度能够持续开展到农民老年获得回报之后，而不是中途解体。而这两个条件在农村并不完全具备。因为农民不像城镇职工有稳定的收入来源，农民收入受自然条件及市场行情影响较大，因而其缴费的稳定性没有把握；从政府方面来说，农村社会养老保险制度不是在法律基础上建立的，受行政因素影响较大。

因此，农村社会保障政策的制定要充分考察农村的具体实情，要考虑到实施过程中可能出现的困难与风险，这样才能保证政策的有效性与合理性，保持政策的稳定性、可持续性与前瞻性。

三、科学化、民主化与法制化

科学化，要求农村社会保障政策的制定必须遵循实事求是、因地制宜、分类实施、量力而行的原则。实事求是即要求农村社会保障政策要了解农村的具体情况，了解农民的"衣、食、住、行"，将农民对社会保障的需求与政策的制定紧密结合起来。我国东中西部农村地区的经济社会差异很大，决定着实施社会保障制度不能全面铺开，必须选准突破口，由易到难，保障范围由小到大，项目由少到多。在经济发达的富裕地区，推行社会保险项目相对要多，先要从养老保险、医疗保险和最低生活保障三方面入手，再逐步扩大范围。在贫困地区，要以最低生活保障为重点，对贫困农民实施积极的社会救助政策，不断提高他们战胜困难、脱贫致富的能力。

民主化，要求农村社会保障政策遵循政府领导与农民参与相结合，把农民意见吸纳到政策制定中来。农村社会保障政策的出台并不是政府单一的输出，它应该结合农村地区的实际情况，充分吸收农民对社会保障的需求意见。在政策的具体纲要上要保障农民最基本的生存权利，充分考虑到农民未来的发展空间，保留农民对政策的话语权。

法制化，要求农村社会保障政策遵循有法可依、有法可究、有法可行的原则。一是法制化建设要及时将农村社会保障中新型保障群体纳入到保障体系中来，如农民工、失地农民。对这类农村新产生的保障群体，要尽快对其立法，以保证在政策制定中有章可循。二是要避免农村社会保障政策中的法律盲点，避免产生与国家宪法相矛盾的现象。比如，农民工的医疗保险、养老保险等没有纳入到城市工作的单位中来，因为这些社会保险只针对在本单位长期工作的城镇居民。但是国家宪法规定"保障每个公民最基本的生活权利",这在一定程度上反映了农村社会保障政策在细节方面与国家宪法存在冲突。

四、统筹城乡、统筹区域,逐步缩小城乡和地域差距

农村社会保障的主要目标之一是保障农民的基本生活权利。农民在有了基本保障之后,生活风险降低,解除了生活的后顾之忧,可以将精力放在农业生产,以及与农业、农村、农民相关的经济活动中来。因此,农村社会保障政策的最终目标是促进农村经济发展,推动农村现代化建设,提高农民的生活水平,缩小农村与城市在各个方面的差距。

当前,我国社会保障还是城乡二元结构模式,城镇社会保障与农村社会保障在范围、水平、种类上仍有很大差距。这种状况不利于我国社会保障制度的发展,也不利于"三农"问题的解决和农村经济社会的整体发展。党的十六届五中全会从社会主义现代化建设的全局出发,强调继续把解决"三农"问题作为全党工作的重中之重,实行"工业反哺农业、城市支持农村",大力推进社会主义新农村建设。"工业反哺农业、城市支持农村",相应地要求构建完善的公共财政体制和规范的财政转移支付制度,把原来仅仅覆盖到工业和工人的社会保障推广到农村和农民,将农村务农人口和非务农人口纳入社会保障体系中,统筹建立与新农村建设要求相适应的农村社会保障制度,最终实现农村社会保障与城市社会保障的接轨、统一。

第二节　影响农村社会保障政策制定的
主要因素分析

公共政策过程是一个由多项要素相互作用所形成的综合过程。如果把政策制定的过程作为一个客观的动态过程来考察,它是一个将政策需求从输入端输入,然后经过制造过程,最后从输出端输出的完整过程。这个过程将受到一系列相关因素的影响。在农村社会保障政策的制定中,经济、社会、政治与国际环境,都是重要的影响因素。这些因素将决定农村社会保障政策的合理性、有效性。

一、经济因素

（一）经济发展水平

按照保险经济和马克思社会保障理论,剩余物质即剩余劳动是建立社会保障基金的物质基础,也就是说社会保障基金来源于社会新创造价值的一部分。而社会新创造价值的多少取决于国民经济发展水平的高低。在市场经济条件下,社会保障的正常发展水平是社会保障供求关系处于均衡状态。社会保障的供给取决于国家或政府集中起来的社会保障基金的量,这就框定了向社会成员提供社会保障的深度。

经济因素决定社会保障水平,这可以从西方发达国家的经济发展进程中得以考证。19 世纪末到 20 世纪初,西方发达国家陆续完成了工业化发展的第一阶段,即农业支援工业的发展阶段。这一时期,农业的增长速度慢于工业的增长速度,社会有相当的工业剩余。为了保护和促进刚刚脱离农业哺育的幼稚工业的发展,统治阶级利用有限的社会剩余为广大劳动者建立了应付人身最基本风险的生活保障制度,这时的社会保障水平比较低。但到20世纪40—50年代,其高水平的成熟工业化为社会创造了更多的剩余,促使西方发达国家能够为全民提供全面福利。可以看出,西方发达国家强大的经济实力为其较高的社会保障水平奠定了良好的物质基础。

经济发展对农村社会保障的制约表现为以下方面:一是制约农村社会保障的规模;二是决定农村社会保障的标准;三是制约农村社会保障政策的制定。改革开放以来,我国确立了市场经济体制,经济保持快速发展,国民生产总值逐年增长。但我国人口众多,尤其农村人口占总人口的比例较大,人均收入水平低,二元经济特征明显,经济实力还不能与西方发达国家相媲美。目前,我国农村社会保障体系覆盖面窄、层次低、范围小、社会化程度低。造成这种状况的一个重要原因,就是我国当前的经济水平,还不能够满足农村日益增长的社会保障需求。因此,从农村社会保障发展的总体进程来看,经济发展水平是社会保障制度建立的宏观基础条件,任何一项农村社会保障政策的出台,都是以国家良好的经济为支撑。与此同时,制定农村社会保障体系的实施目标必须以经济发展水平为重要依据,社会保障水平必须与经济发展相适应。

(二)效率与公平

除了国家经济的宏观背景对农村社会保障政策制定产生影响以外,在政策制定的过程中,经济发展的具体思路也是十分重要的相关因素。效率和社会公平是经济发展中被强调与权衡的两个重要概念,效率是经济追求的主要目标,而社会公平则是社会保障所追求的主要目标,如何把握效率与社会公平的平衡点,正是改革开放以来中国经济社会发展的关键环节。

一些经济学家认为,竞争与效率是人类社会进步发展的基本动力,而社会保障必须配合经济政策,换言之,是社会政策必须服从于经济政策。这一方面是必须维护经济政策对整个社会发展的主导,另一方面也是因为单凭经济政策要取得预期的经济发展目标也是十分困难的,甚至是不可能的。① 另一些学者认为,实现社会公平是人类追求的目标,而社会保障是公平分配的机制,经济政策的制定必须优先考虑社会保障。这两种思想倾向将影响着农村社会保障政策的制定。

实际上,农村社会保障政策与农村的经济发展相辅相成,两者之间的关系是多维的,不能用任何一种简单的模型表现出来。农村社会保障政策有利于农村经济发展,有利于帮助解决"三农"问题。反之,农村经济的良好发展对农村社会保障政策的可行性、执行力起到了支撑作用。因此,否定农村社会保障政策而夸大经济政策的功能,或夸大农村社会保障功能而忽略经济政策影响的极端主义,两者都是不可取的。提倡经济政策与农村社会保障政策相互协调和相互促进,应当成为农村发展的指导思想,经济政策和农村社会保障政策的制定均以寻求双方关系的最佳平衡状态为目标。

(三)城乡二元经济结构

从我国发展的客观条件来看,"城乡二元经济结构"以及由此而产生的"城乡二元社会保障结构"是目前农村社会保障仍处于落后状态的主要原因之一。目前的社会保障模式,是在城乡二元发展模式下建立起来的。二元发展理论固然是社会发展的

---

① 参见郑功成:《社会保障学——理念、制度、实践与思辨》,商务印书馆2004年版,第204页。

一种模式,但在建设和谐社会和社会主义新农村的今天,二元社会保障体制已经阻碍了农村社会保障的发展。大家一致认为:长期以来在我国形成的"城乡二元经济结构"对中国社会发展的消极作用已十分明显。国家和集体的财力有限、经济发展水平不平衡,尤其是"城乡二元经济结构"以及由此而产生的"城乡二元社会保障结构"等客观因素,限制了农村社会保障事业的发展。[1]

目前,我国占人口总数 20% 的城镇居民享受 89% 的社会保障,占人口 80% 的农村居民,仅享受社会保障的 11% 。与城镇相比,农村的社会保障是落后的。在目前和今后相当长的一段时间内,我国城市与农村在生产生活方式方面存在的差异难以消除,其根本原因是国家工业化政策致使农村社会发展长期被忽视。[2] 中国在相当长的时间内也无法改变这种城乡差别政策格局,包括户籍制度、土地使用制度、教育制度在内的这些城乡有别的政策在短期内是很难改变的。但是,这些政策将直接影响农村社会保障政策的制定。

(四)农村土地问题

众所周知,土地是农民基本的生产资料,亦是其最可靠的社会保障,是农村社会稳定的基础。中国自 1978 年以来所取得的经济成就在很大程度上得益于当时的农村土地制度改革——家庭联产承包责任制。随着我国工业化进程的推进,人地紧张的矛盾进一步加剧,在承包制推行了 30 年以后,一些深层次的矛盾也日益暴

---

① 参见黄晓慧、张家俊:《我国农村社会保障若干问题研究综述》,《理论月刊》2006 年第 4 期。

② 参见张绍鹏:《从城乡二元体制看农村社会保障发展》,《前进》2006 年第 10 期。

露出来。①

当前,农村土地问题主要表现为农地经营规模越来越小;基层组织随意操控土地流转,损害了农民的合法权益;"圈地"之风盛行,农民失地、失业、失保。农村与城镇在社会保障政策上的差别,一个重要原因即农村土地为农民提供了天然保障,而随着城市化进程的加快,农村土地问题已经危及这块天然保障。农地问题以及由农地问题所带来的失地农民保障问题,已经给农村社会保障政策的制定提出了新的挑战。

二、非经济因素

(一)政府

政府在市场经济中的一项重要功能就是弥补市场失灵,而社会保障体系的建设就是弥补市场失灵所导致的收入分配过分悬殊的一个重要的再分配手段。农业的弱质性和外部性决定了农业在市场经济中的弱势,农民在市场经济中必然处于弱势地位。政府必须通过再分配手段来帮助处于弱势地位的农民。因此,仅从这一方面来讲,政府有责任通过调整财政支出结构等措施,建立和完善农村社会保障体系。②

政府作为农村社会保障政策的制定者,应该发挥其主要职能,尽量避免政府失灵。在社会保险项目中,政府应该结合各地社会经济发展状况,与集体和个人一起分担责任。但政府是社会保险的后盾,如果社会保险出现入不敷出的现象,政府必须扮演"最后

---

① 参见丁任重、倪英:《我国农村土地制度改革问题研究》,《学术研究》2008年第1期。
② 参见张长有:《转型期政府在农村社会保障制度建设中的作用》,《农村经济与科技》2007年第10期。

付款人"的角色。并且,政府还必须对社保部门进行监管,以确保社保基金的保值增值。社会福利是指国家和社会为改善并不断提高社会成员物质文化生活水平而采取的各种具有经济福利色彩的社会保障制度。现代的社会福利是一项面向全体社会成员的社会政策,其提供者主要是政府。目前,在我国农村还没有实施覆盖全体农民的社会福利制度,国家总体上也不具备这样的经济实力。因此,各级政府应根据其财政承受能力,适当提供农村社会福利保障。农业保险是保险人组织农业生产经营者建立保险资金,进行风险损失分摊,对被保险人在种植业和养殖业生产过程中因自然灾害或者意外事故造成的经济损失给予保险责任范围内的经济补偿的一种方式。农业生产的外部性和准公共产品性质,以及农业保险人和被保险人之间存在严重的信息不对称,决定了农业保险要由政府和农业生产经营者共同承担责任。

良好的制度设计是保证农村社会保障体系建设的关键。政府不但要为农村居民提供可行的社会保障制度,还要提供维持其发展的管理机构,这也是世界各国社会保障事业发展的共识。社会保障制度的公平性、效益性、广覆盖性及其体现的社会服务和社会管理的职能,都要求社会保障制度的设计应遵循公平与效益相结合,稳健性和灵活性相结合,注重长效性、科学性,等等。

因此,在制定农村社会保障政策,建立健全农村社会保障体系的过程中,政府承担着不可推卸的责任。如何确立与生产力发展相适应的农村社会保障制度,如何建立健全农村社会保障基金的运行机制,如何建立健全农村社会保障管理机制和监督体系,如何建立健全相关的法律法规,均是政府在农村社会保障政策制定中需要关注的核心问题。

(二)社会环境

市场经济发展的一个必然产物是人口流动,人口流动促进人力资源结构的合理调整,对国家经济的发展具有良性推动作用。近年来,农村大量青壮年劳动力涌向城市,据农业部统计,2006年中国有1.3亿农村劳动力外出打工,占农村劳动力总数的24.5%。农民工为我国的现代化建设作出了巨大的贡献,但长期以来被社会保障制度拒之门外。

农民工有别于中国城镇劳动者的方面在于农村户口,这种传统的身份阻碍着农民工真正融入城镇社会和工业劳动者群体,并被面向城镇居民的相关制度(主要包括社会保障制度等)所排斥;农民工有别于中国农业劳动者的方面在于离开土地甚至居住地而在城镇从事着非农产业,其直接后果便是在获得高于传统农业收入的同时,亦形成了与传统的、真正的农民群体日益加深的隔阂。因此,农民工事实上处于游离或边缘状态,既非传统意义上的城镇居民,亦非传统意义上的农村居民。①

农民工的社会保障诉求正在不断增加,如果将农民工边缘化而排除在社会保障体系之外,可能对中国经济社会的健康、持续发展造成巨大的负面影响。城市中农民工的户籍仍然在农村,与其相关的社会保障政策的制定势必与农村社会保障政策的制定相关联。比如,农民工在就业结束之后是否愿意回到农村,如果回到农村,那么外出务工期间所获得的医疗保险、养老保险等如何与现行农村医疗保险、养老保险相统一;如果继续留在城市,那么应该如何将这部分人纳入农村社会保障体系中来。这些由于社会变动所

---

① 参见郑功成:《农民工的权益与社会保障》,《中国党政干部论坛》2002年第8期。

引起的社会问题,使农村社会保障政策的制定面临新的课题。

（三）国际环境

2001年,中国正式加入世界贸易组织(英文缩写 WTO),标志着我国全面融入经济全球化的大潮中,这对中国的影响是极其重大而深远的,对我国农村社会保障制度的影响尤其如此。加入世界贸易组织,对我国农业挑战最大,据权威人士测算,每年约几千亿农村资产流失。由此将带来农民利益的急剧变化,也必然会对农村社会保障制度与政策产生深远影响。全球经济一体化给我国农业带来的冲击,将在一定程度上危及农业生产、农民生活、农村发展。农村社会保障制度作为农村社会的"安全网"与"稳定器",必将随着全球经济一体化的发展不断地调整自己的政策设计与安排。

加入 WTO,对我国农村社会保障制度的影响是双面的,既有积极的方面,也有消极的方面。积极方面表现在:首先,党和政府对建立健全农村社会保障制度的关注度加大,农村社会保障的地位和作用日益凸显;其次,为农村社会保障基金保值、增值提供了有利条件,同时,可以利用 WTO"绿箱政策",促进我国农业保险发展,增强农民抗御风险的能力;最后,有利于农村劳动力自由流动和加快城市化进程,为把进城务工人员、被征地农民纳入城镇社会保障体系创造条件。消极方面表现在:家庭保障能力下降,农村青壮年劳力外出打工,他们常年在外谋生,削弱了家庭养老的基石,淡化了与父母之间的感情,甚至可能割断相互间的经济联系;土地保障功能日渐式微,特别是城市化进程加快引发的大量农地被征用问题,使得农村土地保障功能减弱;进一步拉大了城乡收入分配差距,社会保障再分配功能亟待加强。

从以上分析可以看出,国际化的发展环境对我国农村社会保障制度的建立以及农村社会保障政策的制定,产生了深远的影响。政府在制定农村社会保障政策时,应该考虑国际环境方面的因素。

第三节　当前农村社会保障政策制定需要解决的重要问题

一、中国农村社会保障政策制定不适应现实需要的主要表现

我国正处于经济转型期,农村经济社会发展处在不断的变化中,农村社会保障制度建设关系到广大农民的切身利益,关系到农村的经济发展与社会稳定。因而,农村社会保障政策的制定需要与农村的具体问题相联系,如果脱离农村的现实环境,政策制定就会出现问题。

(一)政策制定不能完全适应农村经济社会环境的变化

中国农村正经历着由计划经济向市场经济的转变,农村的经济社会环境发生了很大变化。在这一背景下,农村社会原有的保障模式已受到很大冲击,土地作为几千年来农民赖以生存的保障,其功能正在逐渐弱化;传统家庭式保障也随着农村社会变迁失去原有功能;新的国家农业政策所带来的负面影响,给农村社会保障提出新的课题。面对这些客观问题,我国的农村社会保障制度与政策没有进行及时调整与完善。

1. 土地保障功能弱化。

从理论上讲,土地作为生产要素只体现出单一的生产功能,它可以依据市场价格信号进行最优配置。农民的生存、失业、养老、医疗等保障问题,应该通过社会保障制度的建立予以解决。然而在我国现阶段的特定历史条件下,农地也发挥着社会保障的功能,成为农民生存和发展的最后屏障。而目前我国农村实行的集体所有、家庭承包经营的土地制度,使土地作为农民生活保障的载体成为可能。

农村社会保障主要是以土地为中心的非正规保障,特别是在那些农村经济和农民收入来源中农业所占份额大的地区尤其如此。① 然而,土地的保障功能被过高估计,因为农业生产本身的风险因素也很多,较高的生产成本、频繁的自然灾害、较重的税费负担、波动的市场行情等因素,无不影响着土地的收益,致使土地本身的保障功能十分有限。与此同时,经济社会环境的变化正在逐渐弱化农村土地原本薄弱的保障功能。主要表现为:一是耕地减少与农业人口增多的矛盾。一方面,城市的扩张不断侵占原本紧张的耕地;另一方面,不断增加的农业人口,使人多地少的矛盾进一步凸显。二是小规模的家庭农业经济投入产出比极低,同时还要面临自然灾害的风险,农民收入极不稳定。三是加入 WTO 以后,中国落后的农业经济还要受到国外发达农业的冲击,进一步增加了农业风险。②

农村土地保障功能弱化是当前农村社会保障制度建设与政策设计中亟待解决的问题,它直接对农村社会保障体系建构提出要求。但是,目前的农村社会保障政策还没有使农民摆脱对土地保障的依赖,土地保障功能虽然薄弱,但仍旧是绝大部分农民的依赖。

2. 家庭保障功能弱化。

农村家庭保障是人类社会的一种传统的保障形式,指主要依

---

① 参见姜木枝等:《土地保障功能与农村社会保障制度建设》,《四川行政学院学报》2005 年第 2 期。

② 参见张秉福:《农村社会保障体系:现状·问题·对策》,《新农村建设》2006 年第 2 期。

靠建立在血缘关系基础上的家庭乃至家庭成员和衷共济来抵御各种风险、灾害的意识和行为。中国传统的家庭保障主要依赖于家庭内部固有的保障资源及其个人的社会关系等。但随着经济社会的发展，传统的家庭保障受到人口老龄化、家庭规模缩小、文化观念变更、计划生育效应等多种因素的冲击。

农村人口老龄化速度加快，按照 1997 年出版的《中华人民共和国可持续发展报告》预测，到 2040 年，平均每 5 个人中就有一个 65 岁以上的老年人。随着中国城市化步伐的加快，农村青壮年人口大量向城市迁徙，计划生育效应的显现，使农村的老龄化状况将更为严峻。4：2：1 的"倒金字塔"形的家族结构已经初步形成，养儿防老的观念即将成为历史。随着疾病谱的变化和医疗费用的攀升，家庭内部分散疾病风险的功能减弱，农民因病致贫、因病返贫不但已经成为农村贫困最主要的因素，而且严重影响到农村人口素质的提高。

改革开放和经济转型使中国农村生产方式发生了较大变化，农民在获得较高收入的同时，也面临着前所未有的巨大风险与不稳定性。目前，政府和家庭传统的处理风险与不稳定性的机制均受到严峻挑战，农村家庭成为生产的基本单位，又面临着巨大的市场和自然风险，计划生育政策导致了生育率的急剧下降以及人口老龄化的加剧，从而使中国农村老年人赡养问题日益突出，家庭对劳动力的需求以及教育费用的上升导致农村家庭尤其是贫困地区农村家庭对子女人力资本投资愿望与能力的下降。农村的家庭保障已越来越不足以依赖。

家庭保障功能的弱化需要农村社会保障制度来弥补，而我国农村合作医疗体系仍处在探索与实验阶段，农村养老保障制度建设才刚刚起步。应对由家庭保障功能弱化给农民带来的风险，需要政府在制定农村社会保障政策时给予及时回应。

3. 农村税费改革的遗留问题。

农村税费改革是农村地区一次重大的制度创新,被誉为新中国成立以来农村的"第三次革命"。由此,中国进入了无农业税的"后农业税时代"。农村税费改革的基本内容是"三取消、二调整、一改革",即取消乡统筹费、农村教育集资等专门向农民征收的行政事业性收费和政府性基金、集资,取消屠宰税,取消统一规定的劳动积累工和义务工;调整农业税和农业特产税;改革村提留征收使用办法等。我国进行农村税费改革的目的是减轻农民负担,调动农民的生产积极性,促进农民增收,缩小城乡差距。

从 2000 年在安徽省进行试点改革直至现今在全国范围内大面积展开,农村费改税已取得阶段性成效。农民负担重的问题得到了根本扭转,农村面貌发生了新变化。[①] 从目前的实践来看,农村税费改革收到了预期的效果。农村税费改革整体上减轻了农民的负担,但也给农村社会保障带来了一些新问题。税费改革后,原本就处于"吃饭财政"状态的县乡两级财政实力进一步削弱,村级集体经济趋于瓦解,中央财政转移支付又相当有限,致使原由乡镇统筹和村级集体经济负担的部分五保户和其他一些农村贫困对象失去了救济保障。在欠发达地区的农村,情况更为严重,一些符合五保政策的对象,因财政下拨资金有限而被挡在五保门外,未能实现应保尽保。

在我国农村社会保障制度的建设过程中,资金短缺是最大的难题。从我国社会保障的发展历程来看,在城镇社会保障体系建

---

① 参见邵晓琰:《对农村税费改革问题的思考》,《商业经济》2008 年第 1 期。

立的过程中,财政发挥了重要的作用。农村社会保障资金来源于中央和地方财政,地方经济发展水平的差异将直接影响农村社会保障水平。农村税费改革减少了乡镇财政收入,也造成了由乡镇财政负责的相应农村社保部分资金的短缺,后果是对保障对象的保障功能的缺失。

(二)政策制定缺乏灵活性、科学性

在农村社会保障的政策制定中,许多地方没有考虑到政策制定的基本准则,缺乏一定的科学性与灵活性。以湖南省农村社会福利实施方式为例,已经实施的农村社会福利项目主要是采取现收现付和略有节余的办法。如在集体经济比较发达的乡村实行看病不要钱,养老不要钱,上学不要钱,用水不要钱,一切由村里负担或由村里给予一定数量的货币补贴,但很难在湖南省乃至全国进行推广,而且一旦集体经济滑坡,就会彻底瓦解。这种方式承袭了由国家或集体包办福利的做法,使集体背上了包袱,不利于建立适合农村经济特点的社会福利运行机制,缺乏政策制定的科学性。

从灵活性来看,农村社会保障政策制定表现在许多方面,如农村社会保障制度建设不能忽视非政府组织的参与。以社会救助为例,通常人们认为社会救助是政府的责任,政府是主要组织者,社会救助的资源主要由政府出面筹集和分配。如果深入分析就会发现,社会救助的实质是社会互助,是一部分社会成员帮助另一部分社会成员,政府不过在其中发挥了重要的中介作用而已。按照这一本质要求,非政府组织应广泛参与农村社会救助工作。当前的实际情况并非如此,自从我国开展经常性的社会捐助活动以来,非正式的社会互助机制虽然也在发挥越来越重要的作用,但是社会力量在农村贫困群体救助中并没有得到充分运用,民间潜在的捐助力量仍然有待发掘。

　　总而言之,农村社会保障政策制定是一项综合过程,要考虑农村发展过程的复杂性、多样性,充分估计政策给农民带来的影响与后果;同时,要具备发散性思维,对潜在的力量进行挖掘,从多方面推动农村社会保障制度的建设。

　　(三)政策制定中存在"一刀切"现象

　　我国正处于社会主义初级阶段,国家财力有限,农村经济不发达,政府不可能把9亿农民的社会保障事务全部包下来。同时,我国农村地区之间经济差异较大,农村社会保障在一定时期又具有明显的区域性特征,全国农村社会保障制度建设不可能同步进行,不能搞"一刀切",经济实力较强的地区可以根据地方政府的财力加大对农村社会保障的资金投入,而经济实力相对较弱的农村地区社会保障建设的规模和速度必然有限。在实践过程中,有些地区的社会保障政策盲目上马,有的地方官员把农村社会保障作为政绩的突破口,并没有考虑到农村社会保障与地方的经济实力之间的关系,导致政策流于形式。

　　同时,国家在制定农村社会保障政策的具体细节上也存在"一刀切"现象。比如,《县级农村社会养老保险基本方案(试行)》(以下简称《方案》)规定:"缴纳保险年龄不分性别、职业为20周岁至60周岁。领取养老保险金的年龄一般在60周岁以后。"而调查中有部分老年人反映,他们想参加社会养老保险,但因为年龄超出60岁,超过投保期限而无法参加养老保险。《方案》是民政部在1992年1月颁布实施的,按照我国养老保障政策推广速度及农民参与情况推算,现在70岁左右的老年农民是无法享受社会养老保障的,也就是说,如果这部分老年人口没有工作而又不能领取退休金,其老年生活只能靠家庭养老,有的只能靠吃农村的"五保"维持生活。实际上,这部分老年人口是最需要社会保障的。这样的养老保障制度似乎过于死板,没有考虑到农村老年人对养老的实际需要,并且盲目地以年龄为限制将一部分老年人排除在制度之外,反映了政策制定不够科学和脱离实际。

（四）政策制定中农民参与缺失

公共政策作为调整各种利益冲突,分配社会资源的一种重要措施,应当保持合理公正。然而,如果公共政策是由少数政府官员作决定,没有公民广泛地参与,那么公共政策的制定和执行机关就不可能自觉地表达公民的真实意愿,也不可能保证公共政策的顺利执行。政策制定过程中的公民参与不仅具有工具价值,而且本身也是一种目的,是国家走向政治民主和政治文明不可分割的组成部分,是公民进入公共领域、参与治理、对公共政策施加影响的基本途径。

从公共政策制定的理论框架来看,农民是农村社会保障政策制定的主体之一,这不仅仅从民主政治建设的角度来讨论,更主要的是农民作为农村社会保障的对象对农村社会保障的政策制定具有发言权,他们应针对现实的问题与政策制定者进行沟通并表达主张,如此方能保证政策制定的有效性、合理性。但是,在农村社会保障政策制定的具体过程中,农民并没有真正参与到其中,政府政策的单向输出是政策制定的主要模式。具体原因表现为以下方面:

一是农民自身参与意识不强。我国农民的整体受教育水平偏低,农民的文化素质与政治参与的要求有很大差距,远远不能适应政治参与的需要,严重制约了他们的政治参与能力。此外,他们深受传统政治心理的影响和文化知识欠缺的制约,表现为政治参与的困惑与无奈。许多农民仍然保留着传统的家庭保障思维,对农村社会保障制度不清楚,对农村社会保障的政策制定缺乏热情。

二是政策制定中的政府本位思想。政府在农村社会保障政策制定中扮演重要角色,一项政策的出台不能凭借制定者的主观判断,需要听取各方面意见尤其是农民的意见,但在具体制定过程中,往往是缺乏对农村社会保障问题的深入了解与实地调研,与农民沟通、协商也流于形式。三是缺乏制度性保障。农民参与到农村社会保障政策制定需要建立一个长效机制,不能是随意性的,必须有稳定的制度规定,确保农民的意见能够通过这个制度渠道反馈到政策制定之中并发挥应有的作用。

二、政策制定应关注的重点

公共政策研究的出发点,在于公共利益。公共政策实际上是政府促进社会整体协调发展,采取各种方式对涉及社会公众整体生活质量和共同利益的一系列活动进行调节控制的过程。政府在农村社会保障政策的制定中,首先关注的是农民基本生活问题,如医疗、养老、社会救助等方面;其次重点关注的对象应该是受经济社会发展影响程度最大的群体,如失地农民、农民工等。

(一)农村社会养老保险制度

我国正处于社会结构全面转型期,而它本身的复杂性以及迅速的变动性决定了转型过程中社会问题产生的必然性,其中突出的问题之一就是农村家庭养老问题。马克思曾指出:随着人类由农业社会进入工业社会和后工业社会,家庭赡养功能就慢慢脱离家庭而社会化。

目前,我国农民养老保障主要有六种方式:(1)家庭养老。随着农民观念和家庭规模的变化,4:2:1结构的家庭在农村的普及速度超过城市,可以提供养老保障的家庭随着农村经济和社会的发展正在解体。(2)土地保障。我国人均耕地少,农民养老仅靠土地保障是绝对不够的。特别是随着我国工业化和城市化的推进，农民工和失地农民的养老保障是当前最大的社会问题。（3）农村社区养老。仅在少数经济发达地区试行。（4）商业养老保险。只适用于少数经济发达地区的富裕户中，欠发达地区不具备推行的条件。（5）"五保户"制度。由农村集体经济组织负担，实行费改税后由政府负担。（6）农村社会养老保险制度。[①]

这六种方式中，农村社会养老保险制度是农村社会保障制度的核心，从20世纪80年代中期开始，政府就探索性地建立了农村社会养老保险制度。到目前为止，农村社会养老保险已有20多年的历史。农村社会养老保险是为了解除农民养老之忧而建立的保障全体农民老年基本生活的制度，是推进我国农村经济和社会发展的一项重要的基本社会政策，是政府的重要职能行为。现行的农村社会养老保险制度基本上是参照1992年颁布的《方案》实施的，主要体现了以个人缴纳为主，集体补助为辅，政府政策上支持的基本原则。现行的农村养老保险制度在实践过程中步履蹒跚，在具体的实施中现存在以下问题：

一是参保率低，覆盖面不高。2007年，全国农村参加养老保险的人数近1.95亿，相比于农村近9亿的人口还是有相当大的缺口。笔者在江苏省一些地方的实地调查中发现，即使是东部经济较发达的地区，农村社会养老保险覆盖率也较低，仅有约17%的农民参保。

二是投保门槛高，社会保障水平低。按照《方案》，从我国养老保障政策推广速度及农民参与情况推算，现在70岁左右的老年

---

① 参见李春根：《中国农村养老保险制度的现状与制度安排》，《江西社会科学》2006年第3期。

农民是没有享受社会养老保障的,也就是说,如果这部分老年人口没有工作而又不能领取退休金,其老年生活只能靠家庭养老,有的只能靠吃农村的"五保"维持生活。同时,养老保险的发放金额较低,不能维持老年人最低生活水平。

三是养老保险金投入不足,农民支付压力大。应该说现行农村社会养老保险不具有社会保障性质,缺乏社会保障应有的强制性和国家责任性,社会保障制度的基金来源应由政府和用人单位出大头,受保人出小头,而实际上农民却是农村养老保险基金的缴纳主体。2005年,有学者曾经对"江村"(吴江市七都镇开弦弓村)进行调查,发现"江村"农民的养老保障经历了从集体责任本位到个人责任本位的过程,而目前国家在"江村"农民基本养老保险建设中对农民的供款,正是农村养老社会保障中国家责任本位的体现。[1]

农村养老保险制度是中国农村社会保障制度的一个重要方面,建立农村养老保险制度对于缓解农村老龄化的压力,安定广大农民的生活,提高农民老年阶段的经济安全以及促进农村社会的稳定和经济发展都有重要的意义。如何解决目前农村养老保险制度中存在的问题,建立具有中国特色的新型农村养老保险制度,是中国农村社会保障体系建设中亟待解决的重点问题。

(二)新型农村合作医疗制度

新型农村合作医疗是由政府组织、引导、支持,农民自愿参加,个人、集体和政府多方筹资,以大病统筹为主的农民医疗互助共济制度。合作医疗制度是在合作化运动的基础上,依靠集体经济力

---

[1]　参见严新明:《国家责任本位的体现——"江村"农民基本养老保险的实践与思考》,《人口与经济》2005年第6期。

量,按照互济互助原则建立起来的一种集资医疗制度,就其实质来说是一项低补偿的农村集体福利事业。①

农村医疗合作制度是农村社会保障体系的重要组成部分,合作医疗作为新中国成立后在农村大面积实施的基本医疗保障制度,曾初步解决了数亿农民的就医问题,这项制度曾被世界银行和世界卫生组织誉为"发展中国家解决卫生经费的唯一范例"和"成功的卫生革命"。但随着近年来市场经济体制的建立,农村合作医疗制度因缺乏投入和制度本身的原因而逐渐陷入困境,绝大部分农民变成了毫无医疗保障的群体。

2002 年 10 月,中共中央、国务院颁布了《关于进一步加强农村卫生工作的决定》。2003 年 1 月,国务院转发了《关于建立新型农村合作医疗制度的意见》,确定了 2010 年在全国建立较为完善的新型农村合作医疗制度的目标。从 2003 年起开始,各省在中央政府的支持下纷纷选择经济和卫生基础较好的县(市)进行试点,开始新型农村合作医疗的建设工作。新型农村合作医疗制度的主要特点:一是从 2003 年起,中央财政每年通过专项转移支付对中西部地区除市区以外的参加新型农村合作医疗的农民按人均 10 元安排补助资金。二是在全县范围内进行统筹。三是资金支付实行分级、分段、分项的原则。分级支付,指辖区内政府所办的公立医院(卫生院)住院与经转诊到辖区外指定的三级医院住院或外出因急诊到就近公立医院就医所发生的医药费用,其起付线、报销比例和最高封顶线都有区别,辖区内报销比例高于辖区外报销比例;分段支付,指将发生的住院费用根据不同的数额分段,每段的

---

① 参见林闽钢:《中国农村合作医疗制度的公共政策分析》,《江海学刊》2002 年第 3 期。

报销比例不同,住院费用越多,报销的比例越高;分项支付,指门诊发生的费用,除规定不予报销的项目外,药费和医疗费用均按规定比例报销。

从新型农村合作医疗制度的试点情况来看,存在的问题有:

一是政策支持不到位。其中包括:(1)合作医疗缺乏制度保障,许多地方具有随意性。对于新型农村合作医疗,国家强调要坚持在政府的组织引导下,坚持农民自愿参加的原则,因此它不像城镇职工基本医疗保险制度那样,能够以法规的形式强制所有企事业单位的职工参加,合作医疗体系的建设没有法律法规和规章制度给予保证,只是靠某些领导个人对它的认识和重视程度来维系。因此,在发展过程中,有的地方没有真正重视,表现为对农民动员宣传不够,基层工作抓得不实、不细。也有的地方工作方法简单,不能充分考虑农民群众的意愿,片面赶进度、求数量,造成了不好的影响。(2)试点方案缺乏科学性。有些地方对建立家庭账户的做法认识不统一,没有建立家庭账户;有的地方没有按照要求开展调查,以至于缺少准确的基础性数据和资料;对补助数额的测算不够科学严密,制定起付线、封顶线时受主观因素影响较大,缺少客观科学的论证等。

二是医疗经费筹措有困难。表现为:(1)缺乏具体的筹资政策。新型农村合作医疗政策虽然指出了合作医疗筹资的三个方面,但却没有更为详细地明确乡、村两级的合法筹资渠道,以及政府的资助情况,这使得合作医疗的集体扶持无法正式列入乡、村开支中,同时各地的支付比例也缺乏规范性和科学性。(2)农民缴纳合作医疗经费困难。在经济发展落后地区,集体组织经济力量下降,农民收入增长缓慢,使合作医疗面临筹资困难。(3)管理机构不明确。目前我国农村合作医疗卫生制度建设主要依靠县、乡卫生院管理,由于缺乏具体部门负责合作医疗的组织实施,缺乏具有专业知识和技能的人才,使合作医疗卫生资金的筹集和管理缺乏科学性。在调查中发现,有的地方费用补偿缺乏科学测算,选择的补偿模式缺乏政策分析和决策依据,这样容易使医药费的上涨难以控制,甚至严重超支。如果出现挪用及拖欠医药费的现象,就会使农民对其失去信心,合作医疗制度的可持续发展能力就会萎缩、弱化。

三是医疗卫生管理体制改革滞后。主要表现在:(1)农村卫生基础设施建设滞后,各级财政对乡镇卫生院的投入普遍偏少。(2)新型农村合作医疗筹资水平和保障能力较低,农民医疗支付能力较弱。目前农民90%的医药费需自己支付,这一比例在城市是60%,而农民收入仅相当于城市居民的1/3,这就导致相当多的农民即使有病也无钱就医。(3)乡镇卫生院自我发展能力不强。部分乡镇卫生院处于瘫痪状态,难以满足农民多元化的医疗需求。而且还有部分地区的卫生院已实行了私有化,追求个体利益的目标必然与合作医疗政策发生冲突。(4)卫生医疗单位改革不到位,医药流通市场操作不规范,又缺乏有效的管理和监督,造成医疗费用上涨,加重了农民患者的负担。

新型农村合作医疗制度是推进农村卫生改革与发展的重要举措,政府相关职能部门应该不断总结农村医疗合作制度在实践中的教训,不断完善政策中的不足之处,真正为农民建立一张切实、有效的医疗“安全网”,使农民不至于因病致贫、因病返贫。

(三)农村社会救助制度

社会救助是指在公民因各种原因导致难以维持最低生活水平时,由国家和社会按照法定的程序给予款物接济和服务,以使其生活得到基本保障的制度。它与社会福利、社会保险一起构成了社会保障的三大支柱。农村社会救助体系是农村社会保障体系的有机构成,处于基础的地位,它对于缓解农村贫困问题,保护农民的基本生存权,防止农村社会危机的产生具有非常重要的意义。

我国贫困人口绝大多数集中在农村,改革开放前,我国占人口80%以上的农村人口普遍处于贫困状态,其中1/3以上处于极端贫困状态,属于典型的大众贫困。改革开放以来,全国农村2.2亿贫困人口解决了温饱问题,贫困人口占农村人口的比重从1978年的30%降为2007年的2%,基本解决农村贫困人口温饱问题的战略目标已基本实现,农村区域性贫困问题已基本解决,普遍性的极端贫困状态正在成为历史。但是,农村贫困问题的发展是动态的,一是贫困标准随着社会普遍生活水平的提高而发生改变;二是经济社会发展会产生新的贫困群体,如失地农民;三是城乡收入差距扩大所引起的相对贫困。

现行的农村社会救助制度存在的缺陷是明显的。首先,政府对救助的全面情况不明晰,社会救助的资金严重不足。当前我国农村贫困人口中享有最低生活保障待遇的人口仅有2610万左右,而除此之外的约6000万农村低收入者受保护状况到底怎样,我们并不清楚。更何况这6000万农村低收入者也仅是官方统计数字而已,实际上我国究竟有多少农村低收入者?目前我们并不清楚;国家财政用于社会救助方面的主要是自然灾害救助和军人优抚支出,而对生活极度贫困、因贫致病、因病致贫、老无所养等情况无法实施有效的救助。也就是说,多数农村社会救助只是由民政、工会和劳动部门参与,而无财政、税务部门的支持。在资金的筹集过程中,还存在这样一种矛盾现象,即经济较发达的地区,地方财政和村集体的财力都比较强,救助对象相应较少,可以基本保证救助资金和物资按时到位;但在贫困落后地区,地方财政比较吃紧,救助资金的筹集和到位本身就十分困难,而越是经济不发达地区的贫困人口越多,救助需求越大,所需救助资金也越多,由此产生恶性循环,资金问题始终无法得到彻底解决。[①]

其次,农村社会救助的标准不尽合理,救助水平很低。由于财力有限,各地往往将救助标准压得很低。以 2002 年为例,农村社会救助对象总数为 6000 万人,得到救济的传统救济困难户为 17714 万人,五保户 213.3 万人,其他救济对象 250.5 万人,以上三类人相加得到救济的总人数为 2235.2 万人,人均 749 元/年,人均 62 元/月,如果按照社会救助对象总数计算人均 23 元/月。在救灾方面,灾民总数为 3.7 亿人,直接经济损失 1717.4 亿元,国家用于灾民生活的救济款为 40 亿元,人均 10.8 元,更是捉襟见肘。在这种情况下,以目前的物价水平,难以有效维持救助对象的基本生活,特别是那些体弱多病、无依无靠的老人和主要劳动力患病的家庭,生活景况更为艰难。

再次,农村社会救助仅以收入维持为主要目标。当前农村减贫效果有限,救助对象局限在绝对贫困人口,未能满足边缘贫困人群和有劳动力贫困人口的“发展”需求。按照资产社会政策主张,减贫策略并非简单地直接增加穷人的收入,而是要帮助穷人进行资产积累与投资。通过资产建设,可为穷人提供可持续生计,提升其人力资本和社会资本,降低其脆弱性,增强抵御风险和发展的能力。

2007 年,在农村社会救助工作会议上,中央提出了“政府救济、社会互助、子女赡养、稳定土地政策”的方针,这是对构建新型

---

① 参见李辉婕等:《我国农村社会救助工作面临的问题及对策》,《安徽农业科学》2007 年第 4 期。

农村社会救助体系的总要求。按照这一要求,针对农村社会救助的现状和存在的问题,提出可行性的整合对策与创新思路,是构建农村社会救助体系中制度设计的重点。

三、关注的重点对象

(一)务农的农民

随着社会主义新农村建设的推进,农村经济开始向多元化方向发展。传统农业逐渐向现代农业过渡,农业产业化、规模化、市场化、国际化已成为农村经济发展的新思路。在东部地区,农业现代化发展模式逐步成型,农村经济发展迅速,与农业相关的企业进驻农村,大量农民的生产、生活与企业联系在一起。在这些地区,农村社会保障建设速度较快。一方面,农民的生活水平较高,许多保障要求与当地农业企业相挂钩;另一方面,地方财政实力雄厚,有能力为农村社会保障投入更多的人力、物力、财力。

但是在我国其他农村地区,尤其是中西部地区,传统农业仍然是农村经济的主导模式。农民大都以家庭为生产单位,生产作物经济效益较差,土地利用率偏低,农民生活水平低下。这些地区农村社会保障发展的主要矛盾,是农村社会保障建设速度缓慢与农民对社会保障需求旺盛之间的矛盾。因此,在农村社会保障制度建设和政策制定的过程中,对于这部分纯粹的务农农民应该给予更多的关注。

(二)农民工

在前面章节中,我们提到了农民工社会保障问题给农村社会保障政策制定带来的影响。这里需要阐述的是,农村社会保障政策所关注的重点对象之一,就是进城务工的农村劳动力。农民工流动的成因,一是农村劳动力过剩、农业资源承载力加重和农业比较效益较低所造成的推力作用;二是城市化进程加快、城乡发展不平衡和农民对现代生活方式的向往所造成的拉力作用。

目前,城市农民工总数已达 1.4 亿人,作为一个特殊群体,农民工的出现并迅速走向大规模化,是中国经济社会持续发展进步的一个非常重要的标志,它揭示着农村劳动者从缺乏自由的封闭状态下获得了解放,自由流动和自主择业既使农村居民的劳动就业权与生活意愿得到了尊重,更使其收益得到大幅度提升,进而使其生活境况不断得到改善;同时,进城务工的农村劳动者之所以被称为农民工,则是他们在现行制度框架下不能取得与拥有城镇户口身份的劳动者平等的地位并享受相应权益的标记,它揭示着传统户籍制度及附加在这种制度之上的其他相关政策所具有的非公平性乃至歧视性,尽管这种非公平性是计划经济时代典型的二元社会经济结构的一种延续,但在市场经济条件下却格外引人注目。①

当前农民工社会保障权缺失,其原因可以从体制上、立法上、思想观念上进行追究。从体制上看,我国计划经济时代形成的城乡二元社会结构是农民工社会保障权缺失的根本原因。由于城乡二元社会结构使城乡严重分离,"农民"二字便长期被作为一种身份标记成为身份卑微、社会地位低下的代名词。农民及农民工也就当然地成了城里人眼中的"二等公民"。这样,城镇的社会保障制度冷落农民工也就不足为怪了。从立法上看,我国《社会保险费征缴暂行条例》规定,养老、失业保险费的征缴范围为:国有企

---

① 参见郑功成:《农民工的权益与社会保障》,《中国党政干部论坛》2002 年第 8 期。

业、城镇集体企业、外商投资企业、城镇私营企业和其他城镇企业及其职工。据此,用人单位只为本部门的"城镇职工"缴费是不算为过的。从思想观念上看,一种观点认为:政府承担城镇居民特别是下岗职工社会保障的负担已经是异常沉重了,因而对农民工的社会保障已无力承担。这是单纯从经济视角来看待农民工社会保障问题。但是,城镇社会保障负担沉重并不构成不建立农民工社会保障制度的正当理由。另一种观点认为:农民工虽然从事工人职业,但他们仍是农民,并且有土地,如果他们在城市里无法生活,还可以回农村去。因此,完全不必将他们纳入城镇社会保障体系。该观点没有考虑到绝大多数农民工的意愿及现实选择,也不符合农村的实际情况,只能是对农民工权益的漠视。

因此,农民工社会保障制度的滞后,是农民工权益无法保障的症结。农民工已经成为城市中的一个庞大的群体,如果长期将其边缘化,必然会给社会安全造成隐患。我国正在打造服务型政府,农民工的社会保障问题如果得不到解决,势必对党和政府的形象造成负面影响。因此,农民工社会保障制度体系的建立是社会保障制度建设的重要组成部分,它与农村社会保障政策相关联,对社会稳定和经济发展具有重要影响。

（三）失地农民

我国工业化、城市化的过程伴随着农民土地的被征用,国家因法定的原因而征用、征收农村集体土地造成农村居民无地或少地即成为失地农民。城市化是人类的生产和生活活动随着社会生产力的发展由农村向城市不断转移以及城市空间不断扩大的过程。在这一进程中,土地被大规模征用后,农民失去了土地这个最基本的生活资料,农民基本生活如何保障,农民如何增收,农村社会如何保持稳定,就成为当前我国城市化进程中以及农村经济社会发展所遇到的崭新问题。这些问题如果解决不好,不仅影响城市化的发展进程,而且会影响农村的社会稳定,进而影响经济发展的全局。保障失地农民的权益问题,最重要的就是建立失地农民的社会保障制度。

从理论上讲,土地本身并不能承担社会保障职能,土地具备社会保障功能是缘于我国农村社会保障体系极度薄弱,实际上混淆了提供社会保障的真正主体。农民因征地而失去了土地的社会保障权利,尽管国家按《土地管理法》给予征地安置补偿费,然而现行的补偿标准过低,[①]且大都采用单一的货币安置方式,而对失地农民的居住安顿、重新就业、生活观念和生活习惯转变等问题,却未予以充分的考虑。[②]

与此同时,在农村土地的征用过程中,补偿和安置费没有合理分配、利用,缺乏必要的社会监督机制。一项调查表明,如果以成本价(征地价加上地方各级政府收取的各类费用)为 100% 计算,则拥有集体土地使用权的农民只得 5%—10% ,拥有集体土地所有权的村级集体经济组织得 25%—30% ,60%—70% 为政府及各部门所得,而从成本价到出让价之间所生成的土地资本巨额增值收益,则大部分被中间商或地方政府所获取。由此可见,农民得到的补偿费用极为有限,一旦补偿的钱被花光,基本生活没有经济来源时,生活就失去保障。而集体经济组织、政府及各部门由于征地所得的资金,由于缺少监督机制,不但不能做到保值增值,往往又成为腐败和官僚主义产生的土壤。合理利用这部分资金,保障失

①　参见汪晖:《城乡结合部的土地征用:征用权与征地补偿》,《中国农村经济》2002 年第 2 期。

②　参见陈德伟、金岳芳:《征地中的农民土地产权问题》,《中国土地》2002 年第 3 期。

地农民的生活,也要求建立失地农民社会保障体系。①

　　从严格意义上来讲,失地农民已经不算是农民,因为他们已经失去了农民的生产方式,其生活方式也逐渐向城镇居民转变。但是在这一过渡期间,却保留着农民的大部分性质。据专家估计,全国目前失地农民数量约 4000 多万人。按照近几年城镇化年均超过 1% 的速度,到 2020 年我国城镇化水平将达到 60%,还会新增被征地农民 4260 万人左右。完善失地农民的农村社会保障政策,是我们必须关注的新问题。同时,失地农民也是农村社会保障制度中重点关注的新群体。

---

　　① 　参见鲍海君、吴次芳:《论失地农民社会保障体系建设》,《管理世界》2002年第 10 期。

第四章 农村社会保障政策的实施

影响农村社会保障政策实施的因素包括社会因素、政治因素、经济因素、文化因素、人口因素等,在政策实施过程中往往会产生一些偏差,出现政策执行中的"缺位"、"越位"、"不到位"及"错位"等现象,本章将有必要对其进行深刻分析并探究其原因。

第一节 影响农村社会保障政策
实施的制约因素分析

一、社会因素

(一)城乡有别的保障传统降低了农村社会保障的执行水平

中国的社会保障制度从建立之始,就带有二元社会的诸多特征。长期以来,对城镇社会保障制度建设的倾斜,将农村人口几乎排除在社会保障体制之外。党和政府逐渐意识到农村社会保障问题的严峻性,积极探索建立以农村养老保险、新型农村合作医疗与农村社会救助制度为主体的农村社会保障体系。但是在城乡有别的社会保障传统的惯性作用下,农村居民社会保障政策的执行,不管是保障水平还是覆盖面都远远低于城镇居民。

根据《中国的社会保障状况和政策》白皮书显示:2003 年,全国基本养老保险参保人数达 15506 万人,其中参保职工 11646 万人;企业参保退休人员月平均基本养老金为 621 元;全国企业基本养老保险征缴收入总额为 2595 亿元;各级财政补助基本养老保险基金 544 亿元,其中中央财政补助 474 亿元。截至 2003 年年底,全国参加失业保险人数达 10377 万人,全年共为 742 万城镇失业人员提供了不同期限的失业保险待遇;全国城镇参加基本医疗保险人数达到 10902 万人,其中参保职工 7975 万人,退休人员 2927 万人;参加工伤保险的城镇职工人数 4996 万人;全国参加生育保险的职工有 3655 万人;全年共有 36 万名职工享受生育保险待遇;全国领取城市居民最低生活保障金的人数为 2247 万人,月人均领取 58 元。另外,城镇居民还享受各种社会福利、住房保障等。[①]

　　就农村社会保障政策的执行情况来看,根据《中国的社会保障状况和政策》白皮书,2003 年年底,全国有 1870 个县(市、区)不同程度地开展了农村社会养老保险工作,5428 万人参保,积累基金 259 亿元,198 万农民领取养老金。2004 年,中国政府开始对农村部分计划生育家庭实行奖励扶助制度的试点:农村只有一个子女或两个女孩的计划生育夫妇,每人从年满 60 周岁起享受年均不低于 600 元的奖励扶助金,直到亡故为止。奖励扶助金由中央和地方政府共同负担。2002 年开始建立以大病统筹为主的新型农村合作医疗制度,由政府组织、引导、支持,农民自愿参加,政府、集体、个人多方筹资。2004 年正在 30 个省、自治区、直辖市的 310 个县(市)进行试点。截至 2004 年 6 月,覆盖 9504 万农业人口,实际参加人数 6899 万人;共筹集资金 30.2 亿元,其中地方各级财政补助 11.1 亿元,中央财政对中西部地区补助 3.9 亿元。中国政府鼓励有条件的地区探索建立农村最低生活保障制度。截至 2003

---

　　①　参见国务院新闻办公室:《中国的社会保障状况和政策》,2004 年 9 月 7 日。

年年底,全国享受最低生活保障和特困户生活救助的农村特困人数为 1257 万人。①

根据以上数据和表 2 中关于城乡养老、医疗与最低生活保障制度的覆盖人数比对显示,农村社会保障不但在覆盖率方面远低于城镇居民,而且政府对农村社会保障的投入也远少于城镇。城乡有别的社会保障政策继续延续着农村社会保障政策的低水平运行。

表 2　2003 年年底城乡社会保障覆盖人数比较　单位:万人

	养老保障	医疗保障	低保制度
城市	15506	10902	2247
农村	5428	6899	1257

(二)地区发展的差异性导致农村社会保障政策执行的区域不平衡性

我国的农村人口多、生产力水平低、经济发展差距大,根据《2007 年国民经济和社会发展统计公报》显示,2007 年农村居民人均纯收入 4140 元,浙江、江苏、广东等东部省份的农民人均纯收入达到 5000—8000 元,而西部省份的农村人均纯收入一般在 2000—3000 元之间(如表 3 所示)。各地经济条件和财政能力的不同导致了我国农村社会保障政策执行能力与执行水平的地区之间的不平衡。

① 　参见国务院新闻办公室:《中国的社会保障状况和政策》,2004 年 9 月 7 日。

表3　2007年我国部分地区农村居民人均纯收入①　　　　　单位:元

地区	纯收入	地区	纯收入
浙江	8265	山西	3665
江苏	6480	广西	3224
广东	5624	湖北	3099
辽宁	4773	宁夏	3000
湖南	3904	云南	2634
河南	3851	青海	2358
海南	3791	贵州	2300

　　具体而言,东部发达地区很多城市在推动当地农村社会保障建设方面,政策及时、资金到位。比如,2003年10月,江苏省劳动和社会保障厅积极推进苏南等经济发达地区率先建立健全农村养老保险制度。苏州市政府2003年5月新出台的《农村社会养老保险暂行办法》提出,农村养老保险工作由各级政府组织实施,列入国民经济和社会发展计划;农村养老保险经办机构为全额拨款事业单位,人员、设备、宣传等所需费用由同级财政预算安排;建立财政补助和集体补贴制度,本市户籍农民缴纳的养老保险费,采取个人负担(50%左右)、财政补贴和集体补贴三结合的筹集办法;对老年农民逐步建立社会养老补贴制度,所需资金由各级财政、村集体经济等多渠道筹集解决。2003年7月,浙江省政府下发了《关于完善职工基本养老保险"低门槛准入,低标准享受"办法的意见》,降低了农民工参加社会保险的门槛。

　　中西部地区虽然也有一些关于农村社会保障建设的政策,但

---

①　根据各地区政府公布的统计资料整理。

由于经济贫困,观念文化落后,农民的需求层次仍然集中在吃饱穿暖上,政策在执行过程中往往打了折扣,连一般的保费还无法收齐。东部地区越是发达,政策执行的越到位,中西部越是贫穷,政策越是难以执行,形成"马太效应"。在实际工作中确保政策的执行到位,是中西部地区农村社会保障建设必须考虑的要点之一。

（三）城市化进程中产生的新社会问题加大了农村社会保障政策的执行难度

随着我国现代化的推进,城市化进程不可逆转。据《2007 年国民经济和社会发展统计公报》显示,2007 年年末,中国城镇人口占总人口的比例达到 44.9%,比上年提高了 1 个百分点。全国人口为 132129 万人,比上年末增加 681 万人。其中,城镇人口为59379 万人,乡村人口为 72750 万人。[①] 历史数据显示,中国城镇化率以每年大约一个百分点的速度增长。2002 年至 2006 年的城镇化率分别为 39.1%、40.5%、41.8%、43%、43.9%。

然而,中国的城市化越来越遭遇这样的尴尬:一边是高歌猛进,另一边是问题丛生。在推进现代化的进程中,人口城市化是城市化的核心进程,而人的城市化又是人口城市化的最终目的。正是在这种意义上,法国著名社会学家亨利·孟德拉斯(Henri Mendras)将城市化概括为"农民的终结"。随着城市的发展以及工业和住宅产业的发展,城市必然向外扩张,即向农业用地上发展,这就出现了征用农村土地的问题,相应会减少农民人均土地占有量,甚至使农民完全失去土地,导致失地农民、流动农民问题的产生。因此,城市化社会政策的核心是农民进城的社会政策。城市化过

---

① 中华人民共和国国家统计局:《2007 年国民经济和社会发展统计公报》,2008 年 2 月 28 日。

程中失地农民问题、流动进城农民的社会保障等问题,成为了新的研究议题。农村社会保障制度需要关照到这一部分特殊群体的利益,这在一定程度上加大了农村社会保障政策的执行难度。

二、政治因素

(一)法律体系不健全

农村社会保障政策的执行需要有力的法律法规来支撑。我国农村社会保障体系的建设,缺乏相应的社会保障方面的法规,农村社会保障立法滞后。从目前我国农村社会保障立法的状况来看,一个突出的表现是立法层次低、立法主体混乱、立法层级无序。我国政府自1998年开始设立劳动和社会保障部,但迄今还没有一部专门涉及农村社会保障工作的基本法律,在国务院已经制定的条例中,也极少涉及规范社会保障制度的法规。许多规定和具体实施办法,都是通过各种行政性文件发布,但多是单项的,功能单一,缺乏力度,缺乏法律权威和制度刚性,并且不具备较强的操作性。目前农村社会保障工作处于无法可依、无章可循的境地,这必然影响农村社会保障政策的执行。

(二)宏观管理体制不完善

我国农村社会保障事业的宏观管理,长期存在着体制不合理的问题,严重制约着农村社会保障政策的执行。

其一,不同保障项目的管理分割。农村社会保障(社会救助、养老保险等)开始主要由民政部负责管理,乡镇企业职工的社会保险则由农业部负责管理。1998年的机构改革后,农村社会养老保险包括乡镇企业职工的养老保险统一划归劳动和社会保障部,而农村社会救助等仍由民政部管理,从而呈现出政出多门、各自为政、城乡分割、条块分割、多头管理的局面。这种分割管理的体制,一方面造成管理成本较高,不利于资金的调配使用和不同项目的相互衔接;另一方面致使农村社会保障的发展未得到合理的规划,缺乏可持续性。

其二,政事不分。按照国际上通行的做法,社会保障基金的征缴、管理和发放三权分立,互相制衡,从而保证基金的安全性、流动性与收益性。但我国农村社会养老基金是征缴、管理与发放三权集于一身。根据《县级农村社会养老保险基本方案(试行)》规定,县级以上管理机构为农村社会养老保险基金管理委员会,县级为农村社会养老保险事业管理处,乡镇为代办站或招聘代办员,村级为会计和出纳,这个纵向系列负责农村养老保险基金的征缴、管理及发放,缺乏有效的监督和制约,地方管理部门挤占、挪用甚至贪污、挥霍社会养老保险基金的现象时有发生。

(三)基层行政主体政策执行不规范

农村社会保障政策要靠基层行政力量的推行。在我国农村,相关政策都是由基层行政主体即乡镇、村委会来推进的。然而,当前我国农村基层行政主体存在着一些不规范的行政行为,对农村社会保障政策的执行产生不利影响:

首先,基层政府的自利性,阻碍农村社会保障政策的执行。公共选择理论认为,由诸多人组合而成的基层政府同样存在自利性,有其自身的利益追求,难以做到绝对的"价值中立"。我国政策执行模式主要是实验模式,即实验—总结—推广模式。某些基层政府为早出政绩,倾向于选择具有发展前景的地方作为农村社会保障政策的试点,而没有体现农村社会保障的地方特色与具体要求。

其次,基层行政主体的角色混乱。在根据《中华人民共和国村民委员会组织法》的规定,村委会的主要工作是在协调本村事务的同时为上级政府服务。但在很多地方,村委会的职能发生蜕变,为乡镇政府服务成为主要的甚至是唯一的职能。税费改革前,村委会的工作费用从村提留中列支,也导致很多村委会的开支非常大,甚至有些村已经负债累累。庞大的农村管理体系和大量开支并不意味着政府职能的到位,以及可以提供有效率的行政管理、生产出足够的公共物品和提供必要的社会保障。恰恰相反,在很多农村地区,臃肿的基层行政机构蚕食了绝大部分的农业剩余和国家财政补贴,耗尽了可以用来生产公共物品和提供社会保障的资源。

最后,基层执行人员素质欠缺,影响新农村政策的执行。基层执行人员有自身利益和自我价值的追求,面对各种利益的诱导,可能作出权力寻租、扭曲政策的行为。此外,由于自身专业素质和综合能力有限,基层执行人员对政策的本质认识不足,理解不透,执行难以到位,容易出现以权代法、权大于法的现象。

三、经济因素

（一）宏观经济环境复杂变幻

随着经济改革的全面深化和加速推进,我国国民经济进入新一轮高速增长时期。2007年以来,我国宏观经济高温不减,财政收入增长处于过热状态,工业生产指数、消费品零售总额、居民可支配收入、居民消费价格指数处于偏热状态,国内生产总值增长较快,投资增速有所加快。消费需求旺盛。主要物价指标涨幅创新高。主要资产价格趋升,股票市场价格大幅震荡调整。宏观经济趋热,经济高速增长引发了市场对经济过热的担忧,通货膨胀的压力比较大,从而使宏观调控政策进入了历史上最为密集的时期。由于投资需求急剧扩张,农村大量资源外流,金融流通秩序混乱,这样复杂的宏观经济形势加大了农村社会保障政策的执行难度。另外,耕地等生产资源的稀缺和人口数量之间的矛盾始终是中国农村最根本的矛盾,而农村社会保障的政策执行也同样深受这对矛盾的困扰。

(二)基层政府的财政能力捉襟见肘

社会保障筹资来源包括个人、单位和国家三个方面。由于农村经济成分的单一性,不像城市那样有企业或其他经济实体为员工筹集保障资金,因此社会保障资金筹集的重担就落在了农民和国家财政上。在目前我国经济发展不平衡的情况下,很多基层的县乡财政是吃饭财政甚至是负债财政,县乡机构庞大,供养人员过多,导致县乡财政产生极大亏空,无力为农民提供最基本的公共物品。有专家学者根据相关调查结果作出保守估计,目前全国乡镇负债有 2000 个亿,约有 50% 的县、60% 的乡镇债台高筑,这些债务主要集中在中西部欠发达地区。① 税收收入在地方财政收入中的比重偏低,中央和地方财政资源分配不公平,收入上移,支出下移,基层财政成为最弱的一级财政。在基层财政捉襟见肘的情况下,中央财政又没有对农村社会保障事业进行足够的投入,农村社会保障政策的执行缺乏资金支持。农村经济的低水平决定了农民和地方财政在保障金的筹集上有很大困难,加之农村经济与社会发展的多元化,社会保障制度只是其中的一部分,这就使得有限的公共资金的使用具有极强的竞争性,从而制约了农村社会保障资金的公共财政供给。

(三)农村居民筹资能力参差不齐

社会保障制度的本质是国家将劳动者在有劳动能力时的一部

---

① 参见刘翠霄:《天大的事:中国农民社会保障制度研究》,法律出版社 2006 年版,第 79 页。

分收入合理地筹集起来,满足防范劳动者未来风险的需要,其关键是劳动者在劳动期间的收入水平如何、是否有剩余,只有劳动者收入在维持劳动者的生存需要后有剩余,劳动者才有可能考虑对未来风险的防范;相反,如果劳动者的收入难以维持其当前的生存需要,则不会也没有经济能力考虑未来的生存风险,中国农村居民的筹资能力是影响农村社会保障政策执行的重要经济条件。农民是我国经济体制改革代价的承担者之一,国家与农民之间一直处于一种不平等状态,带有严重的工业倾向的国家对农民收取得太多而给予得太少。国家不断地通过各种直接或间接的方式,从农村和农民那里征取了庞大的建设资金。

虽然根据有关统计数据反映,农民人均年收入从 1990 年的 990.40 元已经增长到 2007 年的 4140 元,增幅为 318.2%。收入的不断增长一定程度上增强了农村居民的筹资能力,农村居民家庭人均收入剔除支出后总体上还有剩余,并且剩余量在 2002 年度已经达 525 元[1],然而,中国经济区域性差异不仅表现在东部地区、中部地区和西部地区之间农村居民收入的不平衡,还表现在地区内部农村居民收入的不平衡。这种差异使中国农村居民社会保障的筹资能力差异较大,有很多农村居民没有任何筹资能力,甚至处于绝对贫困阶段。如果单纯依靠个人筹资,一些农村居民必然被排斥在社会保障制度之外。农村居民筹资能力参差不齐,成为农村社会保障政策执行的又一重要阻滞因素。

---

[1]　参见曹信邦:《中国农村社会保障制度缺位的政治学分析》,《云南社会科学》2005 年第 5 期。

四、文化因素

（一）家庭文化传统仍占据主导

我国独特的儒家文化背景，使以养老为代表的农村社会保障带有浓厚的家庭特色。中华民族独特的历史背景和整体文化氛围，造就了我国特有的家庭文化。我国的家庭文化具有家族性、互动性、慰藉性。家族性是我国家庭文化的主要特征。家庭文化包含在家族文化之中，家庭伦理通过家族伦理得以规定；互动性主要体现在尊老和育后两个方面；慰藉性是我国家庭文化的精神体现。我国长期的儒家文化养成了人们对家的依赖，形成了家庭文化传统。在家庭赡养方面，家庭是社会的细胞，我国的人情文化对以婚姻或血统为基础的家庭极为看重。在农村，农民以家庭为中心，以土地为依托，通过家庭赡养使祖祖辈辈、世世代代得以传承。通常认为，家庭赡养具有经济支持、日常护理、精神慰藉等功能。子女对于父母的生活照料和精神慰藉是现代社会保障功能所无法完全替代的。"养儿防老"、"养儿防病"的传统观念根深蒂固。在此情况下，推行农村社会保障制度，要求农民在较短时间内抛弃"养儿防老"、"养儿防病"的旧观念，改为通过"投保"而养老防病，势必会产生理想与现实之间的矛盾，使农民投保观念与农村社会保障的推行之间产生一定矛盾，造成认识上的混乱。

（二）人情文化仍发挥重要作用

因为历史的原因，传统的观念中形成了一种重人情轻法制的倾向，导致人情过于浓厚，而法制观念相对淡薄，这种情况显然与我国依法治国的宗旨相悖，人情浓厚的地域通常会形成错综复杂的人情关系网。适度的人情交往能在一定程度上使现代日常社会中人们的情感需求得到满足,有利于维系和谐的人际关系。

人情文化对农村社会保障的影响主要体现在互助救济方面。我国农村基本上是以村落作为聚居点的,而在同一个村落内,同宗同姓的村民占绝大多数,而基于地缘和宗亲的邻里关系是农民相互依赖的重要社会关系。在农村,邻里乡亲之间难免发生各式各样的人情关系,比如互相借用农具,日常用品互通有无,农忙时互助合作,农闲时互相串门,逢年过节相互走访,遇有困难时相互支援,等等。邻里关系非常管用,谁破坏了这种关系,谁就有可能陷入孤立和被动,甚至失去生存的外在环境和条件。守望相助,"亲帮亲、邻帮邻"的人情文化早就在中国农民心中留下了深深的烙印。在干旱、洪涝、地震等自然灾害发生时,单靠家庭的力量解决受灾农民的生存问题显然是不够的,邻里互助也因为大家共同受灾而削弱,政府的补助又非常有限。这时候,全社会的人情关怀就显示出巨大的威力。传统的人情文化在我国没有建立完善的社会保障制度的农村,一定程度上起到了稳定家庭与安定社会的替代性作用。①

(三)市场经济不良文化的冲击

城市里年轻人无论是在就业还是生活上的"啃老"现象已引起社会的关注,这种"啃老"文化已冲击到中国农村。2008 年,甘肃省老龄办公布了全省农村空巢家庭老人状况调研报告。调查结果显示,全省有 219.45 万老人生活在农村,其中有 76.8 万农村老年人生活处于"空巢"状况,还有近半数老人承受着被"啃老"的负

① 俞军备、杜仕菊:《人情文化背景下的中国农村社会保障》,《上海大学学报》(社会科学版)2005 年 7 月。

担。"空巢"老人除了需要排解自身寂寥无助的老年生活,还需要无奈地为子孙尽一份义务:不少老人要用省吃俭用的钱,负担子女住房、孙子吃饭、上学赞助及日常零星花销等。

随着农村独生子女家庭的与日俱增,"啃老"现象也渐次向广大农村蔓延。在农村中,父母为儿女投保、爷爷奶奶为孙子女投保,呈现宁愿"保小"而不"保老"的倾向。年轻农民则认为养老是件非常遥远的事,几十年后还不知道国家会执行什么样的政策,因而对投保不感兴趣。农民过于现实的考虑和不愿缴保费的心理,影响了农村社会保障尤其是养老保险的执行。

五、人口因素

(一)年龄结构

从农村人口的年龄结构来看,根据 2002 年的数据,农村居民 0—14 岁年龄段的人口有 18153 万人,15—64 岁年龄段的人口有 52703 万人,65 岁及以上年龄段的人口有 6306 万人,老年抚养率为 11.96%,总抚养率高达 46.41%,农村已经进入老龄化社会。随着农村人口老龄化进程的加快,农村居民的抚养负担加重,再加上空巢老人家庭的出现,农村家庭养老逐渐不能满足农民的养老需求,农村社会保障政策尤其是农村养老保险制度的实施显得更加迫切。

(二)人口素质

农村人口受教育程度直接影响到农村居民对社会保障制度的认知程度。一般来讲,人口受教育程度越高,对社会保障制度的认知程度越高,对社会保障制度的参与率也越高,反之,则越低。从当前我国农民的受教育情况看,平均受教育年限不足 7 年,在 4.9 亿农村劳动力中,小学及小学以下的占 38%,其中不识字或识字很少的占7%,这说明农村社会保障政策的执行缺乏良好的外部环境。① 农民群体人口素质不高,一方面导致他们获取信息有限,妨碍了他们对农村社会保障政策的理解;另一方面也阻碍了对农村社会保障政策执行的监督。

(三)人口流动

据统计资料反映,2003 年,我国农村居民人口数是 78241 万人。农村居民仅仅是户籍制度上的概念,户籍在农村并不表明人也在农村从事农业劳动。改革开放以来,中国农村特有的现象是劳动力流动性强,农村劳动力已经分化为三个部分,一部分流向了城市成为"农民工",一部分流向了乡镇企业成为乡镇企业职工,一部分留在农村从事农业劳动成为纯粹意义上的农民。据有关统计资料,2002 年,我国农村居民劳动力 48960 万人,其中约有 9400 万人进城打工,有 13288 万人已进入乡镇企业就业,对于这些不同就业途径的农民工、乡镇企业职工、农民,社会保障建立的方式应有所区别。人口频繁流动加大对农村社会保险便携性的要求,农村社会保障政策执行难度相应加大。

第二节　农村社会保障政策实施过程中的偏差及原因分析

一、政策执行中的"缺位"

国家是社会保障的重要责任主体,社会保险筹资因素涉及个人、单位和国家三个方面。除少数乡村经济发展水平较高的地区

---

① 黄玉兰:《我国新农村政策执行的障碍与消解》,《党政干部论坛》2007 年第 7 期。

以外,中国农村集体经济普遍比较薄弱,没有集体公益金留成,无法为农村居民缴纳社会保障费。同时,农村居民社会保障筹资能力具有一定的差异性,这决定了政府财政必须为农村居民承担出资义务。另外,农村最低生活保障作为一种社会救助措施应完全由政府出资。政府财政既然可以负担城镇职工社会保障基金的收支缺口,同样应可以为农村居民社会保障承担责任。2003 年,城镇劳动者(包括私企、个体、离退休人员)人均享受政府的社会保障支出为 1765 元,而农村劳动者仅有 14 元,城乡比例高达 126∶1,社会保障领域是城乡差距比例最大的领域。① 1995 年,中国政府的财政收入仅为 6242. 2 亿元,2007 年中国政府财政总收入累计完成 51304. 03 亿元,比 2006 年增收 12543. 83 亿元,增长 32. 4%。高速增长的财政收入已经有能力对农村居民的社会保障承担责任。然而,长期以来,政府在农村社会保障建设中角色定位不准确,职能模糊,一方面,表现为主体缺位,既缺乏有效的主导和组织作用,也回避了政府公共资金投入的责任;另一方面,在理念上对社会权利公正的宣传引导滞后,弱化了农村公共服务和公共产品的供给功能,把本应由政府提供的公共产品推向市场,推向社会,造成农村可持续发展的公共产品供给严重短缺。这种"缺位"表现为在农村社会保障的具体执行过程中,国家财政投入的明显缺乏。

国家财政对社会保障的投入长期存在着支出比例偏低、城乡投入不均衡的状况。据统计,1990 年全国社会保障支出 1103 亿元,其中用于城市人口的支出占支出总数的 88. 6%,以人均支出

---

① 参见朱庆芳:《从指标体系看构建和谐社会亟待解决的几个问题》,《中国党政干部论坛》2006 年第 2 期。

计算,城市人均413元,农村人均14元,相差近30倍。在社保资金投入数额一定的情况下,国家将社会保障资金中的大部分向城市倾斜。近年来,国家增加了农村社会保障的投入,然而国家财政投入与市场物价上涨和人民生活水平提高不相适应,其增长速度远远低于物价上涨的速度。由于物价上涨,并且与国家在城市社会保障中的巨大投入相比,政府在农村社会保障建设过程中却严重资金缺位。比如在农村社会救助领域,国家财政支出中传统救济金额虽然逐年增加,但远远不能满足需要。根据《2006年民政事业发展统计公报》,当年全国民政事业费支出782.3亿元。其中:救灾支出59.3亿元,城市最低生活保障支出222.1亿元,1—12月城市最低生活保障平均支出水平为82.9元/人·月,1—12月城市最低生活保障平均标准为169.6元/人·月。农村最低生活保障支出41.6亿元,农村特困户救济支出13.9亿元,抚恤事业费157.4亿元,农村五保供养支出41.1亿元,城市医疗救助支出5.1亿元,农村医疗救助支出8.9亿元,社会福利费24.3亿元。① 从以上数据可以看出,相比较于城市社会救助,农村社会救济的财政支出缺乏明确、稳定而充足的资金来源,严重制约了当前农村低保工作的发展水平。随着最低生活保障面的逐步扩大,政府必然面临筹集保障资金的困境,这又妨碍了农村最低生活保障制度的积极推进。

二、政策执行中的"越位"

中国政府职能既存在"缺位",也存在"越位"。如果政府职能的"缺位"主要表现在对公共服务缺少干预,那么政府职能的"越

---

① 参见《二〇〇六年民政事业发展统计公报》,2007年2月。

位"主要表现为对经济领域的过度干预。① 政府在农村社会保障的执行过程中一方面存在着"缺位",另一方面也一定程度上表现出"越位"。这种"越位"在农村社会保障政策执行中的具体表现,就是政府职能与权力的大量扩张侵害了农民的利益与话语权。

政府处于公共权力的中心,既负责政策的制定又负责政策的执行,成为政策执行的唯一主体,而其他非政府公共组织和公众基本上被排斥在执行体制之外。为了能够对社会各个方面进行全面的行政控制,国家政治权力渗透到社会各个方面,由于政治权力没有受到监督和约束,形成了自我膨胀和自我扩张的趋势,在社会利益总量一定时,政府公权力的扩张,也必然会侵害和挤压农民的利益空间。政府职能的不清,必然导致政府机构臃肿,大量的财政资金用于人员工资,甚至使很多地方政府财政收不抵支,农民的社会保障缺乏财政支持,最终牺牲了农民的社会保障利益。

另外,由于政府独揽政策执行权,市(县)政府在乡镇派驻大量机构,典型的现象就是"七所八站",导致政策执行机构条块分割,政出多门,职责不清,相互推诿,协调不畅,给农村社会保障政策的执行带来了阻力。农民话语权丧失,阻塞了对农村社会保障政策执行的反馈。农民的话语权是农民参政议政的权利保证。由于农民自身的弱势和基层政府的排挤,农民缺少代言人,缺乏有效的利益表达机制,缺失对基层执行人员的制约和有效监督,以致经常出现官代民言的现象。

---

① 参见曹信邦:《中国农村社会保障制度缺位的政治学分析》,《云南社会科学》2005 年第 5 期。

三、政策执行中的"不到位"

政府在农村社会保障政策执行过程中的"不到位"主要表现在保障体系不健全,覆盖范围窄。我国目前农民社会保障制度包括农民养老保险制度、农村合作医疗制度和农村最低生活保障制度。建立社会保障网络的乡镇在 1994 年虽达 14854 个,却仅占全国乡镇数的 31%,建立社会保障基金会的村委会仅占 24%。① 没有建立社会保障机构的地区,尽管集体也以公益金和合作医疗基金的形式向农民收取社会保障费用,但由于个人缴纳的公益金只是赡养无儿无女的孤寡老人,共济性差,又缺乏有效的监督和约束,农民没有积极性。而且大部分乡镇企业和私有企业以及农村劳动力就业的国有企业、城镇集体企业、"三资"企业,没有出资为农村劳动者建立社会保障。

就各项具体的农村社会保障执行情况而言,截至 2006 年年底,全国共有 2133 个县(区)建立了农村最低生活保障制度,已有 1509.1 万(743.4 万户)农村人口享受了农村最低生活保障,人均补差 33.2 元/月;729.2 万(307.7 万户)农村人口享受了农村特困户救济,484.5 万(455.1 万户)农村五保老人享受到了农村五保救济。以上三种救助合计,共有 2722.8 万人得到了定期救助。此外,还有 642.9 万人次得到了农村临时救济。目前,全国建立农村最低生活保障制度的省份是 23 个,低保对象为 1509 万人,全年累计发放低保补助金 41.6 亿元。② 然而,2006 年年末,农村绝对贫

---

① 参见童兆颖:《构建我国农村社会保障"三步走"战略的思考》,《统计与决策》2005 年第 8 期。

② 《二〇〇六年民政事业发展统计公报》,2007 年 2 月。

困人口(年收入低于 693 元)2148 万人,低收入人口(年收入低于 958 元)3550 万人,绝对贫困人口与低收入人口合计为 5698 万人。两相对比,足见我国目前的农村低保覆盖率极低。我国于 2002 年开始建立以大病统筹为主的新型农村合作医疗制度,截至 2006 年 9 月,全国开展新型农村合作医疗试点的县(市、区)为 1433 个,占全国县(市、区)总数的 50.07%;参合农民 4.06 亿人,占全国农业人口的比重为 45% 左右。2006 年年末,全国参加农村养老保险人数为 5374 万人,比 2005 年年末的 5442 万人略有下降。这些数据说明,农村社会保障的覆盖面窄、保障水平低、保障内容单一,与城镇居民保障水平相比有天壤之别,农村社会保障政策执行还很"不到位"。

四、政策执行中的"错位"

我国农村社会保障政策执行中的"错位",主要包括"横向错位"与"纵向错位"两个方面:

"横向错位"是指政府社会保障管理体制错位。我国农村社会保障管理部门存在条块分割的现实:民政部门管一块(农村社会救助),卫生部门管一块(新型农村合作医疗),劳动与社会保障部门管一块(农村养老保险),这种条块分割的现实造成了政策协调、资源共享等诸方面的人为矛盾,不利于农村社会保障工作的开展。不仅如此,在政策的具体执行过程中,全国各地农村养老保险部门的归属也是五花八门,有成立农保公司的,有归属社保部门的,有归属劳动部门的,这种状况也加剧了各地的各自为政。仅就农村社会养老保险来说,国务院虽明确规定农村(含乡镇企业)的养老保险问题由民政部门管理,但由于历史原因及利益驱动,在一些地方,自开办养老保险以来,保险公司从未停止过与民政部门的竞争,同时继续与妇联结合开展对干部的系列保险,与计生部门联合对农村的纯女户进行保险,与教育部门联合对乡村民办教师进行保险,造成农村养老保险的分割局面。尤其是村干部、民办教师、乡镇企业职工等参加商业保险后,客观上使其保险利益与贫困户、五保户及一般群众的保险利益相分离,从而增加了今后推行农村社会养老保险的难度。另外,监管机制缺乏,透明度差,挤占、挪用、贪污农村社会保障基金的现象时有发生。香港劳工处负责劳动监察的人员达500多人,而从业人员规模更大的深圳却只有不到30人的队伍负责劳动监察,劳动监察机构与队伍建设均严重滞后于形势发展的要求。

　　"纵向错位"是指上下级政府的权责划分"错位"。在农村社会保障体系的建设过程中,一直由各级地方政府承担着主要的财政、组织、制度保障以及监管等责任。尤其在财政责任方面,中央政府与地方政府的责任分配处于严重失衡状态。1994年进行分税制改革以来,将主要税种增值税的75%划为中央收入,地方只能从征收成本较高的小税种获得收入,这使得经济不发达地区的县、乡财政收入大幅下降。中央政府与地方政府之间的收支比重一直在调整之中,从表4中可以看出,中央政府财政收入在全国财政收入中的比重一直大于地方政府,但财政支出的比重却小于地方政府。之所以如此,主要原因在于我国的很多公共服务是由地方政府负担的,其中最显著的是市县两级政府承担了全部养老金、失业保险和社会福利项目的资金筹集责任,包括最低生活补贴等。2007年,全国社会保障与就业支出5396.01亿元,其中中央财政支出2303.16亿元,占42.7%;全国教育支出7065.35亿元,中央财政安排支出1076.35亿元,占15.2%;全国医疗卫生支出1973.76亿元,中央财政安排支出664.31亿元, 占 33.6%。[①]

表4　1994—2007 年中央与地方财政收支状况[②]

年份	全国（亿元）		财政收入（%）		财政支出（%）	
	收入	支出	中央政府	地方政府	中央政府	地方政府
1994	5218.1	5792.6	55.7	44.3	30.3	69.7
1995	6242.2	6823.7	52.2	47.8	29.2	70.8
1996	7408.0	7937.6	49.4	50.6	27.1	72.9
1997	8651.1	9233.6	48.9	50.5	27.4	72.6
1998	9876.0	10798.2	49.5	50.5	28.9	71.1
1999	11444.1	13187.7	51.1	48.9	31.5	68.5
2000	13395.2	15886.5	52.2	47.8	34.7	65.3
2001	16386.0	18902.6	52.4	47.6	30.5	69.5
2002	18903.6	22053.2	55.0	45.0	30.7	69.3
2003	21715.3	24650.0	54.6	45.4	30.1	69.9
2004	26359.9	28360.8	57.2	42.8	64.4	35.6
2005	31649.3	33708.12	52.3	47.7	60.1	39.9
2006	39343.62	40213.16	54.8	45.2	58.4	41.6
2007	51304.03	49565.4	55.7	44.3	59.6	40.4

　　具体到各级政府所负担农村财政支出的结构来看, 中央和地方的职能没有作明确合理的划分, 也没有从根本上解决政府间转移支付等问题, 中国仍是以地方财政为主要责任人。比如农村最

---

　　①　参见中华人民共和国财政部:《关于 2007 年中央和地方预算执行情况与 2008 年中央和地方预算草案的报告》,2008 年 3 月 5 日。
　　②　根据中华人民共和国统计局、中华人民共和国财政网上发布的数据整理。

低生活保障政策,中央财政几乎没有投入,完全靠地方自理。各地采取地方财政和乡村集体共同负担的办法,具体分担比例视当地经济情况而定,乡村经济条件好则分担多些,反之则由县级财政负担大头。农村社会保障的执行仍延续了"城市公共事业国家办,农村公共事业农民办"的城乡二元结构公共产品供给结构。在地方必须承担着许多应当由中央承担的职能的情况下,由于地方财力短缺,像基础教育、基础医疗卫生服务等与农村经济和社会发展相适应的公共事业所需要的资金,最终又转嫁到农民身上,加重了农民负担。

第五章　完善我国农村社会保障政策的对策

公共政策在实施中必须通过政策评估对其效果进行检验,本章首先介绍了公共政策评估的概念,进而对农村社会保障政策进行了评估性的研究。在探讨了农村社会保障政策的影响因素后,对当前农村社会保障政策的调整取向提出了建议。最后探讨了完善农村社会保障政策的评估体系问题。

第一节　新时期我国农村社会保障的政策评估

一、公共政策评估

公共政策评估就是评估主体依据一定的评估标准,通过相关的评估程序,考虑公共政策过程的各个阶段、各个环节,对政策产出和政策影响进行检测和评价,以判断政策结果满足目标群体需要、价值和机会程度的活动。[①]

(一)在政策周期中政策评估占有极重要的地位

第一,政策评估有利于检验政策的效果、效率、效益。制定的政策究竟好不好,政策实施以后有没有达到预定结果,公众的回应如何,这些都不能凭制定政策时的主观推断来衡量,必须通过严格

---

① 参见宁骚主编:《公共政策学》,高等教育出版社2003年版,第408页。

的程序、周全的资料和科学的手段加以客观评估才能得出结论。如在计划经济时期产生并运行良好的农村合作医疗政策,到了改革开放后就出现了诸多的问题,对该政策进行评估就能发现问题的症结所在,从而为政策的调整或出台新政策做准备。

第二,政策评估有利于提高决策的科学化和民主化水平。通过政策评估,可以扩大公众对公共政策决策的参与程度,可以更全面、直接地了解公众对政策的回应,提升政策的科学性。如针对农民工的社会保障政策,农民工本有很多呼吁,专家、学者有很多研究、建议和评估,这对提高制定农民工社会保障政策的科学性起到了很大的作用。

第三,政策评估有利于实现政策资源的有效配置。政府在一定时期可以提取的资源是有限的,要将有限的资源最大限度地运用起来,关键是合理配置。只有通过政策评估,特别是通过对政策制定和实施中投入和产出的比率进行分析,才能知道资源配置的优先顺序是否正确,在政策周期的不同阶段上资源投入量的比例分配是否恰当,在政策过程中人力、物力、财力的组合是否合适。正在实施中的新型农村合作医疗、农村最低生活保障政策等都需要进行评估。

第四,政策评估有利于决定政策的循环形式。对政策的评估构成一次政策周期的结束,同时又是下一个政策周期的开始。下一步政策究竟怎样运行,只有通过评估才能确定,从而有了政策的延续、革新、终止。①

----

① 参见严强等:《公共政策学》,南京大学出版社 2002 年版,第 288—289 页。

（二）公共政策评估的目的

（1）发现政策制定过程中的偏差，为被选方案确定优先顺序提供依据；（2）通过政策评估活动明确政策的可行性程度，得出继续执行政策或停止执行政策的判断；（3）依据评估结果，改善政策执行程序与技术；（4）不同的政策会有不同的经济效果、社会效果与政治效果，这就需要通过评估活动，分清多项政策的轻重缓急，对政策资源进行重新配置，为下次政策制定、执行和调整过程准备一定的有利条件。

（三）公共政策评估的作用

政策评估是提供政策运行可靠和有效信息的重要手段。（1）政策评估是进行政策调整、提出政策建议的重要依据；（2）政策评估是检验政策结果的必要途径；（3）政策评估是重新配置政策资源的基本前提；（4）政策评估是构建良好公共关系的有效策略；（5）政策评估是管理科学化和民主化的必要保证。

（四）公共政策评估的内容、标准和方法

公共政策评估的内容包括：（1）政策成本评估；（2）政策需求评估；（3）政策效益评估；（4）政策过程评估；（5）政策影响评估；（6）政策价值评估。

关信平等曾研究了社会政策评估的标准，包括行动标准、收效标准、效率标准、事实标准和价值标准。行动标准是指在社会政策评估中评判一项社会政策行动进展情况的标准，即已投入的资金和已采取的行动是否完成了预先的计划。收效标准是评判一项社会政策行动收效的大小及质量的标准，即已采取的行动是否取得了预期的收效，是否达到了该项社会政策预期的目标。效率标准是指对一项社会政策行动效率的评判，也即对其投入产出率高低的评判。事实标准是指对社会政策实施过程及其收效中各种事实的评判与分析。价值标准是指对社会政策行动及其收效进行价值判断时所依据的标准。①

公共政策的评估方法很多,从本书研究的角度来看,主要使用的是对比评估方法,具体包括:(1)"前—后"对比评估法;(2)"目标与结果"对比评估法;(3)"始—终"对比评估法;(4)"始—中"对比评估法;(5)"有—无政策"对比评估法。

下面我们按时间顺序,对农村社会保障政策进行评估性的考察。

二、20 世纪中国农村社会保障政策评估

我国农村老年人因老返贫的现象比较普遍,这部分人也是一个被人们普遍忽视的庞大弱势群体。由于计划生育政策的推行和农村青壮年劳动力向城镇流动,农村老年人口数量和比例都高于城镇。目前我国城乡老年人口人均收入的比例为 4.7:1,农村人口老龄化程度高于城镇的现象将一直持续到 2040 年左右。因此,必须加快农村社会养老保险制度的创新,建立与农村经济社会发展水平相适应、与其他措施相配套的新型农村社会养老保险制度。

由于我国现行的农村社会保障是与农村社会经济发展水平相适应的,同时受到各种条件的制约,问题与不足在所难免。较突出的问题是:②

1. 水平低。主要体现在层次低下、范围狭小、覆盖失衡、项目不全、社会化程度不高、保障标准欠科学。1998 年,建立社会保障网络的乡镇仅占全国乡镇总数的 41%,建立社会保障基金会的村

---

① 参见关信平主编:《社会政策概论》,高等教育出版社 2004 年版,第 175—176 页。

② 参见方青:《从"集体保障"到"社会保障"——中国农村社会保障 1949—2000》,《当代中国史研究》2002 年第 1 期。

委会不到村民委员会总数的20%。没有建立社会保障机构的地区,个人缴纳的公益金只是赡养无儿无女的孤寡老人,社会共济性差,使用缺乏有效的监督和约束,农民没有积极性。而且大部分乡镇企业和私有企业以及有农村劳动力就业的国有企业、城镇集体企业、"三资"企业,对农村劳动者的社会保障基本上是空白。目前农村以养老、医疗为重点的社会保障工作仅在小范围内实行,没有在全国范围内大面积推广,社会保障基金调剂范围较小。在如何确定福利水平与经济发展的关系方面,国家没有一个具有法律意义的制度规定。大部分地区的农村社会保障项目不全,各保障项目之间缺乏有机联系,没有相应的配套政策措施,难以构成整体优势。在农村社会养老保险当中,由于农民投保档次较低和投保时间较短,养老标准极低。按1998年全国历年(1986年以来)累计8000多万农村居民投保的150.4亿元养老金计算,人均也只有180元左右。在合作医疗中,医疗费用报销比例一般在30%左右,根本谈不上满足农民对医疗保障的需求。在社会救助上,国家虽然付出了很大努力,却仍是杯水车薪。在1990—1999年的10年中,中央和各级政府拨付的社会救济金的总和为7.9亿元,定期救助的人数也只有52.8万人。

2. 风险大。主要表现为法制建设滞后、管理监督不力、基金运作失当、可持续性较差。时至今日,我国还没有一部系统完整的社会保障法规,农村社会保障基金管理缺乏法律保障,难以实现保值增值。在农村社会养老保险工作初创的1992年,当时的银行利率和国债利率都比较高,为吸引更多农民参保,农保基金向参保农民承诺12%的年复利率。1996年下半年以来,银行利率不断下调,目前,银行的利率只有1.98%,而农保基金政策规定,记入农民个人储蓄账户的利率是2.5%,形成了近0.6个百分点的差额。

以江苏省农保基金为例,全省农保基金积累总额已近 60 亿元,每年利差损失就达 3000 多万元。长此以往,农保将面临越来越大的养老金刚性给付与基金亏损的压力。1999 年以来,各级农保机构虽加大了对违规基金的清理,但目前江苏省仍有约 2 亿元资金未收回。根据张卫的调查,雨花台区的养老保险基金也是通过将钱存入国家专业银行来达到保值增值的目的。自 1996 年下半年至 1999 年国家 7 次大幅调低银行存款利率,目前年利率仅有 1.8%,比承诺的 2.5% 低了 0.7 个百分点,以往对农民承诺的给付水平已不能得到保障,而且保险费收得越多,国家的亏空就越大,背的包袱也越沉重,否则就将失信于民,断送已经开创的农村社会养老保险事业。① 有的将社会保障基金借给企业周转使用,有的用来搞投资、炒股票,更有甚者利用职权贪污挥霍,致使农民的“保命钱”大量流失,严重影响了基金的正常运转。投资风险大和增值要求高,使社会保障基金变为“烫手的钱”。从管理机构上看,农村社会保障管理分散,城乡分割、条块分割、多头管理、各自为政。出于各自的不同地位和利益,各级政府和部门在社会保障的管理与决策上经常发生矛盾。在管理上还表现为管理水平低下。社会保障制度的管理是一项技术性很强的工作,对管理水平的要求理应是相当高的,可是由于缺乏专业人才和严格的管理制度,加之机构设置不健全,管理上漏洞百出。极低的管理水平和社会保障基金征缴、管理、使用集于一身(民政部),有悖于国际上将征、管、用分离的通行做法,致使社会保障基金的安全性、流动性与收益性非常差,轻者会挫伤广大农村居民的参保积极性,重者甚至会引起金

---

① 参见张卫:《可持续发展的农村社会保障体系建设——以南京市雨花台区为个案的研究》,《中国农村观察》2001 年第 2 期。

融危机。还有就是可持续性差,农村社会保障尤其是社会养老保险改革似乎成了一些基层农村干部政绩考核的主要指标,有的地方甚至实行"养老保险一票否决制",这样就容易导致用行政命令的方式来强摊硬派,一旦风头过去或领导不重视,原先的政策措施很快会半途而废,农民的钱无法收回,影响十分恶劣。

3. 方式旧。集中反映在农村社会保障模式上。我国现行的保障模式,主要是现收现付和略有节余。从整体看,我国以现收现付为基础的农村社会保障模式及其运行状况还远远不能与城市社会保障同日而语,也不能适应农村经济改革与社会发展的需要。第一,现收现付模式不能适应中国正在明显发生变化的人口年龄结构变迁,不能保证经济的可持续增长。第二,在老龄化社会到来后,现收现付模式会扭曲经济运行中的积极的激励机制。第三,继续运用现收现付为基础的社会保障模式,乡镇企业所承担的巨大的社会保障压力必然会成为农村社会现代化的重要障碍。第四,现收现付模式会增大农村居民对于未来支出的不确定性预期,增大他们的储蓄倾向,这显然不利于当前拉动农村市场、扩大消费、刺激内需的宏观政策实施。第五,现收现付模式也不利于全社会进行储蓄和积累。

总结新中国农村社会保障制度发展演变的基本历程可以看出,党和政府对农村社会保障制度建设付出了不少努力,在养老、医疗、救助等方面都取得了一定的成就,对此我们应当肯定。同时也必须指出,我国在农村社会保障制度的建设问题上也是存在严重失误的。其一,相对于城市,政府对农村社会保障制度的建设存在比较严重的随意性,缺乏明确、合理的目标定位和稳定、渐进的推进措施。其二,长期以来,政府对农村社会保障的制度化建设的关注严重不足。至今只有社会救助项目有了一些比较稳定的制度规范。其三,政府未能从社会公正的理念出发,动态地考虑农村社会保障的建设及其与城市的衔接问题,非但未能对农村社会保障建设采取倾斜的投入政策,反而投入严重不足,造成农村社会保障与城市社会保障之间的差距日益扩大。

在世界范围内,农业是一个弱势产业,农民是一个弱势群体,在中国更是这样。通过"剪刀差"实现的工业化优先发展政策使农村长期积弱;在市场经济尤其是经济全球化过程中,中国农村和农民的弱势表现得更为突出,在初次分配领域处于不利地位;而由于再分配政策调节的滞后,农村和农民并没有等量同享经济增长的成果,城乡收入差距在不断扩大。中国城乡居民收入差距实际达到了6:1,城乡财富差距(金融资产差距)比收入差距更大,近20年来基本上都是在10倍以上,而包括社会保障制度在内的公共资源的分配是倾斜于城市居民的(再分配不公平),这越发加剧了社会不公平问题。

从农民的角度看,半个世纪以来,他们不仅以上缴农业税、其他种类的税收以及名目繁多的费(基金)直接为国家财政作出贡献,而且还通过工农业产品"剪刀差"的方式间接为国家积累了大量的财政资金,且这种积累方式目前还在持续。而在公共品分配中,农村和农民处于不利地位,这是不公平的。例如,占总人口75%左右的农民享有的社会保障费支出仅占全国社会保障费总支出的13%,而占总人口25%的城镇居民却享有着全国社会保障费的87%。这种情况,必须引起高度的重视,如果一个社会的最基础阶层产生了相对被剥夺感,那将是社会危机的危险信号。①

---

① 参见李珍:《建立我国农村社会保障制度的理论分析》,《武汉大学学报》(哲学社会科学版)2006年第1期。

三、新世纪中国农民社会保障现状及评估

（一）农村社会养老保险政策

1. 农村社会养老保险政策简述。

农村社会养老保险工作，是在 1986 年开始探索、1991 年进行试点的基础上逐步开展起来的。1991 年，《国务院关于企业职工养老保险制度改革的决定》提出，农村（含乡镇企业）的养老保险改革由民政部负责。1992 年，民政部在总结试点经验的基础上，制定了《农村社会养老保险基本方案》。1995 年，《国务院办公厅转发民政部关于进一步做好农村社会养老保险工作的意见的通知》要求各级政府加强领导，积极稳妥地推进这项工作。1998 年，这项职能划入劳动和社会保障部。2002 年 11 月，党的十六大明确提出：在有条件地方探索建立农村社会养老保险制度。2006 年年初，党中央、国务院以科学发展观统领经济社会发展全局，按照统筹城乡社会保障制度建设的要求，在《中共中央、国务院关于推进社会主义新农村建设的若干意见》、《国务院关于解决农民工问题的若干意见》和国家"十一五"规划纲要中，都把建立与农村经济发展水平相适应、与其他保障措施相配套的农村社会养老保险制度作为推进社会主义新农村建设的重要内容，摆在了突出位置。2004 年出台的《国务院关于深化改革严格土地管理的决定》，2006 年出台的《国务院关于加强土地调控有关问题的通知》、《国务院办公厅转发劳动保障部关于做好被征地农民就业培训和社会保障工作指导意见的通知》，以及 2004 年出台的《中共中央、国务院转发国家发展和改革委员会关于上半年经济形势和做好下半年经济工作的建议的通知》等文件，对被征地农民的社会保险工作作出重要部署。

2. 新型农保制度的工作进展。

一是开展工作的地区和参保人数呈现出回升势头。截至
2005 年年底,全国已有 31 个省、自治区、直辖市的 1900 个县(市、
区、旗)开展了农村养老保险工作,5441. 94 万农民参保,积累保险
基金约 310. 2 亿元,301. 79 万参保农民领取了养老金,当年支付
养老保险金 21. 3 亿元。试点工作较好的地区,农民群众积极参
保,部分参保农民开始领取养老金,产生了良好的社会效果。如最
早开展试点的山东省烟台市,目前已有 190 万农民参保,参保率达
到当地农村劳动人口的 90% ,逐年缴费成为参保农民的自觉行
动,积累保险基金 17 亿元,有 20 万农民领取了养老金。

二是全国基金积累总额持续增长,人均保障水平逐步提高。
从 2000 年到现在,全国农保基金积累总额增长幅度年均超过两位
数。在 2005 年的基金总额中,责任金 295. 5 亿元,约占基金总额
的 95% ,调剂金 14. 7 亿元,占基金总额的 5% ,基金总量大于责任
金总量,拥有较强的偿付能力。2005 年,全国人均账户积累额已
经达到 570 元,比 2004 年增加 40 元。全国人均年领取养老金 707
元,每月的保障水平达到 59 元。在一定程度上保障了老年农民的
基本生活。

三是基金投资结构趋于合理,运营方式逐步规范,资产质量逐
步提高。2005 年,全国农保基金的投资结构中,银行存款为 127
亿元,占基金总额的 41% ;购买国债为 50. 67 亿元,占基金总额的
16% ;交财政管理 92. 58 亿元,占基金总额的 30% 。银行存款、购
买国债、交财政管理三项共占基金总额的 87% 。其他投资为
40. 15 亿元,占基金总额的 13% 。

3. 各地新农保的做法。

(1)在运行模式上,既有统账结合模式,又有个人账户全积累

模式。2007 年,江苏省 10 个试点县中,除如皋县选择了个人账户模式外,其余 9 个试点县都选择了统账结合的模式。他们的理由有三点:一是社会保障一体化是社会发展的必然趋势;二是国家已推行的企业职工养老保险采取的就是这个模式;三是便于农村劳动力的流动并与城市接轨。重庆市则实行个人账户全积累模式。经办机构为参保人员建立和管理个人账户,区政府、镇(村、社)、个人缴纳的费用全部进入个人账户。待遇水平与个人账户挂钩。他们认为,这种"阳光操作"使农民看得见,摸得着,有利于保护农民的利益不受侵害。

(2)从覆盖的范围和对象上看,纯农民是确定的重点人员。山西省新型农村社会养老保险的参保范围是,本省农业户口(含户籍改革后长期居住农村)的适龄农民。农民工和被征地农民的养老保险按有关规定执行。江苏在已经以政府名义正式出台新型农保制度的试点县中,对参保范围和对象都作了具体的规定,重点突出了新型农保的参保主要对象是纯农民。同时,共同体现了这么几项内容:一是具有本县(市、区)户籍的农村居民;二是年龄在男 18—60 周岁、女 18—55 周岁的范围之间;三是从事农林牧渔业的农民;四是暂不具备参加城保的乡镇企业职工;五是其他各类人员。

(3)从缴费基数选择上看,以"上一年农民人均纯收入"作为缴费基数已成为共识。甘肃省嘉峪关市基本养老保险费由个人、集体、财政三方负担,缴费基数按本市上年度农民人均纯收入的50%确定,缴费比例为 15%,其中个人缴纳 10%。安徽省广德县月缴费基数按本县上年度农民年人均纯收入的 30%—300%确定;个人缴费比例不低于缴费基数的 8%。福建省参保农民以本县(市、区)农民人均纯收入为缴费基数,费率为 18%,有条件的可再缴 8% ;缴费年限累计不少于 20 年。

（4）在待遇水平上,基本上实行的是"低水平、广覆盖"。河南省南阳市合理确定待遇水平,建立弹性待遇调整机制。第一,用财政补助金的 20% 和吸纳的社会捐赠、社会赞助资金建立农村社会养老保险待遇调剂金,用于适时提高养老金水平,使参保人员的基本生活得到长期保障。第二,增强领取年龄的伸缩性。特殊情况下,经批准可提前 1—5 年领取养老金,每提前一年减发 1.5% 的养老金,每推迟一年增发 1.5% 的养老金,鼓励推迟领取。第三,强化最低待遇承诺,实行保底弹性的计发办法,增强制度的吸引力。

（5）新型农保的最大特点是政府对农民参保予以补贴。山西省委、省政府在《关于加快推进现代化建设的实施意见》中,要求"加大各级财政对农村社会养老保险的支持力度"。该省大约 25 个县(市、区)政府财政对农民参保给予了补贴,其形式分三类:一是对参保农民实行普惠制补贴。例如,沁水县参保农民每人每年缴纳 120 元以上,县财政每人补贴 50 元。柳林县政府决定由财政每年拿出 100 万元,按不同年龄段的人员当年缴费积累额给予不同比例的财政补贴。孝义县阳泉曲镇政府拿出 18 万元,对每个参保农民给予 100 元的参保补贴。二是对贫困区域实行倾斜性补贴。泽州县制定了县、乡两级政府和村集体经济组织对参保农民实行补贴的办法,县财政列支 50 万元主要用于四个欠发达乡(镇)农民参加农保的补贴,参保农民年缴费额 120 元以上,每人每年补贴 50 元;同时,乡(镇)也要从预算外收入中拿出不低于 10% 用于补贴本乡镇农民参加农保;村里要从集体收入中拿出 10% 用于补贴本村农民参保。三是对特殊群体实行重点补贴。太原古交市继由本级财政为全市五保户、特困人员、军烈属等统一缴纳农村社会养老保险费后,又由市财政出资 116 万元,为全市

4866 名 70 岁以上的老人缴纳了养老保险费。

4. 江苏的实践。

江苏省农保工作,开始于 1992 年。2000 年以后,发展速度明显加快,保费征缴额以年均 7.5 亿元的速度递增。20 世纪 90 年代初,我国开始试行农村社会养老保险制度(也称"老农保"制度),各地在试点中取得了一定的进展和成效。江苏是从 1992 年开始建立农村社会养老保险制度的,1996 年,省政府把农村养老保险工作列入江苏省国民经济社会发展第九个五年计划和 2010 年远景目标纲要。1997 年,政府制定了《江苏省农村社会养老保险办法》。经过十多年的实践和探索,取得了较好的进展和成效。截至 2004 年年底,江苏省已有 13 个省辖市、100 个县(市、区)、1276 个乡(镇)建立了农村养老保险制度,参保人数达 829.7 万人,领取养老金人数为 74.1 万人,基金积累总额达 66.08 亿元,居全国首位。江苏的农保建设经历了三个发展阶段:

一是探索起步阶段(1992—1998 年)。1986 年,根据国家"七五"计划中关于"抓紧研究建立农保制度"的精神,在民政部指导下,江苏省在当时的沙洲县(现为张家港市)进行农保工作试点。1992 年,民政部在张家港市召开了"全国农村养老保险工作会议",印发了《县级农保基本方案(试行)》,提出了农保以"个人缴费为主,集体补助为辅,国家予以政策扶持"的基本原则和方式。根据会议精神,江苏省在全国率先推广了农保工作,95% 的县建立了农保机构,适时地开展了农保工作。为了更好地指导和规范全省农保工作,1997 年 8 月,省政府以省长令的形式,颁发了《江苏省农村社会养老保险办法》(简称《办法》)。《办法》的出台,标志着全省农保工作走上了法制化的轨道。

二是整顿规范阶段(1998—2000 年),1998 年,国务院机构改革,农保工作职能由民政部移交到劳动和社会保障部。1999 年,针对全国保险业存在的问题,国务院下发 14 号文件,要求整顿和规范农保工作。在这大背景的影响下,江苏省农保工作也不例外地进入了整顿、停滞阶段。以通州市为例,从 1998—2000 年,农保保费收缴大幅度下滑(如表 5 所示)。

表 5　通州市历年农保保费收缴情况　　单位:万元

阶段	第一阶段					第二阶段			第三阶段			
年度	1993	1994	1995	1996	1997	1998	1999	2000	2001	2002	2003	总计
征缴金额	150	1396	1473	1155	1249	1160	685	552	1096	1034	1759	11709

资料来源:通州市劳动与社会保障局。

三是改革发展阶段(从 2001 年至今)。2002 年,党的十六大报告提出:在有条件的地方,探索建立农村养老、医疗保险和最低生活保障制度。这不仅给农保工作指明了方向,也给农保工作带来了春风。至 2003 年年底,全省 95% 的县(区)完成了农保机构和职能的调整,农保工作结束了 3 年的徘徊局面,进入了新的发展时期。

新型农村社会养老保险政策实施中,南通市委、市政府把农保工作作为政府工作考核目标内容之一,规定农保工作不完成,单位不得评先评优。由于党委、政府的重视,南通农保工作年年都有较大进展,全市保费征缴已超过 9.4 亿元。在盐城市,农保与其他社会保障工作占政府目标考核分的 3%,有的县(市)劳动和保障部门把这 3 分全部算入农保工作。2003 年,苏州市政府颁布了《苏州市农村基本养老保险管理暂行办法》,在全省率先以地方法规的形式,明确"农村基本养老保险由各级人民政府组织实施和管理,列入当地的国民经济和社会发展计划"。目前,苏州市农保保费的累积额已达 17 亿元,占全省保费的近 1/3。20 世纪 90 年代中叶以来,江苏省农保工作形成了三种发展模式,各具特点,被称为省农保工作的"三面红旗"。这三种农保模式分别为:

(1)"个人缴费＋政府补助",这是苏州农保模式的精髓。经济发展离不开农民,经济发展到一定的时候就要反哺农民。苏州作为江苏省和长三角地区的发达城市,当初依靠农民创办的乡镇企业起步,是农民的辛勤劳动实现了苏州经济的腾飞。正因如此,苏州市明确提出,发展的成果不仅要惠及城市居民,还要惠及农村居民。为了让农民充分享受改革开放的成果,他们十分重视对农民的反哺,不断加大财政对农保基金的投入,设计出月养老金 120—150 元,保费征缴由参保对象和县、乡两级财政各负担 50% 的农保新制度。目前,全市 70% 的农民参加了农保,49 万农民老人每月都能领取 100 多元的养老金,实现了农保从象征性保障向有效性保障的转变。他们的做法,在经济发达的长三角和珠三角地区得到普遍的赞同和推广。

(2)"个人缴费＋市场机制",这是南通农保模式的鲜明特色。农保的发展需要与经济发展相适应,要发挥市场机制在农保发展中的积极作用。南通地处江苏省中部地区,也是经济中等发达地区。南通市针对本地区的特点,设计出月养老金 80—100 元的农保制度。在确保基金安全的前提下,把农保基金集中投入到国债或商业银行,使农保基金的实际利率收入高于记入个人账户的利率(国债利率 3.4%,记入个人账户利率 2.5%),使农保资金不断增值。南通市的海安县现有 1.6 亿元的农保基金,通过市场机制,一方面使参保农民养老金的发放标准得以保证;另一方面也解决了县、乡两级农保经办机构的经费困难。

（3）"个人缴费＋优质服务"，这是盐城农保模式的成功之处。要调动农民参保的积极性，政府必须为参保对象提供良好的服务。盐城市作为江苏省经济欠发达地区，农民人均年收入只相当于苏南地区的60％，一般农民拿不出整笔存款参加农保。面对这一情况，他们制定出月领取养老金60—80元的制度。做到及时上门、随到随收，方便农民保费的缴纳，使许多农户的保费积少成多。当地许多乡（镇）农保员都是利用中午和晚上的休息时间，走村串户，主动上门，不厌其烦地宣传农保政策，使广大农民加深了对农保政策的了解。由于农保经办机构的优质服务，盐城市农保保费的征收每年都以较快的速度递增，农保工作不断迈上新台阶。

苏州、南通、盐城市的农保工作，各具特点和代表性（如表6所示），同时又有创新性。它们共同的经验是：农保深受广大农民

表6　苏州、南通、盐城农保模式比较（截至2003年）

区分	农民人均年纯收入（元）	覆盖率（％）	设计人均月领取养老金（元）	基金中有无政府、集体补贴（％）	基金管理运营	投资收益（％）	县乡机构经费来源	基金累积总量（亿元）	是否捆绑参保
苏州	6681	50	120—150	50（县、镇）	财政专户	.	全额拨款	17	是
南通	4393	38	80—110	无	国债、存银行各50％	3.3	自收自支	9.4	无
盐城	4037	21	60—80	无	国债、存银行75％，上级代理14％，其他11％	2.7	全额22％，自收自支78％	5.7	无

注：捆绑参保是指未参保对象达到退休年龄享受政府补贴时，其子女必须参保。
资料来源：苏州、南通、盐城市劳动和社会保障局。

的欢迎,体现了党和政府为农民办实事的精神;农保工作的开展,离不开公共财政的大力支持,需要与经济发展水平相适应,需要充分灵活地运用市场机制,需要为参保对象提供优质服务、方便农民。

在江苏省农保工作发展过程中,各级公共财政不仅重视对农保机构办公经费的支持,有条件的地方更注意在农保的推广中加大投入。近几年来,苏州市对农保工作先后投入了近 3 亿元,不仅提高了农保养老金发放标准和保障水平,也激发了广大农民参保的积极性。该市吴中区每年拿出 5000 万元补贴农保参保对象,一般的参保对象一年要从公共财政中得到 1000 多元的补助。2003年,张家港市从公共财政拿出 1 亿多元补贴给农保,规定男满 60岁、女满 55 岁的农民,只要全家人参保,每月都可以拿到政府财政发放的 120 元养老金。正是由于公共财政的支持,张家港市有 20万农民一次性参加了农保,近 10 万达到退休年龄的农民拿到了养老金,有力地推动了农保工作的全面开展。许多农民都激动地说,农保是"孝子工程"。

（二）新型农村合作医疗政策

自 2003 年开展新农合试点以来,经过各地区、各有关部门的共同努力,新农合制度建设取得显著成绩,覆盖面不断扩大。实践证明,新农合制度符合我国国情,符合农村经济发展水平,与农民经济承受能力和医疗服务需求基本相适应,在减轻农民医疗负担、缓解因病致贫和返贫状况、保障农民健康方面发挥了重要作用,是我国农村卫生改革发展的重大制度创新和现阶段农民基本医疗保障的重要实现形式。2008 年,新农合工作的总体要求是增加补助、全面覆盖、巩固提高,实现在新的起点上又好又快发展。从2008 年开始,各级财政对参合农民的补助标准提高到每人每年 80元,其中中央财政对中西部地区参合农民按 40 元给予补助,并对东部省份按照一定比例给予补助,计划单列市和农业人口低于50%的市辖区也全部纳入中央财政补助范围;地方财政也要相应提高补助标准,确有困难的地区可分两年到位。地方增加的资金,应以省级财政承担为主,尽量减少困难县(市、区)的财政负担。农民个人缴费由每人每年10元增加到20元,困难地区也可以分两年到位。

1. 全国新型农村合作医疗情况。

截至2007年3月31日,全国开展新型农村合作医疗的县(市、区)达到2319个,占全国县(市、区)总数目的81.03%,覆盖农业人口7.99亿,占全国农业人口的91.93%,参加合作医疗的人口6.85亿,占全国农业人口的78.78%,参合率为85.70%。其中,东部地区有634个县(市、区)开展新型农村合作医疗,占东部地区总县(市、区)数的90.96%,覆盖农业人口2.44亿,基本覆盖东部地区农业人口,参加合作医疗的人数2.16亿,参合率为88.59%。

从筹资情况看,截至2007年3月31日,全国新型农村合作医疗已筹资143.39亿元,其中,地方财政补助资金55.99亿元,农民个人缴费84.68亿元(含相关部门为救助对象参合缴费2.63亿元),其他渠道2.72亿元。

从基金支出情况看,截至2007年第一季度,全国合作医疗基金支出总额为51.84亿元。其中,用于住院补偿41.80亿元,占基金支出总额的80.63%;以统筹基金形式进行门诊补偿3.37亿元,占基金支出总额的6.49%,以家庭账户形式门诊补偿4.95亿元,占基金支出总额的9.56%;其他补偿1.04亿元(含对2006年参合农民的二次补偿等),占基金支出总额的2.01%;体检支出0.68亿元,占基金支出总额的1.31%。

从受益情况看,截至 2007 年第一季度,全国累计受益 7418.19 万人次。其中,住院补偿 553.40 万人次,门诊补偿 5822.80 万人次,其他补偿 122.28 万人次,体检补偿 919.71 万人次。

2. 2007 年江苏省新型农村合作医疗运行情况分析。

根据各县(市、区)上报合作医疗数据汇总,截至 2007 年 12 月 31 日,江苏省参合人口共 4316 万人,参合率达到 95%,较上一年度分别增加 219 万人和 4.7 个百分点。

从资金筹集情况看,截至 2007 年 12 月 31 日,江苏省新型农村合作医疗本年度已筹资 33.49 亿元,其中,省级财政补助资金 7.89 亿元,地方各级财政补助资金 15.78 亿元,农民个人缴费 8.89 亿元,其他渠道 0.93 亿元。政府补助资金占筹资总额的 70.7%,农民个人缴费占筹资总额的 26.5%。

从基金支出情况看,2007 年,江苏省新农合基金累计支出总额为 33.22 亿元。其中,住院补偿 24.77 亿元,占基金支出总额的 74.56%;门诊补偿 6.88 亿元,占基金支出总额的 20.71%,基本达到住院与门诊统筹基金的合理分配。2007 年,江苏省新农合基金使用率达到 99.21%,有 41 个县(市、区)动用了往年结余资金,主要原因是这些地区在 2007 年修改了补偿管理办法,较大幅度地提高了补偿比例,并对部分参合人员采取二次补偿。截至 2007 年 12 月底,万元以上补偿人次 3.3 万人,有效地缓解了参保农民因病致贫和因病返贫现象。

从住院费用补偿情况看,2007 年,江苏省参加新农合人员住院医药费用人均 4121 元,比 2006 年增长 222 元,增长了 5.3 个百分点;人均住院补偿额 1285 元,比 2006 年增长 302 元,增长了 23.5 个百分点;参合农民实际医药费用补偿比达到 31.18%,较上一年度增加了 3.18 个百分点。有 34 个县(市、区)实际补偿比高于全省平均水平,有 37 个县(市、区)实际补偿比低于 30%,其中低于 25% 的有 15 个县(市、区),有 2 个县(市、区)实际补偿比不到 20%。

总的来看,2007 年,江苏省新农合住院补偿水平有了一定提高,增幅高于人均住院费用的增长幅度,有不少县(市、区)实际补偿比达到全省年初确定的 30% 的目标。但是,部分地区仍要继续做好费用控制,要采取有效措施,加强对定点医疗机构的管理,认真执行基本用药目录,下大力气降低不合理的医疗费用,引导参合农民就近就医,让他们得到更多的实惠。

3. 江宁区新型农村合作医疗新政策让群众得实惠。

2008 年,南京市江宁区新型农村合作医疗工作实施意见出台。新的实施意见在基金标准、报销范围、报销比例、综合补偿比和即时报销等方面均进行了较大调整,更加体现了便民、利民思想。该意见力求给群众带来更多的实惠,在缓解群众因病致贫、返贫方面发挥更大的作用:

一是基金标准提高。2008 年,全区筹资标准为人均 200 元,政府补助与个人缴纳仍按照 8:2 的比例,个人为 40 元,各级政府补助 160 元,其中市级 30 元、区级 65 元、镇街 65 元。

二是报销范围扩大。2008 年,报销的范围除以往规定的门诊、住院发生的费用外,还将恶性肿瘤病人放化疗、尿毒症血(腹)透、慢性肝炎、再生障碍性贫血、系统性红斑狼疮、1 型糖尿病和器官移植后抗排斥门诊费用视同住院,报销范围、比例及限额同住院。以上人群享受的报销项目增多,得到更多的实惠。

三是报销比例提高。区、镇级住院报销取消了分段报销,实行不分段按统一比例补偿,镇级定点医疗机构比例为 45%;区级定点医疗机构比例为 40%,在省市定点医疗机构及其他非定点非盈利医疗机构就医的费用仍实行分段按比例补偿。参保农民实际补偿比也将得到很大提高,将由 2007 年的 38% 提高至 42% 以上。

四是大病补助继续调高。区政府另设立总额约 1000 万元的大额医疗费用补助基金。在定点医疗机构及非定点非盈利医疗机构就医,所产生的住院医疗费用超过 3 万元且参加新型农村合作医疗的群众均可获得大病补助。年人均最高补助限额为 12 万元。

五是报销更方便。2008 年,全区将推行计算机网络"一卡通"工程。看病群众凭参保卡,在全区范围内所有镇街和社区定点医疗服务机构就医时即看即报,不需要到合管办报销医疗费用。目前,全区已经投入近 200 万元,为村卫生室配备了 178 台电脑,并分四期对有关人员进行了培训。自 2008 年 2 月 1 日起,全区所有镇街社区卫生服务中心、站即可实行即看即报。2008 年上半年,区级医疗机构也将完成联网工作。为了方便群众报销,还将实行单病种结算,定点于某医疗机构就医的慢性病患者,在每次治疗后,只需要付清个人自付部分,其余费用则由医院与合管办进行结算,既减轻了患者的负担,也防止了管理上的漏洞。

4. 国家统计局江苏调查总队对全省新型农村合作医疗进行专项调查。①

为及时了解江苏省新型农村合作医疗制度的贯彻落实情况,国家统计局江苏调查总队对全省十个县(市、区)的 500 户农村家庭进行了一次专项调查。结果显示,江苏省各地新型农村合作医疗制度执行效果良好,多数农民从中受益,群众满意度普遍较高。

(1)覆盖九成以上农户,八成左右的农民参保。参加本次调查的农村家庭中,有 93.2% 的农户和 80.5% 的农民个人参加了新

---

① 参见《江苏新型农村合作医疗简报》2006 年第 7 期,2006 年 12 月 28 日。

型农村合作医疗保险,接受调查的农民普遍反映,通过参保感受到了政府的关怀,认为这是政府为老百姓做的一件好事、实事。

(2)八成受调查者个人缴纳保费,九成表示认可保费标准。此次调查中,参保农民个人平均需缴纳保费23.7元,其中有20.2%参保人的参保费用由当地政府、集体或企业代缴,主要集中在经济条件较好的一些乡镇。当谈到"您最多可以花费多少元在这个项目上"时,九成以上被调查者对当前费用标准表示认可,更有59.5%的被调查者表示愿意承担更高一些的费用标准,以满足更高的医疗需求。

(3)大病受益凸显参保优势。调查年度(2005年)参保农户门诊人均花费197.1元,其中能报销23.3元,占支出的11.8%,与保费支出基本持平;住院人均花费1873.7元,其中能报销412.9元,占支出的22.0%,是保费支出的17.4倍。参保农户医疗费用报销金额最多的一户达5800元,大病支出报销比例最高的一户达57.7%。

(4)农民保险意识进一步增强。当问及"您明年是否会参加新型农村合作医疗"时,有95.2%的被调查户表示会参加,高于当前农户参保率2个百分点。可见,新型农村合作医疗保险制度在江苏省农村已深入人心,经过几年的实践体验,农民的保险意识已明显提高。

(5)贫困农户因经济原因尚无法使家庭成员人人受益。调查显示,目前尚有6.8%的农户没有参保,这其中不少是贫困户。这些家庭并不是参保意识不强,主要是受经济条件所限,一般采取"有针对性参保"的方式,让家中年老体弱的成员参保,这也是导致此次调查中参保农户比重(93.2%)大于参保农民比重(80.5%)的原因。这就需要政府更加关注这部分农村困难群体,让他们也能享受到公共财政的关怀和温暖。

(三)农村最低生活保障政策/农村五保政策

1. 全国农村最低生活保障情况。

2007 年 3 月 5 日,国务院总理温家宝在政府工作报告中提出,2007 年要在全国范围建立农村最低生活保障制度,这是加强"三农"工作、构建和谐社会的又一重大举措。国家统计局最新统计显示,我国农村人口 7.37 亿,占全国人口的 56.1%。截至 2006 年年末,农村绝对贫困人口数量有 2148 万人,低收入群体数量为 3550 万人。政府工作报告中指出,已有 25 个省(自治区、直辖市),2133 个县(市、区)初步建立了农村最低生活保障制度,1509 万农民享受了农村最低生活保障。2007 年 7 月 11 日,国务院发布了《关于在全国建立农村最低生活保障制度的通知》,农村最低生活保障工作开始全面铺开。

2. 江苏农村最低生活保障情况。

江苏省农村的最低生活保障工作从 1995 年开始试点,1997 年开始推广。2004 年 9 月,江苏省民政厅、财政厅发布《关于建立和完善农村居民最低生活保障制度实施意见》,提出了在 2005 年年底前全面建立农村最低生活保障制度的要求。据 2002 年统计数字,农村居民最低生活保障家庭数 95314 户,农村居民最低生活保障人数 248635 人;据 2003 年统计数字,农村居民最低生活保障家庭数 146917 户,农村居民最低生活保障人数 333300 人;据 2004 年统计数字,农村居民最低生活保障家庭数 184471 户,农村居民最低生活保障人数 419072 人;据 2005 年统计数字,农村居民最低生活保障家庭数 423696 户,农村居民最低生活保障人数 872408 人。[①]

---

① 根据江苏省民政厅网页数据整理。

2006 年,农村低保省级补助资金在 2005 年 1.4 亿元的基础上增加到 1.7 亿元。同时,为充分发挥省补资金的激励导向作用,江苏省民政厅根据省级财政一般性专项补助资金调整意见,在详细测算、认真研究的基础上,对 2006 年农村低保省级资金补助办法进行了适当调整,将省补范围由 2005 年的 39 个县(市、区)扩大到 46 个县(市、区);省补比例由 2005 年的 90%、70%、50%、30% 四个档次调整为 90%、70% 和定额补助三个档次;享受 90% 补助的地区由 2005 年的 16 个增加到 21 个,享受 70% 补助的地区由 2005 年的 10 个增加到 13 个。2006 年年初,及时预拨了农村低保省补资金 3648 万元。5 月中旬,在对 2005 年省补资金进行结算的基础上核拨了 4588 万元。农村低保省补资金预拨和核拨机制的建立,有效保障了江苏省经济欠发达地区农村低保工作的推进。

根据 2006 年江苏省民政工作会议提出的工作目标和民政部、财政部《关于切实做好适当提高城市居民最低生活保障补助水平工作有关问题的通知》的精神,江苏省正积极探索建立城乡低保标准随当地群众生活水平提高和物价上涨而适时调整的自然增长机制。初步设想,城市以省辖市为单位,农村以县(市)为单位,按上年度城市人均可支配收入和农民人均纯收入的 20%—25% 确定当年的低保标准。具体标准由各市确定,省里只规定原则要求。2006 年,拟将农村低保最低年保障标准由 720 元提高到 840 元,城市低保最低月保障标准提高到 160 元。目前全省农村低保年保障标准低于 840 元的有 37 个县(市、区),城市低保月保障标准低于 160 元的有 12 个县。在大量细致测算的基础上,江苏省民政厅主动和省财政厅磋商沟通,现已形成共识,拟从三季度起提高农村低保标准,待省政府确定后付诸实施。届时,现有的农村低保对象将每人每月增加 10 元保障金,同时,提标后预计还将新增保障对象 10 万—12 万人。预计提标后省财政将增加投入 5000 万元。

2008 年一季度,江苏省各地民政部门会同财政部门普遍开展了面向城乡低保工作的年度核查,目的是为了进一步管好用好保障资金,做好动态管理下的应保尽保、应退尽退。截至 3 月底,全省有 20.57 万户 45.06 万城市困难群众享受了最低生活保障,占非农人口 1.6%,平均保障标准 256 元/月,人均补助 127 元/月;全省农村有 62.48 万户 117.63 万人享受了最低生活保障,占农业人口的 2.6%,平均保障标准 147 元/月,人均补助 59 元/月(如表 7 所示)。

表7 2008 年一季度江苏农村低保基本情况统计表

地 区	保障对象总户数	保障对象总人数	年保障标准	人均月补差金额
	(户)	(人)	(元/年·人)	(元/月·人)
全省合计	624779	1176339	4200/960	59.2
南京市	34244	66379	3600/1800	79.3
无锡市	25567	49778	4200/2640	126.6
徐州市	109897	196202	1118/960	43.5
常州市	22185	45189	3120/1920	102.5
苏州市	23135	51253	4200/2640	105.6
南通市	71419	98522	2040/1080	53.5
连云港市	54501	112071	1080/960	51.5
淮安市	61577	138422	1320/1000	58.9
盐城市	72649	124442	1400/1000	46.5
扬州市	28529	58123	1800/1200	54.0
镇江市	12175	27658	1920	55.5
泰州市	47755	83002	1500/1080	43.1
宿迁市	61146	125298	960	50.3

资料来源:根据江苏省民政厅网页数据整理。

根据省委、省政府要用 3—5 年时间,"实现每人每天生活费不低于 1 美元"、全省基本消除贫困现象的目标,江苏省划定了 2008 年城市和农村的低保增长标准:苏南、苏中、苏北的城市低保平均标准,将从现在 291 元、239 元和 194 元增加到每人每月 330 元、270 元、220 元,农村从 184 元、107 元和 80 元上升到每人每月 210 元、140 元和 110 元,全省城乡低保标准将普遍提高 30—40 元。省政府要求,这一增长目标是硬性规定,各地必须向低保户兑现。要建立健全城乡居民低保标准增长机制,使江苏省城乡低保工作位居全国前列。目前,全省共保障城市低保对象 19.89 万户 43.95 万人,占非农业人口的 1.5%,月保障标准达 241 元,按现行汇率计算已达到每人每天 1 美元的国际公认标准;保障农村低保对象 57.37 万户 112.15 万人,占农业人口的 2.4%,月保障标准达 126 元。江苏力争用 3—5 年时间实现"一美元计划",这是继建立低保标准增长机制后,江苏又一领先全国的政策亮点。2007 年,全省共安排城乡低保金 8.98 亿元,比去年同期增长 30%。为帮助经济薄弱地区落实低保制度,省财政另行安排专项补助资金 3.7 亿元。具体用途和项目包括:

一是完善城乡低保标准增长机制。积极实施低保标准"一美元计划"。完善家庭收入核定办法,突出抓好分类施保和动态管理。

二是关注基本生活消费品价格波动对低保家庭生活的影响,适时启动价格动态补贴机制。

三是做好资助城乡困难群众参加城镇居民医疗保险和农村新型合作医疗工作。探索按比例施救方法,困难群众在享受医疗保险补偿后,个人门诊、大重病自付费用按不低于 30% 的比例给予救助。

3. 农村五保政策。

全面落实农村五保供养政策。农村五保户是一个特殊的贫困群体,在安排使用农村税费改革转移支付资金时,确保五保供养资金的落实,不得截留、挪用。要不断提高五保供养水平,确保分散供养五保供养标准不低于当地农村低保标准。进一步加强敬老院建设工作,2004 年全省确保增加 1 万名集中供养对象。3 年内全省集中供养率要超过 40%,其中苏北超过 35%、苏中超过 45%、苏南超过 70%。在财政投入基础上,充分利用合并后的闲置资源,发挥现有资产作用,共同推进敬老院建设步伐。截至 2007 年年底,全省农村五保集中供养率达到 60%。全省平均年集中供养水平达 2876 元,年分散供养水平达 2393 元,位居全国前列。从 2008 年起,江苏将全面建立五保供养标准增长机制,各县(市、区)按当地上年农民人均纯收入 40%—50% 的比例确定供养标准并实现同步增长。省财政将对省补地区给予一定的补助。各地财政将足额安排预算,切实提高五保供养标准。继续实施农村敬老院建设"关爱工程",确保到 2008 年年底集中供养率不低于 65%。

第二节　农村社会保障政策调整的影响因素

一、农民保障的多方面机制

法国哲学家雅克·马利旦(Jacques Maritain)在其法学著作《人和国家》中说道:在 20 世纪,人类理性显然已认识到,人不仅有作为一个人格的人和公民社会的人的权利,而且还有作为从事生产和消费活动的社会的人的权利,尤其是作为一个工作者的权利。也就是说,人又拥有一系列"新"的权利,如:(1)工作和自由选择工作的权利;(2)自由组成职业集团或工会的权利;(3)工人分担和积极参与经济生活责任的权利;(4)经济集团(工会和工作团体)和其他社会团体的自由和自主的权利;(5)取得公平工资的权利;(6)取得救济、失业保险、疾病津贴和社会保险的权利;以及(7)根据社会团体的可能条件,免费分享文明的基本物质和精神福利的权利。①

通过前文的研究,农民是社会的弱势群体已是不争的事实,依靠农业生产解决温饱是没有问题的,致富就比较难了;农民进城打工经常遭遇工作难找、社会保障缺乏、很难分享改革开放的文明成果;失地农民也面临工作难找,社会保障缺乏等困境,造成他们当前情形的重要原因是政府的征地政策及社会保障政策。迈克尔·希尔指出,决定个人福利的因素根据个人的自立能力可以大致划分为:(1)市场行为及关系;(2)"重要的其他人"作为"非正式照顾"的重要提供者的行为,其中家庭成员占据最重要地位;(3)国家的角色。② 下面我们首先探讨与农民保障相关的家庭机制、互助机制、市场机制及政府机制,了解农民保障机制的问题所在,为建立农民社会保障政策探求更为合理的保障机制。

(一)家庭保障机制

家庭是人类社会的基本细胞,自人类社会进入文明时代以后,家庭就成为相对稳定的基本社会单位,并承担了繁衍后代的职能、生产职能、教育职能以及老、弱、病、残人员的保护职能。在传统自给自足的自然经济社会中,家庭中的子女越多意味着生产能力越强,同时也意味着家庭内的弱者生活有了保障。因此,家庭是老、

① 参见李龙主编:《西方法学名著提要》,江西人民出版社2002年版,第482页。

② 参见[英]迈克尔·希尔:《理解社会政策》,刘升华译,商务印书馆2003年版,第135页。

弱、病、残特殊群体的最初的、最基本的保护单位。① 在市场经济体制已经确立的当今,纯粹务农的农户以及进城务工经商的农户都面临如何保障家庭中的老人、病人等新情况;失地农民的社会保障问题源于农民失去土地后出现了就业问题,原来那种基于土地的简单的家庭式生计不复存在,在当前的征地补偿制度下,他们的生活明显地不具有可持续性。

阿玛蒂亚·森的福利经济理论认为,要形成达到最低可接受的基本生活水平的能力,可能需要有不同的最低充足收入来适应。② 森指出:“个人的应得权利是指一大堆不同的、可供选择的商品,个人可以借助不同的、合法的、对某些个人总是敞开的获得方法去占有这些商品。”在这两个定义内,谈到“合法的”方法必须加以强调;应得权利其核心总是一些权利。因此,这种合法的要求可能是建立在特性(“设施”)或活动(“交换行为”)的多数之上的。撇开继承的财产名目不讲,森列举了下述的应得权利:“以贸易为基础的权利”,“以生产为基础的权利”,“自己劳动的权利”,“继承和转移权利”。它们构成森称之为“个人的一大堆的应得权利”。③

从农民家庭生产、就业及收入来看,应得权利的保障情况不太好,虽然基本生活维持是没有问题的,但抵御风险的能力较低。因此,农民需要家庭以外的保障机制起作用。

(二)互助保障机制

对老、弱、病、残人员的保障,最初在工人之间形成的互助发挥

---

① 参见刘燕生:《社会保障的起源、发展和道路选择》,法律出版社2001年版,第40页。

② 参见刘伯龙等:《当代中国农村公共政策研究》,复旦大学出版社2005年版,第246页。

③ [印]阿玛蒂亚·森:《贫困与饥荒——论权利与剥夺》,王宇等译,商务印书馆2001年版,第6—7页。

了重要作用,工人间的互助性组织的建立和开展活动,工人互助活动所形成的互助机制,也在很大程度上影响着社会保障制度的产生,并为此提供了思想和方法的启示。早在 17 世纪和 18 世纪,英国就已经出现工人举办的"友谊社"(friendly society)和"工会俱乐部"(union club)等私人自助机构。到 19 世纪,又相继出现了"信托储蓄银行"(trustee savings bank)、"建筑社"(building society)、"合作社"(cooperative society)、"工人交友俱乐部"(working men's social club)等。"友谊社"是工人自愿建立起来的、为自己成员提供老、弱、病、伤多种津贴的组织。"友谊社"成员上缴一定的互助金性质的会费,在生病时可以得到补助,年老时可以得到年金,死亡时可以得到一笔安葬费等。这种互助机构在章程内容、管理形式和保险项目等方面,相互之间存在一些差别。到 18 世纪末,英国"友谊社"约有 7200 个,但一般规模都很小,每社成员平均 97人,成员总数约为 70 万人。19 世纪 80 年代末,英国"友谊社"成员总数已达 400 万—500 万人,接近成年男性人口的半数。这一时期,英国政府对这种工人自助性组织采取了支持和积极鼓励的态度,因为英国政府认为,这类机构的存在和开展活动有助于减轻政府的济贫负担。根据 1874 年英国的官方报告,"友谊社"每年可使《济贫法》的救济费节省约 200 万英镑。①

对于互助机制,克鲁泡特金在《互助论》中指出,所有的事实表明,不顾他人需要而一味追求个人利益的行为不是现代生活的唯一特征。……我们发现,在社会的各个阶层中正进行着一场广泛的运动,以期建立各种各样的永久的互助组织。而且,当我们撤

---

① 参见刘燕生:《社会保障的起源、发展和道路选择》,法律出版社 2001 年版,第 55—57 页。

开公共生活,进而观察当代人的个人生活时,我们还发现另外一个极其广阔的互助和互援的世界,但是由于这个世界只限于家庭和个人友谊的狭小范围,所以为大多数社会学家忽视了。在现今的社会制度下,同一条街上的居民或邻居之间的一切联系都已断绝。住在大城市中富人区的人连他们隔壁的邻居是谁都不知道。[1] 但即使有这些问题,克鲁泡特金依然断言:在人类道德的进步中,起主导作用的是互助而不是互争。甚至在现今,我们仍可以说,扩展互助的范围,就是我们人类更高尚的进化的最好保证。[2] 克鲁泡特金从他这个基本观点出发所得出的结论是:人类依靠互助的本能,就能够建立和谐的社会生活,无须借助权威和强制;而没有权威、没有强制的社会才是保障人人自由的完美社会。[3]

由于农民居住普遍比较集中,日常交往的对象同质性太强,在就业、生活帮助方面互助机制是起到了一定的作用,但这种互助机制实质是"天上下雨地上滑,自己跌倒自己爬;亲朋好友来相助,酒换酒来茶换茶"的一种社会交换,因此,社会互助机制远没达到能够保障农民基本生活的程度。

(三)市场机制

在劳动者与社会成员的各种风险保障中,由于市场机制运作的方式由来已久,商业保险特别是商业保险中的人寿保险、意外伤害保险、健康保险等是化解劳动者和社会成员各种社会风险的重

---

[1]　参见[俄]克鲁泡特金:《互助论》,李平沤译,商务印书馆1963年版,第251—252页。

[2]　参见[俄]克鲁泡特金:《互助论》,李平沤译,商务印书馆1963年版,第265页。

[3]　参见[俄]克鲁泡特金:《互助论》,李平沤译,商务印书馆1963年版,(中译本序言)第 iv 页。

要形式。在老、弱、病、残特殊群体的经济保障问题上,市场机制容易导致市场失败,即市场不能完全实现有效的资源配置,特别是不能有目的地向那些老年、体弱、多病、伤残等人员有效倾斜。

总的来说,人类社会对老、弱、病、残等社会特殊群体保障的责任主体的认可,是一个历史的渐进过程。虽然保障的家庭机制仍然要保持相当长的时间,但毕竟无法承担主要角色了;由于工业化、城市化以及市场经济的固有特征,群众性的互济互助组织无法承担起主要角色;由于市场机制的非强制性的自愿决策的特征,市场无法克服其所固有的逆向选择弱点,也无法成为老、弱、病、残这样的社会特殊群体抵御风险、实现经济保障的主要形式。同时,在市场经济条件下,由于"看不见的手"无法增进公共利益、实现公共消费,必须构造一只"看得见的手"——政府机制的"社会保障",去实现这一项任务。①

(四)政府机制

政府介入社会成员中的弱者群体的经济保障问题,涉及一个国家的政治观念、习俗、民族风格、历史以及文化等多种原因,但其最突出之处在于:①出于道德准则上的原因,对弱者的保护是一种天经地义的事。全世界都存在一种潜在的共识,即国家有责任对于那些不能养活和照料自己的人群提供基本的生存保障。②②出于发展经济的一些理论,如分配理论,特别是公平与效率关系的理论。新中国成立以来,农民以农业税等形式为国家的建设作出了巨大贡献,在经济与社会取得巨大发展的形势下,政府应该拿钱出

---

① 参见刘燕生:《社会保障的起源、发展和道路选择》,法律出版社2001年版,第84—85页。

② 参见[美]汤普森:《老而弥智——养老保险经济学》,孙树菌等译,中国劳动社会保障出版社2003年版,第2页。

来为农民建立相关的社会保障。农民的社会保障建设中国家应担
负起应有的责任。③从政府的角度考虑，最终的直接原因，是出于
社会的稳定。④从更高一层含义上考虑，则是把社会保障的发展
作为社会进步的一个重要指标。"与其首先考虑成本问题，不如
首先将社会保障视为一种投资，一种社会凝聚力的动因和国家的
宝贵财富"。① 社会保障的政府机制就其实质来说，是由政府负责
的通过社会保障实现社会财富的再分配。

二、西方国家及东亚国家农村社会保障建设中的国家责任

如果说从 19 世纪 80 年代德国政府最初推出系列社会保险法
案到第二次世界大战结束西方各国社会保障的发展是以社会保险
为重点，且保险对象一般限于工业劳动者（"特殊模式"阶段）的
话，那么，自第二次世界大战结束以来，这一情形就发生了变化。
西方各国在继续完善其社会保险内容体系的同时，不断扩大社会
保险的覆盖面，并以实现社会保障的全民化（城乡统一或城乡整
合）为目标。这种福利普遍化的趋势，标志着西方社会保障演变
史上的又一新阶段——现代社会保障制度发展的"普遍模式"阶
段的到来。②

当然，各国对农村居民的社会保险处理方法有所不同。以养
老保险为例，有的国家如英国按照《贝弗里奇报告》所作的设计，
其社会保险计划具有城乡统一的性质；有的国家如当时的西德、法
国、丹麦、美国、加拿大等，各自分别建立了面向农民的养老金保险

---

① 参见国际劳工局编：《社会保障：新共识》，中国劳动社会保障出版社 2004
年版，第 11 页。
② 参见李迎生：《社会转型与社会保障——工业化国家现代社会保障制
度演变的启示》，《学海》2004 年第 2 期。

制度,但待遇水平城乡之间一般没有差别。

迪贝卢等指出,法国法定社会保障的一般制度建立于 1945 年,其使命是覆盖所有居民的全部风险和负担。一般制度的普遍化政策的失败和各种特殊的风险保护的产生,在很大程度上限制了一般制度的适应范围。[①] 比照法定社会保障的其他制度,农业人口认为他们有权获得较之于其他社会阶层大致相当的给付(平等待遇)。但是,从经济的观点来看,农业领域的竞争力不强,其收入的增长不如其他领域那样快;从人口的观点来看,因为年轻人和成年人每年都移居城镇,农业人口不断减少。这种人口迁移改善着一般制度和其他制度的在职人口与无职人口的比例。但与此同时,农业界在职人口与无职人口的比例关系却急剧恶化,因为它在大量丧失在职和缴纳分摊金的人,但保留其退休人员。由于这些经济与人口因素,农业制度不可能仅仅用其成员的缴纳来给付一个与其他领域相类似的给付。因此,这一制度在财政上的特色在于它的外来资金相当重要。这些外来资金就农业领薪者而言,主要源于一般制度。因为一般制度是农村人口迁移的受益者,因而由它对农业领薪者进行一定的经济上的援助也是合情合理的(互补)。就农业经营者而言,主要源于国民集体(国家)给农业社会保障拨付的一部分税收所得。[②]

第二次世界大战后,工业化国家纷纷推出农民社会保险并推进福利全民化不是偶然现象,而是具备了相应的经济社会前提的。表 8 是部分西方工业化国家建立农民年金保险的时间及经济发展

　　[①]　参见[法]迪贝卢等:《社会保障法》,蒋将元译,法律出版社 2002 年版,第 65 页。

　　[②]　参见[法]迪贝卢等:《社会保障法》,蒋将元译,法律出版社 2002 年版,第 181 页。

水平。可以看出,工业化国家城乡劳动者养老保险制度的实施,都间隔了较长的一段时期:当时的西德 68 年,丹麦 86 年,美国 55年,加拿大 63 年(如表 8 所示)。

表 8　部分工业化国家建立农民年金保险的时间及经济发展水平

国家	城市工业雇佣劳动者年金保险建立的时间(年)	农民年金保险建立时间(年)	建立农民年金保险时的人均 GDP(美元)
西德	1889	1957	
日本	1941	1961、1971	3802(1971 年数据)
丹麦	1891	1977	10958(1978 年数据)
芬兰		1977	7132(1978 年数据)
美国	1935	1990	21696.2
加拿大	1927	1990	21841.8

除表 8 所列各国当时的人均 GDP 已达到相当水平外,我们注意到,当时西方国家已实现工业化与城市化,社会结构已由传统的农业社会过渡到工业社会。1951 年,英国城市人口比重已达79%,西德、法国、意大利及北欧国家也相继实现城市化。后起的工业化国家美国及日本的城市化速度也较快,美国 1981 年的城市化率已达 74%,日本 1975 年城市化率已达 76%。社会的就业结构已从过去的以农业为主,转向以工商业为主,农业从业人员比重不断下降。英国工业化起步早,其农业过剩劳动力转移也完成得早。1811 年,英国农业从业人员比例为 35%,1901 年已降到8.9%,1975 年进一步降至 4.2%,近年已不到 3%。日本在明治维新发生时还是一个落后的农业国,1878—1882 年间,第一产业从业人员的比例高达 82.3%,随着工业化推进,1920 年降为55.5%。第二次世界大战以后经过一段困难时期,伴随 1955—

1965 年工业化的加速推进,至 1965 年,农业从业人员的比例降为24.6%,1975 年进一步降到 13.9%。

上述国家经济、社会结构的变化,为国家实施项目全面、标准更高的社会保障创造了物质基础,也为国家改变以农业积累支撑工业发展的传统发展战略,并利用工业的剩余通过财政的转移支付等途径反哺农业、发展农村社会福利事业、推动社会保障制度的城乡整合提供了可能。正如上述,西方各国对农民社会保障的处理方式各不相同,但农民所享受的有关待遇和其他从业者已无根本差别,这与国家的政策倾斜是分不开的。

虽然如上所述,战后西方社会实行"福利国家"政策时出现了这样那样的问题,留下了不少教训,但我们也发现,各国对"福利全民化"或城乡整合的趋势并无异议。相反,美国、加拿大于 1990年相继推出了和城市没有实质差别的农民社会保险,日本于 1986年实现了包括农民在内的全体国民"年金一体化"。可见,社会保障体系的城乡整合是和社会经济结构的城乡一体化相适应的,是一种不以人的意志为转移的客观的、必然的发展趋势。

三、东亚国家在农民社会保障建设中的作用

"东亚模式"的政治经济体制对这一地区社会保障制度的建立和发展产生了重要影响,从而被学术界称为"东亚福利体制"。从东亚国家和地区社会保障制度的发展过程看,呈现了政府主导的、自上而下的轨迹,表现为国家中心主义社会保障模式。一般来说,社会保障具有政治主体(国家或政府)责任的固有属性,是由政府制定、管理和经营的公共事业。政府对社会保障制度的建立和成长起着举足轻重的作用。但就社会的保障需求与政府行为在制度形成过程中的相互作用来看,东西方社会存在较

大的差距。①

东亚国家和地区的政治、经济、社会背景与欧美有着很大的区别。首先,尽管工业化进程也导致家庭和社会结构的变迁,但由于历史文化传统的深刻影响,家庭在社会生活中依然发挥着重要功能,而政府也将倡导和鼓励维系家庭的社会功能作为社会政策的重要内容。在日本,由于发达的现代社会保障制度的建立,社会已具备足够的条件向老年人及其他处于生命波折期的人们提供充分的物质保障与名目繁多的社会服务;但传统保障特色及其所奉行的价值观仍然在相当程度上发挥着作用。以养老为例,日本老年人同后代一起居住生活所占的比重很大。根据 1995 年日本有关部门组织的国民生活基础调查,全国 65 岁以上的老年人共 1745 万人中,一人独居的 220 万人,占 12.6%;夫妇共居的 513 万人,占 29.4%;和儿子共居的 948 万人,占 54.3%;和其他亲属共居的 61 万人,占 3.5%;和非亲属共居的 3.1 万人,占 0.2%。从按不同年龄段老人与子女共居的比例看,随着年龄增长,老年人和子女共居的比例越大。65—69 岁老年人与子女共居的比例为 47.1%,70—74 岁的为 50.3%,75—79 岁的为 58.1%,80 岁以上的为 69.6%。显然,日本老年人和子女合居的比例较高,与法国、瑞典等西方国家有很大不同,显然受东方传统文化的影响所致。和子孙共居以享天伦之乐、安度晚年,也正反映了大多数日本老人的意愿。② 其次,在东亚国家和地区,虽然资本主义工业有了长足的发展,存在着一支庞大的工人阶级队伍,但工人阶级从未成为社会政

---

① 参见郑秉文等主编:《当代东亚国家、地区社会保障制度》,法律出版社 2002 年版,第 18 页。

② 参见李迎生:《社会转型与社会保障———工业化国家现代社会保障制度演变的启示》,《学海》2004 年第 2 期。

治生活中独立的政治力量,工人阶级的组织程度及其对社会政治的影响远不及欧美国家那样强有力,工人阶级政党或者被宣布为非法,或者因为力量弱小而不足以与资产阶级势力相抗衡,从而难以对社会政策的决策发生直接影响。而工会常常被排斥在社会政治生活之外,其活动受到法律的严格限制,甚至成为政府的附属和服从政府发展战略的工具。取消竞争性的政治活动,是权威主义政治制度的最大特点。此外,东亚国家和地区虽然普遍建立了代议制政治体制,但公民的政治参与度很低,民众意志在政府的政策制定程序中几乎不具有直接的影响。在这样的政治、社会环境下,东亚国家和地区的社会保障制度在很大程度上是政府意志的直接产物,从理论方法上看,较类似于国家中心主义的模式;从成长轨迹上看,具有由政府"自上而下"推动的特征。[①]

日本养老金保险(在日本称"年金保险")的特点是有统有分,即在最基本养老金待遇上最终实现了城乡一体与全国统一,但不同产业、部门的从业人员又都享有一份独立的附加养老金。农业从业者附加养老金即"农业者年金"给付数额以厚生年金(面向工商企业劳动者的职业关联年金)为基准加以计算,其不足部分则通过财政转移支付加以兑现。因而,尽管制度形式不同,但待遇已无实质差别。日本1941年设立了面向城市企业劳动者的厚生年金保险,至1961年实现"国民皆年金",当时规定农民可参加的"国民年金"属自愿而非强制计划,且可领取年金数额远不能和厚生年金等制度相比。直到1971年才有真正属于农民的"农业者年金"计划出台。至1986年年金制度改革后,全体日本国民也才真

---

① 参见郑秉文等主编:《当代东亚国家、地区社会保障制度》,法律出版社2002年版,第21页。

正能够实质平等地享受年金保险。①

　　韩国、中国台湾地区的农民社会保障建设中,也有着很强的国家中心主义色彩。

四、中国农村社会保障政策的国家责任

（一）农民的社会保障问题上升为公共政策问题

　　公共政策的逻辑起点是社会问题,但不是所有的社会问题都是或者都能成为公共政策问题,只有当某些社会问题的影响不再局限在某个区域或社会生活的某些领域,对人们利益的影响已不再是某个群体或某个层次的社会成员时,社会问题才转化为公共政策问题,其标志是出现公意性诉求。即在公共政策问题发展过程中,一些人会行动起来,将与政策问题相关的群体组成利益集团,利用各种方式向政府提出改变社会客观状况的呼吁、申诉和请求,也就是政策诉求,从而影响政府的公共政策取向。

　　"由于一系列主客观原因的作用,新中国成立后曾一度建有的农会早已不复存在,目前农民没有自己的特有组织,也没有正式的利益群体成为农民的'代言人'。农村社会保障体系的建立一直得不到重视而被长期搁置,同广大农民没有自己的组织和'代言人'作为坚强的后盾,恐怕不无关系。"②与此同时,农民的意见表达极其分散,在时间和空间上难以集中,放在广阔的、事务纷繁的大背景下,难以形成有效的政治压力,从而形成公共政策。此外,由于农民传统上就很少享受到社会保障,而社会保障又往往被

---

　　①　参见李迎生:《社会转型与社会保障———工业化国家现代社会保障制度演变的启示》,《学海》2004 年第 2 期。

　　②　童星、赵海林:《影响农村社会保障制度的非经济因素分析》,《社会保障制度》2003 年第 2 期。

宣传为城市人的专利,农民还没有树立社会保障是他们作为公民理应享有的权利的观念。而且,农民意见表达的内容更多的是落实中央政策,只要地方政府可以按照既有的规定不增加额外的不公平负担即可。长期以来,中国农民承受了太多的不公平和重压,他们所要求的仅仅是不要让他们太喘不过气来而已。至于老了还可以有养老金,看病还可以有国家资助,在他们看来恐怕是想都没有想过的。

总之,目前我国农村家庭和土地的保障远非现代意义上的社会保障,所起到的是非常低级的"温饱型"保障,从某种意义上说,这是对农民的一种歧视。在当前农业利润极低和农民增收缓慢的情况下,广大农民又面临入世后我国农业市场化程度不断强化的冲击,农民群众需要社会保障,并且政府在财力上也可以一步步真正解决,同时农村社会保障的建立对于落实计划生育政策、促进劳动力的合理流动以及解决当前经济发展动力不足等诸多方面问题皆有好处。最重要的是,在现代社会,社会保障已经成为公民的一项权利,是人民主权的体现。

社会保障虽然以一定的经济发展水平为基础,但作为一项公共政策,在一定程度上是与利益集团的公意诉求及政府的公共政策取向分不开的。作为弱势群体的农民,在公共政策的制定中,由于掌握的资源很少,人多但势不众,很多时候处于"失语"状态,无法表达自己的声音,无法争取自己的权利。所以,相对于城市工人,农民群众利益表达方式还有些欠缺,表达力度很不够,并且也未将社会保障作为自己的表达内容之一,这就直接造成了政府决策中未将农村社会保障慎重地纳入决策议程,从而在政策输出上表现为城乡社会保障的严重失衡。因此,在逐渐提高农民公意诉求意识的同时,还要不断加强农民的公意诉求渠道建设。

（二）农民的社会保障权利

所谓社会保障权是指在满足一定条件下,社会成员有从国家和社会获得经济保障和物质帮助,以维持一定生活水平需要的法律权利。所谓满足一定的条件,应由具体法律予以明确规定的标准。社会保障权是人类生存和发展的共同需要。联合国《经济、社会及文化权利国际公约》第九条规定:本公约缔约国各国承认人人有权享受社会保障,包括社会保险。同时,享受社会保障,也是宪法赋予我国每个公民的权利。《中华人民共和国宪法》(以下简称《宪法》)第四十五条明确规定:中华人民共和国公民在年老、疾病或丧失劳动能力的情况下,有从国家和社会获得物质帮助的权利。国家发展为公民享受这些权利所需要的社会保险、社会救济和医疗卫生事业。这里所说的我国每个公民,无疑既包括城市居民,也包括农村居民。

毫无疑问,我国社会保障体系的建立,要从中国实际出发。社会保障制度的基础是经济发展水平,因此,我国《宪法》第十四条第四款规定:国家建立健全同经济发展水平相适应的社会保障制度。但是,从中国实际出发,绝不等同于只从农村实际出发。社会保障的本质是以政府为主体的收入再分配,这种再分配应以维护社会公平为基本原则。在我国农村与城市经济和社会发展仍存在巨大差别的条件下,片面强调从农村实际出发,意味着承认并将继续保留农村与城市居民收入分配和社会福利的差别。20 世纪 90年代,我国建立农村社会保障制度的试点工作也是以第一种观点为指导进行的。以养老保险为例,城市实行社会保险与个人账户相结合的制度,农村却实行个人账户制度,个人多投多保,少投少保,不投不保,这意味着只有那些收入较高能够缴纳养老保险费的农村居民才能享受养老保险;在城市,我国不分地区全面推行社会

保障制度,农村却是在有条件的地区进行建立农村社会保障制度
的探索,现阶段主要是在沿海经济发达地区的农村实行。这样做
的结果,既不能缩小城乡之间的差别,也无助于缩小农村内部的
差别。①

(三)党和国家的政策定位

2005 年 12 月 31 日通过的《中共中央、国务院关于推进社会
主义新农村建设的若干意见》,确立了"十一五"期间要高举邓小
平理论和"三个代表"重要思想伟大旗帜,全面贯彻落实科学发展
观,统筹城乡经济社会发展,实行工业反哺农业、城市支持农村和
"多予少取放活"的方针,按照"生产发展、生活宽裕、乡风文明、村
容整洁、管理民主"的要求,协调推进农村经济建设、政治建设、文
化建设、社会建设和党的建设。要顺应经济社会发展阶段性变化
和建设社会主义新农村的要求,坚持"多予少取放活"的方针,重
点在"多予"上下工夫。国家针对失地农民作出了相应规定:完善
对被征地农民的合理补偿机制,加强对被征地农民的就业培训,拓
宽就业安置渠道,健全对被征地农民的社会保障。

2006 年 10 月 11 日,党的十六届六中全会通过的《中共中央
关于构建社会主义和谐社会若干重大问题的决定》中规定:完善
公共财政制度,逐步实现基本公共服务均等化。健全公共财政体
制,调整财政收支结构,把更多财政资金投向公共服务领域,加大
财政在教育、卫生、文化、就业再就业服务、社会保障、生态环境、公
共基础设施、社会治安等方面的投入。逐步建立农村最低生活保
障制度,有条件的地方探索建立多种形式的农村养老保险制度。

---

① 参见刘俊霞:《公民社会保障权与农村社会保障制度》,《中南财经政法大
学学报》2005 年第 4 期。

坚持公共医疗卫生的公益性质,深化医疗卫生体制改革,强化政府责任,严格监督管理,建设覆盖城乡居民的基本卫生保健制度,为群众提供安全、有效、方便、价廉的公共卫生和基本医疗服务。加快推进新型农村合作医疗。国家针对失地农民作出了相关规定:实行最严格的耕地保护制度,从严控制征地规模,加快征地制度改革,提高补偿标准,探索确保农民现实利益和长期稳定收益的有效办法,解决好被征地农民的就业和社会保障问题。

党的十七大报告指出,加快建立覆盖城乡居民的社会保障体系,保障人民基本生活。社会保障是社会安定的重要保证。要以社会保险、社会救助、社会福利为基础,以基本养老、基本医疗、最低生活保障制度为重点,以慈善事业、商业保险为补充,加快完善社会保障体系。促进企业、机关、事业单位基本养老保险制度改革,探索建立农村养老保险制度。全面推进城镇职工基本医疗保险、城镇居民基本医疗保险、新型农村合作医疗制度建设。完善城乡居民最低生活保障制度,逐步提高保障水平。完善失业、工伤、生育保险制度。提高统筹层次,制定全国统一的社会保险关系转续办法。采取多种方式充实社会保障基金,加强基金监管,实现保值增值。健全社会救助体系。做好优抚安置工作。发扬人道主义精神,发展残疾人事业。加强老龄工作。强化防灾减灾工作。健全廉租住房制度,加快解决城市低收入家庭的住房困难。

第三节　农村社会保障政策调整的价值取向

一、国家/政府在农村社会保障中的角色变迁

为了解国家在农村社会保障中的角色或责任状况,我们要先了解一下国家与农民在土地方面的关系。

中国共产党领导全国人民在军事和政治上取得的胜利,是1949 年后在全国范围内大规模开展土地改革的前提。从 1950 年开始至今,中国先后进行了三次较大规模的土地制度改革,或者说农民与土地的关系经历了三个时期。

第一时期:20 世纪 50 年代初。1950 年 6 月 30 日,国家颁布实施的《土地改革法》标志了新中国在土地所有制方面的基本方针。新中国力图通过土地改革,废除民国时期的封建地主土地私有制,建立农民土地私有制,使全国 3 亿多无地、少地的农民无偿地获得了 7 亿亩的土地和其他生产资料,免除了过去每年向地主缴纳的 700 亿斤粮食的苛重地租,形成了自耕农所有制。在江苏省昆山县,土地改革后各阶层人均土地占有情况为:地主 2.37 亩、富农 6.03 亩、中农 3.99 亩、贫农 3.15 亩、雇农 4.27 亩。对吴江县开弦弓村一位老贫农访问也印证了分田情况:在外边赚不了几个钱,还是回来可以多分 1 亩 6 分田。中国共产党兑现了自己对农民的承诺,几乎是平均地分配给了农民一块土地。在这一时期,农民不仅获得了土地,而且对拥有的土地"有权自由经营、买卖和出租"。这一阶段由于农民有了属于自己的土地,生产积极性非常高,这一阶段也被称为农民与国家的"蜜月期",国家土地政策的政治合法性程度自然是非常高的。

第二时期:20 世纪 50 年代中至 20 世纪 70 年代末。1955 年夏,随着党在过渡时期的总路线和总任务的提出,为了避免小农经济方式的局限和生产技术落后,新中国通过农业生产资料的社会主义改造和人民公社运动,逐步使得个体农民私有的土地改造为人民公社所有的以生产队为基础的集体所有制。从农业合作化运动到人民公社,这一系列生产方式的改变,使得农民对于土地的产权弱化,并使得土地所有权虚置,土地在运动当中逐步归集体所有,个体农民与土地不再存在法律上的产权关系。从农民的生产积极性等方面可以看出,这一阶段农民对国家土地制度的政治合法性没有疑问,但生产效率降低了。

第三时期:20世纪70年代末至今。1978年,安徽省凤阳小岗18户农民搞起了"大包干",正式揭开了中国农村土地改革的新篇章,中国农村土地制度从单纯集体所有向集体所有、家庭经营的两权分离模式转变。1983年,中共中央颁发了《关于印发农村经济政策的基本问题的通知》,全国农村开始普遍推行包干到户。到1983年年底,农村98%左右的基本核算单位都实行了包干到户,家庭承包经营的土地面积占耕地总面积的97%左右,实现了土地所有权与使用权的分离。这种模式在保证农地集体所有权的基础上保证了农户的独立经营权,并对农村土地的经营收益分配关系进行了调整,"交足国家的,留够集体的,剩下都是自己的",这种简洁明了的分配方式极大地激发了农民的生产积极性。1999年的《土地管理法》虽然对于农村土地使用权的自由转让依然有比较多的限制,但2003年实施的《农村土地承包法》却从法律层面体现了对于合法土地承包经营权的保护。该法规定,通过家庭承包取得的土地承包经营权,可以依法采取转包、出租、互换、转让或者其他方式流转。而这部法律的颁布,被称为中国土地制度的第三次创新,从农民的生产积极性可以看出此政策的政治合法性是很高的。

由此可见,新中国成立以来国家通过外在制度的设计与变革给农民一块田地,无论是以短暂的私有还是以集体所有的形式,农民都获得了国家给予他们的以土地为基础的生存保障,农民因为中国共产党给予他们土地的承诺和实际行动而高度认同党和国家的土地政策。

新中国成立以来,随着不同时期经济社会发展形势的变化,政府在农村社会保障中承担的角色也有了很大的变化。

1."有限"政府的角色。新中国成立至 1977 年,我国实行中央高度集权的分配制度。家庭、市场等主体的经济保障功能基本丧失,社会保障制度具有明显的集权特征。同时由于我国农村经济长期停留在自然经济状态中,生产力水平相当落后。再加上经济指导思想上对农村经济的忽视,农村社会保障工作仅覆盖到一部分最需要保障的重点人口中。在保障覆盖面和保障功能与水平方面,政府的保障功能无不体现出鲜明的"有限"特征,一方面是经济指导思想的限制,另一方面也是国家财力有限所致。

在这一阶段,农村社会保障制度的内容以社会扶贫救济和优抚安置、合作医疗制度为重点。这一时期的社会保障制度的安排,总体上呈现出保障功能单一、保障覆盖面小、保障水平低下、保障渠道有限等明显的"有限"特征,无法与现代意义上的社会保障相媲美。政府在社会保障职能中扮演了一个"有限"责任政府的角色。

2.维护和修补者的角色。党的十一届三中全会以后至 20 世纪 80 年代初,中央政府开始对地方政府实行了以"放权让利"为特征的经济体制改革。农村家庭也相继获得了更多的经济增长份额。家庭经营制度实际上成为农民生活保障的主要形式。政府在农村社会保障工作中更多地是承担了原有制度内容的维护和修补工作。其保障内容仍然以原有的老年保障、医疗保障、针对特殊对象(如孤儿、残疾人等)的福利制度、优抚安置等为主。在这一阶段,仍然没有实现真正意义上的社会保障。

3."有效"政府的角色。自 20 世纪 80 年代以来,民政部开始由点到面、逐步建立适应整个农村的社会保障体系。进入 21 世纪以后,政府的有效行为主要表现在社会养老保障、合作医疗和最低生活保障等三种保障项目上。在农村社会保障领域,政府要按市场经济的内在逻辑,重新定位自身应承担的职责,使自己成为制度建设的组织者、政策的制定者,负责制度的建立、完善和监督,并承担一定的资金责任。①

二、社会公正——政策调整价值观的确立

罗尔斯在《正义论》中指出:"正义是社会制度的首要价值,正像真理是思想体系的首要价值一样。一种理论,无论它多么精致和简洁,只要它不真实,就必须加以拒绝或修正;同样,某些法律和制度,不管它们如何有效率和有条理,只要它们不正义,就必须加以改造或废除。"②这表明正义是一个社会建构的中轴和核心,其他任何原则都不能逾越正义的要求。罗尔斯所讲的正义,主要指向社会基本制度的建构,并不是对个人德行操守的品评。"对我们来说,正义的主要问题是社会的基本结构,或更准确地说,是社会主要制度分配基本权利和义务,决定由社会合作产生的利益之划分的方式。"③他之所以把公平正义作为社会制度的首要价值,是因为在罗尔斯看来,社会是由相对独立和自主的个人组成的,社会成员之间如何分摊合作的成本和收益是制度首先面临的问题。社会合作是长期性的互利行为,社会利益的分配必须保证它是公平的,只有这样才能保证社会合作体系的稳定。

---

①　参见朱丽颖等:《中国农村社会保障制度演化过程中政府与农民角色分析》,《社会科学辑刊》2005 年第 6 期。

②　约翰·罗尔斯:《正义论》,何怀宏等译,中国社会科学出版社 1988 年版,第 1 页。

③　约翰·罗尔斯:《正义论》,何怀宏等译,中国社会科学出版社 1988 年版,第 5 页。

　　罗尔斯的制度正义原则的优先性思想，为确立中国农村社会保障制度建设的价值理念提供了重要的启示，因为中国农村社会保障制度的缺失，在某种程度上可以归因于价值取向上的偏差，归因于缺乏一种公平正义的价值观的指导。众所周知，新中国成立初期，由于当时特殊的政治经济条件以及重工轻农、优先发展重工业的非均衡发展战略，农民为支持中国的工业化而作出了极大的贡献与牺牲。这就使农业扩大再生产的资金极其有限，农业长期成为国民经济的薄弱环节，农民增收日趋困难。可以说中国的农民为养政、养工作出了无比巨大的贡献。从某种意义上讲，没有农民的支持与牺牲，就没有中国的工业化。

　　我国《宪法》第四十五条规定：中华人民共和国公民在年老、疾病或者丧失劳动能力的情况下，有从国家和社会获得物质帮助的权利。国家发展为公民享受这些权利所需要的社会保险、社会救济和医疗卫生事业。不难看出，按照罗尔斯的观点，如果我们把经济发展的成果看做是农村与城镇居民合作贡献的结果，那么不论从农民对经济发展所作的贡献（况且所作的贡献和牺牲是如此之大），还是从农民应该享受的社会保障基本权利看，都不应该把农民排斥在正式社会保障制度之外。而在我国几十年的社会保障实践中，农民长期得不到保护，这不仅造成了城乡收入差距的不断扩大，而且也是中国目前社会不公正最突出的表现。这种不公正已成为构建和谐社会以及经济持续良性增长的严重障碍，已引起领导层、专家学者乃至普通百姓的高度关注。胡锦涛总书记在省部级主要领导干部提高构建社会主义和谐社会能力专题研讨班上的讲话中指出：维护和实现社会公平和正义，涉及最广大人民的根本利益，是我们党坚持立党为公、执政为民的必然要求，也是我国社会主义制度的本质要求。只有切实维护和实现社会公平和正义,人们的心情才能舒畅,各方面的社会关系才能协调,人们的积极性、主动性、创造性才能充分发挥出来。由此可见,社会公正已构成和谐社会的本质特征。

罗尔斯针对西方社会的不平等而提出的公平正义理论,反映的是西方发达资本主义国家,尤其是美国的现实问题。中国有具体的国情,解决自身的问题需要与时俱进的思维方式和政策策略,并且我国改革开放所取得的举世瞩目的成就已证实了我们的成功。但作为世界文明发展的有益成果,罗尔斯的正义理论比起纯粹自由主义或极端平等主义更合理。在西方,任何有关公平分配和社会正义的理论研究和现实讨论中,罗尔斯理论已成为一个思想资源和理论的参照系,不论一个人持何种立场,都必须表明对罗尔斯理论的态度。同样重要的是,罗尔斯的正义理论对反思我国的农村社会保障制度具有重要的启发意义。对待罗尔斯理论,我们不能照单全收,而应客观批判,发现其合理之处,为我所用。值得欣慰的是,在构建和谐社会的时代背景下,在公平正义这一重要价值理念的推动下,我国确立了"多予、少取、放活"和工业反哺农业、城市支持农村的建设社会主义新农村的指导方针,我国正把更多的资源向农村倾斜,现代社会发展起来的保障制度和保障服务正逐步引向农村、惠及农民。①

三、农村社会保障政策调整的具体做法

(一)从"缺位"到"补位"的转变

按照郑功成教授的观点,根据政府是否主动参与、是否承担直

① 参见晋利珍:《罗尔斯公平正义论对我国农村社会保障制度建设的启示》,《人口与经济》2008 年第 1 期。

接的管理责任以及参与程度等,可以将政府介入社会保障的类型区分为三种:(1)政府包办型;(2)政府不干预型;(3)政府主导型。[①] 政府包办型以英国、瑞典等西方福利国家为代表,政府实施全面干预,从通过税收融资到建立庞大的行政机构着手,充当着直接管理者的角色。政府不干预型主要是指政府没有直接出面建立起系统化、正规化的制度体系,在部分发展中国家,政府由于各种原因不愿或无力承担起社会保障中的责任。政府主导型是介于包办型与不干预型之间的一种类型,政府在社会保障中坚持"有所为,有所不为"的原则。这种类型以德国和新加坡为代表,虽然这两个国家的社会保障模式并不相同,但单就政府的作用来说还是有可比之处。两国政府都是以一种积极的姿态介入社会保障领域,不但承担了制度设计、监管以及财政兜底等责任,并且根据经济社会的发展需要对社会保障项目、水平等不断进行调整,以期更适应经济社会的发展。当然,可以被划入政府主导型模式的国家,政府具体的参与形式和程度可能不尽相同,甚至差别很大,但从发展趋势上看,各国政府责任调整的结果是都倾向于建立一种政府主导型的社会化的保障制度,即政府不是直接承担所有的供款和管理等责任,而是充分发挥一个引导者的作用,通过调动企业、个人、社会团体等多方面的力量来提供社会保障。

　　如果根据以上对政府参与社会保障类型的划分,我国应该属于"变异的包办+不干预"型,它与传统二元经济结构相适应,把我国的社会保障体系分割为城镇与农村两大板块。在城镇,实行的是国家保障模式,居民的社会保障事务完全由政府(后来逐渐

---

① 参见郑功成:《社会保障学——理念、制度、实践与思辨》,商务印书馆2000年版,第281页。

延伸为单位或国有企业)包办,个人不承担任何责任。而在农村,则是一种以家庭保障为主、集体保障为辅的保障模式,政府几乎不直接承担责任。经过 20 多年的改革,我国试图建立起一种"资金来源多渠道、保障方式多层次、权利与义务相对应、管理和服务社会化"的社会保障制度。在这一目标模式中,设想构建以政府为主导,政府、企业和个人共同分担责任的运行机制。然而这一改革在很大程度上并没有达到预期目标,反而形成的状况是:在城镇,把过去分散在企业、单位的保障责任转移给政府,过于强调政府的责任。①

　　农村社会保障的责任主体是政府和社会,如果一定要将两者排出顺序,那么,政府是第一责任人,社会是第二责任人。这里的"社会"是指,农村社区中的村级集体、民间组织及其他各种社会力量。我们认为,之所以强调政府是第一责任人,其理由在于,从社会公正和公民权利的基本理念出发,"保障人类的基本权利日益被视为发展过程中一个不可或缺的部分",所有公民都有权要求社会作出适当的制度安排。冯·洪堡曾指出:"因为国家的目的可能是双重的:它可能促进幸福,或者仅仅防止弊端,而在后一种情况下,就是防止自然灾害和人为的祸患。"②而新中国建立以来的广大农村居民一直处在缺乏资源优势和基本权利保障的弱势境地,要化解他们的生活和生存困境,就必须由政府真正承担起农村社会保障责任。因为"政府掌握着公共权力,控制着公共资源,其根本职责就是谋取公众福利"。只有通过政府的收入再分配机

---

　　①　参见陈少晖:《农村社会保障:制度缺陷与政府责任》,《福建师范大学学报(哲学社会科学版)》2004 年第 4 期。
　　②　[德]威廉·冯·洪堡:《论国家的作用》,林荣远等译,中国社会科学出版社 1998 年版,第 37 页。

制,才能实现部分社会财富向农村社会保障转移;只有国家制定相应的社会保障或农村社会保障制度法规,才能使农村社会保障依法有序地实施,彰显社会主义制度的社会公平与公正观,这也是改变城乡不平等局面的根本所在。①

在农村社会保障建设工作中,政府已从以前"不干预"的"缺位"向目前的"补位"转变,这种转变主要体现在财政支持方面。资金来源是社会保障的核心内容,国家财政的支持是关键。发达国家农村社会保障制度的建立和完善都是与国家所给予的充分资金支持(政府财政支持与政府掌管的其他方面的资金支持)密不可分的。改革开放以来,我国农村社会保障制度建设的经验也表明,政府的资金支持使农村社会保障制度建设顺利进行,农村社会保障事业得到较快发展,农村社会救助制度的迅速发展正是得益于政府的财政支持。21世纪以来,新型农村合作医疗制度试点也由于政府财政方面的大力支持,进展比较顺利。特别是从2008年开始,各级财政对参合农民的补助标准提高到每人每年80元,使得新型农村合作医疗政策得到了较好的资金支持。

近年来,我国财力已显著增强,理应进一步增加社会保障支出的规模和比重,社保投入应更多地向农村倾斜。一方面,中央财政、地方财政都要适当调整财政支出结构,提高社保资金支出比例,加大对农村社保资金的投入。同时,中央财政、地方财政要明确各自责任和投资分配比例。另一方面,政府在资金筹措方面应高度重视,拓宽思路,统一规划。江苏省苏州市政府于

---

① 参见高灵芝等:《农村社会保障的格局与体系》,《山东社会科学》2007年第12期。

2003 年 4 月 30 日颁发了《苏州市农村基本养老保险管理暂行办法》,对苏州农村的各种社会养老模式进行了规范和统一,规定了农村基本养老保险的机构设置、基本原则、缴费比例、建立个人账户以及按月享受基本养老金的标准等。2004 年 3 月 11 日,江苏省吴江市政府颁发了《吴江市农村基本养老保险及被征地人员基本生活保障试行办法》(以下简称《试行办法》),规定参保对象为本市行政区域内,具有本市户籍的从事农副业生产的农村劳动力。为鼓励农村居民积极参加农村基本养老保险,政府对参保人员实行市、镇(区)两级财政补助的办法,即参保人员的缴费由个人负担 40%,市、镇(区)两级财政各负担 30%。农村基本养老保险的月缴费基数,原则上按照上年苏州市城镇企业职工基本养老保险月最低缴费基数的 50% 确定。2004 年度,参保人员月缴纳的基本养老保险费为 100 元,年缴 1200 元,其中个人每月负担 40 元,全年负担 480 元。由于《试行办法》规定按照缴费基数的 11% 进入个人账户,因此记入个人账户的金额为528 元。按月领取养老金必须具备下列条件:(1)试行办法实施之前,男满 60 周岁以上、女满 55 周岁以上,且其所有直系亲属已参加城镇或农村基本养老保险的老年农民。家庭成员分立户口或分开居住的,确定其享受养老金资格时应合并计算。(2)本试行办法实施后参加农村基本养老保险的参保人员达到男满 60 周岁、女满 55 周岁;且按规定缴纳养老保险费的。符合这两条的人员,从办理相关手续次月起,可按月领取养老金。对符合(1)条的人员养老金补贴为每月 80 元;对符合(2)条的人员,养老金由以下部分组成:基础养老金为每月 80 元,个人账户养老金按照参保人员个人账户全部储存额除以 120 计发。从吴江及其所在的苏州市的农村基本养老保险政策来看,政府的"补位"工作做得很好。在总结经验的基础上,可以在江苏省甚至全国推广。

(二)从"越位"到"让位"的转变

在农村社会保障领域,政府、市场和社会"第三部门"的力量均不是万能的,各有优缺点。尽管其目标功能有差异,但向民众提供有效的社会保障的基本目标是一致的,只不过是分工不同,在农村社会保障领域扮演不同的角色。这三者在农村社会保障领域的关系主要有相互替代、相互补充和相互促进三种。首先,政府与市场、社会"第三部门"在农村社会保障领域存在着相互替代的关系。从现代社会保障制度的建立来看,就是由政府颁布政策法规,建立社会保障机构,将原来分散于各个市场主体、社会"第三部门"(如慈善机构、宗教团体等)承担的社会保障职能统一到政府来执行。20世纪70年代以后,西方社会保障制度的改革则是将原本由政府统一承担的社会保障职能的一部分让渡给市场和社会"第三部门"来执行。其次,政府与市场、社会"第三部门"在社会保障领域存在着相互补充的关系。这突出表现在世界银行在《防止老年危机》报告中所描述的包含了公私两种管理体制的三个支柱模式,它倡导"一个有三个层次的模式,其中公共养老金的作用着力于最低限度的减困,以一个完全基金制的、强制的规定缴费储蓄的第二层次为补充,第三个层次是自愿储蓄"。① 尤其是在第二个支柱中,政府与市场、社会"第三部门"共同形成一个有机整体,相互补充,共同满足老年人口对退休后收入保障的需求。再次,政府与市场、社会"第三部门"在农村社会保障领域还具有相互促进的关系。一方面,经办主体的多元化可通过引入竞争机制来提高农村社会保障的管理效率,改变原来政府单一主体模式下的低效

---

① 世界银行:《防止老年危机》,中国财政经济出版社1996年版,第17页。

率;另一方面,政府通过实行多支柱的社会保障模式,既可增强社会成员的保障意识,又有助于其他保险计划的发展。①

新中国成立以后的相当长一段时间内,国家是不让慈善等社会"第三部门"存在的。在农村社会保障政策中,我们只能看到政府和农民集体的力量在起作用。政府在农村社会保障建设中存在着明显的"越位"现象,也就是将本应由社会"第三部门"起作用的领域和空间也给占领了,但自身又没有很好地承担起相应的责任,因而在相当长的时期内,广大农村缺医少药、老年人生活贫困等问题层出不穷。爱德基金会等社会"第三部门"的出现和良好发展,显示出政府在农村社会保障建设中已开始适当"让位"了。

爱德基金会成立于 1985 年 4 月,是一个由中国基督徒发起、社会各界人士参加的民间团体,致力于促进我国的医疗卫生、教育、社会福利和农村发展工作。爱德基金会的成立是 20 世纪 80 年代改革开放政策的结果。作为民间团体,爱德享有独立的决策权,同时积极寻求与所有致力于促进中国社会发展、提高人民生活水平的部门或团体的合作,包括政府组织、地方政府、专业机构、大专院校、教会及其他宗教团体等。爱德基金会为中国基督徒参与社会服务提供了一种新形式。在我国,基督徒的人数大约占全国人口的 1%,他们通过参与爱德基金会的工作,为我国的教育、卫生和社会福利事业及农村建设作出了贡献。

中国是一个农业人口占大多数的国家,在贫困的农村地区,特别是边远山区,缺医少药现象仍普遍存在,公共卫生体系不完善,因病致贫、因病返贫情况较为严重。爱德基金会一直致力于帮助

---

① 参见宋斌文:《略论构建我国农村社会保障体系的总体思路》,《财经论丛》2007 年第 1 期。

建立和改善贫困农村地区的公共卫生条件,帮助当地人们获得基本的医疗服务。

在我国西部农村地区,气候恶劣,资源匮乏,交通不便,经济发展缓慢,医疗卫生水平低下,农牧民缺医少药的问题仍然十分严重。由于地方财政困难,县、乡、村三级医疗保健网很难建立并有效发挥作用。特别是边远贫困山区,由于生活贫困,卫生保健意识差,加上村中又缺少可及时就诊的医务工作人员和卫生所,村民在患病初期往往不会,也无法寻求及时的帮助。只有等到病情很严重时,才去距离遥远的乡镇卫生院看病。这大大增加了家庭的医疗支出,很多家庭为此背上了沉重的债务,很多病人还错过了治疗的最佳时机。农村地区广泛流行一句话"小病扛,大病亡",指的就是这种情况。因此,在广大西部农村地区,因病致贫和因病返贫的现象仍然十分普遍。

自1989年至今,爱德基金会在内蒙古、青海、甘肃、宁夏、四川、贵州、云南、广西和海南9个省(自治区)开展村医培训项目,共培养了17000余名村医,并为甘肃和宁夏两地热心为村民服务的近300名村医建起了卫生室。各地卫生管理部门积极配合,使得这些卫生室发展成了一个集医疗、妇幼保健和计划免疫于一体的卫生保健中心,为所在村及周边村的村民及时得到医疗保健服务奠定了良好的基础,为提高当地医疗保健水平和人口素质发挥了重要作用。该项目2006年的目标是:为西部农村地区建立100个村卫生室,向每一个卫生室提供10000元的支持,以弥补地方政府和村医的资金缺口,促进西部农村地区县、乡、村三级医疗保健网的建设,让村民及时得到医疗保健服务,消除因病致贫、因病返贫现象。

社会福利工作的服务人群往往是社会上最边缘的弱势群体:

生活在福利院的弃婴和孤儿、患有各种先天畸形和后天残疾的儿童、麻风病患者以及孤儿等。爱德社会福利项目基于社会工作的理念,注重开拓创新,引进国外先进的有关儿童关怀、残疾人工作、康复和特殊教育的方法,开展孤儿寄养助学、社区康复等项目,让残障人士得到关心和帮助,被接纳为社会平等的一员。

福利院中的孩子是被家庭遗弃的孤残儿童,他们中很多都患有各种先天性的残疾,如唇腭裂、足内翻、脑瘫、白内障、先天性心脏病等。爱德基金会通过资助医疗、手术和康复为这样的孩子提供支持。对于很多孩子来说,这不仅挽救了他们的生命,更赋予了他们更好的生活质量,并且为这些孩子今后的生活自理和将来融入主流社会打下基础。2004 年 7 月,国家民政部开始实施"明天计划",全国儿童福利院的许多手术适应症儿童得到了手术和康复的机会。虽然为期三年的"明天计划"已经结束,但福利院孤残儿童盼望医疗手术帮助的需要仍在不断增加。爱德基金会及其合作伙伴正一如既往地努力筹款,为帮助中国福利院的儿童默默地贡献着力量。

爱德基金会从事帮助社会福利院儿童的工作已逾 10 年,共资助 1000 余名患儿及时接受矫治手术和治疗。爱德基金会拥有丰富的经验,也愿意继续帮助有医疗需要的孩子,给孤残儿童以希望的明天。作为一个非政府组织,和政府部门相比,爱德的优势在于更加灵活、快捷和高效。爱德基金会认为自己的角色和战略是"对政府工作的拾遗补缺"。这就是说,当福利院无法再通过"明天计划"得到政府的帮助时,社会"第三部门"会像以往一样,积极地反应和接受申请,目的是为了给有需要的儿童及时和最好的治疗。在此过程中,社会"第三部门"要始终注意避免逾越政府职责和重复筹款的情况发生。

（三）从"不到位"到"到位"的转变

在第四章,本书探讨了政府在农村社会保障政策的执行过程中的"不到位"的主要表现在于保障体系不健全,覆盖范围窄。我国目前农民社会保障制度包括农民养老保险制度、农村合作医疗制度和农村最低生活保障制度。农村社会保障的覆盖面窄、保障水平低、保障内容单一,与城镇居民保障水平相比有天壤之别,政策执行存在着严重的"不到位"。其实,比政策执行"不到位"更为根本的是立法的"不到位",而立法的"不到位"反映了我们对建设什么样的农村社会保障制度还缺乏通盘的考虑,表现为基本原则的"不到位"。以江苏省新型农村社会养老保险为例,因经济社会发展现状的不同,从苏南到苏北也就有了多种保险模式。为了构建农村社会保障制度模式,需要结合中国的国情、农村社会经济的特点及未来的发展方向,对农村现存的各种保障方式进行调整,并遵循以下原则:(1)保障水平低起点、广覆盖的原则。(2)保障责任社会化承担的原则。(3)社会保障同家庭保障相结合的原则。(4)社会保障与社会经济同步发展的原则。(5)坚持公平与效率、权利与义务相统一的原则。①

在原则确定的情况下,农村社会保障政策的调整应从"不到位"转向"到位",具体表现为:(1)建立健全社会保障制度的法律体系,从法律的高度为农村社会保障制度改革奠基。(2)建立完善的社会保障制度,从制度安排的角度为农村社会保障制度改革铺路。(3)规范市场,为农村社会保障制度改革创造良好的市场环境。(4)转变政府职能,加强政府对农村社会保障制度改革的

① 参见杨翠迎:《中国农村社会保障制度发展模式探讨》,《农业经济》2002年第10期。

监管作用和宏观调控职能。(5)提供充足的财政支持,确保农村社会保障资金到位。(6)正式启动农村社会保障基金,将农村社会保障制度改革真正落到实处。(7)落实"十一五"规划的目标,将全体农民纳入社会保障体系。[1] (8)建立健全农村社会保障基金的运行机制。农村社会保障基金的有效运行,对农村社会保障基金的保值增值意义重大。在遵循农村社会保障基金安全性、流动性原则下,对基金可进行各种投资运作,确保资金收益率大于通货膨胀率。

(四)从"错位"到"正位"的转变

我国农村社会保障政策执行中的"错位"主要包括"横向错位"与"纵向错位"两个方面:

"横向错位"是指政府社会保障管理体制错位。我国农村社会保障管理部门存在条块分割的现实:民政部门管一块(农村社会救助),卫生部门管一块(新型农村合作医疗),劳动与社会保障部门管一块(农村养老保险),这种条块分割的现实造成了政策协调、资源共享等诸方面的人为矛盾,不利于农村社会保障政策的有效执行。

"纵向错位"是指上下级政府的权责划分"错位"。在农村社会保障体系的建设过程中,一直由各级地方政府承担着主要的财政、组织、制度保障以及监管等责任。尤其在财政责任方面,中央政府与地方政府的财权与事权划分不合理,责任分配处于严重失衡状态。

建立健全农村社会保障管理机制和监督体系。从实践看,需

---

[1]　参见刘燕:《我国农村社会保障制度改革中政府责任问题研究》,《人口与经济》2006 年第 2 期。

要有专门的机构对社会保障事业进行管理,使农村社会保障事业高效率地运转,防止管理中出现漏洞。应建立社会保障行政组织、农村社会保障基金运作、农村社会保障业务机构三位一体的运作模式,使农村社会保障的财权与事权相分离,消除有关职能部门受经济利益驱使争管社会保障项目的倾向。农村社会保障监督体系的建立与完善是农村社会保障制度建设的主要组成部分,通过加强对农村社会保障工作的监管,对农村社会保障经办部门的管理过程和结果进行监督,以促成农村社会保障政策的落实与目标的实现,确保各有关方面的合法权益,促进农村社会保障事业的健康发展。①

第四节 完善农村社会保障政策的评估体系

一、考核机构设计

我国当前的农村社会保障监测应该是全方位的监督,即内外监督结合、上下监督结合、专业监督与群众监督结合的综合方式。

(一)外部监测体系设计

1. 行政监测系统。

行政监测是国家政府有关部门,依据其被赋予的管理职能,代表国家对农村社会保障工作实行的监测。它以日常监测方式为主,即将农村社会保障事务纳入自己的一般工作范畴,并按照本部门的工作程序、工作手段行使监测权。除了民政、社保部门进行监测外,财政部门、审计部门等都要对农村社会保障进行监测。主要包括计划监测、统计监测、财政监测、金融监测、审计监测。

---

① 参见金兆怀等:《政府在农村社会保障建设中的作用研究》,《经济纵横》2007 年第 9 期。

计划监测是政府计划管理部门对农村社会保障范围、水平、管理体制等诸多方面的中长期发展目标或计划实施的监测。如对国家劳动与社会保障事业计划纲要的制定与实施情况的检查监测等,旨在使农村社会保障发展计划与国家宏观发展规划动态保持一致,保证农村社会保障政策的稳定性和连续性。

统计监测是政府统计部门根据市场经济条件下农村社会保障工作的需要,通过对劳动和社会保障统计与信息发布,对社会保障工作进行监测管理。统计监测的重点在于:第一,对建立科学统一的统计范式、农村社会保障统计口径和统计指标体系实施监测;第二,对建立抽样调查为主,重点调查、典型调查和必要的全面定期报表为辅,多种统计调查方法有机结合的新型统计调查方法体系实施监督;第三,强化"风险"统计,进行统计创新,实施重点监测和动态监测。在社会保障领域存在着大量无形的、不确定的因素,如社会保障投资渠道与市场的多变性、信息制作与传递的复杂性,无疑给社会保障统计带来新的挑战,要求进行保障走势的测度和风险评估,强化"风险"统计和监测。同时,就业形式的多样化,就业格局(所有制、地域等)的复杂化,经济全球化发展和 WTO 的背景,都对社会保障统计监测提出新的要求,要求统计及其监测必须不断创新;第四,充分利用统计信息,监测劳动保障法律、法规、政策的贯彻执行情况,为科学决策提供全面、准确、及时的统计信息支持;此外,必须更新统计技术与手段,加强统计信息网络化建设,提高统计信息处理和管理的现代化水平,才能提高统计监测的时效性、准确性和针对性。[1]

---

[1] 参见陈长民:《健全我国社会保障监督体系的思考》,《乡镇经济》2005 年第 10 期。

　　财政监测是财政部门对农村社会保障管理部门遵守财政法纪和财务会计制度情况进行的监测,同时,农村社会保障管理机构的经费预算也通过财政部门来控制。财政监测的主要内容包括:编制和完善符合我国农村社会保障实际的监督报表,建立监管指标体系;农村社会保障水平与国家财力的适应性的监测;农村社会保障管理机构的经费预算的监管;农村社会保障基金的财务管理和会计核算的监控等。从实践来看,财政监测关注的主要问题是:对农村社会保障基金实行财政专户、收支两条线管理的监测;对农村社会保障基金的征缴(有些地方试行由税务机构代征)的监测;对财政部门根据农村社会保险经办机构提出的用款计划所进行的审核及是否足额拨付的监测。

　　金融监测是国家和政府金融管理部门对农村社会保障机构的金融活动是否符合国家金融政策所进行的经济监测。金融监测的重点在于:(1)金融政策监督,即农村社会保障金融活动是否符合国家金融政策,基金运作是否符合国家的宏观计划。(2)过程监督,对筹资和征缴机构的征收行为、农村社会保障机构的支付行为、财政专户的管理行为以及投资运营、社会服务机构的运行情况实施监测,尤其是对基金的资本市场投资运营进行风险评估和监管,确保基金安全与保值增值;建立农村社会保障基金运行机构资格准入制度,依法查处和杜绝玩忽职守、徇私舞弊和挤占、挪用、扣押、拖欠农村社会保障基金的行为和现象。(3)结果监测,监督投资收益是否按规定并入农村社会保障基金专户,并进行农村社会保险基金存储合理性与合法性监督。

　　审计监测是由专门从事审计业务的部门对农村社会保障基金的财务收支,农村社会保障的效益和违反财经法规的行为所进行的监测。从事社会保障审计监测的主体是国家审计机关、社会保

障管理部门内部审计机构。在国家审计机构授权的情况下,社会
审计组织也可从事社会保障审计。① 审计监测的主要内容包括：
以农村社会保障基金是否足额收缴入账,是否正确发放使用,增值
措施和方法是否合法等为内容的违法违规审计;以农村社会保障
管理部门从事社会保障的社会效果和管理水平的审核、评价为内
容的效益审计;以农村社会保障基金财务核算和会计资料真实性
的审核为内容的财务审计等。审计监测要有区域或全国性的信息
网,有规范的信息分类标准、披露规定和监测结果的公示制度。国
家审计机构对农村社会保障审计的主要形式应是经常性审计,审
计的时间、内容、程序相对固定;审计内容全面。国家审计机构也
可以对农村社会保障进行专项审计。

2. 专业监测系统。

由于农村社会保障涉及政府和广大农村居民的切身利益,
养老保险基金和大病医疗保险基金更是农村居民拥有的共同的
后备基金,必须建立由劳动保障、财政、审计等政府部门代表、农
村居民代表等组成的专门的农村社会保障监测委员会,明确其
工作职责、工作程序、活动方式,定期审查养老和医疗保险基金
的收支及其运行情况,重点对农村社会保障基金的筹缴、发放、
管理及社会保障各项法规和政策的落实情况实施更为广泛的、
有效的社会监测。客观反映非官方的意见,使各方的利益都能
够得到维护。

3. 法律监测系统。

法律监测是指国家通过法律手段,以强制力量对农村社会保
障进行监测管理。

---

① 参见童星:《社会保障与管理》,南京大学出版社 2002 年版,第 178 页。

　　长期以来,我国农村社会保障建设没有引起足够的重视,农村社会保障法律法规建设几乎是一片空白,因此必须在加快农村社会保障法律法规建设的基础上,对农村社会保障工作加强司法监测。我国社会保障法律体系应由《宪法》、《社会保障法》(以下简称《社会保障法》)以及社会保障法规条例等构成。由于这一领域的法制建设滞后,到现在还没有出台《社会保障法》,城市居民的社会保障方面仅有几部与社会保险相关的法规,农村居民的社会保障方面没有一部统一的法律,可以说农村社会保障的法制建设远远落后于城市。我们不能等到城市社会保障方面的法律法规成熟后再来考虑和制定农村社会保障方面的法律法规,而应根据《宪法》赋予公民享有社会保障的权利,制定农村社会保障方面的法律法规。根据我国国情,首先要制定《农村居民最低生活保障条例》,以此解决目前基本生活得不到保障的农村居民的基本生存问题;其次要制定《农民大病医疗保险条例》,为看不起大病的农民解决大病医疗费用问题,使他们大病有所医,不再"等待"死亡;再次要继续完善《县级农村社会养老保险基本方案(试行)》,使养老问题能够摆脱农村人口老化、家庭供养困难的困扰,走社会化养老之路。另外,还要制定一系列规章制度,使农村居民的社会保障能够得到全面贯彻和实施。目前,我国要大胆借鉴国外的社会保障立法经验,在形成以《社会保障法》为中心的内容完整的社会保障法规体系的基础上,具体地刚性地规定农村社会保障各项工作的内容与要求。

　　同时,法律监测还要求健全农村社会保障的司法机制,对于农村居民与农村社会保障机构之间的争议,农村社会保障系统的工作人员发生的严重违法行为,需要司法监督即包括法院和检察院等在内的有力监督,当农民在其社会保障方面的权益受到侵害时,能获得有力的、公正的司法保护。

4. 社会监测系统。

社会监测是直接利害关系者或其群众组织以及社会舆论等对农村社会保障事务进行的监测。它包括政党的监测、社会团体的监测、农民个人的监测,以及新闻媒体的舆论监测等。

农民以农村社会保障的保障对象和部分社会保障费用的承担者的双重身份对农村社会保障实施监督。一方面,以村委员为平台,形成广大农民群众积极参与农村社会保障管理和监测的社会氛围。同时,加强公告监管,建立信息披露制度,将基金管理人置于社会公众、基金持有人和监管机构的多重监测之下,防止基金管理人违规操作,损害基金持有人的利益。另一方面,充分发挥新闻媒体对农村社会保障管理部门的舆论约束作用,赋予农村社会保障享受者个人及其代表或团体对农村社会保障的监测权。

(二)内部监测体系设计

1. 上级监管。建立农村社会保障体系的最高管理机构。这个机构可以以农村社会保障管理委员会或者是审议委员会的形式出现,这个委员会负责对农村社会保障体系的总体管理,确保农村社会保障目标的实现。从组成方面来看,委员会应当体现独立和公民参与的原则,组成成员可以包括政府代表、学者和专家,以及社会公众团体的代表等。

2. 自我监督。自我监督是指社会保障经办机构和社会保障基金运营机构,通过建立健全内部控制措施,重点对社会保障基金筹集、管理、使用、运营等活动所进行的内部监督。

(1)设立机构总体目标。

①有序、道德、经济地运作:合理满足农民社会保障的要求与利益,以最低成本获取适当的符合质量的资源,适地、适时地配置

资源,实现机构目标的资源投入与产出关系的最优化。

②履行公共责任:农村社会保障管理机构在公共资金使用与管理上,应承担合理满足公众利益及业务处理各方面的职责,农村社会保障管理机构及员工应对其决策和行为承担责任。

③遵守法律和法规:农村社会保障机构要遵守国家的法律和法规,主要包括公共机构法律和法规中有关公共收支授权及管理方式,如国际条约、预算法案、公共事务管理法、会计法或准则、环境保护和公民权利法、所得税法规、反欺诈和反腐败法令等。

④维护资源安全:机构应防止因浪费、滥用、不当管理、差错、舞弊和违规行为引起的资源损失、浪费和毁坏。

(2)监督部门人员配备。

内部控制人员必须了解其任务、责任和权限。实现自我监督,需要监督部门员工具有政策水平高、清正廉洁的素养;有对新生事物的认知和辨析能力;对事物客观、准确、真实的描述反映能力和监测评价能力。

(3)注重细节控制。

提高农村社会保障机构的工作透明度,做好信息、原始凭证和会计记录,防止被盗、滥用和损坏的危险。防范计算机系统广泛应用带来的资源被毁坏、复制、扩散和滥用的隐患,维护资源真实性和记录有效性。

二、监测工作指标体系设计

农村社会保障政策执行的监测工作应重点放在评估农村社会保障体系建设与我国经济社会发展的适应程度,农村社会保障体系各部分之间的衔接和适应状况,各项主要农村社会保障制度改革和建设的进展及可持续发展情况,农村社会保障管理和服务的

效率与质量状况,社会保障对象的受益情况等方面。评估指标的选取可以分为以下几个方面:

(一)综合指标

综合指标是指综合反映农村社会保障执行状况与水平的指标。主要包括:未受任何保障覆盖的人数占全国农村人口比例(无保障者比例)、农村社会保障支出分别占财政支出和 GDP 的比重、农村社会保障人均受益水平、农村社会保障体系健全状况、农村社会保障网的覆盖率、农村社会保障的再分配程度(公平指标)、农村社会保障信访情况等。

(二)分项指标

1. 覆盖面指标,包括制度内覆盖面和对整个目标人群的覆盖情况。具体包括:农村养老保险与农村新型合作医疗的参加人数,参加人数占农村总人口比重,参加人数占覆盖人群中的比例;农村最低生活保障制度、农村五保制度、农村医疗救助制度的受益人数及其占应救助人数的比例;农村社会福利设施受益人数及其占应覆盖人数的比例,城镇与乡村享受社会保障待遇人数的比重之比。

2. 保障水平指标,主要包括:农村社会养老金发放数额及其与当地平均收入水平的比例;农村新型合作医疗费报销数额及占医疗费总支出的比例;农村最低生活保障制度的补助金额及其占个人或家庭相应开支的比例。

3. 财政补助情况指标,主要包括:财政对农村养老保险基金、新型农村合作医疗基金的补贴情况;农村最低生活保障制度的财政支出情况;中央及地方各级财政对于农村社会保障的负担比重;农村社会保障支出分别在中央及地方各级财政相应财政总支出中的比重。

4. 基金管理与运营指标,主要包括:农村养老保险基金、新型农村合作医疗基金总规模;农村养老保险基金、新型农村合作医疗基金明细的收支状况;基金的调剂、增值情况;农村社会保障基金运营年收益率。

5. 绩效评估指标,主要包括:农村养老保险基金、新型农村合作医疗基金的长期平衡情况;各分项农村社会保障制度之间以及与城市社会保障体系的衔接情况;各项农村社会保障制度的成本效益情况;各项农村社会保障制度向低收入者和贫困人群的再分配倾斜情况;农村人口脱贫率;个人账户的资金使用率。

三、农村社会保障对象生活、就业、发展评价指标设计

社会保障的出发点与归宿点都是为了提高社保对象的生活水平和生活质量,对其发展进行增能或赋权。在对农村社会保障政策进行监测指标体系设计的同时,也应该设计一些关于农村社会保障对象的生活水平、健康、寿命、文化程度、就业、收入等指标并进行考核。具体指标包括客观与主观两个方面:

(一)客观指标

1. 经济收入消费水平指标,包括生产资料拥有情况、生活物品拥有情况、收支状况、住房情况、储蓄情况五个方面。

(1)生产资料拥有情况(是否拥有以下生产资料),主要包括:铲、锄、犁等小农具,架子车,人力三轮车,牛、马等生产用牲口,磨面机、压面机、榨油机等农产品加工机械,拖拉机、播种机、收割机、粉碎机等农业机械,种植业与养殖业大棚,大卡车、大客车、工商业生产用机器,厂房,店铺等。

(2)生活物品拥有情况(是否拥有以下物品),主要包括:大衣柜、写字台等日用家具以及自行车、手表、缝纫机、收音机、黑白电视机、收录机、电风扇、彩色电视机、半自动洗衣机、VCD、电话、照

相机、摩托车、电冰箱、全自动洗衣机、手机、空调、录像机、电脑、小汽车等电器产物。

（3）收支状况，主要指标包括：农村居民人均可支配收入；家庭平均月收入；家庭平均月支出；食品、生活用品、文化娱乐、通信费、医疗费、培训费用等各项费用占家庭支出的比重。

（4）住房情况，主要指标包括：住房结构；住房质量；住房总建筑面积；人均住房建筑面积。

（5）储蓄情况，主要指标包括：家庭存款额，债券、基金、股票等其他金融产品数额。

2. 教育水平指标，主要指标包括：农村人口平均受教育年限；农村九年义务教育普及率；农村人口大学教育程度；农村中学入学率；在农村教育上的公共支出占政府财政支出的比重。

3. 劳动与就业情况指标，主要指标包括：人均耕地数；年均耕地亩产值；农村非农产业的就业比重。

4. 社会安全指标，主要指标包括：农村社会保障率；农村犯罪率；农村社会救济费用占财政支出的比重。

5. 健康状况指标，主要指标包括：农村每万人拥有卫生技术人员数；农村婴儿/儿童死亡率；农村每万人拥有病床数；农村人均预期寿命；农村卫生室的医疗收费费用；农村卫生室的药品价格。

6. 资源与环境指标，主要指标包括：农村人均淡水资源；农村森林覆盖率；农村空气质量指标；农村空气质量良好天数；农药使用单位废物处理量；农村中的乡镇企业纸、玻璃、铝回收率；农村人均水消费量；农村年人均能源消费量。

（二）主观指标

为了使农村社会保障对象的生活质量的主观评价更便于操作，本书引入了满意度和发展度的概念。满意度是指农村社会保障对象对于某项农村社会生活质量的满意程度;发展度是指农村社会保障对象认为某项农村社会生活环境指标的发展状况。其中,满意度用1—5分制升序方式分别表示农村居民对该项指标的满意状况:很不满意、不太满意、一般、较满意和很满意;发展度用1—3分制升序方式表示农村社会保障对象眼中的该项指标发展状况:比过去差、与过去差不多、比过去好。农村社会保障对象生活质量的主观评价指标如表9所示。

表9 农村社会保障对象生活质量的主观评价指标

主观评价指标	**劳动就业状况满意度**	对劳动收入的评价 对劳动环境的评价 对劳动强度的评价 对所在行业的评价
	家庭生活满意度	对婚姻生活的评价 对居住环境的评价 对家庭关系的评价
	生活环境满意度	对邻里关系的评价 对朋友关系的评价 对乡村自然环境的评价 对乡村治安的评价 对公共设施的评价
	组织管理满意度	对组织程序的评价 对公共参与的评价 对设施管理的评价 对管理人员的评价 对管理水平的评价 对管理效果的评价

第六章　和谐社会建设中的农村社会保障新思考

构建人与人、人与社会、人与自然等各方面关系融洽的社会主义和谐社会,是新世纪党和国家提出的重要理念和指导思想,是与整个社会、经济、文化发展相协调的路线方针,成为建设有中国特色社会主义的方向目标。和谐社会的提出,并不是凭空想象的,它的存在有着重要的渊源,是在历史长河中孕育并得到极大发展的。本章首先介绍和谐理念的渊源、党和政府在和谐社会大背景下执政的新理念和政策所折射的民生思考,而农村社会保障就是民生工程的重要组成部分。然后介绍学界对农村社会保障的新思考,最后探讨国内外关于社会保障尤其是农村社会保障的新共识。

第一节　党和政府关于和谐社会和民生的新观点

针对我国目前出现的各种社会问题,诸如风险社会导致的生存危机,社会阶层贫富差距过大,城乡、地区之间发展不平衡,社会保障制度不完善,法制的不健全和社会主义精神信仰的弱化等问题,党中央提出构建社会主义和谐社会的目标。2006 年 10 月 11日,中国共产党第十六届中央委员会第六次全体会议通过的《中共中央关于构建社会主义和谐社会若干重大问题的决定》指出:建设和谐文化,巩固社会和谐的思想道德基础,是构建社会主义和谐社会的重要任务;弘扬我国传统文化中有利于社会和谐的内容,形成符合传统美德和时代精神的道德规范和行为规范。胡锦涛总书记曾指出,构建社会主义和谐社会,是我们党从全面建设小康社会、开创中国特色社会主义事业新局面的全局出发提出的一项重大任务,适应了我国改革发展进入关键时期的客观要求,体现了广大人民群众的根本利益和共同愿望。和谐社会成为我们党和国家在新世纪的一项重大战略任务和发展目标。社会和谐是中国特色社会主义的本质属性,是国家富强、民族振兴、人民幸福的重要保证,反映了建设富强民主文明和谐的社会主义现代化国家的内在要求,体现了全党全国各族人民的共同愿望。

一、中国传统社会和谐理念的孕育和发展

和谐社会是以人为本,政治、经济、文化和社会协调发展的社会,也是自然、人和社会协调发展的社会,是新世纪党中央提出来的新的战略任务和发展思想,这种思想汲取了我国传统社会关于和谐理念的精华,与我国优秀的传统文化息息相关、一脉相承。以"和"文化为核心的和谐思想是中国传统文化的显著特征。中国传统文化的核心是和合文化,它以"仁"为核心,以"阴阳"矛盾运动为哲学根基,以"和为贵"为价值取向,融"天、地、人"为一体,"蕴含着家庭和睦、民族团结、社会稳定、世界和平的大同梦想"。①和谐理念是随着社会不断发展进步而产生的。

(一)中国传统社会和谐理念的孕育

中华民族早就有了"和"的概念,甲骨文、金文中多次出现。

---

① 张迎新:《论我国社会主义和谐社会的传统文化底蕴》,《辽宁行政学院学报》2008 年第 2 期。

和谐一词为同义连文,《广雅·释诂三》的解释是"和,谐也"。《说文解字》的解释是"和,相应也"。《辞源》则把"和"解释为和顺、谐和、调和等。①

原始社会是一个没有剥削、没有压迫的具有朴素意义上的"和谐社会"。在原始社会,人与人之间是平等的,社会物质资源平均分配,从某种意义上讲,人与人之间是和谐的。原始社会制度为社会和谐创造了天然条件,和谐理念出现了雏形。但是这种"和谐"是原始的,具有很大的局限性。一是人与自然的和谐是被动的。在原始社会,人与自然之间是一种被动的关系,人们完全依附于自然,缺乏改造自然的能力。二是人与人的和谐仅仅限于本部落、本氏族之内。原始社会的和谐是以血缘和亲缘关系为基础的,部落和氏族内部的人们可以和谐相处,但是在部落、氏族之间,人们是不断征战、相互杀戮的。因此,原始社会孕育了原始的和谐理念。

(二)中国传统社会和谐理念的发展

随着社会的不断发展,人们改造自然和认识自然的能力不断增强。我国社会经历了奴隶社会的和封建社会两千年的发展,封建社会的礼仪制度和文化理念深入人心、根深蒂固,特别是儒家思想和道家思想的广泛传播使传统文化表现出了一定的和谐理念,中国传统社会的和谐理念有了长足的发展,形成了几个比较典型的特征。

一是以"孝文化"为基础的家庭和谐。家庭是社会的细胞。我国传统社会非常重视家庭的作用,把"齐家"视为"治国"的前提

---

① 参见常婧:《中国传统政治文化中存在的"和谐"社会理念》,《安徽文学》2007年第7期。

条件,孟子说"天下之本在国,国之本在家",由此形成了以"孝文化"为基础的家庭伦理制度。在这种制度中,体现出了一定的家庭和谐理念。《易经》说:"正家而天下定矣。"孟子说"天下之本在国,国之本在家"。只有家庭关系和睦,才会有社会关系的和谐、顺畅。我国传统文化主张通过要求每个家庭成员严格履行自己的职责和义务而实现家庭和谐,这就是常说的"五常"或"五伦"。①

　　传统社会的家庭和谐是以"孝"文化为基础的。孝道有着积极的作用,用孝来规范家庭成员之间的关系,有助于社会主义家庭道德建设,促进家庭的和谐与安定。同时,孝文化对中国社会的民族性格和民族精神产生了积极而深远的影响,有利于培养民众仁爱宽厚、守礼温顺、爱好和平等国民性格,有利于中国人优秀的人格特质"孝"的培养。②

　　二是以"和为贵"为核心价值理念的人际关系的和谐。"和"是中国传统社会文化的主要价值取向,它构成了封建社会人际关系的基础。作为封建社会的正统思想,儒家思想主张"以和为贵",提倡人与人之间和睦、团结和协作,极力追求人际关系的和谐。孔子讲:"礼之用,和为贵。先王之道斯为美;小大由之。"孟子将"和为贵"思想概括为"天时不如地利,地利不如人和",还提出"老吾老,以及人之老,幼吾幼,以及人之幼"。以孔孟为代表的儒家提出的仁、义、礼、恭、宽、信、敏、惠、智、勇、忠、恕、孝等一系列旨在实现"人和"、实现社会和谐的道德原则,使人际关系带有浓

　　①　参见杨凤勇:《论构建和谐社会的传统文化基础》,《石家庄学院学报》2008 年第 1 期。
　　②　参见杨凤勇:《论构建和谐社会的传统文化基础》,《石家庄学院学报》2008 年第 1 期。

厚的人情味,对社会和谐具有较为稳固持久的促进功能。①

与此同时,与"和"文化相辅相成的"仁、礼、信"三种社会规范,丰富了传统社会人际关系的内容。"仁"讲究道德,要求人与人之间、上级对下级之间要宽仁以待,这与现代社会要求人们之间团结友爱、互帮互助的思想是一致的。"礼"是制度规范,要求人们特别是上下级之间、君臣之间必须要遵守一种规范,不能越级。"信"追求诚信,这是社会存在和发展的基础,这与现代社会明礼诚信、民主法治的核心价值观是一脉相承的。

三是以"天人合一"为目标的人与环境之间的和谐。在人与自然的关系上,以人与自然的和谐为理想,世间万物是相互联系、相辅相成的依赖关系,认为自然环境和社会环境处在一个良性循环的平衡,体现了人与自然和谐相处的精神。传统儒家思想主张天人合一,肯定人与自然界的统一,反对破坏自然,一味地向自然界索取,主张既要调整自然、改造自然,使其符合人类的愿望,也要敬畏自然、顺应自然,"无以人灭天"。"天人合一"坚持人属自然、人性自然,那么人就要服从自然规律。老子提出:"人法地,地法天,天法道,道法自然。"强调人要以尊重自然规律为最高准则,以崇尚自然效法天地作为人生行为的基本依归。庄子也主张"以人入天","以天为徒","从天之理","以天为师","夫明白于天地之德者,此之谓大本大宗,与天地和者也"。最后,中国古代先人根据天人合一的观念,要求以和善、友爱的态度对待自然万物,善待鸟、兽、草、木,提出了丰富的保护自然资源的思想。孔子提出"钓而不纲,弋不射宿",主张只用鱼竿钓鱼,不用大挂网拦河捕鱼,并

---

① 参见杨凤勇:《论构建和谐社会的传统文化基础》,《石家庄学院学报》2008 年第 1 期。

反对射猎夜宿之鸟,表达了他反对人类滥捕滥猎,破坏生态平衡的意愿。史书上记载的"网开三面"、"里革断罟"等典故,也体现了古人善待自然万物的生态伦理思想。①

传统社会和谐思想对我们今天建设和谐社会有着很大的启示作用,两千年封建社会的和谐思想是中华民族传统文化的精华,也是现代社会大多数人遵守的道德行为规范。构建社会主义和谐社会是对传统社会和谐理念的升华,在社会中易得到广泛的认同。但是同时,我们也必须看到传统社会和谐理念的局限性。"中国传统和谐思想是在小农经济和宗法制度环境下形成和发展起来的,不可避免地带有不同时代和提出者阶级地位的烙印。虽然它因时代和提出者的不同而在侧重点和具体主张上也有所不同,但从总体上看,其历史局限性十分明显,在许多方面不能适应当前构建社会主义和谐社会的现实要求。"②

因此,对于传统社会和谐的理念,我们必须批判地继承,取其精华,去其糟粕,这样才能为我们今天构建社会主义和谐社会提供帮助。

二、新世纪党和政府在建设和谐社会及解决民生问题上体现的新理念

在建设社会主义和谐社会的大背景下,党和政府按照科学发展观的要求,将工作的重心放在众多的民生工程建设上,例如全面建设小康社会、建设社会主义新农村、逐步改革和完善城乡社会保

① 参见孙来斌:《中国传统和谐思想与构建社会主义和谐社会》,《岭南学刊》2007 年第 6 期。

② 孙来斌:《中国传统和谐思想与构建社会主义和谐社会》,《岭南学刊》2007 年第 6 期。

障等,这些民生工程无不体现"以人为本"的理念。党和政府在处理这些社会问题和进行其他社会管理时,处处彰显新的执政理念,其中的科学发展观和"善治"最具代表性。

(一)科学发展观的理念

党的十六届三中全会提出了坚持以人为本,树立全面、协调、可持续,促进经济社会和人的全面发展的观点,为全党树立了一种全新的科学发展观。科学发展观的具体内涵包括:第一要素是发展,核心是以人为本,基本要求是全面协调可持续,根本方法是统筹兼顾。首先,科学发展观的第一要素是发展。发展是硬道理,没有发展其他的一切就无从谈起。科学发展不是否定过去的成绩,而是根据形势的变化改变过去不合理的发展方式,全面协调可持续地发展。其次,科学发展观的核心是以人为本。这是我们对发展主体的重新认定。党的十七大报告指出:全心全意为人民服务是党的根本宗旨,党的一切奋斗和工作都是为了造福人民。科学发展必须要以人为本,尊重人民的主体地位,发挥人民的首创精神,保障人民的各项权益,走共同富裕道路,促进人的全面发展,做到发展为了人民、发展依靠人民、发展成果由人民共享。再次,科学发展观的基本要求是全面协调可持续。坚持科学发展观就是要坚持走生产发展、生活富裕、生态良好的文明发展道路,建设资源节约型、环境友好型社会,实现速度、质量和效益相统一、经济发展与人口资源环境相协调,使人民在良好生态环境中生产生活,实现经济社会的永续发展。最后,科学发展观的根本方法是统筹兼顾。科学发展观要求必须兼顾统筹城乡发展、区域发展、经济社会发展、人与自然和谐发展、国内发展和对外开放,统筹中央和地方关系,统筹个人利益和集体利益、局部利益和整体利益、当前利益和长远利益,充分调动各方面的积极性。统筹国内国际两个大局,树立世界眼光,加强战略思维,善于从国际形势发展变化中把握发展机遇、应对风险挑战,营造良好的国际环境。

科学发展观赋予发展新的更加丰富的内涵。它突破了过去把发展简单理解为经济增长的局限,纠正了简单、片面的思维定式,立足于社会主义社会的生产目的,顺应经济增长和社会进步的发展趋势,从满足人们日益增长的物质文化需要出发,更加重视经济、政治、社会和文化的全面发展,重视各个领域的统筹发展,重视人与自然的和谐发展,是经济增长、社会进步、生态和谐和人的全面发展的有机统一,是崭新的发展理念。

科学发展观指导着我国农村社会保障制度的建设和发展。科学发展观的第一要素是发展,发展是硬道理,发展是整个社会经济的主旋律,只有国民经济迅速发展,整个国家的综合实力才能提高,人民的物质生活才有实实在在的保障,而农村社会保障也只有在经济实力不断提高的前提下才有可能发展和完善,才有实力覆盖到整个城乡的全部区域,才能真实保障全体国民良好的待遇。科学发展观的核心是以人为本,其宗旨是以人的自由全面发展为最终目标,现阶段所有事物都应体现"以人为本"的理念,为提高人民的真正利益而服务。农村社会保障作为民生工程的一个重要组成部分,更要围绕"以人为本"这个中心不断发展,以提高广大农民的物质和精神利益为目标,提高农民的国民地位,缩小城乡、地区之间的差距。科学发展观的基本要求是全面协调可持续,实现整个社会、经济、政治各方面全面协调地发展,农村社会保障作为社会保障体系的一部分,不仅要与其他的系统协调可持续发展,其内部的组织和结构也要不断地调整和发展,实现自身健康可持续的发展。科学发展观的根本方法是统筹兼顾,在社会保障中更需要运用这种方法来统筹城乡、区域之间社会保障的平衡发展,确保社会保障尤其是处于起步阶段的农村社会保障实现全面协调发展。

（二）善治的理念

20 世纪 90 年代以来，为应对全球化所产生的风险危机，弥补"市场失灵"和"政府失灵"，克服传统的科层制行政模式所产生的一系列问题，鼓励公民的积极参与，"善治"和"治理"在这种背景下产生并成为公共管理的热门话题，其中"善治"是建立在"治理"的基础上。联合国属下的全球治理委员会在 1995 年的一份研究报告中提出：治理是各种公共的或私人的个人和机构管理其共同事务的诸多方式的综合。由于治理是针对公共事务，故可以从不同的角度和对象来理解治理，导致治理有很多种用法。R. 罗茨认为，治理可用于指代任何活动的协调方式，至少有六种不同的用法：作为最小国家的治理、作为公司治理的治理、作为新公共管理的治理、作为"善治"的治理、作为社会—控制系统的治理和作为自组织网络的治理。[1] 善治作为其中的一个研究角度，是"治理"的一个目标取向。20 世纪 90 年代，世界银行用"治理危机"来概括非洲国家在现代化进程中出现的问题。非洲国家由于缺乏必要的法律制度和权力规范，无法为处理公共事务提供一个可靠而透明的框架而面临着"发展的危机"，在这种背景下，世界银行提出"善治"的口号，合法、效率、负责、透明、开放构成善治的基本要素，成为规范政治权力的根本要求。[2]

善治的基本要素有十个：合法性、法治、透明性、责任性、回应

---

① R. Rhodes, *The New Governance：Governing Without Government*, Political Studies, XLIV, 1996, p. 653. 转引自陈振明：《公共管理学》，中国人民大学出版社 2005 年版，第 77 页。

② 参见陈振明：《公共管理学》，中国人民大学出版社 2005 年版，第 78 页。

性、参与、有效、稳定、廉洁、公正等。① 具体理解为,(1)合法性(Legitimacy),主要是从政治的角度来考虑的,指社会公众对上层统治的认同,如对统治阶层作出的各种管理行为的认同;(2)法治,指整个社会以法律为最高行为准则,任何人不得违反法律,不论是政府官员还是普通公民,在法律面前人人平等,不允许特权化,整个社会是法治社会;(3)透明性,指政府通过各种有效的途径将相关信息对社会公众公开,使之透明化,公众也可以根据这些公开的政治信息作出对自己有利的抉择,从而有利于整个社会的民主政治;(4)责任性,指政府机关的工作人员履行自己的责任,避免失职行为的发生;(5)回应性,指政府工作人员对公众所提出的各种要求和建议作出及时的答复,政府与公众有着很好的互动性;(6)参与,指鼓励公众更多地参与到政府的各种管理活动中,不仅有利于政治民主,更有利于公众利益的表达;(7)有效,指政府的各种管理活动非常高效,组织机构比较灵活;(8)稳定,指社会的问题和矛盾得到有效的处理,人们的要求得到满足,整个社会处于一种比较稳定和和谐的状态;(9)廉洁,指从政府官员的角度出发,要求官员廉洁奉公,大公无私,腐败现象极少发生;(10)公正,指政府的管理本着不偏不倚、公平的态度对待每一位公众,作出的决策有利于广大的公民,并不是为了少数集团的利益服务。这些是对善治基本含义的理解,也是善治的基本要求。从政府的角度来看,"善治"主要体现为"小政府、大社会",要求最小意义的政府,鼓励公民的广泛参与,社会各个主体相互合作,最终实现双赢的局面。

---

① 参见何增科:《治理、善治与中国政治发展》,《中共福建省委党校学报》2002年第3期。

建设社会主义和谐社会,要求政府在"善治"理念的指导下开展各项工作。首先,"善治"是在全球治理危机的背景下产生的,能够相应提高社会管理机构尤其是政府的管理能力;其次,"善治"所倡导的公平、透明、回应等口号,是政府进行有效管理的必要条件,有利于增强政府和社会的有效互动和合作,协调各方的利益,减少因利益的冲突所导致的一系列矛盾和问题,从而实现公共利益的最大化,促进整个社会的和谐发展。农村社会保障事业需要政府"善治"的管理行为,从而使得政府在农村社会保障中充当责任主体,承担应有的责任,其中财政责任是最主要的也是最重要的责任。

三、党和政府出台的有关农村社会保障新政策所折射山的民生思考

新世纪的中国社会已经是一个具有现代社会重要特征的社会——风险社会,不仅要利用各种机遇,坚持发展是硬道理,以发展来提高国家的综合国力,而且更多的是面对社会矛盾,解决好面临的各种社会问题,这也是建设社会主义和谐社会的重要仁务。在这些社会问题中,民生问题是重中之重,解决好民生问题,整个社会将实现长治久安。社会保障是民生的一个重要主题,而在这种社会转型时期,社会保障制度不健全、国家对社会保障财政责任的缺失、社会保障水平过低、范围过窄、社会保障法律落后等问题,严重影响整个社会的民生建设,如果解决不好社会保障问题,整个民生工程的进程将会停滞不前,从而不能从根本上保证国家安定和社会稳定。

我国社会保障分为城市社会保障和农村社会保障,而农村社会保障正处于试点和改革阶段,需要得到更多的政府和社会支持,需要完善相关的法律法规,从而保证农村社会保障进入正常轨道并得到快速发展。根据国家统计局发布的《中国统计年鉴》,2003年,我国农村总人口为 7.6851 亿,占据中国总人口的大部分,而农村社会保障并没有因为需要保障的人数众多而在改革开放时期得到应有的重视,直到 20 世纪 90 年代开始进行试点工作,并且随着社会主义和谐社会和民生工程的建设得到进一步的重视。20 世纪 90 年代以来,政府有关部门开始出台相关的法规和政策来指导和规范农村社会保障制度的建立和发展,其中,比较重要的有:劳动和社会保障部关于印发《2002 年农村养老保险工作安排的通知》、卫生部等部门 2003 年发布的《关于建立新型农村合作医疗制度的意见》、国务院 2006 年颁布的《农村五保供养工作条例》、国务院 2007 年制定的《关于在全国建立农村最低生活保障制度的通知》等,反映了国家对民生工程建设的高度重视。

在一个充满发展机遇又同时夹杂着众多社会问题的全球化时代,民生问题更应得到高度重视和有效解决。首先,国家的发展和进步有赖于社会民生的健康发展。从新中国成立至今,每一代领导人的执政理念无不彰显了"全心全意为人民服务"的宗旨,始终关注民生的发展。从毛泽东的"为人民服务"、邓小平的"是否有利于提高人民生活水平作为判断是非得失的重要标准,强调一切政策的出发点和归宿始终要看'人民拥护不拥护'、'人民赞成不赞成'、'人民高兴不高兴'、'人民答应不答应'"、江泽民的"三个代表"重要思想中的"代表最广大人民的根本利益"到胡锦涛的"以人为本",正是因为这些民本思想的倡导,为国家的发展和进步奠定了坚实的基础,使得整个社会在稳定状态的前提下利用一切资源和力量进行建设,提高了国家的综合实力。其次,公民权利的实现必然要求关注民生问题。国家的权力来自公民的授予,公民才是国家的主体,因此对于公民遇到的各种问题即民生问题,国家都要责无旁贷地妥善处理,并将是否有效解决这些问题作为执政能力的判断标准之一。国家关注民生问题并及时加以解决是保障公民权利的体现。再次,全球所处的风险社会要求关注民生问题。全球化时代给我们带来了巨大的财富和不可多得的机遇,同时也带来了难以避免的全球危机如经济危机、财富分配不均等,这些全球风险不可避免地要影响本国国民的社会生活,造成各种民生问题。国家必须及时应对,否则对整个社会的稳定将产生不利影响。

解决好民生问题,有利于整个社会的稳定和整合,同时为经济的发展创造一个良好的背景环境,更重要的是保障公民权利的实现,促进整个社会的和谐发展。首先,按照科学发展观的要求解决民生问题。民生问题一部分是由于错误的发展观导致的,要按照科学发展观的全面协调可持续作为解决问题的标准,从而有效地解决并积极采取防范措施减少问题的发生。其次,重点解决民生问题中的就业和社会保障两大主题。着力解决就业和社会保障,不仅可以从根本上解决民生问题,而且有利于促进整个社会的和谐发展。在就业方面,推行各种积极的就业政策,解决大量失业的问题,保障人民生活的来源,鼓励自力更生;在社会保障方面,国家承担主要的责任,不能因责任缺失导致社会保障的不健全。

第二节　学界对于农村社会保障
理论和实践的新思考

我国独特的城乡二元结构导致城镇居民和农村居民在社会经济生活方面的待遇有着本质的差别,政治制度上的户籍制度,经济政策上的农业支持工业,都进一步加剧了这种差距。在关系人们物质生活的社会保障方面,城乡居民所享受的待遇更是有着天壤之别。城镇从新中国诞生起就采取了一系列的保障政策,虽然保障水平不高但本着"应保尽保"的原则,使得城镇居民衣食无忧。与此同时,占据中国大部分面积、拥有众多人口的农村,却只有依靠微薄的土地利益来换取生存所需,没有什么实质性的保障措施。这种强烈的反差和严重的不公现象在改革开放时期得到了进一步的强化。在科学发展观的理念指导下,农村社会保障问题逐步得到重视。从20世纪90年代农村养老保险开始试点,2002年新型农村合作医疗的试点,到2007年全国建立农村最低生活保障制度的整个过程中,农村社会保障都是在不断的试点中总结经验并推而广之,但农村社会保障事业总体上并没有走上正常发展的轨道。虽然农村社会保障的整体框架已经确立,但各个子系统之间的矛盾和空白比比皆是,农村社会保障的理论和实践还处于起始阶段,需要进一步的实践探索和理论思考。本节从学者的角度来探讨他们提出的新观点、新思路,希望对农村社会保障的发展有所启发。

一、学界对于农村社会保险的新思考

城镇的社会保险包括养老保险、医疗保险、失业保险、生育保险和工伤保险,这是经济、政治、社会和历史发展的必然结果,但农村社会保险主要以农村养老保险、新型农村合作医疗为主,这是农村的实际状况所决定的,并不能照搬城镇的"五险"。在此把探讨的重点放在养老保险和医疗保险上,对这两种险种的各种新观点进行比较和思考,来获得一定的启发。

(一)对农村养老保险的新思考

众多的学者结合自己的主观偏好,依据客观事实给出各自对农村养老保险的见解。在这些学者中,郑功成的观点最为鲜明,他并不太赞成农村社会保障的提法,认为农村社会保障意味着城市和农村各自实行一套专门的制度体系,城市和农村并不站在同一起跑线上,这对于农村来说并不公平,但面对城乡二元结构的现实,需要实行有差异的城乡社会保障,逐步过渡到统一的社会保障。对于农村社会保障,郑功成的主要思路是:低标准起步,个人缴费为主、集体补助为辅的原则,以个人账户为主的储蓄积累的保险方法,自愿参加与政策鼓励相结合的政策措施,社会养老保险与家庭养老保障相结合的制度。同时,他认为我国区域差异很明显,不能实行统一化的制度,要坚持因地制宜与自愿原则,避免农村养老保险制度的"一刀切",还要坚持个人账户积累模式,不能搞社会统筹,不能搞个人账户"空账";健全制度,保证农村养老保险基金的保值增值;完善农村养老保险个人账户的补贴制度;继续探索多种形式的农村社会养老保障制度。①

郑功成对农村养老保险的整体有着原则性把握,诸如资金的来源和补贴者、保险所采取的模式等,但对于如何具体的操作,并没有太多可供参考的建议。这也是由客观的政策环境所导致的,国家并没有有关农村社会养老保险方面的具体政策指导,各地只能根据自己的具体状况,有针对性地指导本地农村养老保险事业的发展。

王国军认为,"从农村养老与城市养老体系衔接的角度出发,设想制定城乡统一的社会养老保险制度,即实行基本保障、补充保障和附加保障'三维'社会保障制度。在基本保障中,农业劳动者

---

① 参见郑功成:《中国社会保障制度变迁与评估》,中国人民大学出版社 2002 年版,第 271—273 页。

通过税收这种最简单的方式向全国统一的社会养老保障机构缴纳社会养老保障税,社会养老保障税率应按各地农民的收入水平、物价指数、人口预期寿命而分别制定,再由社会保障管理机构按一定的比例把社会养老保障税收分成两部分:一部分记入农民的个人账户,另一部分进入社会统筹账户,农民的个人账户与居民身份证号码相一致,交由农民保管"。① 这是从城乡社会保障制度衔接和统筹的角度来设计农村社会养老保险制度,对于农村社会养老的现实情况来说,两者之间还相差甚远,但这种设想是未来农村养老保险合理方案中一个很好的备选方案,它是一种成熟的制度设计,切实保障了农民的社会保障权利。

专门研究农村社会保障的张曼认为,农村社会养老保险迟迟没有建立的关键点在于养老资金的供给短缺,主张政府应在农村养老保险中承担资金补贴,"建立新型的农民社会化养老保险制度的目标应是'低水平、广覆盖、适度保障',在农民的养老保障制度建设中要正确处理个人、家庭与政府的责任,农民养老保险制度的建设应由政府制定并主导实施,具体操作上可以采取以能保证养老基本生活需要为原则,计算出每人每年需要缴纳的保险费用,对其实行三家分摊的办法:个人一部分、村集体自筹一部分和国家补贴一部分"。② 这是张曼提出的我国农村社会养老保障的模式,同时他还提出一系列有关农村养老的制度创新,诸如"以多种方式建立农民参保补贴制度"、"建立适应性和可推广性强的弹性制度"、"改革计发办法,实现制度的可持续性"、"建立统筹城乡养老

---

① 王国军:《社会保障:从二元到三维》,对外经济贸易大学出版社 2005 年版,第 220 页。

② 张曼:《农村社会保障:关注农村民生问题》,中国社会出版社 2007 年版,第 172 页。

保险制度的衔接机制"、"公共财政要全过程支持农村社会养老保险制度建设"。① 张曼首先从整体上设计农村社会养老保障的一些制度框架,同时还涉及具体的操作程序,是结合宏观和微观方面对农村社会养老保险进行了系统的设计,对我国目前的农村社会养老保险制度有很大的启发。

还有其他一些学者也对农村社会养老保险提出了自己的见解,这里仅列举他们的看法。这三位学者针对我国农村养老保障的现状,提出了未来发展的道路,具有一定的借鉴性。但面对农村社会养老保险的现时情况,只有国家真正承担起自己的职责,农村社会保障事业才能健康持续地向前发展。

(二)对新型农村合作医疗的新思考

2003 年,新型农村合作医疗开始在全国试点和推广,其目的是为了强化政府的责任和义务,限制市场的消极影响,解决农民因病致贫、因病返贫等问题,切实保障和提高农民的医疗保健水平。但万物绝非完美,都存在或多或少的问题和矛盾,针对这些问题,不同的学者给出不同的见解和对策。

顾昕教授针对医疗市场中供方诱导需求导致医疗费用不断增长的问题,主张控制医疗服务费用是新型农村合作医疗可持续发展的重要环节,认为"新农合的建立是第三方购买机制形成的第一步。由于新农合覆盖面还不广,保障力度还不足。参合者自付比重还较高等问题,使得第三方购买机制尚未形成。但随着新农合在这些方面不断改进,如果参合者在接受医疗服务时只需支付比重不大(例如 20%—30%)的自付部分,那么农村医疗服务市场

① 张曼:《农村社会保障:关注农村民生问题》,中国社会出版社 2007 年版,第 172 页。

中结构性的缺陷就可以得到克服,各种有利于控制费用上涨的支付机制就能有用武之地。与此同时,在医疗机构中引入竞争机制,也就是尽可能地打破垄断,让合乎资质的民营医疗机构也成为新农合定点服务机构,并且重新定位政府在医疗市场中的监管者的角色和功能,对于实现新农合的可持续性发展,也是至关重要的。"①

中国人民大学教授李珍针对新农合中的自愿原则,给出了自己的看法:"'逆向选择'是医疗保险市场失灵的表现,需要政府的干预。政府在这一领域最有效的干预手段是建立具有强制性的社会保险制度,在社会范围内分散风险。新型农村合作医疗制度已经具备了社会保险制度'再分配性'和'政府主导'的特征,则破冰的关键在于——改'自愿原则'为'强制原则',明确政府的管理、财政投入责任。"②通过这种措施,将灵活性强的新农合制度变成农民切实拥有的一项制度权利,国家在这里承担农民的医疗保障责任,不仅负责制度的法制建设和相关配套设施的完善,更重要的是承担财政补贴责任。

南京大学教授林闽钢从制度的可得性和可及性两个角度对新型农村合作医疗制度进行评估,提出了一系列的对策和建议:"建立新型农村合作医疗制度,准确定位应该是为广大参合农民提供广覆盖的、经常性的、最基本的预防保健和基本医疗";"推动农村基层医疗合作组织建设,引导社会专业力量介入,帮助以村(或)乡为单位整体购买医疗卫生机构的服务包。在社会专业力量介入

　　① 顾昕:《费用控制与新型农村合作医疗的可持续性发展》,《学习与探索》2007 年第 1 期。

　　② 李珍、王平:《新型农村合作医疗的保障困境》,《南风窗》2008 年第 1 期。

下,合作医疗管理机构就可以充分代表参保者的利益与医疗卫生服务机构进行协商";"今后中央财政将投入农村预防保健和基本医疗服务的资金,不应选择直接补贴供方,应该选择的模式是直接补贴需方;同时扶持农村基层医疗合作组织的建立,来购买预防保健和基本医疗服务等内容的服务包,使农村医疗卫生体系由供方为导向体系向需方为导向体系转变,实现新农合合作机制的重构"。①

针对新农合不同的问题,这些学者从控制医疗费用角度、从改自愿原则为强制原则的角度、从制度角度,分析缺陷并提出各自的对策,这些不同的建议对于正在不断改进的新农合具有很好的指导作用。

二、学界对于农村社会救助的新思考

农村社会救助是农村社会保障中最底端的安全网,对农村中陷入生存危机而无法保证最低生活标准的居民,给予相应的救济和援助,这种低标准的给付水平并不能满足农村居民的一般需求,但可以避免发生大的风险波动。农村社会救助的内容主要包括最低生活保障制度、"五保户"制度、法律援助制度、各种扶贫措施等,它是农民享有的一项国民权利,是国家和社会义不容辞的责任和义务。以下是几位学者的一些看法和见解:

南开大学教授关信平从农村社会救助制度的整体层面上进行研究,提出我国农村社会救助制度的模式选择:"从长期发展趋势上看,我国农村的基本生活救助制度应该选择农村最低生活保障

---

① 林闽钢:《新型农村合作医疗制度缺失研究》,《东岳论丛》2008 年第 1 期。

加"五保户"制度。因此应该尽快创造条件将特困户救助制度上升为农村低保制度。建议从中央到地方的各级政府及其财政部门和社会救助主管部门应以更加积极的态度,鼓励各省和地方政府积极创造条件,推动普及农村最低生活保障制度的工作,而不是消极地等待条件的成熟。另一方面也建议在推行农村低保的地区也可以考虑借鉴特困户救助制度中的有价值的制度管理方法,以便使低保制度以更高的效率发挥其社会效益。"①不仅从制度模式上考虑应该选择什么,同时也要加强实践操作层面上的具体程序,兼顾整体与局部的协调发展,这样才能发挥社会救助的整体效能。

北京师范大学社会发展与公共政策研究所研究人员徐月宾、刘凤芹和张秀兰在一篇论文中提出,社会救助向社会保护的转变,是对农村反贫困政策的反思:"农村反贫困不能只靠单一的事后救助,而更要重视对贫困的预防,即要从社会救助向社会保护转变。具体来说,中国下一阶段的农村反贫困政策应针对当前贫困和低收入人群的特征和主要风险,逐步形成一个由普遍性医疗保障制度、普惠型福利、选择性社会救助以及开发式反贫困政策组成的'四驾马车'的框架共同发挥作用";"实施上述反贫困政策需要的几个条件是:(1)建立具有激励作用的筹资机制;(2)整合农村反贫困政策的运行平台;(3)加强基层民主治理。"②"四驾马车"不仅保障农民的物质生活,更是从长远角度来挖掘农民的潜力,提升农民各方面的能力,从一开始的"互助"过程发展为"自助"的过程,提升农民个人能力并提高他们的幸福指数。

---

① 关信平:《论我国农村社会救助制度的目标、原则及模式选择》,《华东师范大学学报》2006 年第 6 期。

② 徐月宾、刘凤芹、张秀兰:《中国农村反贫困政策的反思——从社会救助向社会保护转变》,《中国社会科学》2007 年第 3 期。

蒯小明对我国农村社会救助存在的问题进行分析,提出国家责任缺失是其主要原因:"尽管完善农村社会救助制度应当动员全社会的力量,但是从根本上来说:(1)所有农村居民都有与城市居民同等的、从国家和社会获得物质帮助的权利;(2)在社会给予农村居民物质帮助非常有限的情况下,社会帮助仅仅是一种补充,给予农村居民物质帮助(农村社会救助)是国家的基本义务与责任。而我国农村社会救助制度运行中存在的问题表明,一部分农村居民的社会救助权利没有(完全)得到保障,城市社会救助与农村社会救助之间的差异反映了所有公民平等的社会救助权利没有得到平等保障,说明国家对农村居民社会救助的基本义务与责任没有完全实现,是国家责任的缺失。"①不管是农村社会救助还是其他社会保险等,国家都是作为主体承担责任,如果国家推卸自己的责任或不完全承担应有的义务,那么这种为大众谋利益、追求幸福的制度是不可能真正完善起来,这是制度本质的问题。

中国社会科学院研究人员张时飞、唐钧对于农村最低生活保障制度的建设提出了对策:"建立农村低保制度,是落实科学发展观、构建社会主义和谐社会的制度保障,是引导再分配体制面向农村、面向农村困难群众的一项基础性工程。(1)从优化财政支出结构入手切实保障农村低保资金;(2)从建立健全调整机制入手合理制定农村低保标准;(3)用收入核实与群众评议相结合的方法确定农村低保对象;(4)农村家庭收入核实要强化因地、因人、因户制宜的原则;(5)国家应对农村低保工作机构、人员、经费等

---

① 蒯小明:《我国农村社会救助的供给不足与国家责任》,《经济与管理研究》2007 年第 7 期。

问题提出明确要求；(6)农村低保救助的重点是那些长年贫困的居民。"①从对象、资金来源、资金发放标准、原则、工作人员等方面着手改善农村最低生活保障制度，并将其作为基础性的制度来加以重视和发展，不断优化农村最低生活保障制度。

武汉大学教授邓大松从最低生活保障制度如何落实入手，针对运行过程中出现的问题提出相应的方案："首先，关于最低生活保障经费的来源，全部由政府财政负担，也就是地方各级财政按一定比例分级负担，所需经费列入财政预算"；"其次，要有农村最低生活保障制度的标准，需要考虑家庭需求的规模效应因素，以及最低生活保障制度的福利刚性"；"再次，关于农村最低生活保障金的发放问题，最低生活保障制度的实施不能只是停留在表面，而应该有具体的标准，让他们明白领取低保是他们的权利，增强他们对低保的维权意识"；"最后，要科学合理地制定全面实施农村最低生活保障线标准，我们应遵循的基本原则是：既要维持农民最基本生活的物质需要，又要做到与农村经济发展水平和地方财政以及村集体的承受能力相适应"；"总之，要真正解决最低生活保障的问题，还要把农村国民经济'蛋糕'做大，这是首要的也是最根本的"；"政府在把这种制度推广到全国的同时，也要把配套的再就业、再培训工作搞起来，只有这样才不违背低保制度实施的初衷"。② 这些措施的着眼点是放在农村最低生活保障制度运行的具体过程中，其前提假设是只要政府认真贯彻落实各种政策，在运行过程中科学合理地应对各种矛盾，没有解决不了的

① 张时飞、唐钧：《积极推进农村低保制度建设》，《红旗文稿》2006 年第 12 期。

② 邓大松、王增文：《我国农村低保制度存在的问题及其探讨——以现存农村"低保"制度存在的问题为视角》，《山东经济》2008 年第 1 期。

问题。

　　中国人民大学的戴卫东从构建农村最低生活保障制度的成本出发,计算出我国政府在最低生活保障制度上所要支出的经费,并得出这样的结论:"由上述绝对贫困线与相对贫困线下的农村贫困人口补贴总额在 GDP 与国家财政支出中的比重可知,国家是有能力来构建农村最低生活保障制度的";"几千万的农村贫困人口的补贴,需要财政支出在 GDP 和国家财政支出中的比重只占微小的部分,所以,农村贫困人口最低生活保障补贴资金,政府财政完全可以独立承担。虽然现在世界各国都在提倡'小政府、大社会',但是,政府在保障城乡居民生存权的最低生活保障制度的建立上应该负起完全的责任,农村居民应该享有与城市居民同等的权利";"毋庸置疑,国家目前应该考虑统一立法,建立农村最低生活保障制度,但可以依据城乡经济差距而设立不同层次的标准。只有农村庞大规模的贫困人口的基本生活得到了保障,才谈得上和谐新农村的建设。"[①]国家不仅有财力,更有责任建立农村社会救助,农民有义务享有应有的国民权利,这是任何国家都不可逃脱的责任。

　　这些学者的建议和对策虽然只是从各自的角度分析并论证其可行性,但国家和各级政府,往往并不一定认可。我们应该加以重视,因为学者所具有的视觉敏锐性,他们看到农村社会救助中存在的众多问题,同时本着公正、客观的原则,尽力去思考问题形成的原因并提出具有一定可行性的对策和方案,这是学者所具有的天性也是他们的优势。这些学者提出的建议,作为农村社会救助主

----

　　① 　戴卫东:《构建农村"低保"制度成本有多高》,《中国国情国力》2007 年第 3 期。

体的国家如果有选择性地采纳其中的方案,不仅对于农村社会救助的发展有益,更有利于整个农村、农业和农民的可持续健康发展。

三、学界对于农村社会福利的新思考

社会福利是我国社会保障的一个重要组成部分,国家和社会依据相关的法律法规,通过国民收入再分配的手段,能够不断提高国民的物质和精神生活水平。在土地广袤、人口众多的农村中,农村社会福利是社会福利的重中之重,其主要内容有农村社会服务、残疾人福利、老年人福利、妇女福利、儿童福利和各种社会补贴等。对于内容琐碎、项目繁多的农村社会福利,众多学者形成了一些想法:

武汉大学社会保障研究中心的周志凯对我国农村社会福利事业存在的诸多问题进行了研究,分析了原因:"首先,政府对农村社会福利事业的发展重视不足,城乡社会福利政策显失公平。长期以来我国存在着严重的二元经济结构,对城乡实行两套政策。反映在社会福利领域,城市实行的是企业福利、民政福利,在企业属于国有的情况下,企业福利实际上是政府福利,而农村实行的是集体福利性质的五保户福利";"其次,农村集体经济大多亏空,负担不起农村社会福利事业发展的资金需求。我国农村五保供养制度长期以来实行由集体经济统包统养的形式,随着农村家庭联产责任制的实行,村集体的经济能力日益弱化,部分甚至出现'空壳化'";"最后,五保户供养标准的提高与减轻农民负担矛盾较为突出";"目前亟待解决的是明确各级政府对农村社会福利事业的职责以及农村社会福利事业的资金来源,切实保障农村相应人群的社会福利待遇";"从长期来看,使我国农村社会福利事业均衡发展,使城

乡社会福利事业均衡发展是将来农村社会福利事业发展的方向"。① 周志凯对社会福利事业在现实中出现的问题进行剖析,发现根本原因,从而对症下药,提出更有效的对策,提高社会福利水平。

深圳大学的徐道稳从社会福利的演变历史来说明农村社会福利的政策选择,特别强调国家的福利责任:"在农村社会福利转型的过程中,政府的角色定位至关重要";"政府在福利领域中的退位趋势从福利责任意义上说,对中国农村并不适用,因为中国政府在农村的福利责任一直以来都是坚守最后的底线,都是以最后施舍者的角色出场,如果再往后退,政府在农村的合法性基础就有可能受到质疑。相反,政府要积极地、适度地介入农村社会福利。政府的角色要从'最小—最强国家'变为责任政府,从市民政府转向公民政府。政府在实施城市化战略中要排除某些利益集团的干扰,废除剥夺农民的政策和制度,对在农村已有一定基础的合作医疗、最低生活保障和社会养老保险进行改革和完善,并继续探索其他形式的福利制度。政府对农村的福利责任既是积极的也是适度的,家长式的福利政府在中国尤其在农村是不现实的。与适度的政府责任相适应,政府应当构建积极的家庭政策,使家庭在社会福利中发挥积极的作用;应当赋予农民更多的自由,以增强他们的自我保障能力"。② 徐道稳从国家责任本位的角度出发思考社会福利事业的发展,认为政府在农村社会福利中承担的责任和义务是不可推卸的,这是国家存在的合法性基础,也是国家为民服务的具体体现。作为国家的国民、创造财富的劳动者,不管是在农村还是

---

① 周志凯:《对我国农村社会福利事业的思考》,《生产力研究》2006 年第 6 期。

② 徐道稳:《农村社会福利的制度转型和政策选择》,《广东社会科学》2006 年第 4 期。

在城镇,都有权利从政府那里获得应有的福利。

上海社会科学院经济法律社会咨询中心和上海市委党校的凌耀初、于辉、季学明、林建永在一篇论文中阐释公共财政对农村社会福利事业的重要性,并提出相应的建议:(1)统一思想,充分认识公共服务体制在调控市场经济体制不足方面的重要作用,自觉地把扩大公共财政覆盖农村的重点放在镇和村;(2)健全市、区(县)和镇三级的公共财政体系,明确各级公共财政供给的事权,明确市级公共财政供给的方面和倾斜的区域;(3)建立体现农民诉求的公共财政投入表达机制,真正使农民成为新农村建设的主体;(4)建立健全行政村行政公务费自然增长和转移支付到位的机制,建立行政村公共债务的审核豁免机制;(5)加强预决算管理,以财政直接下拨和下拨流程信息公开为重点,建立健全对公共财政的监管制度。① 政府在农村社会福利方面的责任,本质表现就是公共财政投入到社会福利事业中,且这种投入比例随着社会经济的发展得到相应提高,让广大村民享受到社会经济进步的成果。

农村社会福利处于农村社会保障体系的上层,农民通过这种福利不仅获得了物质帮助,精神上的追求也得到了一定满足,但现实的农村社会福利状态和理论追求的目标相差甚远,需要不断地缩小两者之间的巨大差距,这些学者的建议不失为很好的改善措施。

第三节　学界对于农村社会保障的新共识

社会保障是人权中的一项基本权利,是关系人们物质满足和

---

① 参见凌耀初、于辉、季学明、林建永:《公共财政投入农村社会福利事业和农业战略研究——以上海市为例》,《社会科学》2007年第4期。

精神幸福的一项重要制度安排,对于推进社会成员、家庭、社区乃至整个社会的和谐发展功不可没。我国社会保障可以分为城市社会保障和农村社会保障,这是由于我国独特的城乡二元格局所导致的,其中隐含着国家对于农村的不公平待遇,而社会保障的本质就是通过国民收入的再分配,在不同的人群中互帮互助,从而实现一定程度的公平。目标与现状的矛盾,成为社保工作不懈努力的动力源泉,推动着农村社会保障的不断发展,并过渡到城乡统筹的社会保障体系。了解了我国农村社会保障的演进历史和发展趋势,学界和其他相关群体达成了一些新的共识。以下对一些比较突出的观点进行简单介绍。

一、风险社会语境下农村社会保障制度的发展

社会保障产生的重要前期就是风险社会的存在,众多风险使人类自身的安全不断受到威胁,对社会保障的需求不断增强,社会保障的发展和完善是人类社会发展的必然结果。"风险社会"最早是由德国的贝克提出的,他对于风险的界定是:"风险是个指明自然终结和传统终结的概念。换言之,在自然和传统失去效力并依赖于人的决定的地方,才谈得上风险。它表明人们创造了一种文明,以便使自己的决定带来的不可预见的后果具备可预见性,从而控制不可控制的事情,通过有意采取的预防性行动以及相应的制度化的措施战胜种种(发展带来的)副作用。"①对于风险的这种最初理解,现在越来越演变为一种外界环境的不确定性和复杂性对人类生活所造成的不利影响。农村社会保障就是在这种风险

---

① 〔德〕乌尔里希·贝克等:《自由与资本主义》,路国林译,浙江人民出版社 2005 年版,第 119 页。

社会中诞生和发展的,并且随着外界的变化而不断完善。

在现今社会,生产力的发展尤其是信息技术的突飞猛进,再加上市场经济体制的确立,使得人类生存的环境变得越来越不可捉摸。这种风险在社会中的主要表现为:(1)经济全球化所带来的风险。经济的全球化使得各国之间的关联性越来越强,一国所发生的风险必然会影响其他国家的国民,这种伴随着资本、物品和服务流动的风险,往往使整个社会暴露在各种困境下,体现在人们身上则是收入的降低和社会保护的减少。(2)收入差距不断拉大。市场竞争的社会奉行的优胜劣汰不可避免地导致收入差距不断拉大,再加上我国过渡时期法制的缺失和各种政策的不健全所引起的各种偷税、漏税、行贿、官商勾结等现象更使得资本和收入大量流入有钱有势的人群中,这种不合理的收入差距极易导致社会动荡不安。(3)社会阶层分化的严重化。"一方面是中国主要社会群体(农民与工人)的弱势化,另一方面是精英群体之间利益结盟的倾向"。① 这种严重的分化现象会导致社会成员间的"马太效应",即弱势群体更弱,强势群体更强,从而形成金字塔结构的社会形态,这将不利于整个社会的稳定,更不利于实现人民自由而全面的发展。(4)社会群体性事件的风险。由于一部分人的利益受到损害而没有找到合适的方式去化解,进而转化为采取极端的手段加以报复,这些群体性事件规模越大,造成的损失和对社会的危害性就越大。(5)工作性质的灵活化所带来的风险。随着社会分工越来越细,人们所从事的工作种类越来越复杂,非正规、灵活性的职业占据了很大的比重,而社会保障建立在正规职业的基础上,

① 吴忠明:《现阶段中国的社会风险与社会安全运行》,《科学社会主义》2004年第5期。

对于这些非正规的就业并没有或者很少覆盖。不断萎缩的正规就业工人承担了为各种社会需要筹措资金的沉重负担,这种变化所带来的风险迫切要求改革社会保障。

在地域广袤的农村中,农户所面临的风险指农户未来所面临的生产和生活方面的意外变化,这种变化会导致农户收入或支出的意外变化,从而使农户的生活陷入困境。① 家庭风险的来源主要有二:一是家庭内部,如个人和家庭成员因病、死、伤、残、老等原因而陷入生存困境;二是家庭外部,包括各种自然灾害、战乱及其他意外灾害等。② 在风险社会中,我国农村居民一直依靠家庭和各种社会关系网络来规避各种风险,但在各种强大的社会风险面前,个人的力量是微不足道的。在这种背景下,农村社会保障得以诞生并不断完善,来预防各种可能的风险以及降低风险所带来的损失。

作为一种规避风险的保障机制,农村社会保障具有强大的生命力,是适应时代发展的客观产物,是不断满足农民日益增长的需求的机制。但这并不是说农村社会保障是一成不变的,也不是万能的,而是需要随着社会、经济和文化的发展而适当调整,也需要和其他保障体系共同发挥作用以达到最大保障功效。首先,农村社会保障要与时俱进。在家庭、经济体制和社会发生巨大变迁的今天,风险种类越来越多,其中新风险具有更大的不确定性和后果的严重性,农村社会保障要不断调整自身的结构与体系,适应时代的发展,从而满足农民更多的合理要求。其次,农村社会保障与其

---

① 参见马小勇:《中国农户的风险规避行为分析》,《中国软科学》2006 年第 2 期。

② 参见郑功成:《社会保障学——理念、制度、实践与思辨》,商务印书馆 2000 年版,第 183 页。

他保障体系共同保障农民的生活。在变迁的社会中,传统的自我保障、家庭保障和社会网络保障已不可能解决农民所面临的各种风险,同时如果只有单一的农村社会保障也不可能完全解决农民的保障问题,必须充分发挥各种保障机制的功能,构建以农村社会保障为基础,辅之以个人保障、家庭保障、商业保障等保障体系,多层次多方面地保障农民的日常生活,提高农民的保障水平和幸福指数。

二、扩大农村社会保障覆盖范围——农民社会保障权利的真正实现

联合国和国际劳工组织通过的国际协议中,明确规定人人有权享有社会保障,最明确的提法是 1948 年《世界人权宣言》中的第二十二条和第二十五条:"作为社会的一员,人人有权享有社会保障……"、"这一权利系指享有医疗保健和必要的社会服务,在遭到疾病、残疾、鳏寡、老年、失业情况下享有保障,以及母亲和儿童有权享受特别照顾和协助"。这些社会保障权利的郑重承诺,首先从法律上给予了肯定和倡导,并提议各国参照自己的国情具体执行。我国并没有出台专门的社会保障法,但在《宪法》的第四十五条就明确规定:中华人民共和国公民在年老、疾病或者丧失劳动能力的情况下,有从国家或社会获得物质帮助的权利。国务院相关部门和地方政府相继出台了一系列有关社会保障的法规、条例等,从法律层面来切实保障广大社会成员的社会保障权利。如果法律不对其进行保护,社会保障权利就会落空;如果法律层面的保障没有实际操作层面的具体实施,社会保障权利也会落空。在农村社会保障中,不仅要有法律法规方面的规定,在实际的操作层面也要有具体的措施切实保障这种权利的落实。

扩大农村社会保障覆盖范围是其中比较重要的方案和措施。首先,社会保障所具有的广泛性。对于社会成员来说,不分有无职业,不分行业、部门和单位的性质,也不分城镇和农村,只要发生了危及生命安全的困难,就有权利从国家那里获得物质帮助即社会保障,这些特征要求社会保障全民覆盖,但现有的社会保障分为农村和城镇,且每一个系统都没有达到全民覆盖,因此农村社会保障真正保障农民免受各种风险冲击的第一个条件就是扩大农村社会保障的覆盖范围。其次,社会保障所具有的公平性。社会保障要求一视同仁地对待每个社会成员,不分阶级、阶层,不分贫富,只要满足社会保障享受的条件即可得到保障,但现实的农村社会保障并没有全部覆盖广大的农村,许多符合条件的农民并没有包括在保障制度内,处于制度范围外而无法真正享有社会保障权利,这种现状迫切需要扩大社会保障的覆盖范围。再次,社会保障本身的互济性质。社会保障是通过国民收入再分配的手段,在全民范围内实现互助共济,这种性质要求覆盖范围越广,社会保障的效果就越好,从而保证更多的资金来源,进而解决和防范更大的风险。

我国目前农村社会保障制度与计划经济时期的集体保障相比,从统一到分散、从综合到单一,制度的覆盖面不断缩小。2004年,全国农村居民最低生活保障人数为488万人,城镇居民最低生活保障人数为2205万人。城镇居民享受最低生活保障人数的比例是农村享受最低生活保障人数的11倍。2004年,农村最低生活保障支出为16.2亿元,城镇最低生活保障支出为172.7亿元,农村占城镇的比重为9.4%。2004年,农村人均享受的最低生活保障为332元,城镇为783元,城镇人口高出农村居民1.4倍。此外,全国1.2亿农民工中的80%没有任何保障;4000多万被征地农民中,仅有20%被纳入基本生活或养老保障。① 这些数据表明了农村社会保障覆盖面的狭窄和严重不公现象,而享受社会保障是每个公民的基本权利,这种权利不能仅仅停留在法律层面而并不付诸实际行动,这也是对法律的亵渎,对农村的轻视。这些现实问题时刻要求扩大农村社会保障的覆盖范围,逐步保障农民的社会保障权利。

实现城乡统筹一体化的社会保障,更加公平、平等地对待整个社会的公民,在目前城乡差距和地区差距巨大的情况下,是不可能一蹴而就的,只能作为我国社会保障的远景目标。当前的农村社会保障要与整个农村社会、经济、政治等各方面相适应,在基本框架保持大致相同的前提下,因地制宜地逐步扩大覆盖面和完善其他配套措施,从而使得农民真正享有社会保障权利。首先,要制定相关的农村社会保障法律。我国还处于法律极不健全的时期,尤其是农村社会保障还处于改革和试点阶段,需要通过进一步的"试错"和"检验"加以完善,更需要法律的规范,从公平、公正、平等的角度将保障农民的社会保障权利纳入法律法规中,各地根据这些总的法律框架和指导思想,制定相关的执行措施,将扩大农村社会保障覆盖范围作为重点内容加以执行。其次,在实际操作中完善相关配套管理措施。扩大覆盖面是靠具体执行来实现的,不能仅停留在法律的抽象层面上,"形而上"和"形而下"要有机结合起来,具体到农村社会保障中,"形而下"表现为有效的行政管理,同时要辅之以高标准的财政诚实度,才能确保更多的农民享有社会保障权利,进而换来农民的长期信任,农村社会保障才能健康可

---

① 参见张白鸽:《完善农村社会保障机制的对策建议》,《经济体制改革》2007年第6期。

持续地发展。

三、国家是农村社会保障资金的重要补贴者

农村社会保障制度是以国家为主体,依据法律法规,通过国民收入的再分配,对各种原因导致生活困难的农民给予物质帮助的制度。这就要求由国家作为主体来承担农村社会保障制度的运行和发展事务。国家在农村社会保障中的主要责任体现在:第一,社会保障的行政管理如相关法律法规的制定、社会保障机构的设立等;第二,社会保障资金的补贴,国家是社会保障的责任主体,是资金来源的重要一方,负责社会保障的正常给付;第三,完善社会保障的监管机制,主要防止基金的挪用和外流等腐败现象。在这些众多的责任中,对农村社会保障资金补贴的角色是国家承担的重要责任之一,是不可推卸的重任,并且不管社会经济状况如何变迁,国家作为农村社会保障资金补贴者的角色是不能动摇的,且这种角色的重要性会越来越大,更加符合"以人为本"的理念。

国家财政介入农村社会保障主要体现在筹资模式、政府与地方财权划分等方面。在筹资模式上,从20世纪90年代开始,实行的是以农民自愿参保为主,以集体资助为辅,政府政策扶持或少量资助。农村社会保障的这种筹资模式并没有凸显政府保障的财政责任,相反显示的是一种农民之间互助的民间活动,政府给予一定的政策支持;同时中央与地方政府在农村社会保障上的财权划分不清,各种推诿现象都直接导致农村社会保障的资金不足。随着试点不断扩大、改革力度不断深化,中央和各级政府在农村的财政投入虽逐年提高,但相对于整个社会、经济的发展状况和国家财政收入增长的比例来说,这种财政投入是微不足道的,并不能满足农民日益增长的物质和精神需求。除了政府财政投入力度本身严重

不足外,地区之间农民收入的差距现状也迫切要求政府通过农村社会保障予以再分配,实现一定程度的公平。1978 年,中部和西部的农民收入水平基本相近,与东部农民的收入差距为 22%。1985 年,各区域农民的收入差距逐步加大,并形成了东、中、西的收入梯度,东、中、西部的收入比为 1:0.7:40.63。到 1991 年,这种差距进一步扩大,东部与西部农民的收入差距为 33%,中部与西部农民的收入差距为 10%。1995 年,东部与中部农民的收入差距进一步增大到 39%,中部与西部农民的收入差距增大到 19%,东部与西部的收入差距扩大到 123%,即相差 1 倍多。①

　　从实践层面看,严重的现实问题要求加大对农村社会保障的财政投入;从理论层面上看,农村社会保障自身的属性也要求较大比重的财政投入。根据物品的竞争性和排他性特征,经济学中将物品分为个人物品、自然垄断物品、公有资源和集体物品,物品的特性决定了是由市场还是由政府来提供。对于公有资源和集体物品,由于没有排他性,每个人都可以享有而并不排斥或降低他人的享有,因此在市场经济体制中,这些物品依靠市场去提供是不可能的,因为竞争和价格机制不能充分发挥作用,最终只能由公共部门专门提供这种物品,而政府正是公共部门的主体。"如果某人发现所考察的物品或服务具有排他性的特点,那么把它分配给私人部门生产(提供)就是可能的。当消费的非排他性和共同性都要获得时,地区或国家级的政府就是物品的最佳提供者。"②农村社

---

　　①　参见贺清龙:《中国农村社会保障制度的现状与再思考》,《社会主义研究》2008 年第 1 期;张德金:《加快我国农村社会保障体制的改革》,http:/csss.whu.edu.cn/lhdown/show.asp? id = 139。

　　②　[美]迈克尔·麦金尼斯:《多中心治道与发展》,毛寿龙译,上海三联书店 2000 年版,第 326 页。

会保障属于公共物品和服务,市场机制是无法提供这种保障服务的,国家必然成为农村社会保障的最佳提供者。政府在农村社会保障中不仅承担行政管理事务和监督管理事务,最重要的是成为农村社会保障财政的补贴者,保证其健康可持续地发展。

政府在农村社会保障中的财政责任采取明确的或隐含的形式。明确的财政责任主要指政府在农村社会保障中是重要的筹资者和农村社会保障发生任何赤字时政府承担着兜底的重任。在国外情况也类似于此,譬如在北欧福利国家中,国民享受的社会福利水平之高以至于社会保障收不抵支,在这种情况下,国家承担着社会保障的一切赤字后果,这可以从国家每年在社会保障方面的财政投入占整个政府财政支出的比重来说明。隐含的财政责任主要指政府被迫承担对那些不履行义务的企业和农民的资助,如果政府不为这些行为买单,严重的会导致整个农村社会保障制度的停滞不前。具体来说,政府承担农村社会保障的财政责任要注意以下几个方面:首先,应该理顺中央与地方的财权和事权。要按照各级政府的财权和事权相对称的原则,理顺各自在农村社会保障方面的责任,避免发生财权向上集中、事权向下集中的极端现象。其次,处理好政府财政投入在农村社会保障和其他方面的分配比重,如何统筹城乡社会保障、社会保障与其他基础建设、经济建设之间的财政投入比重成为重点问题。在和谐社会的大背景下,应将重点更加倾斜在以公平为目标的社会保障制度方面,切实保障整个国民的物质利益,体现"以人为本"的理念;同时在社会保障体系建设上也需要有所偏重,农村社会保障相对于城镇社会保障,需要投入更多的财政资金,加强制度的建设和弥补多年来农民为整个国家的建设所作出的巨大贡献,平衡多年来城乡社会保障之间的财政投入比例失衡现状,缩小城乡之间财富的巨大差距,更有利于整个社会的和谐,并追求每个人自由而全面的发展。

四、构建多层次、多元化的农村社会保障体系

农村社会保障制度长期处于我国社会保障制度的边缘,一直没有得到真正重视,直至党中央以构建社会主义和谐社会为目标,并以建设社会主义新农村为重点,农村社会保障制度才逐步得到发展。与我国较为健全的城镇社会保障体系相比,农村社会保障还具有较大的差距。新中国成立以来,尤其是《中华人民共和国劳动保险条例》的颁布,城镇社会保障就已经形成了一定的体系和框架。改革开放以后,随着市场经济体制的确立和国有企业的改制,城镇社会保障作为重要的社会保护和支持网络、作为经济体制转型的重要配套机制,引起越来越广泛的关注,并作为国家改革的一个重点领域,已经基本形成了以养老保险、医疗保险、失业保险和城市居民最低生活保障制度为主要内容的城镇社会保障制度体系。而农村社会保障是从 20 世纪 90 年代才开始逐步得到重视,通过一系列的试点和推广,初步形成了以农村养老保险、新型农村合作医疗、农村最低生活保障制度等为主要内容的农村社会保障体系,这些子系统内部以及子系统之间还没有形成规范,还需要不断地发展和完善。

由于我国二元体制结构和经济发展水平的制约,农村实行以土地保障和家庭保障为基础的传统的农村社会保障制度。随着城市化的不断推进,一方面大量农民失去土地成为失地农民,土地的保障功能不断弱化;另一方面,以家庭之间互帮互助为基础的家庭保障不断面临挑战,家庭组织的分化和成员的减少使其在面对养老和医疗问题时显得力不从心。虽然我国一些地区试点实行了农村社会保障制度,如农村社会救助、养老保险和新型农村合作医

疗,取得了一定的成绩,但是目前农村社会保障面临着一系列的问题:(1)农村社会保障的统筹层次低、覆盖面窄。据统计,我国目前农村社会保障覆盖率仅为3%。在养老方面,由于农民收入的低水平,使得养老保险覆盖率低,仍有1/3的"五保户"得不到供养;在医疗方面,我国仍没有农民自身的医疗保障。[1] 农村社会保障仍以县市区为单位进行统筹管理,层次低,覆盖面窄。(2)资金筹集困难,保障水平不高。资金是农村社会保障制度能否存在发展的重要基础,我国农村社会保障普遍面临着资金筹集的困难:一是国家财政能力有限,无法大幅度提高农村社会保障的投入力度;二是各地区发展极不平衡,地方财政对农村社会保障的投入因地区经济发展的水平而差距很大;三是现行费率偏高,农民对农村社会保障的参与度不高。这些造成了农村社会保障资金筹集的困难。同时,由于资金缺乏,使得现有的农村社会保障保障水平不高,如新型农村合作医疗制度的保障水平就偏低,只能满足农民的基本医疗需求。(3)缺乏统一的制度,没有形成有效的保障体系。目前,我国尚没有一部统一的社会保障法,已出台的相关法律对农村社会保障也没有一个明确的界定,只有零散的规定。各地结合自身特点和发展水平试点实行相关制度,具有较强的个性化特征,这就造成了不同地区之间社会保障衔接困难,流动性差,管理混乱,没有形成有效的管理体系。

　　建设农村社会保障体系是完善我国社会保障体系的重要一环,也是统筹城乡发展,缩小城乡差距的重要途径,更是以人为本,尊重和保障农民的合法权利,深入贯彻科学发展观、构建和谐社会

---

　　① 参见张萍、熊珍琴:《新农村视野下农村社会保障体系的构建》,《农业考古》2006年第6期。

的要求。党的十七大报告指出:要加快建立覆盖城乡居民的社会保障体系,保障人民基本生活,探索建立农村养老保险制度,推进新型农村合作医疗制度建设,完善城乡居民最低生活保障制度。这标志着国家将农村社会保障体系的构建正式提上工作日程。其意义和影响十分重大:(1)建立农村社会保障体系是解决农村老龄化的重要途径。随着计划生育制度的推行以及社会经济环境的变化,农村社会已经日益呈现出少子化、老龄化的迹象,家庭的老年人口赡养系数逐渐提高,许多农村家庭甚至难以承受日益加重的养老负担。① 构建农村社会保障体系,可以使家庭养老顺利转变为社会养老,解决农村老龄化难题,有利于农村社会的和谐稳定。(2)建立农村社会保障体系是构建社会主义和谐社会的必要前提。社会主义和谐社会是以人为本,全面协调可持续发展的社会。它要求社会逐渐消除城乡割据,统筹发展,维护社会公民的权利。我国有8亿多农民,他们的权利和利益是否得到保障,是决定社会主义和谐社会是否建立的关键。(3)建立农村社会保障体系有利于开拓农村市场。我国蕴涵着世界上最大的、最具潜力的消费市场,而其中农民的消费能力有待开发。现阶段,由于农民缺乏必要的保障,大量的农民有后顾之忧,依旧沿袭传统的先积累储蓄再进行消费的模式,严重限制了农村市场的开拓。建立农村社会保障制度,可以有效消除农民的后顾之忧,激发他们的消费欲望,为扩大内需,推动经济持续快速发展注入强大动力。

建立农村社会保障体系是一项复杂和艰巨的任务,目前仍有一定的困难,但是这并不意味着不具有可行性。首先,经过30年

① 参见王四炯、贾成龙:《论新型农村社会保障体系的构建》,《农业经济》2008年第2期。

的经济发展,我国已经积累了一定的物质基础。自 2000 年以来,中央政府财政收入平均每年以大于 10% 的速度增长,2008 年财政总收入突破 6 万亿元,这表明国家已经完全有能力将相当一部分财政预算用于补贴农村尤其是西部农村的新型社会保障体系的构建。其次,城镇相对完善的社会保险模式为在农村建立社保体系提供了借鉴。再次,广大农民的风险意识和保险意识有了很大的提高。因此,建立适合我国国情的农村社会保障体系不仅是必要的而且是可行的。当然,建设农村社会保障必须遵循以下原则:

1. 建立我国的农村社会保障体系,必须按照循序渐进的原则逐步建立。我国农村情况十分复杂,建立适合我国国情的农村社会保障体系不能搞一刀切,必须按照循序渐进、先试点、后推广的原则逐步推进。应按照先完善社会救助体系,再完善医疗保险体系,最后完善养老保险体系的思路,分阶段多层次多元化地推动农村社保制度的建立和完善。

2. 建立我国的农村社会保障体系,重点应突破资金的瓶颈。农村社会保障基金的筹集与管理是决定这项制度最终能否成功的关键。国家应该适时适当地提高对农村社会保障的投入力度,一方面,按照国家财政、地方财政和参保农民本人三方共同负担的原则筹集资金,并且明确规定三方的出资比例;另一方面,国家应该建立专门的机构对农村社保基金进行管理,采取适当可行的方法使其保值增值,确保资金的安全运行。

3. 建立我国的农村社会保障体系,必须完善社会保障立法。造成目前我国农村社会保障制度混乱和停滞不前的重要原因就是法制不全,无法可依,各自为政。法律,特别是专门的社会保障立法是推进农村社会保障制度的重要外部条件。因此,我国应该在尊重各地差异的基础上,制定一部包含农村社会保障内容的统一的社会保障法,明确各方的权利和义务,规范相关工作的程序和方法,从整体上推进农村社会保障事业的发展。

第七章 农村社会保障的 新理念和新实践

　　中国社会保障的一个重要特点是,在党中央和国务院的统一领导下,允许各地因地制宜地进行社会保障建设的探索,结果是在统一的社会保障项目名称之下,演化出多种多样的保障模式,在总结这些模式的优缺点的基础上,国家选择行之有效的模式在全国进行推广。本章首先探讨建设和谐社会背景下农村社会保障的新理念即统筹城乡社会保障的理念,进而探讨农村社会保障的新实践,重点选择当前农村社会保障中亟须完善的项目,介绍国内各地具有较多优点、对其他地方乃至全国具有借鉴价值的做法,包括农村社会救助、农村养老保险、新型农村合作医疗等项目。

第一节 统筹城乡社会保障的新理念

一、统筹城乡的社会保障

（一）统筹城乡社会保障制度的内涵

　　统筹城乡社会保障制度,就是把农村和城市作为一个有机统一的整体加以规划并逐步建立覆盖全社会的社会保障制度,使得城市居民和农村居民能够享受到平等的社会保障。其内容可以简单地概括为两个方面:一方面,就是多方面筹集社会保障资金,加大对农村社会保障的投入,提高农村给付水平,特别是农村最低生活保障水平,让真正有困难的农民能够解决最基本的生活问题;另一方面,就是逐步扩大农村社会保障享受对象的范围,随着经济体制改革和社会政策的变化,不断扩大农村社会保障对象的范围,真正做到农村社会保障成为农民抵抗社会风险的最后一张安全网,消除农民的后顾之忧。尤其是这些年新出现的社会群体,如农民工、失地农民,应该将这些人中确实有生活困难的人口纳入农村社会保障体系,缓解他们的生活困难。

成都市双流区作为"国家探索城乡经济社会统筹发展新路试点区县",开创了"三个集中"的统筹经济发展模式:"工业向园区集中,农民向城镇集中,土地向业主集中"。他们认为,统筹城乡经济社会发展必须把加快推进城市化作为主线,把解决城乡二元结构矛盾作为关键,综合运用各种政策措施,做到产业集聚、人口集中、资源集合和开发集约。[①] 通过成都市的具体做法,可以发现统筹城乡社会保障有着重要的现实意义,既推动农村的城镇化进程,又促进城市第三产业的发展。

(二)统筹城乡社会保障的必要性

我国是一个农业人口占大多数的发展中国家,由于历史因素和经济体制影响,城乡二元结构普遍存在于社会的各个领域,社会保障领域无疑也存在着城乡二元格局的现象,这种城乡二元格局严重阻碍了我国社会保障一体化的进程。尤其是相对于城市社会保障,我国现有的农村社会保障体系不但体制不健全,保障水平低下,而且已经滞后于经济社会的发展。所以,统筹城乡社会保障体系是实现我国社会保障一体化发展的必然选择。

---

① 参见孟醒:《统筹城乡社会保障——理论·机制·实践》,经济科学出版社 2005 年版,第 15 页。

1. 实现城乡统筹的社会保障是发展市场经济的需要。一方面,市场经济是竞争性经济,它增加了人们工作和生活的风险,影响人们的生产生活。而竞争的结果是优胜劣汰,这就需要国家向那些社会弱势群体以及在竞争中失败的劳动者提供帮助。另一方面,就市场经济本身特征来说,它具有开放性,要求资源可以在全社会自由流动,从而实现资源的优化配置。而我国自新中国成立后形成的中国特色的城乡二元格局却成了市场经济的严重桎梏,限制了劳动力、土地、资本、科学技术在城乡间的自由流动。加上严格的户籍制度、社会保障水平的不统一也限制了全国统一的劳动力市场的形成,造成农村劳动力进入城市打工非常困难,这对城市和农村经济的发展都有弊无益:一方面,抑制了城市第三产业的发展;另一方面,也减少了农民收入,不利于农民生活的改善。所以,统筹城乡社会保障体系,是发展社会主义市场经济的必要手段。

2. 统筹城乡社会保障体系是城乡居民的基本权利。2001 年2 月,九届全国人大常委会第 20 次会议批准的《经济、社会和文化权利国际公约》中明确规定:人人有权享受社会保障。所以,农民理应也有享受和城市居民一样的社会保障的权利。2004 年 4 月,国务院发布的《中国劳动和社会保障状况》也规定:劳动和社会保障权利是公民的基本权利,关系到广大公民的切身利益。同样,应将农民纳入社会保障体系范围之内,因为农民是我国法定公民,理所当然有和城市居民一样享受社会保障的权利,农民享受社会保障的权利应该受到法律的保护。

3. 统筹城乡社会保障是解决"三农问题"的重要手段。"三农问题"已经成为党和国家工作的"重中之重"。但是,解决农村问题的思路绝对不应局限于农村改革的小圈子,而应从农村与城市共同发展的宏观角度思考问题。农业从业人员占到全国的50.0%,农业增加值仅占国内生产总值的14.5%。农村一系列问题的难点之一在于农村人口太多,大量的农村剩余劳动力的工业化无法转移到其他产业,亦即人们通常所说的农村剩余劳动力的工业化进程受阻。[①] 统筹城乡社会保障体系,提高对农民中弱势群体的补助,可以在一定程度上解决困难农民的基本生活问题,增加困难农民收入,刺激消费,扩大内需。

总而言之,城乡社会保障制度的统筹与否,关系到我国农村和城市居民的生活稳定,关系到我国全面建设小康社会的进程,也关系到我国工业化和城市化步伐的快慢,以及能否建立社会主义市场经济体系。

(三)统筹城乡社会保障制度的基本原则

统筹城乡社会保障需要一个长期的渐进过程,不可能一蹴而就。应该结合中国目前的基本国情和社会保障实施的情况,以动态长远的眼光来构建和统筹城乡社会保障体系,不断扩大农村社会保障覆盖面,将应该保障的人都纳入保障体系以实现主体的公平性,消除城乡社会成员之间的区别。具体说来,统筹城乡社会保障必须坚持以下几条原则:

1. 充分发挥政府统筹城乡一体化的主体作用,尤其是公共财政的作用。自新中国成立以来,我国实行的户籍制度和重视工业轻视农业的政策,抑制了劳动力在城乡之间的流动,在城市和农村之间筑起一道壁垒,逐步造成城乡二元局面。虽然经济发展取得了巨大的成绩,但是城乡二元格局并没有得到解决,反而不断地被

---

① 参见孟醒:《统筹城乡社会保障——理论·机制·实践》,经济科学出版社2005年版,第21页。

强化,日渐完善的市场经济因为其固有的缺陷,没法解决城乡差距的社会问题。因此,统筹城乡社会保障,必须由政府构建城乡良好的互动机制,用这只"看得见的手"来促进城乡社会保障的统筹发展。

公共财政是政府为解决公共问题,提供公共产品,满足社会需要,服务社会公益而建立的财政运行机制。目前,我国农村社会保障公共产品是"依靠农民自身提供"。所以,应该加大中央和各级政府所承担的农村社会保障责任,加大公共财政在农村社会支出方面的比例,在农村义务教育、基本医疗、贫困救助、养老、基本设施等方面加大财政支出,变"依靠农民自身提供"的模式为"以政府为主导提供"的模式,建立合理的财政供给机制,解决农村社会保障公共产品供给严重不足与需求快速增长的矛盾。还有一个十分重要的方面,就是必须合理地划分中央政府和省级政府、政府部门与其他机构之间的社会保障事权,理顺社会保障的关系,为统筹城乡发展做好准备。

2. 推动国家、企业、个人共同参与。通过当前福利国家危机和我国社会保障的发展历程可以看出,不管是欧洲福利国家的国家承担责任,还是我国计划经济体制下的城市社会保障制度,几乎由国家和企业承担所有的责任,而劳动者个人无须负责,权利与义务相互脱节是不可能推动社会保障事业健康发展的。

根据制度设计的要求,必须实行国家、企业(集体)和个人分摊的原则。如果全部由国家承担,则很容易导致个人和企业的道德风险(moral hazard),甚至会出现许多"搭便车"的现象,同时还为国家公共财政支出增加沉重的负担。正如西方福利国家危机所出现的社会保障计划支出日益增加,导致政府财政预算严重失衡,迫使政府不得不对社会保障政策进行改革,如将"工作福利"引入其中,将社会福利的无偿给付转化为有偿领取,并且还规定受救济者必须承担与此相对应的特定义务。如果全部由企业(集体)和个人承担,国家不承担一定的责任,那么这也算不上真正社会意义上的保障体系,并且会破坏个人的工作积极性,增加企业用工成本,从而增加企业的生产成本,降低企业的竞争力,也不利于国内产品的出口,带来一连串的负面效应。

所以,统筹城乡一体化的社会保障,必须实行"国家、企业(集体)、个人分摊"的原则,坚持权利和义务对等,尤其在社会保障经费的筹集上,可以根据实际经济发展水平,合理划定比例,兼顾收入分配公平与效率的原则,既保障每一位城乡居民切实可以享受社会保障的权利,也赋予他们相应的义务。这样既可以扩大农村社会保障覆盖面,也有利于减轻国家、企业(集体)的负担,促进社会保障事业的发展。

3. 统筹城乡社会保障需要完备的法制和政策环境。许多国家的经验表明,农村社会保障制度创建之初,都是在政府的领导下,先制定相关的法律,再根据法律的规定组织实施,这样有法可依,保障相关者的权利。政府是制度的当然供给者,同样,在建立城乡社会保障制度的过程中,立法是制度得以顺利实施的最基本保障。①

我们国家目前的社会保障立法跟其他国家相比十分落后,远远跟不上社会保障实践的步伐。农村社会保障制度的立法就更为落后,基本都是沿用"头痛医头、脚痛医脚"的模式,主要表现有:第一,农村社会保障立法没有专门的法律体系框架,社会救助、社

① 参见刘苓玲:《中国社会保障制度——城乡衔接理论与政策研究》,经济科学出版社 2008 年版,第 100 页。

会福利、社会保险等交叉在一起,内容杂乱,没有统一的规划;第二,缺乏公平性,农村社会保障覆盖面、给付标准、保障项目等方面都远远滞后于城市居民,造成城乡社会保障水平相差悬殊,二元格局使差异更加强烈;第三,目前已有的立法中绝大多数都将城市和农村人为划分开来,从立法的一开始就缺乏城乡统筹的思考,导致今天城市农村所依循的法律各异,也导致人口占绝大多数的广大农村地区相关社会保障立法方面极为残缺,难以做到真正的有法可依。很显然,统筹城乡社会保障,一个很好的切入点就是从农村社会保障的法制工作着手,从统筹城乡发展出发加强农村社会保障的法制建设,为城乡居民提供公平、和谐的法制环境,真正从法律上保障每一个居民的合法权利,实现"人人有保障"。

统筹城乡社会保障,有利于中国特色的社会保障制度的建立和完善,有利于推动市场经济的发展、城镇化和工业化,也有利于实现党中央关注民生、构建和谐社会的执政方略。但是这需要一个长期的磨合、改革阶段,不能急于求成,必须依照中国城乡现实,遵循社会保障制度自身发展的客观规律,实现统筹城乡社会保障的发展目标。

第二节　农村社会救助

党的十一届三中全会以来,以家庭联产承包责任制为起点的农村改革和20世纪80年代中后期开始的城市经济体制改革,有力地促进了我国广大农村地区经济和社会的发展。随着我国计划经济体制向市场经济体制的转轨,农村社会经济进一步朝市场方向发展,这为我国农村社会保障带来新挑战的同时,也为我国农村社会保障事业的发展带来更多的机遇和动力。为适应市场经济发展和社会改革的需要,各级政府从我国农村地区实际情况出发,不断探索和改革,进行了一系列的试点,一定程度上解决了农村社会保障存在的矛盾和问题,并且对促使我国农村社会保障制度从传统型向现代型的转变作出了重要贡献。

一、农村五保制度

五保对象是农村中最缺乏生存能力、最需要帮助照顾的困难群体和弱势群体,为他们提供五保供养是有中国特色的农村社会保障体系的重要组成部分。农村五保供养制度的建立与发展,对于保障五保对象的生活,促进农村经济的发展与社会的稳定,发挥了重要的积极作用。五十年来,在我国工业化、市场化和现代化进程中,农村五保供养制度与时俱进,在实践中改革,在改革中发展,大致历经了三次制度模式的选择。这三次模式的转变,不仅是五保供养工作进一步制度化、规范化和法制化与五保对象供养水平逐步提升的过程,而且是五保供养从村民互助自养式的供养体制转变为由政府公共财政负担的财政供养体制的过程,也是探索建立农村现代社会保障制度的过程。这三次制度模式的选择是:①

第一,依靠集体公益金运行,由生产队或生产大队组织实施的集体供养模式(1956—1978 年)。在计划经济时期,尽管我国五保制度在发展过程中经历了许多挫折和起伏,制度的保障水平不高甚至还有缺陷,但是,它作为新中国一项农村社会保障制度,从建立实施之日起,就使我国农村这部分最困难、最弱势的群体彻底摆脱了旧中国流离失所、无依无靠的悲惨境况,基本生活有了安排。

---

① 参见许敏、宋士云:《农村五保供养制度的三次模式选择》,《农业经济》2007 年第 12 期。

这不仅对于巩固革命胜利成果、促进国民经济恢复和发展发挥了重要作用,而且对于发扬光大我国尊老爱幼、扶贫助困的传统美德,体现社会主义制度的优越性,促进社会稳定,都产生了明显的社会效益。在党和政府的关怀下,依靠农村集体经济的力量,250多万五保户得到了较好的供养,这在中国历史上是从未有过的。

第二,以村提留和乡统筹为其经费和实物来源的集体供养模式(1979—2001年)。随着家庭联产承包责任制的实行,农村集体经济不断地被削弱直至瓦解,这就给农村五保工作提出新的挑战和问题,使得农村"五保"制度在供养形式、资金来源等诸多方面发生了很多新变化。1982—1984年,民政部在全国范围内组织开展了第一次五保普查工作会议,了解农村"五保户"的生活状况,总结多年来"五保"工作的经验和教训。在1982年民政部出台的《关于开展农村五保户普查工作的通知》中,对"五保"对象进一步明确为"农村基本上没有劳动能力、无依无靠、无生活来源的老人、残疾人和孤儿"。为了进一步规范农村五保制度的实施,国务院1994年颁布的《农村五保供养工作条例》,更加科学地确定了,"五保"供养的对象是指村民中符合下列条件的老年人、残疾人和未成年人:无法定抚养义务人,或者虽有法定抚养义务人,但是抚养义务人无抚养能力的;无劳动能力的;无生活来源的。农村经营体制改革后的"五保"体制的资金筹集方式也实行了多样化,有乡镇统筹、村提留、代耕代养和亲属供养等供给形式。其中,乡镇统筹费用从1985年起在全国范围内得到大规模的推广,因为这种方式征收费用比较有保证,所以是比较好的一种供养费用的筹集方式。

在向市场经济转轨过程中,农村五保供养制度在大多数地区得到了较好的落实,有力地保障了五保对象的生活。同时,五保制度的贯彻落实还促进了农村计划生育工作的开展。当群众亲眼看到那些无依无靠的孤寡老人照样能够安度晚年,甚至比有儿女的老人生活得还好,便逐渐从思想上破除了"养儿防老"和"传宗接代"的旧传统观念,积极执行计划生育政策。根据《2000年民政事业发展统计公报》公布的资料显示:2000年,全国集体供给的五保户208.1万人,集体供养金20.5亿元。[①] 根据对安徽省肥西县的调查,1998年,该县共有五保户5467户,共5603人,约占农业总人口的0.57%。该县31个乡镇中有47个敬老院,在敬老院中集中供养了1253人,占22.36%,这样平均每个敬老院就集中供养了20—30人。在敬老院中的每人月生活费为100元左右,全年大概是1200元,这些费用主要来源于村提留与乡统筹。此外,敬老院一般还组织一些副业生产,这些额外的经费用来补贴他们的生活。总之,由政府集中供养的"五保户"普遍生活状况较好,基本生活都有保障。

第三,以国家财政供养为主,集体保障、土地保障和社会帮扶为辅的现代社会保障模式(2002年以来)。进入新世纪,农村五保供养工作出现了一些新问题,其原因比较复杂,大致包括以下四个方面:一是五保对象增加较快;二是五保供养经费筹措没有保障;三是五保供养制度没有根据实际情况及时调整;四是农村社区建设滞后,社区服务水平低。

2006年3月1日,新修订的《农村五保供养工作条例》(以下简称《新条例》)正式施行。此次修订,总结了50年来农村五保供养工作的实践经验,根据当前农村经济社会发展的新形势,尤其是

---

① 参见郑功成:《中国社会保障制度与评估》,中国人民大学出版社2002年版,第248页。

农村税费改革后的新情况,经过反复研究论证而完成的。《新条例》把农村五保供养纳入到公共财政保障为主的新轨道,这既是当前做好农村五保供养工作的应急之计,也是建立保障这部分困难群众生活的长效机制的根本之策。据有关资料显示,目前我国已纳入供养的农村五保对象有328.5万人,年人均供养水平989元,他们的基本生活得到了较好的保障,其中有63.2万名五保对象在遍布祖国大江南北的3万多所敬老院里接受集中供养。在上海、北京、广东、江苏、浙江等经济发达地区,五保供养标准已经达到当地农民纯收入的60%—70%。在不少地区,五保供养对象衣食无忧、身心愉悦,许多五保老人在敬老院安享晚年,有些老人还喜结连理,体验着夕阳下的幸福人生。五十多年的实践说明,五保供养工作推动了农村经济的发展,稳定了农村社会秩序,塑造了党和政府的良好形象,体现了社会主义制度的优越性。[1]

二、农村最低生活保障制度

1996年,民政部在全国民政厅局长会议上,明确提出要改革农村社会救济制度,积极探索建立农村低保制度。随后,各省市都逐步建立了农村最低生活保障制度。这是国家和社会为了解决难以维持最基本生活的农村贫困人群而建立的一种社会救济制度,它是我国农村社会保障中最低层次的保障,也是政府为农民提供抵御风险的最后一道安全网。它主要覆盖以下六类人群:第一,主要劳动力残疾或长期患病的困难家庭;第二,无力保证子女享受义

---

[1]　参见宋士云:《新中国农村五保供养制度的变迁》,《当代中国史研究》2007年第1期。

务教育的困难家庭;第三,收养或领养孤儿的困难家庭;第四,赡养人无赡养能力且单独居住的老人;第五,因自然灾害导致困难的家庭;第六,因突发事件导致生活困难的家庭。①

　　根据已经颁布的《浙江省最低生活保障办法》(以下简称《办法》),浙江从 2001 年 10 月 1 日起正式施行"城乡一体化"最低居民生活保障。《办法》规定,家庭人均收入低于其户籍所在县市最低生活保障标准的居民、村民,均有从当地人民政府获得基本生活物质帮助的权利,这也就意味着浙江省率先以法律的形式将农民纳入了社会保障制度的保护范围。根据浙江省最低生活保障的标准,农村村民为每月 95 元,村民最低生活保障所需资金将列入政府年度财政预算,按照现行财政体制分级分担。据浙江省民政厅估计,《办法》的实施将会扩大最低生活保障的救助对象与所需资金。

　　建立农村"最低生活保障"制度能及时有效地保障农民群众的基本生活权益,促进农村和谐发展,也是能否尽快建立与完善农村保障制度的关键。当前,我国农村最低生活保障制度正积极推进。据民政部民政事业统计快报的初步统计结果显示,截至 2005 年年底,全国共有 1308 个县(市)建立了农村最低生活保障制度,其中有 406.2 万户家庭、825.0 万户村民得到了农村最低生活保障,这些家庭包括:五保户 49.7 万户,困难户 298.8 万户,其他人员家庭 57.7 万户。在还没有实行农村最低生活保障制度的地区,国家实施的是农村特困户救助制度。同年,全国得到特困救助的五保有 300.1 万户,特困户 290.4 万户,其他救济

---

①　参见王洪春、汪雷:《中国农村社会保障——新的机会与挑战》,中国科学技术大学出版社 2006 年版,第 121 页。

对象 64.4 万户。① 截至 2006 年年底,全国共有 2133 个县(区)开展了农村最低生活保障制度,已有 1509.1 万(743.4 万户)农村人口享受了农村最低生活保障,人均补差 33.2 元/月。此外,有 642.9 万人得到了农村临时救济。②《中共中央、国务院关于积极发展现代农业扎实推进社会主义新农村建设的若干意见》(中发中发[2007]1 号)和温家宝总理在十届全国人大五次会议上的《政府工作报告》指出,2007 年要在全国范围建立农村"最低生活保障"制度。农村地区推广"低保"制度,体现了政府在积极承担更多的公共职能,但相应资源需求的扩张与地方财政困境之间也呈现出尖锐的矛盾,农村"低保"工作任重而道远。

我国农村最低生活保障制度最大的难题是救助资金的建立。开展农村社会救助的资金主要来源于国家财政的支持,而我国农村地区情况很特殊:人口众多,经济发展水平远远落后于城市地区,而救助资金的匮乏正是农村居民最低生活保障制度建设最重要的制约因素。尤其是我国中西部地区的农村,对社会救助资金的需求更为迫切。

三、农村的扶贫开发

针对广大农村落后地区数量巨大的贫困人口,我国政府不仅逐步建立与完善各种社会救助制度,还十分重视农村的扶贫开发工作。自新中国成立以来,我国便一直致力于开展农村消除贫困的工作,但真正意义上的扶贫,在改革开放以后才被逐渐明确。

---

① 参见王洪春、汪雷:《中国农村社会保障——新的机会与挑战》,中国科学技术大学出版社 2006 年版,第 124 页。
② 参见李辉婕等:《我国农村社会救助工作面临的问题及对策》,《安徽农业科技》2007 年第 34 期。

1994 年实行的《国家八七扶贫攻坚计划》,是我国历史上第一个有明确目标、对象和期限的扶贫开发行动纲领,经过 7 年的努力取得了巨大成效,不仅有效地改善了贫困地区落后的生产生活条件,而且在很大程度上推动了贫困地区科教文卫事业的发展,提高了经济发展水平,减少了贫困人口的数量,扭转了贫困问题的恶化趋势。

经过 20 多年的艰苦奋斗,扶贫开发解决了 2 亿多农村贫困人口的温饱问题,实现了许多贫困地区农民吃饱穿暖的愿望,取得了举世瞩目的巨大成就:第一,减少了农村贫困人口的数量,实现了贫困地区的温饱愿望;第二,改善了贫困地区的生产生活条件,促进了贫困地区的经济发展和社会稳定;第三,促进了贫困地区科教文卫事业的发展,从而为贫困人口的精神文化建设提供物质基础;第四,增加了当地农民的收入,满足了他们的物质需求。截至 2000 年年底,我国农村还没有解决温饱问题的贫困人口已经减少到 3000 万人。如何使这些人群彻底脱贫,将是今后扶贫开发工作的重点。

进入 21 世纪,我国扶贫开发的总体目标是:进一步提高低收入人口的收入水平,改善贫困地区基本的生产生活条件,进而改善贫困地区经济、社会文化的落后状态。扶贫工作的重点放在努力解决目前还在温饱线以下贫困人口的温饱问题、温饱问题虽已解决但很容易返贫的贫困人群的返贫问题和已经稳定解决温饱问题的贫困人群的发展问题。徐月宾等人认为,农村反贫困不能只靠单一的事后救助,而更要重视对贫困的预防,即要从社会救助向社会保护转变。具体来说,中国下一阶段的农村反贫困政策应针对当前贫困和低收入人群的特征和主要风险,逐步形成一个由普遍性医疗保障制度、普惠型福利、选择性社会救助以及开发式反贫困政策组成的"四驾马车"的框架共同发挥作用。实施上述反贫困政策需要的几个条件是:(1)建立具有激励作用的筹资机制。中央政府要通过政策和资金激励的方式,鼓励经济较发达的地区加大对农村社会保障制度的投入,同时要在保证欠发达地区贫困人群基本生活方面发挥投资主体的作用。(2)整合农村反贫困政策的运行平台。要改变目前各部门单兵突进的做法,使预防、扶持和生活救助等不同作用的政策工具在同一个平台上协调运行。(3)加强基层民主治理。良好的民主治理机制是形成有效的利益表达和实现机制的基础,这是保证反贫困政策资源的使用具有针对性和有效性的基本条件。[①]

党的十六届三中全会通过的《中共中央关于完善社会主义市场经济体制若干问题的决定》中提出了"完善扶贫开发机制"这一科学论断,着重分析了我国农村贫困地区发展所面临的困境,指出必须在改革中求出路、创新中求发展,努力解决好农村贫困问题,统筹城乡的社会经济发展。

四、农村的救灾救济

我国地域辽阔,自然灾害频发,一定程度上影响了人们的正常生产和生活,也给国家带来巨大的经济损失。频发的自然灾害增加了国家救灾工作的压力,政府和社会逐年增加救灾救济款物。1998年,我国长江流域发生了百年不遇的特大洪涝灾害,农作物损失严重。2000年,我国又发生了近几十年来最严重的旱灾、台风、洪涝等自然灾害,全国范围的农作物受灾面积共达5469万公

---

①　参见徐月宾等:《中国农村反贫困政策的反思——从社会救助向社会保护转变》,《中国社会科学》2007年第3期。

顷,比1999年增长9%,受到各类灾害影响的人数共有4.56亿人,因灾死亡3014人,成灾的人口2.79亿人,全年直接的经济损失共计2054.3亿元,比1999年增长4%。

1983年的第八次全国民政工作会议,拉开了我国救灾工作体制改革的序幕。此后,我国不断地探索具有中国特色的救灾救济新办法。1984年,中央成立了由28个部门组成的"中国国际减灾十年委员会",负责组织全国的减灾抗灾活动和相关的信息交流、技术培训、灾害评估等。经过多年的努力,我国的救灾工作已经形成了一个政府统一领导、上下分级管理、部门分工负责、以地方为主中央为辅的中国特色灾害管理体制。除了国家许多部门,如卫生部、中央气象局、国家地震局和农业部等成立了专业的救灾职能部门外,各级政府也相应建立了负责救灾减灾工作的灾害管理职能部门。需要强调的是,随着国家抗灾救灾工作的持续开展,我国政府也加强了防灾减灾的法制建设,如1994年制定的《地震监测设施和地震观测环境保护条例》、1995年出台的《气象条例》以及1995年实施的《破坏性地震应急条例》等法规。

我国政府不仅制定了科学的救灾减灾体制,而且逐年加大了财政对救灾工作的投入,此外还积极动员民间资金和民间力量的参与。2000年,中央和地方各级政府在灾民生活安排方面共投入资金47.5亿元,接受分配救灾捐赠款物3.1亿元,全国有4000多万人次得到口粮救济,720多万人次得到衣被救济,120多万人次得到医疗保障。① 我国在救灾工作上取得了巨大的成就表现在:第一,稳定了民心,妥善安置了灾区的正常生产生活;第二,运用先

---

① 参见郑功成:《中国社会保障制度变迁与评估》,中国人民大学出版社2002年版,第249页。

进的科学技术手段,及时通报灾情,有效地组织社会各界抗灾、救灾;第三,出台了相关法律,强化人们的抗灾意识,这是我国救灾工作的一大进步;第四,通过全民族的紧急救灾,增强了民族凝聚力,丰富了爱国情感。

第三节　农村养老保障

农村社会养老保障制度是建立农村社会保障体系的重要组成部分之一,它与体制改革、经济发展、和谐社会建设休戚相关。20世纪80年代,我国农村改革工作主要是围绕两个重点进行的:一是继续大力推行家庭联产承包责任制,赋予农民对土地的承包经营权,提高农业生产力;二是实行计划生育,控制人口数量,提高人口素质。这两方面的改革都动摇了中国传统养老保障体制,无论是土地保障功能还是家庭养老功能都被削弱,受到严峻的挑战。特别是随着工业化和城市化的快速推进,农村的社会风险越来越大,很多农民工流向城镇谋生,失去土地的农民也越来越多,还有日益加重的农村人口老龄化问题,因此农村养老保障问题引起了全社会的高度关注。中央和地方政府都在积极探索,致力于完善农村养老保障体系。

在2006年召开的十届人大四次会议上,温家宝总理提出要进一步加强"三农"工作,并且强调农村、农业和农民问题仍然是我国当前全部工作的重心,要实行工业反哺农业、城市支持农村的方针,合理调整国民收入的分配格局,给予农业和农村发展更多的支持。显然,农村社会养老保障制度的建立就是"三农"工作的重要内容,这也是合理调整国民收入分配格局的题中之义,是建设有中国特色的新农村和构建和谐社会的必然要求。尤其是中国已经步入老龄化国家行列,农村养老保障体系建设就显得尤为重要。

一、农民养老保障

农民养老保障的内容包括生活照料、精神慰藉和经济供养,概括地讲,就是服务保障和经济保障。其中,服务保障是指针对农民的精神慰藉和生活照料,随着农民生活水平的逐步提高,老龄人口对这种保障的需求就更为急迫。而经济保障主要是为农民养老的资金提供经济支持。从 20 世纪 80 年代中期开始,国家就不断地探索和试点农村社会养老保险制度,这一举措改变和丰富了我国原先传统的农民养老保障,使得我国农村养老保障体系在传统的家庭养老保障和土地保障功能的基础上又出现了新内容。所以,就目前我国农民养老保障形式来说,主要有家庭养老保障、土地保障以及农村社会养老保险制度等。

(一)家庭养老保障

几千年以来,家庭养老保障一直都是我国传统的养老模式,尤其是在农村,农民的养老问题主要依靠家庭和家族来解决。至今,它还是农村主要的养老方式,在我国养老保障体系中起着特殊的作用。《中华人民共和国国民经济和社会发展"九五计划"和 2010 年远景目标纲要》指出,我国"农村养老以家庭保障为主,坚持政府引导与农民自愿,发展多种形式的养老保险"。这表明,家庭养老保障模式在我国近期内将不会发生根本性变化,即使我国在农村养老模式方面在不断地探索社会化养老的新模式,也不可能全面取代家庭养老的功能。无论是集体养老保障还是社会养老保险,其社会化养老程度都比较低,因为家庭养老在全国各种养老方式中的比重高达 92%。

从 2000 年开始,我国已经进入到老龄化社会,尤其是我国农村人口老龄化速度非常快,农村老龄化的程度比城镇高出一到两个百分点。据统计,2004 年,全国 65 岁以上老人已达 9857 万人,占全国总人口的 7.6% ,远远超过 6.5% 的老龄人口国际标准线。资料表明,目前在 60 岁以上的老年人口中,70% 以上的老人和后代住在一起,85% 的老年人希望由配偶或子女照料自己的生活。[①]

（二）土地保障

家庭联产承包责任制赋予了农民对土地的承包经营权,土地收入成为农民主要收入来源和老年保障的主要经济基础。土地就是农民最安全和最可靠的保证,只要自己或子女从事农业生产,便能够从中获得粮食或者农作物,可以维持最基本的生活。即使是现在外出谋生的农民,如果他们在外就业发生了困难,那么他仍然可以返乡种田耕地,获得一定的收入,为养老奠定经济基础。

但是,随着工业化和城市化的快速推进,现在农村中的大批青壮年人口都涌向了经济发达的城市谋生,因而农村留下的主要都是些老人、妇女、小孩和残疾人,从人口年龄结构讲,主要呈现出以老少和妇女为主要劳动力的现象。经济的不断发展和城镇化建设的深入,农村人口的收入结构发生了变化,家庭主要收入来源于外出打工或者一些农林渔副业等其他形式的收入,而土地收入在农民收入中占的比例已经相当低了,有些地方已经低到 1/3 以下。这样,传统的土地养老很难再保障农民的晚年生活。另外,近些年来农业生产资料价格不断上涨,加大了农业的投入费用,土地的投入产出比不断下降,农村的土地负担越来越重,导致现在很多农民视土地为包袱而非原来的收入来源。总之,随着土地比较收益的

---

① 参见公维才:《中国农民养老保障概论》,社会科学文献出版社 2007 年版,第 242 页。

下降、农村老龄人口的增长以及我国经济体制改革的深入,农村土地的保障功能不仅没有得到强化,反而是不断地削弱和恶化,土地保障的重要性相对于过去已经明显大幅降低了。所以,现在很多地方都在探索一些新的社会养老保障项目,以适应老龄化社会养老保障体制的需要。

(三)农村社会养老保险制度

到目前为止,农村社会养老保险已有近20年的历史,经历了四个阶段。[①] 第一阶段:1986—1992年,为试点阶段。1986年,民政部和国务院有关部委在江苏沙洲县召开了"全国农村基层社会保障工作座谈会",会议根据我国农村的实际情况,决定因地制宜地开展农村社会保障工作。此后,民政部开始在一些地方的农村进行农村社会养老保险试点、推广、实行,并取得了初步的成效。至1989年6月,全国开展农村养老保险试点的省(自治区、直辖市)有19个,有190个县(市、区、旗)、800多个乡、8000多个村建立了农村养老保险制度,参保人数近90万人,共筹集资金4095.9万元,有21.6万人领取了养老金。[②] 第二阶段:1992—1998年,为推广阶段。1991年6月,原民政部农村养老办公室制定了《县级农村社会养老保险基本方案》(以下简称《基本方案》),确定了以县为基本单位开展农村社会养老保险的原则,并于1992年1月在全国公布实施。1995年,农村社会养老保险工作已经覆盖了全国30多个省、自治区、直辖市,1500多个县(市)开展了农村社会养老保险工作,近5000万人参加,积累基金50亿元。而到1997年,

---

① 参见于水:《我国农村社会养老保险制度建设述评》,《南京社会科学》2006年第11期。

② 参见赵殿国:《农村养老保险工作回顾与探索》,2003年11月10日;福建劳动和社会保障厅网,http://www.fjlss.gov.cn/show info.a sp infoid=425。

全国有 2000 多个县(市)的 8280 万人参加了农村社会养老保险,积累基金 140 亿元,约 55 万人领取了养老金,发放养老金约 1.6 亿元。[①] 第三阶段:1998—2003 年,进入整顿阶段。1998 年,政府实行机构改革,农村社会养老保险由民政部移交给劳动与社会保障部。这个阶段农民参保人数下降,基金运行难度加大,一些地区的农保工作甚至陷入停顿状态。1999 年 7 月,国务院指出,目前我国农村尚不具备普遍实行社会养老保险的条件,决定对已有的业务实行清理整顿,停止接受新业务,有条件的地区向商业保险过渡。第四阶段:从 2003 年至今,是恢复阶段。党的十六大以后,中央逐步加大了解决"三农"问题的力度,党的十六届二中全会提出了以"五个统筹"为核心的科学发展观,2004—2005 年,更是在事隔 18 年后,连续两年以党中央、国务院的名义下发了关于农村问题的第六、第七个一号文件。在这种大背景下,东部地区一些地方渐渐恢复了探索建立农村社会养老保险的努力。

经过 20 多年的不断探索、试点和推广,我国目前已经有了多种不同的农村社会养老保险模式,这些模式均结合了各个地区的实际,因地制宜,更适合当地的养老保障需要。我们按照相近原则将其划分为两种模式:

第一种模式——"山东模式"。这个模式最初是由民政部提出的一种方案。山东省是全国农村社会养老保险的最早试点省市之一,这一模式实施后取得了初步的成绩,其覆盖面比全国平均水平高出 2.1 倍,农村社会养老保险事业得到飞速发展。山东省在具体的实施过程中,基本执行了《基本方案》的相关规定。缴费以

---

① 参见刘苓玲:《中国社会保障制度——城乡衔接理论与政策研究》,经济科学出版社 2008 年版,第 110 页。

个人缴纳为主,集体补助为辅,政府给予政策支持。其中,个人缴费有两种具体形式:逐年缴纳和一次性缴纳。逐年缴纳每人每年大概需要缴纳 60 元,一次性缴纳大约是 400 元。集体补助很少,主要来源于村集体和乡镇企业,一般只占已缴纳保险基金的 15%。集体补助的费用很大一部分还是专项补助给村干部、乡镇企业职工等"特殊职业"的人群。养老金的发放是按照个人账户基金积累额在给付年限上实行分摊计算确定,保证领取期为 10 年,按月发放。山东社会养老保险的具体形式主要有两类:第一,这种保险与相关职业有关系,投保受职业影响,如村干部养老保险、乡镇企业职工养老保险,单位和个人所占缴费比例不一;第二,由个人直接向农村社会养老保险机构投保,缴费主要是由保险对象或其亲属承担。

第二种模式——农村基本养老保险(俗称"新农保")。这是在江苏省一些地区建立的农村社会养老保险新模式,即以苏南地区的一些市、县为代表,以社区为单位实行统筹制度,只要是社区内的成员一般都可以享受类似的保障福利。广东东莞市实行的也是这种社会统筹和个人账户相结合的农民基本养老保险制度,实现了社会保险和集体福利的结合。保险费用是由村、镇、市补贴以及个人分担。农民所得基本养老金与其缴费年限、缴费基数直接挂钩,并且随着社会经济发展水平的提高而不断地调整。正是在市、镇财政给予缴费或补贴的意义上,有学者将其概括为农村养老保障中"国家责任本位的体现"。[①]

苏州市和无锡市分别于 2004 年、2005 年开始全面推行新型

---

① 参见严新明:《国家责任本位的体现——"江村"农民基本养老保险的实践与思考》,《人口与经济》2005 年第 6 期。

农村养老保险,两地新农保的制定均参照了城镇企业养老保险的有关政策规定,既突出了政府在农村社会养老保险中的责任,考虑了农村经济发展的新情况和新问题,又立足于农村养老保险制度与城镇养老保险制度的有效对接,这就为进一步统筹城乡居民养老保险制度提供了方便。苏州、无锡"新农保"的主要内容是:

1. 参保对象是农民。苏州市规定新农保的参保对象主要包括未进入机关事业单位、企业单位工作的,年满 20 周岁起至男性满 60 周岁、女性满 55 周岁,具有本市户籍的农民;还包括农村个体工商户业主及其从业人员(已经农转非、具有小城镇户口),及农村各类用人企业中,目前暂未参加城镇企业职工养老保险的大龄农民职工。在参保对象确定上,苏州常熟的做法与苏州昆山略有不同,即常熟将农村各类用人企业全部纳入农村新农保范围。①

无锡市规定参保对象为纯农民,即男年满 18 周岁(全日制学校学生除外)未满 60 周岁,女年满 18 周岁未满 55 周岁,未参加企业职工基本养老保险或者未享受被征地农民基本生活保障待遇的农民;其他人员参加城保。

2. 在养老保险模式的选择上,实行社会统筹和个人账户相结合的模式,与城镇养老保险模式相同。苏州市规定,缴费基数的11%记入个人账户,其余进入统筹基金;无锡市规定,缴费基数的10%记入个人账户,其余进入统筹基金。

3. 在保险基金的筹集上,实行财政、集体和个人共同负担的原则,对纯农户和弱势群体实行财政补贴。如昆山市规定,雇用工人的农村个体工商户及从业人员与在农村各类用人企业中未参加

---

① 参见孙文基:《建立和完善农村社会保障制度》,社会科学文献出版社2006 年版,第 116 页。

城镇职工养老保险的大龄职工,按城镇职工养老保险缴费基数的一半(2003年为350元/月)和"18+7"的模式(企业负担18%,个人负担7%)缴费,并随着城镇职工养老保险缴费基数的调整而调整,逐渐实现与城镇养老保险的接轨。其他地区则根据不同对象,由财政给予差别补贴。

无锡市规定,按上一年度农民人均纯收入的20%筹集养老基金,其中个人出资8%,村集体经济组织、市(县)、区和镇两级财政出资12%,其中两级财政出资不得低于7.2%。

4. 养老金的发放标准。参保人员达到领取养老保险年龄(男满60周岁、女满55周岁)时,按月领取养老金,直至终老。苏南新农保制度的养老金由基础养老金和个人账户养老金构成。苏州新农保制度规定,基础养老金按照参保人员个人账户全部储存额除以120计发,基础养老金部分随着经济发展逐年增加,如昆山市规定,基础养老金每年原则上增加2.5%;无锡新农保制度规定,基础养老金以参保人起领养老金时各市(县、区)上一年度农民月均纯收入为基数,按12%的比例计发,对于享受其他社会保障待遇的,实行差额计发;农民基本养老保险缴费年限累计不满15年的,缴费每满1年,计发比例另增加0.2个百分点;缴费年限累计满15年的,15年以上的年限每满1年计发比例另增加1个百分点;个人账户养老金发放与苏州相同。

5. 预留通道。苏南新农保制度在构建时就为农村养老保险与城镇养老保险的对接做好准备。昆山市规定,一是参加农村基本养老保险人员,如具备参加城镇企业职工养老保险条件的,可直接转入城镇企业职工社会养老保险,参保人员个人账户全部按实际转移,缴费年限减半计算,也可补缴,补缴应缴部分及规定利息后,缴费年限按实际年限计算。二是对参加城镇企业职工社会养

老保险的人员,由于各种原因不在企业工作的,要继续按城镇企业
职工社会养老保险的标准缴纳企业职工养老保险费,可以享受市、
镇两级财政对农民的同样补贴,达到养老年龄时,享受企业职工的
退休养老金。

无锡市按照有机连接原则设计了在新农保制度与"城保"制
度(城镇企业职工养老保险)、"地保"制度(被征地农民基本生活
保障)、老农保制度之间的转换渠道,为实现覆盖城乡的社会养老
保险制度奠定坚实的基础。

6. 无门槛进入。苏州市和无锡市规定:凡是在新农保政策实
施时已达到领取农村养老金年龄的农民,只要其直系亲属全部参
加新农保,不需缴纳一分钱,每人每月可按标准领取基础养老金。
这一措施带有一定的强制性,但符合社会保险的性质,有助于推动
农村养老保险工作,具有积极的意义。

7. 管理规范。推进新型农村基本养老保险制度,面对的情况
复杂,依托的条件有限,工作推进的难度较大,必须切实加强对新
农保工作的指导和管理,以保证农保工作的健康发展。苏州市明
确规定,农村基本养老保险由各级人民政府组织实施和管理;市劳
动和社会保障局是代表市政府行使全市劳动保障职能的部门,负
责全市农村基本养老保险的统筹规划、政策制定、统一管理、综合
协调和监督检查。县级市(区)劳动保障行政部门在当地人民政
府领导下,具体负责本辖区内农村基本养老保险工作的监管。并
按照政事分开的原则,强化农村养老保险经办机构体系建设。经
办机构建到乡镇(街道)一级,为全额拨款事业单位,其人员、设备
和基金征缴等所需的费用由同级财政预算安排解决。该机构负责
农村基本养老保险的结算和征缴、个人账户管理、退休养老待遇发
放。农村养老保险基金进入财政专户,实行收支两条线管理;审计

部门负责农村基本养老保险基金的监督。为了保证管理到位,昆山市还建立了农村养老保险基金的财务、会计、统计和审计等管理制度,每年编制养老保险基金收支预决算,如实编制和报送养老保险基金的财务、会计和统计报表。

8. 完善基础管理。向广大农民提供优质的服务是顺利推进新农保进程,提高新农保管理水平,吸引广大农民积极参与的重要环节。苏州市根据在推进新农保中遇到的具体情况,不断完善镇、街道、社区劳动保障平台建设,建立了职责明确、管理规范、运行良好的基层劳动保障工作机构,努力做到机构、经费、人员、场地、制度、工作"六到位"。另外,注重镇、村、企业劳动保障工作人员整体素质的提升,逐步形成了一支延伸到村民小组、工厂企业,具有较强业务能力的劳动保障工作队伍,使广大参保人员能得到及时、方便、快捷的劳动保障管理和服务。

二、农民工养老保障

改革开放推进了我国工业化和城市化的进程,随着越来越多的农村劳动力脱离农村、离开土地、走进城市,社会上出现了一个新的规模巨大的农民工群体,他们为经济的发展和城市的建设作出巨大的贡献,是推动城市经济和社会发展的重要力量。从20世纪90年代开始,每年大概有5000万—8000万农民工涌入城市寻找就业机会,对城市的建设发挥着无法替代的作用。鉴于农民工的规模巨大、作用重要、情况特殊,我国政府、相关学者和社会各界人士都很关心农民工问题。到20世纪90年代中期开始,人们已经注意到农民工所享有的社会权利特别是社会保障权。并且,一些城市为了解决日益突出的城市农民工的社会保障问题,率先进行了有益的探索。

最早探索农民工养老保险制度的城市是深圳。1987 年,深圳已经就农民工保障问题出台了社会保险办法。凡是农民工的实际缴纳保险费年限累计满 15 年,符合退休条件的,退休后就可以享受按月领取养老金的待遇。到 1999 年,城市社会养老保险进行改革,把范围从原来的国有部门强制性地扩展到城市的一切非国有部门。国内的大城市也开始将城市农民工纳入城市养老保障体系的范围,如 1999 年,北京实施了针对北京市户籍的农民工的《农民合同制职工参加北京市养老、失业保险暂行办法》;2000 年又出台了《北京市城市农民工养老保险暂行办法》,取消户籍的限制从而放宽了参保对象的条件,把北京市从业的所有农民工都纳入了社会养老保险制度中;2001 年 9 月 1 日起实施的《北京市农民工养老保险暂行办法》,规定城市农民工达到国家规定的养老年龄就可以领取基本养老金。广东省分别于 1998 年、2000 年出台了相关文件,对农民的养老问题作出规定。上海市也针对农民工规模迅速递增的趋势,连续推出了相关政策规定,如 2002 年 9 月 1 日起实行的《上海市外来从业人员综合保险暂行规定》。

近几年来,全国各地都制定和实施了各种有关农民工社会保障制度,内容不断地丰富,范围不断地扩展,涉及农民工的工伤保险、失业保险、医疗保险、养老保险等诸多方面,尤以养老保障方面规定最为详细全面。这些政策规定可以概括为如下四种模式:

1. 综合模式。这种模式包含了为城市农民工制定的多个社会保险项目,它是专门为农民工制定实施的。综合保险由劳动保障局主管,劳动保障行政部门的外来人员就业管理机构经办。该模式主要以上海为代表,后来成都也采用了类似模式,其主要有以下特点:

第一,"一个保险三项待遇"。"一个保险"就是指综合保险,

"三项待遇"指的是工伤、住院和老年补贴,实现了这三项保险捆绑在一起的模式,比较符合农民工的需要。

第二,费率固定,费基完全统一,缴费周期为 3 个月缴 1 次。雇用外来从业人员的所有用人单位其综合保险费率都是 12.5%,其中养老补贴为 7%,大病医疗和工伤保险为 5.5%。外地施工企业由于只参加大病医疗和工伤保险,缴费比率为 5.5%,缴费基数为上年度社会平均工资的 60%。企业给外来从业人员办理综合保险,一次必须缴纳 3 个月的费用。[①]

第三,综合保险采用商业保险运作模式。大病医疗和工伤保险委托平安保险公司承办,而养老补贴则委托中国人寿保险公司办理。[②]

第四,老年补贴采用一次性发放的方式,农民工连续缴费满 1 年可获得 1 份老年补贴证,额度是每人实际缴费基数的 7%,当农民工女性满 50 岁、男满 60 岁就可以凭着老年补贴证和身份证到指定的机构领取,一般是户籍所在地的商业保险公司约定的机构。

2. 完全城镇模式。这种模式直接把城市农民工纳入到城镇职工社会基本养老保险制度中,将参加城镇职工基本养老保险视为农民工个人和所在的企业的权利和义务。目前,这种模式有许多省市都在推广采用,以广东深圳为代表,还有河南省、陕西省。该模式将农民工纳入"城保"制度中,主要参加养老、工伤和医疗基本社会保险,而不参加失业保险和生育保险。该模式与城镇职工执行完全统一的政策,如果农民工和企业解除或者终止劳动合

---

① 参见石宏伟、张仁传:《城市农民工社会保障的实践与思考——以上海和广东模式为例》,《理论探索》2007 年第 1 期。

② 参见华迎放:《农民工社会保障模式选择》,《中国劳动》2005 年第 5 期。

同,一般会由社会保险经办机构将其个人账户中的资金一次性发给本人,养老保险关系也同时终结。

《广东省社会养老保险条例》和《广东省社会养老保险条例实施细则》明确规定:将城市农民工纳入城镇职工社会养老保险体系,执行完全统一的政策。个人账户基金只用于本人养老,一般不得提前支取,农民合同制职工在终止或解除劳动合同后,社会保险经办机构可以将其养老保险个人账户中的资金一次性发给本人,同时终结养老保险关系。重新就业,应重新参加养老保险。

3. 差异城镇模式。该模式是从农民工和企业的承受能力角度出发,在城镇职工基本养老保险制度的基础上,主要通过降低缴费基数和缴费比例等方式来降低农民的参保成本。当然,农民的养老保险待遇也相应地被降低了。目前,北京、厦门、重庆和浙江等地在运用该模式。

早在2001年,北京市劳动和社会保障局就发布了《北京市农民工养老保险暂行规定》,要求"用人单位应自招用农民工之月起,必须与其签订劳动合同,并为其办理参加养老保险手续"。养老保险费用以上一年本市职工最低工资标准为基数,由用人单位和农民工分别缴纳,单位根据招用的农民工人数缴纳19%,个人缴纳7%,后又调整为8%。由社会保险经办机构建立农民工养老保险个人账户,达到法定退休年龄时,就可以领取养老金,基本养老金暂按一次性养老待遇处理。其待遇由两部分组成:一是个人账户存储额及利息;二是"按其累计缴费年限,累计缴费满12个月(第一个缴费年度),发给1个月相应缴费年度的本市职工最低工资的平均数,以后累计缴费年限每满一年,以此为基数,增发0.1个月相应缴费年度的本市职工最低工资的平均数"。

4. 农村模式,也称返乡模式。这是把农民工纳入流出地的农村社会保障制度,其余没有开展城市农民工养老保险的城市基本上就属于这一种模式。采用这种模式的参保对象,主要是那些在乡镇企业就业的农民工。

上述四种模式可以通过表 10 进行归纳:

表 10　农民工社会保障制度模式表

	农村模式	完全城镇模式	综合模式	差异城镇模式
立足城市还是农村解决问题	农村	城市	城市	城市
是否出台单独的条例	无	无	有	有
逐个考虑还是综合考虑	逐个	逐个	综合	逐个
费用承担	主要是个人,少量的补助	企业和个人共同承担	企业和个人共同承担	企业和个人共同承担
受益标准	与农村居民一致	与城镇居民基本一致	与城镇居民不一致	与城镇居民不一致

资料来源:郭金丰:《城市农民工社会保障制度研究》,中国社会科学出版社 2006 年版,第 157 页。

三、失地农民养老保障

20 世纪 90 年代,我国进入经济体制改革的新阶段,不仅市场经济体制逐步建立,而且还推动了工业化和城市化的进程,原有的征地补偿安置政策已经不能再适应社会经济发展的新要求。浙江省嘉兴市于 1993 年在全国率先进行了土地征用制度的改革,开始"土地换保障"制度的探索与实践。伴随着持续不断的征地活动,各地区都在积极地探索被征地农民的社会保障新模式。这些模式概括起来主要有:以"土地换保障"的"浙江模式";以推进镇保为目的的"上海模式";以统筹城乡运行机制的"成都模式";以加强被征地农民养老保险的"蓬莱模式";以保障基本生活的"江苏模式";还有安徽的"芜湖模式"、广东的"南海模式"等。本节我们着重介绍江苏和重庆的失地农民养老保障实践。

(一)江苏省被征地农民基本生活保障办法

随着建设占用农村集体土地的数量越来越大,江苏省征地补偿安置问题日益突出。2003年,江苏省政府下发了《关于调整征地补偿标准的通知》(苏政发〔2003〕131号)。2004年,在全省28个县(市、区)部署开展了被征地农民基本生活保障试点。2005年,省政府出台了《江苏省征地补偿和被征地农民基本生活保障办法》(以下简称《办法》),省国土资源厅、财政厅、劳动保障厅等有关部门抓紧细化工作措施,制定相关配套制度,先后下发了《江苏省被征地农民基本生活保障资金管理办法》、《江苏省被征地农民基本生活保障资金发放管理工作规程》等文件,建立了一整套基本生活保障资金管理制度。

《办法》第八条规定:征收耕地的土地补偿费,为该耕地被征用前3年平均年产值的10倍。这里规定的耕地前3年平均年产值的最低标准为:

1. 一类地区每亩1800元;

2. 二类地区每亩1600元;

3. 三类地区每亩1400元;

4. 四类地区每亩1200元。

征收其他土地的土地补偿费标准,由各市人民政府按照《江苏省土地管理条例》第二十六条和前款的规定作相应提高。

《办法》第九条规定:征地的安置补助费,按照需要安置的被征地农民人数计算。每一个需要安置的被征地农民的安置补助费最低标准,一、二、三、四类地区分别为 20000 元、17000 元、13000 元、11000 元。需要安置的被征地农民人数,征收耕地的,按照被征收的耕地数除以征地前被征地单位人均耕地数计算;征收其他农用地的,按照该土地补偿费总和的 70% 除以当地人均安置补助费计算。四类地区的划分如表 11 所示:

表 11　征地补偿标准地区分类表

类别	地区
一类	南京市玄武区、鼓楼区、白下区、秦淮区、建邺区、下关区、栖霞区、雨花台区、江宁区,无锡市崇安区、南长区、北塘区、滨湖区、锡山区、惠山区、江阴市,常州市天宁区、钟楼区、戚墅堰区、武进区、新北区,苏州市平江区、沧浪区、金阊区、虎丘区、吴中区、相城区,常熟市,张家港市,太仓市,昆山市,吴江市
二类	南京市六合区、浦口区,宜兴市,金坛市、溧阳市,南通市崇川区、港闸区,扬州市广陵区、维扬区,镇江市京口区、润州区,泰州市海陵区、高港区
三类	溧水县、高淳县,徐州市云龙区、鼓楼区、泉山区、海安县、如皋市,通州市、如东县、海门市、启东市,连云港市新浦区、海州区,淮安市清河区、清浦区,盐城市亭湖区,扬州市邗江区、宝应县、高邮市、仪征市、江都市,镇江市丹徒区、扬中市、句容市、丹阳市、兴化市、姜堰市、泰兴市、靖江市,宿迁市宿城区
四类	徐州市贾汪区、九里区,邳州市,新沂市,丰县,沛县,铜山县,睢宁县,连云港市连云区、赣榆县、东海县、灌云县、灌南县,淮安市淮阴区、楚州区,涟水县,洪泽县,盱眙县,金湖县,盐城市盐都区、响水县、滨海县、阜宁县、射阳县、建湖县,大丰市,东台市,宿豫县,沭阳县,泗阳县,泗洪县

江苏省政府制定出台的新的征地补偿标准,按照第四类地区以人均一亩耕地计算,土地补偿费和安置补助费比原来提高了 47%,其他三类地区增幅更大。征地补偿标准的提高,使广大被征

地农民实实在在地得到了实惠。在省最低标准的基础上,部分有条件的地区根据当地经济社会发展情况,将补偿标准又作了提高。南京、无锡、徐州、苏州、南通等五个市制定的被征地农民基本生活保障细则中,征地补偿标准比省政府制定的标准有所提高,如无锡市的一类地的补偿标准比省政府规定的高出近40%,徐州市对耕地的补偿标准也比省规定的标准高出了近30%。从2005年年初至2007年9月底,全省因建设征收农民集体土地涉及被征地农民84.28万人,补偿农民征地补偿经费278.6亿元。①

为了保护被征地农民和农村集体经济组织的合法权益,保障被征地农民的基本生活,加强对征地补偿和基本生活保障安置工作的管理,江苏省开始执行省政府2005年出台的《江苏省征地补偿和被征地农民基本生活保障办法》。《办法》规定:根据土地价值和经济社会发展水平,全省划分为四类地区,执行相应的征地补偿和基本生活保障标准。基本生活保障标准应根据当地经济社会发展水平适时调整;依法征收农民集体所有的土地,必须按照规定足额补偿。征地补偿安置费用,包括土地补偿费、安置补助费、地上附着物和青苗补偿费。征收耕地的土地补偿费,为该耕地被征用前3年平均年产值的10倍。《办法》规定:各市、县人民政府应当从土地出让金等土地有偿使用收益中,提取一定数额的资金进入被征地农民基本生活保障资金专户。一、二、三、四类地区提取的数额按照新征收土地面积计算,每亩不低于13000元、10000元、9000元、8000元。基本生活保障资金不足支付的,由同级财政部门负责解决。各级人民政府应当采取积极措施,鼓励和支持被

① 参见李全林:《在全省被征地农民基本生活保障制度工作经验交流会上的讲话》,2007年12月11日。

征地农民参加基本生活保障。

《办法》第十六条规定:以征地补偿安置方案批准之日为界限,将被征地农民划分为下列四个年龄段:

1. 第一年龄段为 16 周岁以下;

2. 第二年龄段为女性 16 周岁以上至 45 周岁,男性 16 周岁以上至 50 周岁;

3. 第三年龄段为女性 45 周岁以上至 55 周岁,男性为 50 周岁以上至 60 周岁;

4. 第四年龄段(养老年龄)为女性 55 周岁以上,男性 60 周岁以上。(这里所称"以上"均包含本数)

《办法》第十八条规定:第一年龄段人员按照一、二、三、四类地区,分别一次性领取不低于 6000 元、5000 元、4000 元、3000 元的生活补助费;该年龄段人员领取一次性生活补助费后,不再纳入本办法规定的基本生活保障。

《办法》第十九条规定:第二、三、四年龄段人员,可以选择是否参加基本生活保障。各级人民政府应当采取积极措施,鼓励和支持被征地农民参加基本生活保障。实行基本生活保障的被征地农民根据不同地区、不同年龄段,实行不同的保障标准:

1. 第二年龄段人员,从实行基本生活保障的当月起,按月领取生活补助费,期限 2 年,到达养老年龄时,按月领取养老金。

2. 第三年龄段人员,从实行基本生活保障的当月起,至到达养老年龄时止,按月领取生活补助费;到达养老年龄时,按月领取养老金。

3. 第四年龄段人员,从实行基本生活保障的当月起,按月领取养老金。各市、县被征地农民的基本生活保障标准不得低于本办法规定的最低标准。上述具体标准如表 12 所示:

表12　被征地农民基本生活保障最低标准表

地区	年龄段	最低保障标准(元/月)	
		养老金	生活补助费
一类	第二年龄段	—	160
	第三年龄段	—	140
	第四年龄段	200	—
二类	第二年龄段	—	140
	第三年龄段	—	120
	第四年龄段	170	—
三类	第二年龄段	—	120
	第三年龄段	—	100
	第四年龄段	140	—
四类	第二年龄段	—	100
	第三年龄段	—	80
	第四年龄段	120	—

　　《办法》将保障对象划分为不同年龄层次,采取不同的保障办法:对未成年人,实行一次性补偿;对有就业能力的人员,鼓励其就业,给予2年的生活补贴,达到养老年龄再实行养老保障;对于就业困难的人员,给予低于养老金的生活补助,达到养老年龄再实行养老保障;对无劳动能力的人员,直接进入养老保障。实际上,按照《办法》的规定,经过测算,选择参加基本生活保障累计领取的保障金,比选择一次性领取的货币补偿,平均增加了近1倍,因为参加基本生活保障可以享受政府的补贴。以一类地区16周岁人员为例,计算到75岁,选择一次性领取可得2.96万元,而选择参加基本生活保障累计可得5.64万元。如果帮农民把账算清,宣传到位,大多数被征地农民会参加到基本生活保

障中来的。[1]

据初步统计,《办法》自 2005 年 9 月 1 日实施以来,全省征收农民集体土地涉及补偿安置的 84.28 万人中,符合参加基本生活保障人员条件的有 59.61 万人,实际参保 49.33 万人,占应保人员的 82.7%。全省土地补偿费和安置补助费中累计解缴基本生活保障财政专户 226.43 亿元,其中各级政府从土地出让金等土地有偿收益中提取金额 34.11 亿元。到 2006 年年底,江苏省已全面建立了被征地农民基本生活保障制度,由于《办法》出台前失地农民群体比较大,以及目前还有些经济相对落后的地区还在沿用货币安置的老办法,导致全省被征地农民进入保障的比例仅为 58.5%。

从原来单一的货币安置到基本生活保障安置,不仅补偿标准有了大幅提高,而且安置方式有了根本性改变,如果不抓好新老问题的衔接工作,可能导致以往被征地安置人员的心理失衡,影响社会稳定。《办法》第十一条规定:支付给农村集体经济组织的土地补偿费,纳入公积金管理,必须用于解决历史遗留的被征地农民的生活问题,从而使《办法》惠及到省内不同时期因土地征收、征用而产生的失地农民。

(二)重庆市失地农民养老保障办法

从 1982 年起,重庆市大多数被征地农转非的农民生活比较困难,自主就业比较难。据统计资料,从 1982—2003 年,重庆市享受城市最低生活保障的征地农转非人员为 141800 人,占征地农转非人员 731581 人的 19.4%,月均发放最低生活保障金总额为 940.4 万元,人均为 66.3 元;仅有 14 万人参加了商业性储蓄保险,只占

---

[1] 参见《江苏省立法保护被征地农民利益——有关人士详解》,《新华日报》2005 年 8 月 26 日。

被征地农民总数的 8.2%。综合重庆市失地农民的养老保障,可以归纳为三种模式:一是货币安置,这一模式是从 20 世纪 80 年代初开始推行的,为农转非养老、病残人员发放生活费;二是"政府＋保险公司＋农民"三结合的养老保障模式;三是 2008 年 1 月 1 日以后实行的"城保"模式。①

我们通常所谓的"重庆模式",指的是让失地农民把安置补偿费交给商业保险公司,由政府按 10% 的利率计算拿一笔钱让商业保险公司再按月发放给失地农民。另外,由政府拿 5% 的手续费给办理的保险公司,该模式实质上是一种商业保险模式。1992—2007 年,虽然该项保险经过十几年的探索,运作已经比较成熟,但是该模式仍然有许多消极作用,如保障水平低,无法真正保障农民的生活稳定;商业保险的运作模式,形成新的"政企不分";商业保险公司的参与,增加了农民的风险。

针对"重庆模式"的这些弊端和消极作用,为了能够真正地将重庆市失地农民纳入到城市基本养老保险体系中,让政府和相关的职能部门承担起社会保障的责任,保护失地农民的切身利益,从而具体贯彻党的十七大精神,加快和谐社会的建设步伐,2008 年 2 月,重庆市人民政府公布了关于彻底解决被征地农民基本养老的法规,即《重庆市 2007 年 12 月 31 日以前被征地农转非人员基本养老保险试行办法》和《重庆市 2008 年 1 月 1 日以后新征地农转非人员基本养老保险试行办法》。这两部法规都对被征地农转非人员的社会保障作出了长期性、制度性的安排。

两个"试行办法"以 2007 年为界,在具体操作上将重庆市的

---

① 参见刘苓玲:《中国社会保障制度——城乡衔接理论与政策研究》,经济科学出版社 2008 年版,第 206 页。

被征地农民分为两类:第一类是原征地人员,从 1982 年 1 月 1 日到 2007 年 12 月 31 日,土地被政府依法征用而进行城镇居民身份登记的农村居民,于 2007 年 12 月 31 日前年满 16 周岁及其以上,本人自愿参加基本养老保险的人员;第二类是自 2008 年 1 月 1 日以后被征地的农民,也就是新征地人员。

1. 资金筹集来源。

(1)原征地人员。在新办法中,原征地农转非人员一次性缴纳基本养老保险费后,将由政府给予适量的社会保险补贴,按"个人出一点,政府补一点"的原则由政府和个人共同承担。并且,对原征地人员又按老龄人员、"4050"人员、中青年人员实行有区别的办法:对待老龄人员(即男满 60 周岁、女满 55 周岁及其以上者):75 周岁以下人员按每相差一年增加 1300 元的标准在 1.5 万元的基础上缴纳;75 周岁及其以上人员按照 1.5 万元缴纳。"4050"人员(指的是男满 50 不满 60 周岁、女满 40 不满 55 周岁者):都按照 4.1 万元的定额标准缴纳基本养老保险费。至于中青年人员(指凡 16 岁以上者,男不满 50 周岁、女不满 40 周岁者):根据个人意愿,参加一次性缴纳基本养老保险缴费,根据缴费时年龄确定应缴费的年限,如表 13 所示。

表 13　重庆市原征地人员基本养老保险费政府和个人承担的比例

(单位:%)

人员安置时间	政府补贴比例	个人承担比例
1982—1994 年期间	80	20
1995—1998 年期间	65	35
1999—2004 年期间	55	45
2005—2007 年期间	50	50

资料来源:陈亚东:《失地农民社会保障制度研究——以重庆为例》,人民出版社 2008 年版。

（2）新征地人员。新征地的农民就可以直接根据不同年龄组（老龄人员、"4050"人员、中青年人员）直接参加基本养老保险，并由土地行政管理部门统一代缴，资金主要来源于安置补助费用和土地补偿费两大块。

2. 享受待遇的确定。

（1）原征地人员。老龄人员：按企业退休人员的最低基本养老金标准（每月 450 元左右），按月发放。对年满 70 岁以上者还可以同时享受高龄增发养老金待遇。这种将城镇企业退休人员最低基本养老金作为他们基本养老金发放的依据，根本上是为了保障老龄人员的基本生活。"4050 人员"：达到法定退休年龄次月开始，按照重庆市城镇企业退休人员最低基本养老金标准按月发放，当年满 70 周岁，同时享受高龄增发养老金待遇。还有一种情况是，针对在法定退休年龄前继续缴纳城镇企业职工基本养老保险费 5 年以上的，就可以按照城镇企业职工基本养老保险的办法执行。对中青年人员，则是鼓励其一次性缴纳基本养老保险费后，通过就业继续缴纳保险费，直接纳入城镇企业职工基本养老保险。

（2）新征地人员。新征地人员直接参加基本养老保险的，依据不同年龄组，其待遇和原征地人员对应年龄段的人员相同。

3. 死亡待遇确定。

被征地农转非人员领取养老金待遇期间死亡的，从其死亡的次月起，停止发放养老待遇，发给丧葬费 2000 元和一次性救济金（本人 7 个月的养老待遇）。其个人一次性缴费，扣除已支付养老待遇、丧葬费和一次性救济金后的余额一次性返还其指定受益人或法定继承人。①

---

① 参见陈亚东：《失地农民社会保障制度研究——以重庆为例》，人民出版社 2008 年版，第 238 页。

第四节　新型农村合作医疗

合作医疗制度是新中国成立后,依靠政府力量在农村建立的一种农村居民的健康保障制度,从其建立至今已几经起落。当前,在建设和谐社会的背景下,国家在农村医疗保障制度方面制定了一系列的法规和政策。在 2002 年《中共中央、国务院关于进一步加强农村卫生工作的决定》中,要求把建立农村新型合作医疗制度,尤其是农村贫困人群的医疗救助提上议事日程,并提出 2010 年在全国建立起新型合作医疗的规划。国务院办公厅转发的卫生部、财政部和农业部《关于共同建立新型农村合作医疗制度意见的通知》,要求各省、自治区、直辖市从 2003 年起,至少选择 2—3 个县(市)先行试点,然后逐步推广,争取到 2010 年时,实现在全国范围内建立覆盖农村居民的新型合作医疗制度的目标。

新型农村合作医疗制度是一种农民自愿参加,个人、集体和政府多方筹资,以大病统筹为主的农民医疗互助共济制度。近几年来,专家和各地新型农村合作医疗管理人员都对新农合具体运行进行了反复的研究,总结了丰富的经验和许多系统化的知识,也积累了各具地区特色的新型农村合作医疗模式。其中,江苏省在新型农村合作医疗事业的具体实践中已取得初步的成就。

一、新型农村合作医疗的实践——以江苏省为例

改革开放以来,江苏省经济快速发展,人民生活水平不断提高,总体上达到了小康水平。但城乡之间、省内区域之间发展相当不平衡,农村医疗卫生事业总体上比城市差,苏北地区农村医疗卫生状况又比苏南地区农村差。为了贯彻党中央的政策规定,重点

解决农村医疗保障问题,根据《中共中央、国务院关于进一步加强农村卫生工作的决定》,江苏省在 2003 年制定了《关于在全省建立新型农村合作医疗制度的实施意见》,在 10 个县(市、区)进行了试点。据资料统计,截至 2004 年 2 月底,江苏省有 67 个县(市、区)实行了该制度,占全省总数的 72%,人口覆盖率达 48.7%。可以说,江苏省新型农村合作医疗工作取得了较好成绩,为进一步提高农村医疗保障事业奠定了基础。

综合推行新型农村合作医疗制度的试点经验,江苏省各地新型农村合作医疗的做法基本相同。例如在以昆山、常熟和无锡等为代表的苏南城市中,原来仅仅属于城市的"社区卫生服务体系"也正在向农村地区推进,并继续沿用了原有农村合作医疗某些合理的因素,综合发展为新的"农村社区卫生服务体系"。根据 2002 年 10 月《中共中央、国务院关于进一步加强农村卫生工作的决定》和 2003 年 1 月卫生部、财政部和农业部《关于建立新型农村合作医疗制度的意见》,江苏省新型农村合作医疗的具体做法是:

1. 扩大参保对象。新型农村合作医疗的参保对象除了最主要的农民外,还有其他对象。如昆山市将未纳入城镇职工医疗保险的农村小城镇居民和因失业等因素不再享受城镇职工医疗保险的农村常住人口,也纳入新型农村合作医疗的参保对象,从而构成了完整的医疗保障体系。江阴市还规定,外来人口如果整体参保,也可参加新型农村合作医疗。[1] 据最新统计,到 2008 年 12 月 31 日,全省共有 4454 万人参加新型农村合作医疗,参合率在 95% 以上,全省各县(市、区)的参保率也都达到了 95%,实现了省政府新

---

① 参见孙文基:《建立和完善农村社会保障制度》,社会科学文献出版社 2006 年版,第 130—131 页。

农合工作会议确定的目标。

2. 筹资机制实行"三方共担"原则,即实行个人缴费、集体扶持和政府资助相结合。其中 32 个省财政转移支付县(市、区)和一些革命老区,由省财政按每人每年 10 元的标准给予补助;地方财政(以县级为主)按每人每年总额不低于 10 元的标准给予补助;其他地区地方财政(以县级为主)按每人每年总额不低于 15 元的标准给予补助;乡村集体根据实际情况给予适当的资金扶持。此外,还规定财政状况较好的地区也可适当提高财政补助标准。2008 年,全省新型农村合作医疗共筹资 54.75 亿元。其中,农民个人缴费 13.25 亿元,地方各级财政补助资金 24.11 亿元,省级财政补助资金 16.38 亿元,其他渠道资金 1.01 亿元。综合农民个人出资和政府补助的资金情况,农民个人缴费占筹资总额的 26.05%,政府补助资金占筹资总额的 73.95%。

3. 筹资水平,各地不一,差异较大。2006 年起,江苏省政府决定由财政扶持增加人均水平,由人均 30 元增加到 50 元。综合目前各地的筹资情况,昆山的水平最高,达到每人每年应缴 200 元。

4. 新型农村合作医疗经费以年度为单位在规定的时间内进行筹集,以收定支,保障适度。2008 年度,江苏省新农合基金累计支出总额约为 50.99 亿元,基金使用率达到 93.13%,使得基金结余率有效地控制在 10% 以内。并且全年对万元以上的补偿人次有 5.18 万人,对参保农民因病致贫和因病返贫的现象起到了一定程度的缓解作用。

5. 保障范围不同。主要补助因疾病达到规定起报点的大额医药费用或住院医疗费用,对于有条件的地方,则可以实行大额医疗费用补助与小额医疗费用补助相结合的办法,这样不但可以提高抗风险能力,而且兼顾了农民的受益面。各地保障的范围基本上都是以"保大病"为主,提高农民抵御大病经济风险的能力,也有少数地区实行了门诊补偿,如昆山等。

6. 提高基金统筹层次,扩大统筹范围。江苏省新型农村合作医疗基金在大部分地区实行的都以县(市、区)为单位进行统筹,改变了传统合作医疗制度以乡村为单位统筹合作医疗基金的方式。以县为单位的统筹,可以增加参合人数,扩大统筹范围,增强其资金规模,从而增强抗风险的能力。

7. 强调农民自愿参加和参加基金监管的权利。除了已参加城镇职工基本医疗保险的居民以外,其余农村居民都可以自愿参加户口所在地的农村合作医疗;对于非本籍户口的外来常住人员,也可以申请参加当地的农村合作医疗。此外,还规定"县(市、区)应设立由政府相关部门和参加合作医疗的农民共同组成的监督委员会,定期检查、监督合作医疗基金使用和管理情况",还采取张榜公布等措施,每季度向社会公布基金的具体支付和使用情况。

8. 增强政府的管理责任。江苏省新型农村合作医疗,其管理机构设在县和县以上行政部门,管理的层次提高。并且,其经办机构和监督机构都由政府和政府相关职能部门组建,管理经费由地方政府承担,明确规定对合作医疗经费不得侵占、挪用,相应加强了政府对社会公共事务管理的责任。

9. 有些地方引入商业保险机构参与管理。将商业保险公司引入到医保基金的运作上,利用商业保险公司的专业化、信息化、快速化,管理医保基金的结算工作,可以提高基金管理的效率和准确性。如江阴市与中国太平洋人寿保险公司建立合作,实行"征、管、监"相分离的运作机制。

10. 综合全省新型农村合作医疗,可以发现各地因地制宜,积极探索各种新模式。很多县(市、区)在坚持原则的基础上从当地实际出发,出台了一些行之有效的办法,得到了农民的认可。

一些特色模式,例如,昆山市推行的"四合一"模式,"家庭储户+住院风险统筹+大病救助+预防保健基金",这种模式可以使农民花少量的钱就可以享受较大数额的大病风险补偿,为农民分担了医疗风险①;江阴市实行的农村医保与保险公司有机结合,建立"征、管、监"相分离的运作机制;赣榆县实行的"滚动筹资"模式,经参合者同意,在合管办报销医药费时,提前收取该户下一年度的参合经费,这样减少了筹资的工作量,降低了筹资成本。

总体来看,江苏省的新型农村合作医疗基本上实现了政府、医院和农民个人"三方共赢"的目标,得到广大农民群众的认同和支持,已经取得了阶段性的成果。尤其是 2008 年,全省筹资水平大幅度增加,而支出费用又得到了有效地控制,新型农村合作医疗工作开展得较为顺利。

二、新型农村合作医疗的问题及创新

新型农村合作医疗的发展和成就有目共睹,但新型农村合作医疗制度的发展面临着两大难题:其一,保障水平低。有限的政府投入以及较低的农民收入和迅速增长的医疗需求之间存在较大的差距,少量的农民缴费和昂贵的医疗费用以及较高的发病率使"保大病"的目标在很多地方实际上难以实现,一些地方的合作医疗封顶线很低,只有一两千元,难以保障农民生大病时的医疗需求。其二,管理成本高。在地方卫生部门主管的新型农村合作医疗中,管理费用一般要占到总经费的 10% 以上,有限的资源成为

---

① 参见孟醒:《统筹城乡社会保障——理论·机制·实践》,经济科学出版社 2005 年版,第 194 页。

管理者的人头费,没有充分发挥其应有的作用。

在前文介绍了江苏省试点经验的基础上,我们再看看国内有关新型合作医疗的创新举措。

1. 厦门模式及其扩展。国内由福建省厦门市首创、并被国内70多个城市所仿效的"厦门模式"即为社会保险与商业保险合作模式的典型代表。厦门模式的成功之处在于,它顺应社会医疗保险中各方的特点,把福利性质的社会保险仅限定于基本医疗层次,而把基本医疗层次之外的保险业务交由营利性的商业保险公司去经营。而保险公司与社保局相比,它的社会福利功能很弱,因而可以进行比较有效的供、需方的费用控制,在很大程度上缓解了医疗保险中的基本矛盾。

为满足农民转嫁大病风险的迫切需求,可以以"厦门模式"为原型,参照国内其他地方的成功经验,设计我国商业化运作的农民新型合作医疗保险制度。在初步设计的模式中,设想由农村基层组织行使收取农村补充保险保费并向保险公司统一投保的职能,从而使事权、财权和监督权分离,利用商业保险公司跨越组织管理和保险技术的障碍。保险费的承担方式和保险金额根据不同农村的经济状况进行调整。"厦门模式"有利于借助商业保险公司的管理、技术和人才优势,发挥乡镇政府在合作医疗中的事务管理职能,降低合作医疗的难度,实现从合作办医向合作购买医疗保险的战略性转变。

2. 中国人寿模式。继"厦门模式"之后,中国人寿和新华人寿等商业保险公司参与新型农村合作医疗制度的做法则更直接地展现了这种模式的优越性:社会保险管理部门利用商业保险公司的人力、物力、技术和市场资源为社会提供更多的医疗保障;商业保险公司利用社会保险所蕴涵的政府信用开展医疗保险业务,并带动其他业务的发展。目前已有中国人寿、中国太平洋人寿、中国平安人寿、泰康人寿、新华人寿和中华联合6家保险公司,在江苏、河南、福建、浙江、广东、山东、山西、新疆8个省(自治区)的68个县(市、区)开展了农民医疗保险工作,涉及参保农民1765万人,试点地区平均参保率为84%。其中,38个县(市、区)被各级政府列入试点范围,占全国641个新农合试点县(市、区)的6%。

从2003年下半年开始,中国人寿江苏、宁波、浙江、青岛、江西、福建、山西、河南8个分公司主要以"基金型条款"和"团体补充医疗保险(A型)"等条款承办了31个区县的农村合作医疗保险,截至2004年7月,保费收入约2.325亿元,赔款支出1.16亿元,总承保人数约865.1万人,其中基金型业务保费有2.27亿元,团(A型)保费有1071万元,其他条款(职工团体+大额医疗)352万元;保险公司累计为518.86万人次提供了医疗补偿服务。具体开办地区有:江苏的南京、无锡、常州、泰州、淮安地区;宁波的北仑和宁海区;河南的新乡市;青岛的城阳区和黄岛开发区;福建泉州的泉港区;山西的左云县;浙江的台州市路桥区等。中国人寿参与的新型合作医疗中,业务规模最大,地区分布最广的是江苏省,保费收入1.1亿元,承保总人数403万人;业务比较集中是河南新乡,保费收入0.56亿元,承保人数338.4万人,占当地农民人口84.5%。农村合作医疗保险绝大部分业务是2004年1月开始起保,由于经营时间短,开展时间比较集中,整体上还处于摸索阶段。

"厦门模式"和中国人寿参与新型农村合作医疗的模式的确值得学习和借鉴。保险公司介入后,新型农村合作医疗保障水平低和管理成本高这两大难题都得到了有效缓解。以河南新乡为例,卫生部门统管农村新型合作医疗业务时,管理费用为1000万元,而中国人寿保险公司参与后,管理费用仅100万元;农民报销

药费的时间从几个月缩短为几天,每人的赔付限额则提高到 5000
元(癌症 8000 元)。即使如此,保险公司仍能保本微利。对保险
公司来说,虽然无法从合作医疗中获得太大的利润,但参与进来却
意味着客户规模的扩大,意味着推动其他业务增长的市场机会。①

三、医疗改革背景下的新型农村合作医疗

(一)我国新型农村合作医疗存在的主要问题

根据 2002 年《中共中央、国务院关于进一步加强农村卫生工
作的决定》,从 2003 年起,我国开始了新型农村合作医疗制度的试
点,最初确定在安徽、浙江、吉林和湖北四个省进行试点,且在每个
省选取 2 个县作为全国的试点单位。自新型农村合作医疗试点至
2006 年 3 月 31 日,已覆盖全国农业人口近 4.74 亿人,占我国农业
户总人口数的 53%;参保人数 3.74 亿人,参合率 79.06%;试点县
(市、区)共 1369 个,占全国应开展合作医疗县(市、区)总数的
47.8%。通过这些数据,可以看出新型农村合作医疗已经得到较
快的发展,是解决我国"三农"问题的一个突破口和农村建设的重
点,也是构建和谐社会的一项重要内容。但在这几年的发展中,新
农保也出现了问题和不足:

1. 筹资困难,缺乏稳定性,并且支撑力不强。按照规定,新型
合作医疗的筹资实行个人、集体和政府多方负担的原则,但在实际
筹资过程中,无论是哪一方都存在亟待解决的问题。

对于农民来说,参合率低,积极性低。首先,不是因为农民没
有缴纳 10 元参保费的能力,而是农民参保的意愿受到许多因素的

---

① 参见王国军:《新型农村合作医疗制度的模式创新》,《经济与管理研究》
2006 年第 4 期。

影响。如历史上曾出现的"干部吃好药、农民吃草药",使得一些地方的政府失信于民;合作医疗基金被挪用、贪污,补偿支付中的徇私舞弊也大大地伤害了普通民众。其次,合作医疗制度本身的制度效应,即我国合作医疗实行的是以"大病统筹"为主的模式,农民的受益面比较小,有些地方仅达1%—2%。再次,我国受农民价值观、思想观念、健康状况的影响,健康风险意识不强,共济互助观念更是薄弱。最后,有些经济落后地方,农民可支配的收入确实有限,导致农民缴纳经费存在一定的困难。

财政困难的部分地方政府,没有足够的资金为参保农民提供财政补助。尤其对于那些本身财政困难的地方政府,提供这笔资金将增加他们的财政负担。而中央和省级财政资金到位时间也比较迟,往往在每年11月左右。由于这两方面财政资金占合作医疗资金的40%—50%,如果两者资金不能及时到位,就会带来一系列的负面影响:可能会导致前半年空账或超账运行;医疗费用的报销前紧后松;如果二次补偿的话,则又增加了管理成本。所以,保证合作医疗筹资的制度性、稳定性,是影响我国新型农村合作医疗持续发展的关键。

2. 制度的可持续发展存在问题。农村合作医疗在我国也几经起落,使得一部分基层干部和农民对农村合作医疗制度失去了信任,特别是在经济不发达地区,一些地方政府补贴不能到位甚至无法足额提供财政补助,更加挫伤了农民参保的积极性。当然也出现这样一种情况,在有些经济发达的地区,由集体、富裕的农民或者是财政代农民缴纳部分甚至全部的费用。这样从财政扶持角度看,或许是可以的;但从长期看,也有不足,既增加了地方财政负担,又使得农民淡漠了缴费的意识。如果没有资金再为农民缴费,那农民是否会自己缴费? 所以,如何使得新型农村合作医疗长效、可持续发展也至关重要。

3. 对执行过程中的不规范行为监督不够。制度设计再好,如果不被执行或者执行过程中发生了偏差,都不可能达到预期目标。从新型农村合作医疗制度发展看,最主要的问题是执行过程中监督力度不够,有效监督机制缺失。尽管成立有监督委员会,但目前监督委员会参与有效监督的力度不大,形式化比较严重。因为农民分散、数量众多以及就医行为经常性,导致对农民的监督也是比较困难的;医疗服务涉及许多专业化的技术、知识、人员,因而更限制了监督委员会在这方面的监督力度。

4. 限制了受益面的扩大。新型农村合作医疗制度中规定的"农民自愿参加"和"大病保险",使得受益面扩大受到了限制。新农合政策鼓励农民自愿参加,虽然比较尊重了农民个人的参保意愿,但也存在明显弊端:一方面,出现"逆向选择",即造成健康状况良好的农民不参加新型农村合作医疗,而健康状况不好的参加;另一方面,自愿参加的原则潜在地设定了一个费用门槛,导致部分贫困居民(通常也是最需要帮助的社会群体)由于缴费能力不足而无法参加。根据 2005 年卫生部与世界银行开展的新型农村合作医疗试点情况的现场调查,农村最低收入人群(人群按照收入划分为最低、次低、中等、次高和最高五组)参加率是 71.35%,而最高收入人群是 78.97%。这与社会保障制度对经济弱势群体保护的一般性原则相矛盾,也违背了社会保障制度对贫困人群进行转移支付缓解社会不平等的原则。因此,如何与民政医疗救助制度有效结合,保证最贫困农民能够参加新型农村合作医疗,是当前面临的一个重要问题。

5. 相关的外部配套制度需要改善。我国的新型农村合作医疗制度,还受到医药价格、公共卫生、医疗服务等诸多外部环境的影响。近些年,医疗价格连续上涨,看病难、看病贵已经成为很尖锐的社会矛盾。因为医疗价格的上涨,使得农民支付的钱就越多,可以购买的药品也就越少,这势必会影响到农民的切实利益。还有就是我国公共卫生基础薄弱,政府财政投资不够,所以不利于新型农村合作医疗政策的贯彻。

（二）我国医疗改革背景

1994 年,国务院在江苏的镇江、江西的九江进行城镇职工社会养老保险制度试点,拉开了中国医改的序幕。1998 年,国务院出台了《关于建立城镇职工养老保险制度的决定》,要求在全国建立起覆盖全体城镇职工、实行社会统筹和个人账户结合的基本医疗保险制度。2000 年 2 月 16 日,国务院体改办联合国家计委、国家经贸委、卫生部等八部委发布了《关于城镇医药卫生体制改革的指导意见》(以下简称《意见》),该《意见》被当做是国内医疗行业总体改革的纲领性文件。《意见》指出,我国医疗改革的目标是"建立适应社会主义市场经济要求的城镇医药卫生体制,促进医疗机构和医药行业健康发展,让群众享有价格合理、质量优良的医疗服务,提高人民的健康水平"。2005 年 7 月 28 日,国务院发展研究中心在《对医疗体制改革的评价与建议》中,基本上否定了中国过去 20 多年的医疗改革。

此后,医疗改革便成为我国社会改革的热点,看病难、看病贵也成为当今中国百姓抱怨最多的问题。面对这样一个人口众多的发展中国家的医疗问题,改革不能一蹴而就,必须结合中国国情,制定合理的医疗改革方案。

2008 年 10 月 14 日,按照国务院的要求,深化医药卫生体制改革部际协调工作小组发布了《关于深化医药卫生体制改革的意见(征求意见稿)》,主张加快推进基本医疗保障制度建设。基本医疗保障制度全面覆盖城乡居民,城镇职工基本医疗保险、城镇居民基本医疗保险和新型农村合作医疗参保(合)率达到90%以上。促进各项基本医疗保障制度的协调和衔接。完善医疗保障管理体制机制,逐步提高筹资和保障水平。进一步健全城乡医疗救助制度,明显减轻城乡居民个人医药费用负担。2009年1月21日,国务院总理温家宝主持召开国务院常务会议,审议并原则通过《关于深化医药卫生体制改革的意见》和《2009—2011年深化医药卫生体制改革实施方案》(以下简称《实施方案》)。该《实施方案》中规定:2011年基本医保制度覆盖城乡居民;每人年补助标准提至120元;3年内基本药物全部纳入医保报销目录;建立统一的居民健康档案;公立医院改革2009年开始试点。据初步测算,为保障上述五项改革的顺利实施,3年内各级政府预计投入8500亿元。

其中,对农民的最大亮点是:到2011年,基本医疗保障制度全面覆盖城乡居民,基本医疗卫生可及性和服务水平明显提高,居民就医费用负担明显减轻,"看病难、看病贵"问题明显缓解。实现这一目标的途径是:加快推进基本医疗保障制度建设。3年内使城镇职工和居民基本医疗保险及新型农村合作医疗参保率提高到90%以上。2010年,对城镇居民医保和新农合的补助标准提高到每人每年120元,并适当提高个人缴费标准,提高报销比例和支付限额。改革的目标旨在落实医疗卫生事业的公益性质,把基本医疗卫生制度作为公共产品向全民提供,努力实现人人享有基本医疗卫生服务的目标。

(三)进一步完善新型农村合作医疗制度

1. 稳步提高保障水平,促进新型农村合作医疗可持续发展。我国目前的新型农村合作医疗,无论是筹资水平还是保障水平都比较低。随着经济的发展,农民生活水平的提高,国家在稳步提高补助标准的同时,应该允许各地结合当地实际确定适当的筹资水平、保障水平和补偿水平。经济发达地区可以灵活扩大覆盖面,提升参保率,提高保障水平,真正为农村居民解决基本医疗保障问题,也在一定上缓解因病致贫、因病返贫的现象。

2. 加大政府财政支持力度,增加政府责任。虽然新型农村合作医疗由个人、集体、政府共同出资建设,但从这几年的实践可以看出,仅仅依靠农村医疗救助资金帮助农村贫困人口"参合"还是很难,没法支付医疗费用中的高额"自付部分",即使"参合"了也不能解决看病难题。这就迫切需要增加政府对医疗救助资金的投入,加大对农村卫生事业的扶持力度,按稳定比例将政府对新型农村合作医疗的投入逐年列入预算。政府可以适当地降低一些特困家庭负担的缴费比例,使他们在花钱不多的情况下也可以看得起病,防止因病致贫、返贫的发生。

3. 深化农村卫生改革,规范医疗服务的管理。加强农村医疗卫生机构基础设施建设,改善农村卫生服务条件,增强服务能力,提高医疗服务水平和服务质量;县级人民政府要集中力量抓好乡(镇)—院(卫生院)的建设,要严格控制医疗收费标准,向农民提供更好的医疗卫生服务。此外还需要大力发展农村社区卫生服务,整合现有的资源,加快推进乡镇卫生院标准建设,推进乡村卫生服务的一体化进程。进一步深化"管办合一"体制的改革,逐步实现"政事分开"、"管办分开",加强对定点医疗机构的"第三方"机制建设,定期或不定期对医疗机构的医疗服务进行稽查和评价。既能提高监督的有效性,也能控制医疗机构的"骗保"行为,为医疗机构增强竞争力提供公开、公正的社会环境。

4. 加强管理机制和运行机制,提高效率,降低成本。首先,要坚持个人缴费、集体扶持和政府资助相结合的筹资机制,保证充足的资金支持。其次,加强管理人员的培训,形成较高素质和办事能力的管理人员队伍,不断提高相关人员和机构的工作效率。降低管理人员开支和管理费用,尽可能地降低管理过程中的成本,将多余的资金留给农民。最后,加强信息化建设,尽快搭建信息化建设平台,建立信息管理规范,统一软件标准。

5. 完善医药费用管理,控制医药费用上涨。其实,农民看病困难的最主要原因是医药费用太高,远远超过农民的支付能力,尤其是诊断费用、药品价格的快速增长,增加了农民的看病支出。随着经济的发展和人民收入的提高,医药费用增长是可以理解的,但其增长的幅度必须合理,不能超过农民的承受范围。所以,必须遏制医药费用上涨,控制药品价格,加强药品监管,完善对医疗卫生人员和医疗机构的监督,做到公开化、透明化。尤其在采购药品时,要坚持公开、公平、公正的原则,在保证药品质量的同时,努力降低成本。

新型农村合作医疗从最初试点至今已有几年,虽然实践中出现了不少的问题,但成就还是巨大的,这证明了它对推进社会主义新农村建设和统筹城乡经济社会发展有着重要作用。尤其是在当今工业反哺农业,大力开展统筹城乡经济社会发展的有利时刻,我们必须坚持改革,不断完善,推动新型农村合作医疗的发展壮大。

结　语

农村社会保障体系建设应在全面建立农村最低生活保障制度和新型农村合作医疗制度的基础上,分地区探索建立农村养老保障制度,鼓励有条件的地区发展城乡一体化的国民养老金和公共医疗制度。为此,首先要进一步解放思想,从政府到农民都要不断更新观念,政府不能视建设农村社会保障为包袱,要积极承担起政府的责任;农民也要提高认识,从国家和社会获得物质帮助、享受相关服务是公民应有的权利。其次,从农村社会保障责任本位的确定,到具体政策的制定和运行,还有很多工作要做,具体包括:

一、强化政府责任

保障广大农民最基本的生活需要,是政府的责任。政府应该根据经济发展水平构建农村社会保障制度,建立健全农村社会保障的管理体制,兑现国家对农村社会保障的财政责任,确保农村社会保障基金的保值增值,建立健全农村社会保障的监管机制,推动农村社会保障的立法建设,创造适宜农村社会保障制度建设的社会环境等。只有政府充分履行自己应尽的义务,才能更好地实现农村社会保障中公平与效率的统一。

政府为社会保障提供相应的财政支持,是国际上的通行做法,也是社会主义市场经济条件下建立公共财政的重要内容。改革开放以来,我国国民经济总量和经济规模不断扩大,综合国力明显增强。2007 年,全国财政收入达到 5.13 万亿元,增速超过了 30%。按照党中央、国务院关于"逐步加大公共财政对农村社会保障制度建设的投入"的要求,目前应该是加大公共财政对农村社会保障制度建设投入的时候了,因为国家已经具备了这种财政支撑能力。政府要加大资金的投入和提高资金的使用效率,各级政府要有长期规划和保障措施。政府还要加强监督管理和完善落实责任制,比如,将社会保障纳入政绩考核中,层层负责、层层落实。

二、统筹协调城乡的社会保障,提高制度的公平性

鲜明的城乡二元社会结构也存在于社会保障领域,户籍制度把农村居民排除在社会保障之外,使农民难以享受城市居民所享受到的各种福利;同时,越来越多的城市福利需要由财政支付。这对农民而言,一方面无法享受社会保障,另一方面为城市的福利买单,存在穷人对富人进行转移支付的反常现象,拉大了城乡差距。享受社会保障是农民的基本权利,为广大农民提供社会保障是政府的基本职责,应该从制度上消除社会保障的二元性,在城乡间合理配置社会保障资源。这是实现社会保障制度公平性的必然要求,也是我国社会保障制度建设的长期奋斗目标。

三、完善社会保障政策,满足多元化保障需求

社会保障在不同时期、不同文化、不同经济条件和不同制度的国家中表现为不同的模式。我国经济社会发展的现状决定了社会保障政策只能起到基础性作用,解决国民在遇到风险时的基本生活问题,尚无法满足人们多元化的需求。于是,选择补充保险或政府鼓励的基本保障以外的其他保障就显得十分重要。多样化的社会保障模式由多功能的社会救助体系和包括国家强制的最低水平

的社会保险、由缴费决定或自愿购买的补充保险在内的多层次的社会保险体系构成。出台多样化的社会保障政策,建立多样化的社会保障模式,能满足不同个体和家庭对社会保障的不同需要,有助于在坚持公平的基础上促进效率的不断提高;而且也有利于解决广覆盖、保基本所造成的公平有余而保障不足,以及可能存在的效率损失等问题。

四、加快农民工和失地农民的社会保障体系建设步伐

将农民工纳入城镇社会保障体系,需要结合农民工就业和流动的特点,分类设计和处理。① 对于拥有比较稳定职业并在城镇就业时间较长的农民工,可以将其直接纳入城镇社会保障体系,与城镇职工同等缴费、享受同等待遇。对于没有稳定职业且流动性大的农民工,可设计过渡性方案,划定强制性险种和自愿性险种,强制性险种必须参加,自愿性险种尊重个人选择。对于进城从事经营性的自我雇用农民工,可参照城镇个体户参保办法。农民工加入城镇社会保障体系的资金,由个人、企业和财政三方共同筹集。

对于失地农民的社会保障,在支付农民土地补偿金的同时,还应该为其建立相应的养老、医疗、失业、低保等社会保障,加大对他们的就业培训,提高其就业能力。失地农民加入社会保障体系的资金可以从财政拨款和土地使用权出让金中按比例进行提取和筹集。

---

① 参见王德文:《"十一五"时期我国社会保障体制改革展望》,《开放导报》2007 年第 3 期。

参 考 文 献

一、著作

1. 《马克思恩格斯选集》第 1 卷,人民出版社 1995 年版。

2. [奥]哈耶克:《自由秩序原理》,邓正来译,三联书店 1997 年版。

3. [德]路德维希·艾哈德:《大众的福利》,丁安新译,武汉大学出版社 1995 年版。

4. [德]威廉·冯·洪堡:《论国家的作用》,林荣远等译,中国社会科学出版社 1998 年版。

5. [俄]克鲁泡特金:《互助论》,李平沤译,商务印书馆 1963 年版。

6. [法]迪贝卢等:《社会保障法》,蒋将元译,法律出版社 2002 年版。

7. [美]汤普森:《老而弥智——养老保险经济学》,孙树菡等译,中国劳动社会保障出版社 2003 年版。

8. [印]阿玛蒂亚·森:《贫困与饥荒——论权利与剥夺》,王宇等译,商务印书馆 2001 年版。

9. [英]迈克尔·希尔:《理解社会政策》,刘升华译,商务印书馆 2003 年版。

10. 约翰·罗尔斯:《正义论》,何怀宏等译,中国社会科学出版社 1988 年版。

11. 国际劳工局编:《社会保障:新共识》,中国劳动社会保障出版社 2004 年版。

12. 世界银行:《防止老年危机》,中国财政经济出版社 1996年版。

13. 陈红霞:《社会福利思想》,社会科学文献出版社 2002年版。

14. 陈亚东:《失地农民社会保障制度研究——以重庆为例》,人民出版社 2008 年版。

15. 陈振明:《公共管理学》,中国人民大学出版社 2005 年版。

16. 邓微:《中国转型期农村社会保障问题研究》,湖南人民出版社 2006 年版。

17. 丁建定、魏科科:《社会福利思想》,华中科技大学出版社 2005 年版。

18. 丁少群:《保险学概论》,陕西科技出版社 1996 年版。

19. 公维才:《中国农民养老保障概论》,社会科学文献出版社 2007 年版。

20. 关信平主编:《社会政策概论》,高等教育出版社 2004年版。

21. 郭金丰:《城市农民工社会保障制度研究》,中国社会科学出版社 2006 年版。

22. 胡希宁:《当代西方经济学流派》,中共中央党校出版社 2004 年版。

23. 黄恒学:《公共经济学》,北京大学出版社 2002 年版。

24. 乐章:《社会救助学》,北京大学出版社 2008 年版。

25. 李本公、姜力:《救灾救济》,中国社会出版社 1996 年版。

26. 李迎生:《转型时期的社会政策》,中国人民大学出版社 2007 年版。

27. 李珍:《社会保障理论》,中国劳动社会保障出版社 2001 年版。

28. 厉以宁:《西方福利经济学述评》,商务印书馆 1984 年版。

29. 林义:《农村社会保障的国际比较及启示研究》,中国劳动社会保障出版社 2006 年版。

30. 刘伯龙、竺乾威等:《当代中国农村公共政策研究》,复旦大学出版社 2005 年版。

31. 刘翠霄:《天大的事:中国农民社会保障制度研究》,法律出版社 2006 年版。

32. 刘苓玲:《中国社会保障制度——城乡衔接理论与政策研究》,经济科学出版社 2008 年版。

33. 刘燕生:《社会保障的起源、发展和道路选择》,法律出版社 2001 年版。

34. 吕学静:《各国社会保障制度》,经济管理出版社 2001 年版。

35. 梅哲:《构建社会主义和谐社会中的社会保障问题研究》,华中师范大学出版社 2006 年版。

36. 宁骚主编:《公共政策学》,高等教育出版社 2003 年版。

37. 石秀和等:《中国农村社会保障问题研究》,人民出版社 2006 年版。

38. 宋斌文:《当代中国农民的社会保障问题研究》,中国财经经济出版社 2006 年版。

39. 宋国华:《社会保障实务大全》,新华出版社 1990 年版。

40. 孙文基:《建立和完善农村社会保障制度》,社会科学文献出版社 2006 年版。

41. 童星主编:《社会保障与管理》,南京大学出版社 2002 年版。

42. 王国军:《社会保障:从二元到三维》,对外经济贸易大学出版社 2005 年版。

43. 王洪春、汪雷:《中国农村社会保障——新的机遇与挑战》,中国科学技术出版社 2006 年版。

44. 王越:《中国农村社会保障制度建设研究》,中国农业出版社 2005 年版。

45. 吴易风:《当代西方经济学流派与思想》,首都经济贸易大学出版社 2005 年版。

46. 新型农村合作医疗试点工作评估组:《发展中的中国新型农村合作医疗》,人民卫生出版社 2006 年版。

47. 许文兴:《农村社会保障》,中国农业出版社 2006 年版。

48. 严强等:《公共政策学》,南京大学出版社 2002 年版。

49. 杨翠迎:《中国农村社会保障制度研究》,中国农业出版社 2003 年版。

50. 叶普万:《贫困经济学研究》,中国社会科学出版社 2004 年版。

51. 张曼:《农村社会保障:关注农村民生问题》,中国社会出版社 2007 年版。

52. 郑秉文等主编:《当代东亚国家、地区社会保障制度》,法律出版社 2002 年版。

53. 郑功成:《构建和谐社会》,人民出版社 2005 年版。

54. 郑功成:《社会保障学——理念、制度、实践与思辨》,商务印书馆 2000 年版。

55. 郑功成:《中国社会保障制度变迁与评估》,中国人民大学出版社 2002 年版。

56. 祝亚雄:《奥地利养老保障制度研究》,复旦大学出版社 2007 年版。

57. 毕世杰:《发展经济学》,高等教育出版社 2003 年版。

58. 孟醒:《统筹城乡社会保障——理论·机制·实践》,经济出版社 2005 年版。

二、论文

1. 安增龙:《中国农村社会养老保险制度研究》,西北农林科技大学博士论文,2004 年 11 月。

2. 包一玫:《生活质量及其评估指标体系的探讨》,《内蒙古统计》2006 年 4 月。

3. 鲍海君、吴次芳:《论失地农民社会保障体系建设》,《管理世界》2002 年第 10 期。

4. 曹信邦:《中国农村社会保障制度缺位的政治学分析》,《云南社会科学》2005 年第 5 期。

5. 常婧:《中国传统政治文化中存在的"和谐"社会理念》,《安徽文学》2007 年第 7 期。

6. 陈长民:《健全我国社会保障监督体系的思考》,《乡镇经济》2005 年第 10 期。

7. 陈德伟、金岳芳:《征地中的农民土地产权问题》,《中国土地》2002 年第 3 期。

8. 陈少晖:《农村社会保障:制度缺陷与政府责任》,《福建师范大学学报》(哲学社会科学版)2004 年第 4 期。

9. 戴卫东:《构建农村"低保"制度成本有多高》,《中国国情国力》2007 年第 3 期。

　　10. 单建秀：《意大利社会保障情况》，《国际资料信息》1996
年第 9 期。

　　11. 邓大松、王增文：《我国农村低保制度存在的问题及其探
讨——以现存农村"低保"制度存在的问题为视角》，《山东经济》
2008 年第 1 期。

　　12. 丁国光：《公共财政怎样覆盖农村——有关意大利农村的
调查报告》，《乡镇论坛》2007 年第 1 期。

　　13. 丁任重、倪英：《我国农村土地制度改革问题研究》，《学术
研究》2008 年第 1 期。

　　14. 丁文萱：《加拿大农民所得政策及对我国农村社会保障制
度建设的启示》，《东方论坛》1999 年第 3 期。

　　15. 杜飞进等：《中国社会保障制度的公平与效率问题研究》，
《学习与探索》2008 年第 1 期。

　　16. 方青：《从"集体保障"到"社会保障"——中国农村社会
保障 1949—2000》，《当代中国史研究》2002 年第 1 期。

　　17. 冯章龙：《中国农村养老保险制度的现状、问题及对策》，
《经济界》2006 年第 4 期。

　　18. 高灵芝等：《农村社会保障的格局与体系》，《山东社会科
学》2007 年第 12 期。

　　19. 顾涛、蔡敏：《我国新型农村合作医疗存在的问题及政策
建议》，《卫生经济研究》2006 年第 7 期。

　　20. 顾昕：《费用控制与新型农村合作医疗的可持续性发展》，
《学习与探索》2007 年第 1 期。

　　21. 关信平：《论我国农村社会救助制度的目标、原则及模式
选择》，《华东师范大学学报》2006 年第 6 期。

22. 何增科:《治理、善治与中国政治发展》,《中共福建省委党校学报》2002 年第 3 期。

23. 胡宏伟:《中国农村合作医疗政策取向的历史回顾与评析》,《广西经济管理干部学院学报》2006 年第 1 期。

24. 胡象明:《公共政策研究应关注农村社会保障与社会稳定》,《江苏社会科学》2001 年第 6 期。

25. 扈立家、刘强:《我国农村社会保障体系建设问题与对策》,《党政干部学刊》2006 年第 4 期。

26. 华迎放:《农民工社会保障模式选择》,《中国劳动》2005 年第 5 期。

27. 黄立华:《美国农村公共产品的供给及启示》,《北方经贸》2007 年第 1 期。

28. 黄晓慧等:《我国农村社会保障若干问题研究综述》,《理论月刊》2006 年第 4 期。

29. 黄玉兰:《我国新农村政策执行的障碍与消解》,《党政干部论坛》2007 年第 7 期。

30. 纪军:《香港社会保障制度》,《理论前沿》1997 年第 17 期。

31. 姜木枝等:《土地保障功能与农村社会保障制度建设》,《四川行政学院学报》2005 年第 2 期。

32. 姜向群:《韩国养老保险制度的发展、特点、问题及与中国的比较分析》,《东北亚论坛》2003 年第 5 期。

33. 焦克源、刘鹏:《完善社会保障制度与促进人的全面发展》,《理论前沿》2007 年第 1 期。

34. 金兆怀等:《政府在农村社会保障建设中的作用研究》,《经济纵横》2007 年第 9 期。

35. 晋利珍:《罗尔斯公平正义论对我国农村社会保障制度建设的启示》,《人口与经济》2008 年第 1 期。

36. 蒯小明:《我国农村社会救助的供给不足与国家责任》,《经济与管理研究》2007 年第 7 期。

37. 郎大鹏、郝如玉:《台湾的社会保障制度》,《经营与管理》2007 年第 8 期。

38. 李春根:《中国农村养老保险制度的现状与制度安排》,《江西社会科学》2006 年第 3 期。

39. 李辉婕等:《我国农村社会救助工作面临的问题及对策》,《安徽农业科学》2007 年第 4 期。

40. 李龙主编:《西方法学名著提要》,江西人民出版社 2002 年版。

41. 李顺义:《以科学发展观为指导建立健全农村社会保障体系》,《攀登》2007 年第 1 期。

42. 李迎生:《社会转型与社会保障——工业化国家现代社会保障制度演变的启示》,《学海》2004 年第 2 期。

43. 李珍、王平:《新型农村合作医疗的保障困境》,《南风窗》2008 年第 1 期。

44. 李珍:《建立我国农村社会保障制度的理论分析》,《武汉大学学报》(哲学社会科学版)2006 年第 1 期。

45. 林德明:《日本农村社会保障体系的发展历程及现状》,《世界农业》2004 年第 5 期。

46. 林闽钢:《新型农村合作医疗制度缺失研究》,《东岳论丛》2008 年第 1 期。

47. 林闽钢:《中国农村合作医疗制度的公共政策分析》,《江海学刊》2002 年第 3 期。

48. 刘俊霞:《公民社会保障权与农村社会保障制度》,《中南财经政法大学学报》2005 年第 4 期。

49. 刘燕:《我国农村社会保障制度改革中政府责任问题研究》,《人口与经济》2006 年第 2 期。

50. 陆发才:《澳大利亚社会保障制度及启示》,《中国财政》1998 年第 12 期。

51. 吕文峰:《加拿大农民年金制度介绍》,台湾《农训月刊》1995 年 12 月。

52. 马小勇:《中国农户的风险规避行为分析》,《中国软科学》2006 年第 2 期。

53. 欧阳红兵、叶蓓:《国家干预主义的思想源流》,《宁夏社会科学》1998 年第 6 期。

54. 盘意文:《浅谈农村社会保障问题》,《经济与社会发展》2006 年 2 月。

55. 齐海鹏:《西方国家农村社会保障制度的比较分析及启示》,《中国集体经济》2007 年第 2 期。

56. 邵晓琰:《对农村税费改革问题的思考》,《商业经济》2008 年第 1 期。

57. 施慧中:《苏州城市化过程中老人养老的现状、问题及对策》,《苏州科技学院学报》2005 年第 1 期。

58. 石宏伟、张仁传:《城市农民工社会保障的实践与思考——以上海和广东模式为例》,《理论探索》2007 年第 1 期。

59. 宋斌文:《略论构建我国农村社会保障体系的总体思路》,《财经论丛》2007 年第 1 期。

60. 孙来斌:《中国传统和谐思想与构建社会主义和谐社会》,《岭南学刊》2007 年第 6 期。

61. 童星等:《影响农村社会保障制度的非经济因素分析》,《社会保障制度》2003 年第 2 期。

62. 童兆颖:《构建我国农村社会保障"三步走"战略的思考》,《统计与决策》2005 年第 8 期。

63. 汪晖:《城乡结合部的土地征用:征用权与征地补偿》,《中国农村经济》2002 年第 2 期。

64. 王德文:《"十一五"时期我国社会保障体制改革展望》,《开放导报》2007 年第 3 期。

65. 王福生、刘冰:《新型农村合作医疗推广中的问题与浅析》,《中外医疗》2008 年第 3 期。

66. 王国军:《新型农村合作医疗制度的模式创新》,《经济与管理研究》2006 年第 4 期。

67. 王剑:《农村社会保障制度建设与构建农村和谐社会》,《广西社会科学》2007 年第 5 期。

68. 王巧玲、陈可:《论农村社会保障问题》,《理论学刊》2006 年第 1 期。

69. 王成:《公共部门内部控制——最高审计机关国际组织内部控制概念的更新》,《中国内部审计》2005 年 12 月。

70. 王四炯、贾成龙:《论新型农村社会保障体系的构建》,《农业经济》2008 年第 2 期。

71. 王先进:《五保供养政策的历史传承与制度创新》,《学习与实践》2007 年第 9 期。

72. 王晓莉:《当前我国农村社会保障问题研究》,《合作经济与科技》2007 年 6 月。

73. 王振华:《布莱尔"第三条道路"的社会历史背景与思想理论渊源》,《开放导报》2000 年第 2—3 期。

74. 韦润梅：《和谐社会与社会保障》，《中共山西省委党校学报》2007年第1期。

75. 吴康：《"三农问题"内涵探析》，《太原大学学报》2007年6月。

76. 吴泉源：《农村五保户的供养现状与思考》，《长沙民政职业技术学院学报》2003年3月。

77. 吴忠明：《现阶段中国的社会风险与社会安全运行》，《科学社会主义》2004年第5期。

78. 武志宏：《合作医疗的前世今生》，《中国卫生产业》2007年第3期。

79. 肖雁、戴彦臻：《"瑞典学派"及其对我国社会发展的借鉴意义》，《鲁行经院学报》2001年第5期。

80. 徐道稳：《农村社会福利的制度转型和政策选择》，《广东社会科学》2006年第4期。

81. 徐月宾、刘凤芹、张秀兰：《中国农村反贫困政策的反思——从社会救助向社会保护转变》，《中国社会科学》2007年第3期。

82. 严新明：《国家责任本位的体现——"江村"农民基本养老保险的实践与思考》，《人口与经济》2005年第6期。

83. 杨翠迎：《中国农村社会保障制度发展模式探讨》，《农业经济》2002年第10期。

84. 杨翠迎：《中国社会保障制度的城乡差异性与统筹改革思路》，《浙江大学学报》2004年第3期。

85. 杨凤勇：《论构建和谐社会的传统文化基础》，《石家庄学院学报》2008年第1期。

86. 姚建红：《澳大利亚的农村卫生体制》，《中国初级卫生保健》2006 年第 7 期。

　　87. 于颖:《建立中国农村社会保障制度的思考》,《东北财经大学学报》2001 年第 3 期。

　　88. 俞军备等:《人情文化背景下的中国农村社会保障》,《上海大学学报》(社会科学版)2005 年 7 月。

　　89. 云南省科技厅政策法规与体制改革处:《农村最低生活保障政策问答》,《农村实用技术》2007 年第 7 期。

　　90. 曾柏苓:《奥地利社会保障制度的特点与启示》,《云南行政学院学报》2001 年第 1 期。

　　91. 张白鸽:《完善农村社会保障机制的对策建议》,《经济体制改革》2007 年第 6 期。

　　92. 张秉福:《论农村社会保障制度的现状、问题及对策》,《学术论坛》2006 年第 4 期。

　　93. 张长有:《转型期政府在农村社会保障制度建设中的作用》,《农村经济与科技》2007 年第 10 期。

　　94. 张吉会:《论农村社会转型中的弱势群体》,《实事求是》2002 年第 6 期。

　　95. 张金凤等:《浅析构建和谐社会农村社会保障的问题与对策》,《法制与社会》2007 年第 5 期。

　　96. 张金海:《新加坡的社会保障制度》,《山东劳动保障》2001 年第 11 期。

　　97. 张立荣:《中国农村社会保障政策变革:回顾与前瞻》,《江汉论坛》2003 年第 1 期。

　　98. 张萍、熊珍琴:《新农村视野下农村社会保障体系的构建》,《农业考古》2006 年第 6 期。

　　99. 张润森:《挪威的社会保障制度》,《世界经济文汇》1993

年第 4 期。

100. 张绍鹏:《从城乡二元体制看农村社会保障发展》,《前进》2006 年第 10 期。

101. 张时飞、唐钧:《积极推进农村低保制度建设》,《红旗文稿》2006 年第 12 期。

102. 张淑荣等:《我国农村社会保障制度存在的问题与对策研究》,《农业经济》2007 年第 1 期。

103. 张卫:《可持续发展的农村社会保障体系建设——以南京市雨花台区为个案的研究》,《中国农村观察》2001 年第 2 期。

104. 张燕等:《德国瑞典农村社会保障法律制度研究》,《中国乡镇企业》2008 年第 2 期。

105. 张迎新:《论我国社会主义和谐社会的传统文化底蕴》,《辽宁行政学院学报》2008 年第 2 期。

106. 郑功成:《农民工的权益与社会保障》,《中国党政干部论坛》2002 年第 8 期。

107. 周弘:《丹麦社会保障制度:过去、现在、未来》,《中国农村观察》1996 年第 2 期。

108. 周振等:《国外农村社会保障制度比较及对重庆的启示》,《重庆社会科学》2007 年第 12 期。

109. 周志凯:《对我国农村社会福利事业的思考》,《生产力研究》2006 年第 6 期。

110. 朱丽颖等:《中国农村社会保障制度演化过程中政府与农民角色分析》,《社会科学辑刊》2005 年第 6 期。

111. 朱庆芳:《从指标体系看构建和谐社会亟待解决的几个问题》,《中国党政干部论坛》2006 年第 2 期。

112. Alice, G. , Sidney Goldstein, 1997, *Migration in China*:

Methodological and Policy Challenges, *Social Science History*, Vol. 11, No. 1.

113. Elisabeth, J. C., 1999, *Social Welfare Reform*: *Trends and Tensions*, *The China Quarterly*, No. 159.

114. Athar, H., 1994, *Social Security in Present-Day China and Its Reform*, *The American Economic Review*, Vol. 84, No. 2.

115. Dorothy J. Solinger, 1999, *Citizenship Issues in China's Internal Migration*: *Comparisons with Germany and Japan*, *Political Science Quarterly*, Vol. 114, No. 3.

近年来党中央国务院关于农村社会保障文件摘要

《中华人民共和国宪法》(摘要)

(1982 年 12 月 4 日第五届全国人民代表大会
第五次会议通过　1982 年 12 月 4 日全国
人民代表大会公告公布施行)

第十四条　国家通过提高劳动者的积极性和技术水平,推广先进的科学技术,完善经济管理体制和企业经营管理制度,实行各种形式的社会主义责任制,改进劳动组织,以不断提高劳动生产率和经济效益,发展社会生产力。

国家厉行节约,反对浪费。

国家合理安排积累和消费,兼顾国家、集体和个人的利益,在发展生产的基础上,逐步改善人民的物质生活和文化生活。

国家建立健全同经济发展水平相适应的社会保障制度。

第四十二条　中华人民共和国公民有劳动的权利和义务。

国家通过各种途径,创造劳动就业条件,加强劳动保护,改善劳动条件,并在发展生产的基础上,提高劳动报酬和福利待遇。

劳动是一切有劳动能力的公民的光荣职责。国有企业和城乡集体经济组织的劳动者都应当以国家主人翁的态度对待自己的劳动。国家提倡社会主义劳动竞赛,奖励劳动模范和先进工作者。

国家提倡公民从事义务劳动。

国家对就业前的公民进行必要的劳动就业训练。

第四十三条 中华人民共和国劳动者有休息的权利。

国家发展劳动者休息和休养的设施,规定职工的工作时间和休假制度。

第四十四条 国家依照法律规定实行企业事业组织的职工和国家机关工作人员的退休制度。退休人员的生活受到国家和社会的保障。

第四十五条 中华人民共和国公民在年老、疾病或者丧失劳动能力的情况下,有从国家和社会获得物质帮助的权利。国家发展为公民享受这些权利所需要的社会保险、社会救济和医疗卫生事业。

国家和社会保障残废军人的生活,抚恤烈士家属,优待军人家属。

国家和社会帮助安排盲、聋、哑和其他有残疾的公民的劳动、生活和教育。

第四十六条 中华人民共和国公民有受教育的权利和义务。

国家培养青年、少年、儿童在品德、智力、体质等方面全面发展。

《高举中国特色社会主义伟大旗帜，为夺取全面建设小康社会新胜利而奋斗》（摘要）

——在中国共产党第十七次全国代表大会上的报告

（2007 年 10 月 15 日）

胡锦涛

人民生活显著改善。城乡居民收入较大增加，家庭财产普遍增多。城乡居民最低生活保障制度初步建立，贫困人口基本生活得到保障。居民消费结构优化，衣食住行用水平不断提高，享有的公共服务明显增强。

社会建设全面展开。各级各类教育迅速发展，农村免费义务教育全面实现。就业规模日益扩大。社会保障体系建设进一步加强。抗击"非典"取得重大胜利，公共卫生体系和基本医疗服务不断健全，人民健康水平不断提高。社会管理逐步完善，社会大局稳定，人民安居乐业。

——加快发展社会事业，全面改善人民生活。现代国民教育体系更加完善，终身教育体系基本形成，全民受教育程度和创新人才培养水平明显提高。社会就业更加充分。覆盖城乡居民的社会保障体系基本建立，人人享有基本生活保障。合理有序的收入分配格局基本形成，中等收入者占多数，绝对贫困现象基本消除。人人享有基本医疗卫生服务。社会管理体系更加健全。

八、加快推进以改善民生为重点的社会建设

社会建设与人民幸福安康息息相关。必须在经济发展的基础上,更加注重社会建设,着力保障和改善民生,推进社会体制改革,扩大公共服务,完善社会管理,促进社会公平正义,努力使全体人民学有所教、劳有所得、病有所医、老有所养、住有所居,推动建设和谐社会。

(一)优先发展教育,建设人力资源强国。教育是民族振兴的基石,教育公平是社会公平的重要基础。要全面贯彻党的教育方针,坚持育人为本、德育为先,实施素质教育,提高教育现代化水平,培养德智体美全面发展的社会主义建设者和接班人,办好人民满意的教育。优化教育结构,促进义务教育均衡发展,加快普及高中阶段教育,大力发展职业教育,提高高等教育质量。重视学前教育,关心特殊教育。更新教育观念,深化教学内容方式、考试招生制度、质量评价制度等改革,减轻中小学生课业负担,提高学生综合素质。坚持教育公益性质,加大财政对教育投入,规范教育收费,扶持贫困地区、民族地区教育,健全学生资助制度,保障经济困难家庭、进城务工人员子女平等接受义务教育。加强教师队伍建设,重点提高农村教师素质。鼓励和规范社会力量兴办教育。发展远程教育和继续教育,建设全民学习、终身学习的学习型社会。

(二)实施扩大就业的发展战略,促进以创业带动就业。就业是民生之本。要坚持实施积极的就业政策,加强政府引导,完善市场就业机制,扩大就业规模,改善就业结构。完善支持自主创业、自谋职业政策,加强就业观念教育,使更多劳动者成为创业者。健全面向全体劳动者的职业教育培训制度,加强农村富余劳动力转移就业培训。建立统一规范的人力资源市场,形成城乡劳动者平

等就业的制度。完善面向所有困难群众的就业援助制度,及时帮助零就业家庭解决就业困难。积极做好高校毕业生就业工作。规范和协调劳动关系,完善和落实国家对农民工的政策,依法维护劳动者权益。

(三)深化收入分配制度改革,增加城乡居民收入。合理的收入分配制度是社会公平的重要体现。要坚持和完善按劳分配为主体、多种分配方式并存的分配制度,健全劳动、资本、技术、管理等生产要素按贡献参与分配的制度,初次分配和再分配都要处理好效率和公平的关系,再分配更加注重公平。逐步提高居民收入在国民收入分配中的比重,提高劳动报酬在初次分配中的比重。着力提高低收入者收入,逐步提高扶贫标准和最低工资标准,建立企业职工工资正常增长机制和支付保障机制。创造条件让更多群众拥有财产性收入。保护合法收入,调节过高收入,取缔非法收入。扩大转移支付,强化税收调节,打破经营垄断,创造机会公平,整顿分配秩序,逐步扭转收入分配差距扩大趋势。

(四)加快建立覆盖城乡居民的社会保障体系,保障人民基本生活。社会保障是社会安定的重要保证。要以社会保险、社会救助、社会福利为基础,以基本养老、基本医疗、最低生活保障制度为重点,以慈善事业、商业保险为补充,加快完善社会保障体系。促进企业、机关、事业单位基本养老保险制度改革,探索建立农村养老保险制度。全面推进城镇职工基本医疗保险、城镇居民基本医疗保险、新型农村合作医疗制度建设。完善城乡居民最低生活保障制度,逐步提高保障水平。完善失业、工伤、生育保险制度。提高统筹层次,制定全国统一的社会保险关系转续办法。采取多种方式充实社会保障基金,加强基金监管,实现保值增值。健全社会救助体系。做好优抚安置工作。发扬人道主义精神,发展残疾人事业。加强老龄工作。强化防灾减灾工作。健全廉租住房制度，加快解决城市低收入家庭住房困难。

（五）建立基本医疗卫生制度，提高全民健康水平。健康是人全面发展的基础，关系千家万户幸福。要坚持公共医疗卫生的公益性质，坚持预防为主、以农村为重点、中西医并重，实行政事分开、管办分开、医药分开、营利性和非营利性分开，强化政府责任和投入，完善国民健康政策，鼓励社会参与，建设覆盖城乡居民的公共卫生服务体系、医疗服务体系、医疗保障体系、药品供应保障体系，为群众提供安全、有效、方便、价廉的医疗卫生服务。完善重大疾病防控体系，提高突发公共卫生事件应急处置能力。加强农村三级卫生服务网络和城市社区卫生服务体系建设，深化公立医院改革。建立国家基本药物制度，保证群众基本用药。扶持中医药和民族医药事业发展。加强医德医风建设，提高医疗服务质量。确保食品药品安全。坚持计划生育的基本国策，稳定低生育水平，提高出生人口素质。开展爱国卫生运动，发展妇幼卫生事业。

（六）完善社会管理，维护社会安定团结。社会稳定是人民群众的共同心愿，是改革发展的重要前提。要健全党委领导、政府负责、社会协同、公众参与的社会管理格局，健全基层社会管理体制。最大限度激发社会创造活力，最大限度增加和谐因素，最大限度减少不和谐因素。妥善处理人民内部矛盾，完善信访制度，健全党和政府主导的维护群众权益机制。重视社会组织建设和管理。加强流动人口服务和管理。坚持安全发展，强化安全生产管理和监督，有效遏制重特大安全事故。完善突发事件应急管理机制。健全社会治安防控体系，加强社会治安综合治理，深入开展平安创建活动，改革和加强城乡社区警务工作，依法防范和打击违法犯罪活动，保障人民生命财产安全。完善国家安全战略，健全国家安全体制,高度警惕和坚决防范各种分裂、渗透、颠覆活动,切实维护国家安全。

和谐社会要靠全社会共同建设。我们要紧紧依靠人民,调动一切积极因素,努力形成社会和谐人人有责、和谐社会人人共享的生动局面。

《中共中央、国务院关于推进社会主义新农村建设的若干意见》(摘要)

(2005 年 12 月 31 日)

(12)保障务工农民的合法权益。进一步清理和取消各种针对务工农民流动和进城就业的歧视性规定和不合理限制。建立健全城乡就业公共服务网络,为外出务工农民免费提供法律政策咨询、就业信息、就业指导和职业介绍。严格执行最低工资制度,建立工资保障金等制度,切实解决务工农民工资偏低和拖欠问题。完善劳动合同制度,加强务工农民的职业安全卫生保护。逐步建立务工农民社会保障制度,依法将务工农民全部纳入工伤保险范围,探索适合务工农民特点的大病医疗保障和养老保险办法。认真解决务工农民的子女上学问题。

(20)积极发展农村卫生事业。积极推进新型农村合作医疗制度试点工作,从 2006 年起,中央和地方财政较大幅度提高补助标准,到 2008 年在全国农村基本普及新型农村合作医疗制度。各级政府要不断增加投入,加强以乡镇卫生院为重点的农村卫生基础设施建设,健全农村三级医疗卫生服务和医疗救助体系。有条件的地方,可对乡村医生实行补助制度。建立与农民收入水平相适应的农村药品供应和监管体系,规范农村医疗服务。加大农村地方病、传染病和人畜共患疾病的防治力度。增加农村卫生人才培养的经费预算,组织城镇医疗机构和人员对口支持农村,鼓励各种社会力量参与发展农村卫生事业。加强农村计划生育服务设施建设,继续稳定农村低生育水平。

（22）逐步建立农村社会保障制度。按照城乡统筹发展的要求,逐步加大公共财政对农村社会保障制度建设的投入。进一步完善农村"五保户"供养、特困户生活救助、灾民补助等社会救助体系。探索建立与农村经济发展水平相适应、与其他保障措施相配套的农村社会养老保险制度。落实军烈属优抚政策。积极扩大对农村部分计划生育家庭实行奖励扶助制度试点和西部地区计划生育"少生快富"扶贫工程实施范围。有条件的地方,要积极探索建立农村最低生活保障制度。

《中共中央关于构建社会主义和谐社会若干重大问题的决定》(摘要)

(2006 年 10 月 11 日中国共产党第十六届
中央委员会第六次全体会议通过)

目前,我国社会总体上是和谐的。但是,也存在不少影响社会和谐的矛盾和问题,主要是:城乡、区域、经济社会发展很不平衡,人口资源环境压力加大;就业、社会保障、收入分配、教育、医疗、住房、安全生产、社会治安等方面关系群众切身利益的问题比较突出;体制机制尚不完善,民主法制还不健全;一些社会成员诚信缺失、道德失范,一些领导干部的素质、能力和作风与新形势新任务的要求还不适应;一些领域的腐败现象仍然比较严重;敌对势力的渗透破坏活动危及国家安全和社会稳定。

我们要构建的社会主义和谐社会,是在中国特色社会主义道路上,中国共产党领导全体人民共同建设、共同享有的和谐社会。必须坚持以马克思列宁主义、毛泽东思想、邓小平理论和"三个代表"重要思想为指导,坚持党的基本路线、基本纲领、基本经验,坚持以科学发展观统领经济社会发展全局,按照民主法治、公平正义、诚信友爱、充满活力、安定有序、人与自然和谐相处的总要求,以解决人民群众最关心、最直接、最现实的利益问题为重点,着力发展社会事业、促进社会公平正义、建设和谐文化、完善社会管理、增强社会创造活力,走共同富裕道路,推动社会建设与经济建设、政治建设、文化建设协调发展。

到 2020 年,构建社会主义和谐社会的目标和主要任务是:社会主义民主法制更加完善,依法治国基本方略得到全面落实,人民的权益得到切实尊重和保障;城乡、区域发展差距扩大的趋势逐步扭转,合理有序的收入分配格局基本形成,家庭财产普遍增加,人民过上更加富足的生活;社会就业比较充分,覆盖城乡居民的社会保障体系基本建立;基本公共服务体系更加完备,政府管理和服务水平有较大提高;全民族的思想道德素质、科学文化素质和健康素质明显提高,良好道德风尚、和谐人际关系进一步形成;全社会创造活力显著增强,创新型国家基本建成;社会管理体系更加完善,社会秩序良好;资源利用效率显著提高,生态环境明显好转;实现全面建设惠及十几亿人口的更高水平的小康社会的目标,努力形成全体人民各尽其能、各得其所而又和谐相处的局面。

(五)加强医疗卫生服务,提高人民健康水平。坚持公共医疗卫生的公益性质,深化医疗卫生体制改革,强化政府责任,严格监督管理,建设覆盖城乡居民的基本卫生保健制度,为群众提供安全、有效、方便、价廉的公共卫生和基本医疗服务。加强公共卫生体系建设,开展爱国卫生运动,发展妇幼卫生事业,加强医学研究,提高重大疾病预防控制能力和医疗救治能力。健全医疗卫生服务体系,重点加强农村三级卫生服务网络和以社区卫生服务为基础的新型城市卫生服务体系建设,落实经费保障措施。实施区域卫生发展规划,整合城乡医疗卫生资源,建立城乡医院对口支援、大医院和社区卫生机构双向转诊、高中级卫生技术人员定期到基层服务制度,加强农村医疗卫生人才培养。推进医疗机构属地化和全行业管理,理顺医药卫生行政管理体制,推行政事分开、管办分开、医药分开、营利性与非营利性分开。强化公立医院公共服务职能,加强医德医风建设,规范收支管理,纠正片面创收倾向。建立国家基本药物制度,整顿药品生产和流通秩序,保证群众基本用药。加强食品、药品、餐饮卫生监管,保障人民群众健康安全。严格医疗机构、技术准入和人员执业资格审核,引导社会资金依法创办医疗卫生机构,支持有资质人员依法开业,方便群众就医。大力扶持中医药和民族医药发展。

(六)完善社会保障制度,保障群众基本生活。适应人口老龄化、城镇化、就业方式多样化,逐步建立社会保险、社会救助、社会福利、慈善事业相衔接的覆盖城乡居民的社会保障体系。多渠道筹集社会保障基金,加强基金监管,保证社会保险基金保值增值。完善企业职工基本养老保险制度,强化保险基金统筹部分征缴,逐步做实个人账户,积极推进省级统筹,条件具备时实行基本养老金基础部分全国统筹。加快机关事业单位养老保险制度改革。逐步建立农村最低生活保障制度,有条件的地方探索建立多种形式的农村养老保险制度。完善城镇职工基本医疗保险,建立以大病统筹为主的城镇居民医疗保险,发展社会医疗救助。加快推进新型农村合作医疗。推进失业、工伤、生育保险制度建设。加快建立适应农民工特点的社会保障制度。加强对困难群众的救助,完善城市低保、农村五保供养、特困户救助、灾民救助、城市生活无着的流浪乞讨人员救助等制度。完善优抚安置政策。发展以扶老、助残、救孤、济困为重点的社会福利。发扬人道主义精神,发展残疾人事业,保障残疾人合法权益。发展老龄事业,开展多种形式的老龄服务。发展慈善事业,完善社会捐赠免税减税政策,增强全社会慈善意识。发挥商业保险在健全社会保障体系中的重要作用。拓宽资金筹集渠道,加快廉租住房建设,规范和加强经济适用房建设,逐步解决城镇低收入家庭住房困难。

《中共中央关于推进农村改革发展若干重大问题的决定》(摘要)

(2008 年 10 月 12 日中国共产党第十七届中央
委员会第三次全体会议通过)

根据党的十七大提出的实现全面建设小康社会奋斗目标的新要求和建设生产发展、生活宽裕、乡风文明、村容整洁、管理民主的社会主义新农村要求,到 2020 年,农村改革发展基本目标任务是:农村经济体制更加健全,城乡经济社会发展一体化体制机制基本建立;现代农业建设取得显著进展,农业综合生产能力明显提高,国家粮食安全和主要农产品供给得到有效保障;农民人均纯收入比 2008 年翻一番,消费水平大幅提升,绝对贫困现象基本消除;农村基层组织建设进一步加强,村民自治制度更加完善,农民民主权利得到切实保障;城乡基本公共服务均等化明显推进,农村文化进一步繁荣,农民基本文化权益得到更好落实,农村人人享有接受良好教育的机会,农村基本生活保障、基本医疗卫生制度更加健全,农村社会管理体系进一步完善;资源节约型、环境友好型农业生产体系基本形成,农村人居和生态环境明显改善,可持续发展能力不断增强。

(五)建立促进城乡经济社会发展一体化制度。尽快在城乡规划、产业布局、基础设施建设、公共服务一体化等方面取得突破,促进公共资源在城乡之间均衡配置、生产要素在城乡之间自由流动,推动城乡经济社会发展融合。统筹土地利用和城乡规划,合理安排市县域城镇建设、农田保护、产业聚集、村落分布、生态涵养等空间布局。统筹城乡产业发展,优化农村产业结构,发展农村服务业和乡镇企业,引导城市资金、技术、人才、管理等生产要素向农村流动。统筹城乡基础设施建设和公共服务,全面提高财政保障农村公共事业水平,逐步建立城乡统一的公共服务制度。统筹城乡劳动就业,加快建立城乡统一的人力资源市场,引导农民有序外出就业,鼓励农民就近转移就业,扶持农民工返乡创业。加强农民工权益保护,逐步实现农民工劳动报酬、子女就学、公共卫生、住房租购等与城镇居民享有同等待遇,改善农民工劳动条件,保障生产安全,扩大农民工工伤、医疗、养老保险覆盖面,尽快制定和实施农民工养老保险关系转移接续办法。统筹城乡社会管理,推进户籍制度改革,放宽中小城市落户条件,使在城镇稳定就业和居住的农民有序转变为城镇居民。推动流动人口服务和管理体制创新。扩大县域发展自主权,增加对县的一般性转移支付、促进财力与事权相匹配,增强县域经济活力和实力。推进省直接管理县(市)财政体制改革,优先将农业大县纳入改革范围。有条件的地方可依法探索省直接管理县(市)的体制。坚持走中国特色城镇化道路,发挥好大中城市对农村的辐射带动作用,依法赋予经济发展快、人口吸纳能力强的小城镇相应行政管理权限,促进大中小城市和小城镇协调发展,形成城镇化和新农村建设互促共进机制。积极推进统筹城乡综合配套改革试验。

五、加快发展农村公共事业,促进农村社会全面进步

建设社会主义新农村,形成城乡经济社会发展一体化新格局,必须扩大公共财政覆盖农村范围,发展农村公共事业,使广大农民学有所教、劳有所得、病有所医、老有所养、住有所居。

（一）繁荣发展农村文化。社会主义文化建设是社会主义新农村建设的重要内容和重要保证。坚持用社会主义先进文化占领农村阵地,满足农民日益增长的精神文化需求,提高农民思想道德素质。扎实开展社会主义核心价值体系建设,坚持用中国特色社会主义理论体系武装农村党员、教育农民群众,引导农民牢固树立爱国主义、集体主义、社会主义思想。推进广播电视村村通、文化信息资源共享、乡镇综合文化站和村文化室建设、农村电影放映、农家书屋等重点文化惠民工程,建立稳定的农村文化投入保障机制,尽快形成完备的农村公共文化服务体系。扶持农村题材义化产品创作生产,开展农民乐于参与、便于参与的文化活动,建立文化科技卫生"三下乡"长效机制,支持农民兴办演出团体和其他文化团体,引导城市文化机构到农村拓展服务。重视丰富农民工文化生活,帮助他们提高素质。广泛开展文明村镇、文明集市、文明户、志愿服务等群众性精神文明创建活动,倡导农民崇尚科学、诚信守法、抵制迷信、移风易俗,遵守公民基本道德规范,养成健康文明生活方式,形成男女平等、尊老爱幼、邻里和睦、勤劳致富、扶贫济困的社会风尚。加强农村文物、非物质文化遗产、历史文化名镇名村保护。发展农村体育事业,开展农民健身活动。

（二）大力办好农村教育事业。发展农村教育,促进教育公平,提高农民科学文化素质,培育有文化、懂技术、会经营的新型农民。巩固农村义务教育普及成果,提高义务教育质量,完善义务教育免费政策和经费保障机制,保障经济困难家庭儿童、留守儿童特别是女童平等就学、完成学业,改善农村学生营养状况,促进城乡义务教育均衡发展。加快普及农村高中阶段教育,重点加快发展农村中等职业教育并逐步实行免费。健全县域职业教育培训网络,加强农民技能培训,广泛培养农村实用人才。大力扶持贫困地区、民族地区农村教育。增强高校为农输送人才和服务能力,办好涉农学科专业,鼓励人才到农村第一线工作,对到农村履行服务期的毕业生代偿学费和助学贷款,在研究生招录和教师选聘时优先。保障和改善农村教师工资待遇和工作条件,健全农村教师培养培训制度,提高教师素质。健全城乡教师交流机制,继续选派城市教师下乡支教。发展农村学前教育、特殊教育、继续教育。加强远程教育,及时把优质教育资源送到农村。

(三)促进农村医疗卫生事业发展。基本医疗卫生服务关系广大农民幸福安康,必须尽快惠及全体农民。巩固和发展新型农村合作医疗制度,提高筹资标准和财政补助水平,坚持大病住院保障为主、兼顾门诊医疗保障。完善农村医疗救助制度。坚持政府主导,整合城乡卫生资源,建立健全农村三级医疗卫生服务网络,重点办好县级医院并在每个乡镇办好一所卫生院,支持村卫生室建设,向农民提供安全价廉的基本医疗服务。加强农村卫生人才队伍建设,定向免费培养培训农村卫生人才,妥善解决乡村医生补贴,完善城市医师支援农村制度。坚持预防为主,扩大农村免费公共卫生服务和免费免疫范围,加大地方病、传染病及人畜共患病防治力度。加强农村药品配送和监管。积极发展中医药和民族医药服务。广泛开展爱国卫生运动,重视健康教育。加强农村妇幼保健,逐步推行住院分娩补助政策。坚持计划生育的基本国策,推进优生优育,稳定农村低生育水平,完善和落实计划生育奖励扶助制度,有效治理出生人口性别比偏高问题。

(四)健全农村社会保障体系。贯彻广覆盖、保基本、多层次、可持续原则,加快健全农村社会保障体系。按照个人缴费、集体补助、政府补贴相结合的要求,建立新型农村社会养老保险制度。创造条件探索城乡养老保险制度有效衔接办法。做好被征地农民社会保障,做到先保后征,使被征地农民基本生活长期有保障。完善农村最低生活保障制度,加大中央和省级财政补助力度,做到应保尽保,不断提高保障标准和补助水平。全面落实农村五保供养政策,确保供养水平达到当地村民平均生活水平。完善农村受灾群众救助制度。落实好军烈属和伤残病退伍军人等优抚政策。发展以扶老、助残、救孤、济困、赈灾为重点的社会福利和慈善事业。发展农村老龄服务。加强农村残疾预防和残疾人康复工作,促进农村残疾人事业发展。

(五)加强农村基础设施和环境建设。把农村建设成为广大农民的美好家园,必须切实改善农民生产生活条件。科学制定乡镇村庄建设规划。加快农村饮水安全工程建设,五年内解决农村饮水安全问题。加强农村公路建设,确保“十一五”期末基本实现乡镇通油(水泥)路,进而普遍实现行政村通油(水泥)路,逐步形成城乡公交资源相互衔接、方便快捷的客运网络。推进农村能源建设,扩大电网供电人口覆盖率,推广沼气、秸秆利用、小水电、风能、太阳能等可再生能源技术,形成清洁、经济的农村能源体系。实施农村清洁工程,加快改水、改厨、改厕、改圈,开展垃圾集中处理,不断改善农村卫生条件和人居环境。推进广电网、电信网、互联网“三网融合”,积极发挥信息化为农服务作用。发展农村邮政服务。健全农村公共设施维护机制,提高综合利用效能。

(六)推进农村扶贫开发。搞好新阶段扶贫开发,对确保全体人民共享改革发展成果具有重大意义,必须作为长期历史任务持之以恒抓紧抓好。完善国家扶贫战略和政策体系,坚持开发式扶贫方针,实现农村最低生活保障制度和扶贫开发政策有效衔接。实行新的扶贫标准,对农村低收入人口全面实施扶贫政策,把尽快稳定解决扶贫对象温饱并实现脱贫致富作为新阶段扶贫开发的首要任务。重点提高农村贫困人口自我发展能力,对没有劳动力或劳动能力丧失的贫困人口实行社会救助。加大对革命老区、民族地区、边疆地区、贫困地区发展扶持力度。继续开展党政机关定点扶贫和东西扶贫协作,充分发挥企业、学校、科研院所、军队和社会各界在扶贫开发中的积极作用。加强反贫困领域国际交流合作。

（七）加强农村防灾减灾能力建设。我国农村自然灾害多、受灾地域广、防灾抗灾力量弱,必须切实加强农村防灾减灾工作。加强灾害性天气、地质灾害、地震监测预警,提高监测水平,完善处置预案,加强专业力量建设,提高应急救援能力,宣传普及防灾减灾知识,提高灾害处置能力和农民避灾自救能力。加强防洪排涝抗旱设施和监测预警能力建设,加快农村危房改造,提高农村道路、供电、供水、通信设施抗灾保障能力,提高农村学校、医院等公共设施建筑质量,落实安全标准和责任。全力做好汶川地震灾区农村恢复重建工作,加大投入,对口支援,发动群众,加快受灾农户住房重建,搞好农业生产设施重建,尽早恢复农业生产和农村经济。采取综合措施,促进灾区生态环境尽快修复并不断改善。

《中共中央、国务院关于进一步加强农村卫生工作的决定》(摘要)

(中发〔2002〕13 号,2002 年 10 月 19 日)

农村卫生工作是我国卫生工作的重点,关系到保护农村生产力、振兴农村经济、维护农村社会发展和稳定的大局,对提高全民族素质具有重大意义。改革开放以来,党和政府为加强农村卫生工作采取了一系列措施,农村缺医少药的状况得到较大改善,农民健康水平和平均期望寿命有了很大提高。但是,从总体上看,农村卫生工作仍比较薄弱,体制改革滞后,资金投入不足,卫生人才匮乏,基础设施落后,农村合作医疗面临很多困难,一些地区传染病、地方病危害严重,农民因病致贫、返贫问题突出,必须引起各级党委和政府的高度重视。为进一步加强农村卫生工作,现作出如下决定。

一、农村卫生工作的指导思想和目标

1. 农村卫生工作的指导思想。贯彻落实江泽民同志"三个代表"重要思想,坚持以农村为重点的卫生工作方针,从农村经济社会发展实际出发,深化农村卫生体制改革,加大农村卫生投入,发挥市场机制作用,加强宏观调控,优化卫生资源配置,逐步缩小城乡卫生差距,坚持因地制宜,分类指导,全面落实初级卫生保健发展纲要,满足农民不同层次的医疗卫生需求,从整体上提高农民的健康水平和生活质量。

2. 农村卫生工作的目标。根据全面建设小康社会和社会主义现代化建设第三步战略目标的总体要求,到 2010 年,在全国农村基本建立起适应社会主义市场经济体制要求和农村经济社会发展水平的农村卫生服务体系和农村合作医疗制度。主要包括:建立基本设施齐全的农村卫生服务网络,建立具有较高专业素质的农村卫生服务队伍,建立精干高效的农村卫生管理体制,建立以大病统筹为主的新型合作医疗制度和医疗救助制度,使农民人人享有初级卫生保健,主要健康指标达到发展中国家的先进水平。沿海经济发达地区要率先实现上述目标。

二、加强农村公共卫生工作

3. 明确农村公共卫生责任。各级政府按照分级管理,以县(市)为主的农村卫生管理体制,对农村公共卫生工作承担全面责任。国家针对现阶段影响农民健康的主要公共卫生问题,制定农村公共卫生基本项目和规划,各省、自治区、直辖市制定实施方案,市(地)、县(市)具体组织实施,全面落实农村公共卫生各项任务。

4. 加强农村疾病预防控制。坚持预防为主的方针,提高处理农村重大疫情和公共卫生突发事件的能力,重点控制严重危害农民身体健康的传染病、地方病、职业病和寄生虫病等重大疾病。到2010 年,农村地区儿童计划免疫接种率达到 90% 以上;95% 以上的县(市、区)实施现代结核病控制策略;75% 的乡(镇)能够为艾滋病病毒感染者和艾滋病患者提供预防保健咨询服务;95% 以上的县(市、区)实现消除碘缺乏病目标;地方病重病区根据本地区情况,采取改水、改灶、换粮、移民、退耕还林还草等综合性措施,有效预防和控制地方病。积极开展慢性非传染性疾病的防治工作。

5. 做好农村妇幼保健工作。制定有效措施,加强农村孕产妇和儿童保健工作,提高住院分娩率,改善儿童营养状况。要保证乡

(镇)卫生院具备处理孕产妇顺产的能力;县级医疗机构及中心乡
(镇)卫生院具备处理孕产妇难产的能力。到 2010 年,全国孕产
妇死亡率、婴儿死亡率要比 2000 年分别下降 25% 和 20%。采取
重点干预措施,有效降低出生缺陷发生率,提高出生人口素质。

6. 大力开展爱国卫生运动。以改水改厕为重点,加强农村卫
生环境整治,促进文明村镇建设。根据各地不同情况,制定农村自
来水普及率和卫生厕所普及率目标,并逐年提高。推进"亿万农
民健康促进行动",采取多种形式普及疾病预防和卫生保健知识,
引导和帮助农民建立良好的卫生习惯,破除迷信,倡导科学、文明、
健康的生活方式。

三、推进农村卫生服务体系建设

7. 建设社会化农村卫生服务网络。农村卫生服务网络由政
府、集体、社会、个人举办的医疗卫生机构组成。打破部门和所有
制界限,统筹规划、合理配置、综合利用农村卫生资源,建立起以公
有制为主导、多种所有制形式共同发展的农村卫生服务网络。发
挥市场机制的作用,多渠道吸引社会资金,发展民办医疗机构,支
持城市医疗机构和人员到农村办医或向下延伸服务,对符合条件
的民办医疗机构,应一视同仁,并按机构性质给予税收减免等鼓励
政策。农村预防保健等公共卫生服务可由政府举办的卫生机构提
供,也可由政府向符合条件的其他医疗机构购买。省级人民政府
要根据县、乡、村卫生机构功能,制定基本设施配置标准。到 2010
年,基本完成县级医院、预防保健机构和乡(镇)卫生院房屋设备
的改造和建设任务,已有的卫生院以改造为主,保证开展公共卫生
和基本医疗服务所需的基础设施和条件。

8. 发挥农村卫生网络的整体功能。政府举办的县级卫生机
构是农村预防保健和医疗服务的业务指导中心,承担农村预防保

健、基本医疗、基层转诊、急救以及基层卫生人员的培训及业务指导职责。乡(镇)卫生院以公共卫生服务为主,综合提供预防、保健和基本医疗等服务,受县级卫生行政部门委托承担公共卫生管理职能。乡(镇)卫生院要改进服务模式,深入农村社区、家庭、学校,提供预防保健和基本医疗服务,一般不得向医院模式发展。村卫生室承担卫生行政部门赋予的预防保健任务,提供常见伤、病的初级诊治。要注重发挥社会、个人举办的医疗机构的作用。进一步完善乡村卫生服务管理一体化,鼓励县、乡、村卫生机构开展纵向业务合作,提高农村卫生服务网络整体功能。计划生育技术服务机构是农村卫生资源的组成部分。医疗卫生机构和计划生育技术服务机构要按照有关法律法规的规定,明确职能,发挥各自在农村卫生工作中的应有作用,实现优势互补、资源共享。

9. 推进乡(镇)卫生院改革。调整现有乡(镇)卫生院布局,在乡(镇)行政区划调整后,原则上每个乡(镇)应有一所卫生院。调整后的乡(镇)卫生院由政府举办,要严格控制规模,按服务人口、工作项目等因素核定人员,卫生院的人员、业务、经费等划归县级卫生行政部门按职责管理。对其余的乡(镇)卫生院可以进行资源重组或改制。要在全县(市)或更大范围内公开招聘乡(镇)卫生院院长,竞争上岗,实行院长任期目标责任制,保证其相应待遇,并将其工资和医疗保险单位缴费部分列入财政预算。要积极推进乡(镇)卫生院运行机制改革,探索搞活卫生院的多种运营形式,实行全员聘用制,形成有生机活力的用人机制和分配激励机制,提高乡(镇)卫生院效率。在改制过程中要规范资产评估、转让等操作程序,妥善安置人员,变现资金应继续用于农村卫生投入。

10. 提高农村卫生人员素质。高等医学院校要针对我国农村卫生实际需要,通过改革培养模式,调整专业设置和教学内容,强化面向农村需要的全科医学教育,可采取初中毕业后学习 5 年或高中毕业后学习 3 年的高等专科教育等方式,定向为农村培养适用的卫生人才。鼓励医学院校毕业生和城市卫生机构的在职或离退休卫生技术人员到农村服务。建立健全继续教育制度,加强农村卫生技术人员业务知识和技能培训,鼓励有条件的乡村医生接受医学学历教育。对卫生技术岗位上的非卫生技术人员要有计划清退,对达不到执业标准的人员要逐步分流。到 2005 年,全国乡(镇)卫生院临床医疗服务人员要具备执业助理医师及以上执业资格,其他卫生技术人员要具备初级及以上专业技术资格;到 2010 年,全国大多数乡村医生要具备执业助理医师及以上执业资格。

11. 发挥中医药在农村卫生服务中的优势与作用。合理配置卫生资源,加强县级中医医院和乡(镇)卫生院中医科建设,为农村中医药发展提供必要的物质条件,逐步形成中医特色和优势。加强乡村医生的中医药知识和技能培训,培养一批具有中医执业助理医师以上资格的农村中医骨干。鼓励农村临床医疗服务人员兼学中医并应用中医药诊疗技术为农民服务。要筛选推广农村中医药适宜技术,扩大中医药服务领域,在规范农村中医药管理和服务的基础上,允许乡村中医药技术人员自种、自采、自用中草药。要认真发掘、整理和推广民族医药技术。

12. 促进农村药品供应网络建设。支持鼓励大型药品经营企业通过兼并和改造县(市、区)药品批发企业,建立基层药品配送中心,鼓励药品零售连锁经营向农村延伸,方便农民就近购药。逐步推行农村卫生机构药品集中采购,也可由乡(镇)卫生院为村级卫生机构统一代购药品,但代购方不得以谋利为目的。有条件的地区可试行药品集中招标采购。制定乡村医生基本用药目录,规范用药行为。

四、加大农村卫生投入力度

13. 政府卫生投入要重点向农村倾斜。各级人民政府要逐年增加卫生投入,增长幅度不低于同期财政经常性支出的增长幅度。从 2003 年起到 2010 年,中央及省、市(地)、县级人民政府每年增加的卫生事业经费主要用于发展农村卫生事业,包括卫生监督、疾病控制、妇幼保健和健康教育等公共卫生经费、农村卫生服务网络建设资金等。要研究制定具体补助办法,规范政府对农村卫生事业补助的范围和方式。

14. 合理安排农村公共卫生经费。县级财政要根据国家确定的农村公共卫生基本项目,安排人员经费和业务经费。省、市(地)级财政要对县、乡开展公共卫生工作给予必要的业务经费补助。此外,省级财政还要承担购买全省计划免疫疫苗和相关的运输费用。中央财政通过专项转移支付对困难地区的重大传染病、地方病和职业病的预防控制等公共卫生项目给予补助。

15. 合理安排农村卫生机构经费和建设资金。县级人民政府负责安排政府举办的农村卫生机构开展公共卫生和必要的医疗服务经费、离退休人员费用和发展建设资金。中央和省级财政对贫困地区农村卫生机构基础设施建设和设备购置给予补助。

16. 加强农村卫生经费管理。按照规定的项目、标准和服务量将农村卫生经费纳入各级财政预算。地方各级人民政府要认真做好农村卫生专项资金使用的管理和监督,严禁各种挪用和浪费行为,充分发挥资金使用效益。

17. 加大卫生支农和扶贫力度。建立对口支援和巡回医疗制度。组织城市和军队的大中型医疗机构开展"一帮一"活动,采取援赠医疗设备、人员培训、技术指导、巡回医疗、双向转诊、学科建设、合作管理等方式,对口重点支援县级医疗卫生机构和乡(镇)卫生院建设。县级医疗机构要建立下乡巡回医疗服务制度,各地要为每个县配备一辆巡回医疗车,中央对贫困、民族地区购置巡回医疗车及其附属医疗设备给予资金补助,巡回医疗车的日常运行费用由地方财政负责。大力支持开展视觉"光明行动"等巡回医疗活动。严格执行城市医生在晋升主治医师或副主任医师职称前到农村累计服务一年的制度。政府组织的卫生支农所需经费出派出机构的同级财政给予补助。中央和省级人民政府要把卫生扶贫纳入扶贫计划,作为政府扶贫工作的一项重要内容,并在国家扶贫资金总量中逐步加大对卫生扶贫的投入,帮助贫困地区重点解决基础卫生设施建设,改善饮水条件,加强妇幼卫生和防治传染病、地方病等方面的困难。

五、建立和完善农村合作医疗制度和医疗救助制度

18. 逐步建立新型农村合作医疗制度。各级政府要积极组织引导农民建立以大病统筹为主的新型农村合作医疗制度,重点解决农民因患传染病、地方病等大病而出现的因病致贫、返贫问题。农村合作医疗制度应与当地经济社会发展水平、农民经济承受能力和医疗费用需要相适应,坚持自愿原则,反对强迫命令,实行农民个人缴费、集体扶持和政府资助相结合的筹资机制。农民为参加合作医疗、抵御疾病风险而履行缴费义务不能视为增加农民负担。有条件的地方要为参加合作医疗的农民每年进行一次常规性体检。要建立有效的农民合作医疗管理体制和社会监督机制。各地要先行试点,取得经验,逐步推广。到2010年,新型农村合作医疗制度要基本覆盖农村居民。经济发达的农村可以鼓励农民参加商业医疗保险。

19. 对农村贫困家庭实行医疗救助。医疗救助对象主要是农村五保户和贫困农民家庭。医疗救助形式可以是对救助对象患大病给予一定的医疗费用补助,也可以是资助其参加当地合作医疗。医疗救助资金通过政府投入和社会各界自愿捐助等多渠道筹集。要建立独立的医疗救助基金,实行个人申请、村民代表会议评议,民政部门审核批准,医疗机构提供服务的管理体制。

20. 政府对农村合作医疗和医疗救助给予支持。省级人民政府负责制定农村合作医疗和医疗救助补助资金统筹管理办法。省、市(地)、县级财政都要根据实际需要和财力情况安排资金,对农村贫困家庭给予医疗救助资金支持,对实施合作医疗按实际参加人数和补助定额给予资助。中央财政通过专项转移支付对贫困地区农民贫困家庭医疗救助给予适当支持。从 2003 年起,中央财政对中西部地区除市区以外的参加新型合作医疗的农民每年按人均 10 元安排合作医疗补助资金,地方财政对参加新型合作医疗的农民补助每年不低于人均 10 元,具体补助标准由省级人民政府确定。

六、依法加强农村医药卫生监管

21. 强化农村卫生监督管理。卫生行政部门要加强行业管理,强化农村卫生机构、从业人员、卫生技术应用等方面的准入管理。加强农村卫生服务质量的评估、管理与监督,重点对乡、村卫生机构医疗操作规程、合理用药和一次性医疗用品、医疗器械消毒进行监督检查,规范农村卫生服务行为,保证农民就医安全。政府价格主管部门要加强对农村医疗服务价格及收费行为的监督管理。县级人民政府要充实力量,加大对乡、村巡回卫生监督的力度,加强对职业病防治、食品安全和生产销售健康相关产品的卫生监督工作,严禁危害农民身体健康的生产经营活动。严厉打击非法行医和其他危害公共卫生的违法行为。

22. 加强农村药品监管。药品监管部门要定期组织对县及县以下药品批发企业、零售企业、农村卫生机构的药品采购渠道和药品质量的检查,开展对制售假劣药品、过期失效药品、兽药人用等违法行为的专项治理,严肃查处无证无照经营药品行为,取缔各种非法药品集贸市场,大力整顿和规范中药材专业市场。要充实县级药品监管力量,积极为基层培养药品监管人员,改善药品监管装备条件,扩大农村用药监督检查和抽验的覆盖面,保证农民用上合格药品。政府价格主管部门要加强对农村医疗机构、药店销售药品的价格监督,严厉查处价格违法违规行为。

23. 加强高毒农药及剧毒杀鼠剂管理。政府主管部门要加强对农药特别是高毒农药的管理,严格实行农药生产经营许可制度。要认真做好杀鼠剂的登记审批工作,对申请登记的杀鼠剂进行严格审查,今后不再批准杀鼠剂的分装登记。要大力开展对制售高毒农药和杀鼠剂的专项整治活动,依法严厉打击非法生产、销售国家明令禁止的剧毒药品行为,对其制售窝点要坚决予以查封和取缔。要加强宣传教育工作,增强农民拒绝使用剧毒鼠药的意识。针对可能发生的农药生产和使用中毒,要制定应急预案。

七、加强对农村卫生工作的领导

24. 高度重视农村卫生工作。做好农村卫生工作,保护和增进农民健康,是各级党委和政府义不容辞的责任。我们要从实践"三个代表"重要思想的高度,充分认识加强农村卫生工作的重大意义,以对人民高度负责的精神,加强对农村卫生工作的领导。各级人民政府要定期研究农村卫生改革与发展工作。省、自治区、直辖市人民政府要全面贯彻中央的农村卫生工作方针政策,把初级卫生保健纳入国民经济和社会发展规划,制定本地区农村初级卫

生保健发展规划,落实人力、物力、财力等各项保障措施,保证各项
规划目标的实现。市(地)、县人民政府要全面落实农村初级卫生
保健发展规划,把改善农村基本卫生条件、组织建立新型农村合作
医疗制度、提高农民健康水平、减少本地区因病致贫和因病返贫人
数、保证农村卫生支出经费等目标作为领导干部政绩考核的重要
内容。经济发达地区,在完成中央提出的各项发展目标和任务的
基础上,要根据本地经济发展水平和农民需要,加快农村卫生事业
发展,提高农民医疗和健康水平。

25. 落实有关部门责任。中央和国家机关有关部门要对农村
卫生的全局性问题制定切实可行的方针政策,并运用转移支付、西
部开发、卫生扶贫等方式帮助经济欠发达地区发展农村卫生事业。
各级党委和政府要组织协调有关部门,动员全社会力量共同做好
农村卫生工作。卫生行政部门要充分发挥主管部门职能作用,宣
传、计划、经贸、教育、科技、民政、财政、人事、农业、计划生育、环
保、药监、体改、中医药、扶贫等有关部门要明确在农村卫生工作中
的职责和任务,群众团体要在农村卫生工作中发挥积极作用。国
务院和省、自治区、直辖市人民政府每年要对农村卫生工作情况进
行专项督察,确保农村卫生各项工作的完成。

《国务院办公厅关于做好 2004 年下半年新型农村合作医疗试点工作的通知》

（国办函［2004］56 号）

各省、自治区、直辖市人民政府，国务院各部委、各直属机构：

　　新型农村合作医疗试点工作自 2003 年下半年启动以来，各试点地区、各有关部门认真贯彻落实全国新型农村合作医疗试点工作会议和《国务院办公厅转发卫生部等部门关于进一步做好新型农村合作医疗试点工作指导意见的通知》（国办发［2004］3 号，以下简称《通知》）精神，取得了积极进展。同时，有的地方也反映出一些需要努力探索解决的问题。为及时总结试点工作的经验和教训，稳妥扩大试点，积极稳步地推进新型农村合作医疗制度的建立，经国务院新型农村合作医疗部际联席会议研究并经国务院同意，对做好 2004 年下半年的有关工作作出如下通知。

　　一、组织开展检查评估

　　2004 年下半年，对 2003 年启动的试点县（市）开展检查评估。检查评估按照《新型农村合作医疗试点工作检查评估方案》进行，以各省、自治区、直辖市自查为主，国务院新型农村合作医疗部际联席会议办公室（以下简称联席会议办公室）组织对中西部省份的试点县（市）进行抽查。8 月底前，各省、自治区、直辖市完成自查工作并将检查评估结果报联席会议办公室；9 月份，联席会议办公室组织抽查。各试点地区要通过检查评估，认真总结试点工作的经验和教训,对发现的问题及时研究和整改。

二、适时慎重调整试点补偿方案

各试点地区要按照以解决农民大额医疗费用负担为主、兼顾受益面的原则,通过深入调查、试点实践、科学测算和综合平衡,适时慎重调整基金结余较多的试点县(市)的补偿方案。对起付线、封顶线、补偿比例和补助范围的调整,要注意在保证基金适度结余的基础上,适当提高参合农民的受益程度。补偿方案的调整不仅要参考过去一年试点资金使用情况,也要考虑到农民潜在医疗需求增长和医药费用上涨等因素,注意保持政策的连续性和稳定性。

三、积极稳妥确定 2005 年新增试点县(市)

新增试点县(市)的选择,要严格按照《通知》的有关要求执行,同时考虑乡(镇)卫生院上划管理、医疗救助制度建立、经办机构编制和人员及工作经费落实、计算机等办公设备配备等方面的情况。严格控制新增试点县(市)的数量,经检查评估合格的省份,可以扩大到每个市(地)有一个试点县(市),已达到此要求和检查评估不合格的省份,2005 年不再扩大试点。东部经济条件比较好的省份,试点工作步伐可适当加快。各省、自治区、直辖市人民政府要严格按照有关要求确定试点县(市),并于 2004 年 10 月 10 日前报卫生部、财政部备案。对未按要求扩大的中西部省份的试点县(市),中央财政不予资金补助。

四、做好 2005 年扩大试点的准备工作

各试点地区要在认真做好现有试点工作的基础上,尽快开展 2005 年扩大试点的准备工作,把工作做得充分、扎实、有效。要深入做好宣传员和思想发动工作,坚持农民自愿参加的原则,避免任何形式的强迫命令。要做好基线调查,科学制订试点方案,建立组织和管理机构,积极开展对相关人员的培训,落实人员和工作经

费,确保试点工作顺利启动。

五、进一步做好基金筹集和管理工作

各试点地区要按照《通知》的要求,进一步完善农民个人负担经费收缴方式,特别是已取消农业税的地区要积极探索适合当地特点的行之有效的收缴方式;注意做好由医疗救助基金资助的五保户、贫困户等救助对象参加合作医疗的工作。2005 年农民个人负担经费的收缴工作原则上都要在 2004 年底之前完成,地方各级人民政府财政补助资金参照中央财政补助资金预拨办法,根据省级财政确定的财政补助资金结算和拨付办法及时拨付到位,确保新型农村合作医疗年度运行周期从 2005 年 1 月 1 日开始。

要加强基金的规范管理,做到基金封闭运行,保证基金安全,保证新型农村合作医疗制度持续稳定发展。要建立新型农村合作医疗风险基金,具体办法由财政部、卫生部制订。

六、加强经办机构能力建设

各试点地区要本着精简、效能的原则,切实解决经办机构人员编制问题,编制从现有行政和事业编制中调剂解决,人员和工作经费列入年度财政预算,予以保证。要加强管理的信息化建设,为经办机构提供必要的计算机设备与管理软件,保证工作需要。要加强对管理人员和经办人员的培训,提高他们的政策水平和管理水平。要通过财政转移支付对贫困地区的试点工作予以支持。

附件:《新型农村合作医疗试点工作检查评估方案》

中华人民共和国
国务院办公厅
2004 年 8 月 9 日

附件　《新型农村合作医疗试点工作检查评估方案》

为全面了解新型农村合作医疗试点运行效果,经国务院新型农村合作医疗部际联席会议研究决定,对 2003 年启动的试点县(市)工作情况进行检查评估。

一、目的

检查评估各省、自治区、直辖市现有试点县(市)的工作情况,总结经验,发现问题,完善政策和管理制度,推动试点工作健康发展,为下一步扩大试点提供依据。

二、内容

(一)政府重视情况:试点县(市)是否成立协调领导小组,有无工作计划和工作记录,是否发挥了领导和协调作用。

(二)组织机构情况:试点县(市)经办机构编制和人员是否落实,人员与公用经费具体数额以及来源情况。

(三)尊重农民意愿情况:参合农民是否自愿参加,有无强迫农民参加或强迫乡村干部、乡村医生为农民垫资缴费的问题,发现问题后纠正情况。

(四)地方财政补助情况:省(自治区、直辖市)、市(地)、县(市)三级财政补助资金是否按时足额到位,有无虚报参合人数、套取上级补助资金的问题,发现问题后纠正情况。

(五)基金管理与运行情况:基金是否完全按照《通知》的要求封闭运行,有无挪用、挤占问题。

(六)社会监督情况:是否成立由政府相关部门和参合农民代表共同组成的监督委员会,资金管理与使用是否公开、透明,是否将农民参合情况以及基金使用情况(包括医疗费用补助情况)纳入村务公开内容定期公布。

（七）群众评议情况：参合农民对定点医疗机构的服务以及试点工作是否满意。

三、方法

（一）各省、自治区、直辖市合作医疗协调领导小组要根据检查评估方案，组织相关部门对所辖各试点县（市）进行检查评估，并将检查评估结果报联席会议办公室。

（二）联席会议办公室在各省、自治区、直辖市检查评估的基础上，组织成员单位组成检查组，对中西部省份的试点县（市）进行抽查。

（三）在检查评估中，对于有挪用、挤占基金，有强迫农民参加或强迫乡村干部、乡村医生为农民垫资缴费或虚报参合人数等套取上级补助资金，以及有其他严重问题的试点县（市），各省、自治区、直辖市相关部门应责令并指导其纠正。联席会议办公室组织的检查组在核实中仍发现存在上述问题的，原则上取消其所在省份2005年扩大试点的资格。

四、时间安排

（一）2004年8月份，各省、自治区、直辖市组织自查，8月底之前将检查评估结果报联席会议办公室。

（二）2004年9月份，联席会议办公室对中西部试点县（市）进行抽查。

《中华人民共和国劳动法》(摘要)

(第八届全国人民代表大会常务委员会第八次会议于
1994 年 7 月 5 日通过,现予公布,自 1995 年 1 月 1 日起施行)

第一章　总　　则

第三条　劳动者享有平等就业和选择职业的权利、取得劳动
报酬的权利、休息休假的权利、获得劳动安全卫生保护的权利、接
受职业技能培训的权利、享受社会保险和福利的权利、提请劳动争
议处理的权利以及法律规定的其他劳动权利。

劳动者应当完成劳动任务,提高职业技能,执行劳动安全卫生
规程,遵守劳动纪律和职业道德。

第四条　用人单位应当依法建立和完善规章制度,保障劳动
者享有劳动权利和履行劳动义务。

第五条　国家采取各种措施,促进劳动就业,发展职业教育,
制定劳动标准,调节社会收入,完善社会保险,协调劳动关系,逐步
提高劳动者的生活水平。

第九章　社会保险和福利

第七十条　国家发展社会保险,建立社会保险制度,设立社会
保险基金,使劳动者在年老、患病、工伤、失业、生育等情况下获得

帮助和补偿。

第七十一条　社会保险水平应当与社会经济发展水平和社会承受能力相适应。

第七十二条　社会保险基金按照保险类型确定资金来源,逐步实行社会统筹。用人单位和劳动者必须依法参加社会保险,缴纳社会保险费。

第七十三条　劳动者在下列情形下,依法享受社会保险待遇:

（一）退休;

（二）患病;

（三）因工伤残或者患职业病;

（四）失业;

（五）生育。

劳动者死亡后,其遗属依法享受遗属津贴。

劳动者享受社会保险待遇的条件和标准由法律、法规规定。

劳动者享受的社会保险金必须按时足额支付。

第七十四条　社会保险基金经办机构依照法律规定收支、管理和运营社会保险基金,并负有使社会保险基金保值增值的责任。

社会保险基金监督机构依照法律规定,对社会保险基金的收支、管理和运营实施监督。

社会保险基金经办机构和社会保险基金监督机构的设立和职能由法律规定。

任何组织和个人不得挪用社会保险基金。

第七十五条　国家鼓励用人单位根据本单位实际情况为劳动者建立补充保险。

国家提倡劳动者个人进行储蓄性保险。

第七十六条　国家发展社会福利事业,兴建公共福利设施,为劳动者休息、修养和疗养提供条件。

用人单位应当创造条件,改善集体福利,提高劳动者的福利待遇。

《国务院办公厅关于切实做好
当前农民工工作的通知》

（国办发[2008]130号）

各省、自治区、直辖市人民政府，国务院各部委、各直属机构：

农民工是我国改革开放和工业化、城镇化进程中涌现的一支新型劳动大军，已成为我国产业工人的重要组成部分，对我国现代化建设作出了重大贡献。农民工工作直接关系农村经济发展和农民增收，关系经济社会发展全局，必须予以高度重视。当前，国际金融危机的影响不断加深，国内部分企业生产经营遇到困难，就业压力明显增加，加上元旦、春节临近，相当数量的农民工开始集中返乡，给城乡经济和社会发展带来了新情况和新问题。根据党中央、国务院关于应对当前经济形势的工作部署，经国务院同意，现就做好当前农民工工作有关事宜通知如下：

一、采取多种措施促进农民工就业

采取更加积极的就业政策，广开农民工就业门路。落实中央关于扩大内需、减轻企业负担、促进经济增长的政策措施，帮助企业解困，在加快发展方式转变和结构调整中创造更多的就业机会。积极扶持中小企业、劳动密集型产业和服务业，增强吸纳农民工就业的能力。发挥政府投资和国有企事业单位对稳定就业的导向作用，尽可能提供较多的就业岗位。对生产经营遇到暂时困难的企业，要引导其与农民工开展集体协商，采取灵活用工、弹性工时、组织培训等办法,尽量不裁员或少裁员,稳定现有就业岗位。引导企业履行社会责任,防止出现大规模集中裁员现象;对可能出现的大规模裁员,要采取有效措施进行调控。对符合享受失业保险待遇条件的农民工,要按规定及时核发一次性生活补助。公共就业服务机构要加强对农民工的就业指导、职业介绍和就业信息服务,收集适合农民工的岗位信息,通过多种渠道及时发布。大力发展劳务经济,加强输出地和输入地的相互协作,开展有组织的培训就业和劳务输出;在有关部门指导下,依托市场机制发展各类培训就业服务组织,多渠道推动农民工就业;积极培育劳务品牌,建设劳务基地,形成示范效应,带动农村劳动力转移就业;积极开展国际合作与交流,促进农民工劳务输出。灾后重建、农田水利、交通能源等重大基础设施建设项目,要尽量多招用因企业关停或减产裁员而失去工作的农民工。

二、加强农民工技能培训和职业教育

加大对农民工培训的投入,改进培训方式,扩大培训效果。各有关部门和教育培训机构要继续做好农村劳动力技能就业计划、阳光工程、农村劳动力转移培训计划、星火科技培训、雨露计划等培训项目的实施工作。要围绕市场需求开展订单培训和定向培训,提高农民工择业竞争能力;围绕产业结构调整和企业技术改造新开工项目开展职业技能培训,提高农民工就业的适应能力;围绕回乡创业组织开展创业培训,提高农民工的自主创业能力;围绕农业现代化、产业化开展农村实用技术培训,提高返乡农民工的农业技能;对青年农民工开展劳动预备制培训,适当延长培训期限,强化职业技能实训,使其至少熟练掌握一项职业技能。在中等职业学校开展面向返乡农民工的职业教育培训,根据返乡农民工的特点开设专业和课程,采取灵活多样的学习方式,突出培训的针对性和实用性。

三、大力支持农民工返乡创业和投身新农村建设

按照国家有关规定,抓紧制定扶持农民工返乡创业的具体政策措施,引导掌握了一定技能、积累了一定资金的农民工创业,以创业带动就业。地方人民政府要在用地、收费、信息、工商登记、纳税服务等方面,降低创业门槛,给予农民工返乡创业更大的支持。推行联合审批、"一站式"服务、限时办结和承诺服务等,开辟农民工创业"绿色通道"。鼓励农民工发展农产品加工业、农村二三产业、生态农业和县域中小企业。做好农民工返乡创业的金融服务工作,鼓励和引导金融机构加大信贷产品支持力度,提供符合农民工返乡创业特点的金融产品,继续加大农民工银行卡特色服务推广力度。农民工返乡创业属于政府贴息的项目要按照规定给予财政贴息,帮助其解决创业资金困难。

结合推进新农村建设,创新农村小型基础设施建设体制机制,采取以工代赈、以奖代补等多种形式,组织引导返乡农民工积极参与农村危房改造、农村中小学和职业学校、乡镇公共卫生院、计划生育生殖健康服务机构、文化设施等建设。利用当前农民工提前返乡、农村劳动力增加的有利时机,将加强农村基础设施建设和促进返乡农民工就业有机结合起来,加快解决农村供水、用电、修路、求学、就医等突出问题,提升农村基础设施水平和公共服务能力。利用冬春农闲时期大规模开展农田水利建设。大力发展县域经济,调整农业产业结构,大力扶持农产品精深加工,支持农村中小企业发展,最大限度吸纳农民就地就近转移就业。

四、确保农民工工资按时足额发放

努力创造有利于农民工稳定就业的良好环境,维护农民工的劳动保障权益。完善工资保证金制度,加强工资保证金账户管理,

强化工资支付监控,确保农民工工资发放。制定应急预案,避免和及时处理因欠薪问题导致的各种突发事件。建立劳动保障、建设、公安、工商、金融、工会等有关部门对企业拖欠农民工工资行为的联动防控机制,及时掌握企业拖欠工资的情况。企业关闭破产必须严格依法进行,对恶意欠薪逃匿的业主要依法予以严肃查处。劳动争议调解仲裁机构要妥善处理农民工与用人单位的劳动争议,本着"快立、快办、快结、办好"的原则,对事实清楚、权利义务关系明确的农民工劳动争议案件,尽可能采取简易程序处理,对小额劳动报酬争议案件实行终局裁决。凡符合先予执行条件的案件要依法先予执行。

五、做好农民工社会保障和公共服务

按照国家政策认真做好返乡农民工的社会保障和公共服务。对在输入地受工伤的农民工,农民工输出地劳动保障部门要主动与农民工输入地劳动保障部门进行协调,保障返乡农民工工伤保险权益。抓紧制定农民工社会保险关系异地转移与接续办法。建立健全农民工公共服务体系,做好对农民工的各项公共服务。及时妥善安排返乡农民工子女入学,属于义务教育阶段的要按照就近入学的原则安排,并享受当地义务教育阶段学生的有关待遇,学校不得以任何借口拒绝接收返乡农民工子女入学。教育督导部门要将返乡农民工子女入学情况列入当地教育督导、评估的重要内容。积极引导返乡农民工参加新型农村合作医疗,解决其看病就医问题。加强返乡农民工的疾病预防控制工作,及时做好适龄儿童预防接种的衔接。按照属地化管理的原则,农民工输入地和输出地计划生育管理服务机构要加强协调配合,做好返乡农民工及其随返家属的计划生育服务工作。

做好农民工返乡的管理服务工作。农民工输入地和输出地人

民政府要加强相互衔接和协调,及时沟通情况,组织返乡农民工有序流动,帮助他们解决返乡中的实际问题,对困难人员给予适当救助,使农民工顺利回家过节。交通运输部门要针对春运高峰提前的情况,及早制订相应的疏导预案,安排组织好运力,保障交通运输安全。各地区特别是交通枢纽地区要积极做好返乡和回城农民工的交通服务工作,切实维护好车站、码头和客运车船的公共秩序,避免农民工滞留,有效防范、坚决打击侵害农民工人身财产权益的各类违法犯罪活动。

六、切实保障返乡农民工土地承包权益

农民工是流动在城乡之间的特殊群体,耕地仍然是他们的基本保障。违法流转的农民工承包地,农民工要求退还的要坚决退还;因长期占用不能退还的,要负责安排返乡农民工就业。对依据口头协议等方式进行短期流转且农民工要求收回土地承包经营权的,原则上应退还农民工。长期流转又有流转合同的,可依法由双方协商解决;双方有纠纷的,可通过法律程序解决。加强对土地承包经营权流转的管理和服务,农村土地流转要坚持依法、自愿、有偿的原则,任何组织和个人不得强制或限制,也不得截留、扣缴或以其他方式侵占返乡农民工的土地流转收益。积极推进土地承包纠纷调解仲裁工作,切实保障农民工的合法权益。

各地区、各部门要加强组织领导,把做好当前农民工工作作为一项紧迫而重要的任务抓紧抓好。各有关部门要研究制定本部门涉及农民工管理服务的政策措施,各司其职,分工负责,形成合力,共同做好农民工工作。要建立健全农民工统计监测网络,深入调查研究,全面掌握情况。切实做好农民工宣传教育工作,引导农民工正确看待当前的经济形势和企业的经营困难。加强农村地区社会治安和公共秩序管理,维护社会的和谐与稳定。充分发挥农村基层党组织的战斗堡垒作用,帮助农民工解决生产生活中面临的困难和问题。各地农民工工作协调机构要加强组织协调,积极研究解决农民工工作遇到的新情况、新问题,重要情况及时报告国务院农民工工作联席会议办公室。

国务院办公厅

2008 年 12 月 20 日

《农村五保供养工作条例》

第一章　总　　则

第一条　为了做好农村五保供养工作,保障农村五保供养对象的正常生活,促进农村社会保障制度的发展,制定本条例。

第二条　本条例所称农村五保供养,是指依照本条例规定,在吃、穿、住、医、葬方面给予村民的生活照顾和物质帮助。

第三条　国务院民政部门主管全国的农村五保供养工作;县级以上地方各级人民政府民政部门主管本行政区域内的农村五保供养工作。

乡、民族乡、镇人民政府管理本行政区域内的农村五保供养工作。

村民委员会协助乡、民族乡、镇人民政府开展农村五保供养工作。

第四条　国家鼓励社会组织和个人为农村五保供养对象和农村五保供养工作提供捐助和服务。

第五条　国家对在农村五保供养工作中作出显著成绩的单位和个人,给予表彰和奖励。

第二章　供养对象

第六条　老年、残疾或者未满16周岁的村民,无劳动能力、无生活来源又无法定赡养、抚养、扶养义务人,或者其法定赡养、抚养、扶养义务人无赡养、抚养、扶养能力的,享受农村五保供养待遇。

　　第七条　享受农村五保供养待遇,应当由村民本人向村民委员会提出申请;因年幼或者智力残疾无法表达意愿的,由村民小组或者其他村民代为提出申请。经村民委员会民主评议,对符合本条例第六条规定条件的,在本村范围内公告;无重大异议的,由村民委员会将评议意见和有关材料报送乡、民族乡、镇人民政府审核。

　　乡、民族乡、镇人民政府应当自收到评议意见之日起20日内提出审核意见,并将审核意见和有关材料报送县级人民政府民政部门审批。县级人民政府民政部门应当自收到审核意见和有关材料之日起20日内作出审批决定。对批准给予农村五保供养待遇的,发给《农村五保供养证书》;对不符合条件不予批准的,应当书面说明理由。

　　乡、民族乡、镇人民政府应当对申请人的家庭状况和经济条件进行调查核实;必要时,县级人民政府民政部门可以进行复核。申请人、有关组织或者个人应当配合、接受调查,如实提供有关情况。

　　第八条　农村五保供养对象不再符合本条例第六条规定条件的,村民委员会或者敬老院等农村五保供养服务机构(以下简称农村五保供养服务机构)应当向乡、民族乡、镇人民政府报告,由乡、民族乡、镇人民政府审核并报县级人民政府民政部门核准后,核销其《农村五保供养证书》。

　　农村五保供养对象死亡,丧葬事宜办理完毕后,村民委员会或者农村五保供养服务机构应当向乡、民族乡、镇人民政府报告,由乡、民族乡、镇人民政府报县级人民政府民政部门核准后,核销其

《农村五保供养证书》。

第三章　供养内容

第九条　农村五保供养包括下列供养内容：

（一）供给粮油、副食品和生活用燃料；

（二）供给服装、被褥等生活用品和零用钱；

（三）提供符合基本居住条件的住房；

（四）提供疾病治疗，对生活不能自理的给予照料；

（五）办理丧葬事宜。

农村五保供养对象未满16周岁或者已满16周岁仍在接受义务教育的，应当保障他们依法接受义务教育所需费用。

农村五保供养对象的疾病治疗，应当与当地农村合作医疗和农村医疗救助制度相衔接。

第十条　农村五保供养标准不得低于当地村民的平均生活水平，并根据当地村民平均生活水平的提高适时调整。

农村五保供养标准，可以由省、自治区、直辖市人民政府制定，在本行政区域内公布执行，也可以由设区的市级或者县级人民政府制定，报所在的省、自治区、直辖市人民政府备案后公布执行。

国务院民政部门、国务院财政部门应当加强对农村五保供养标准制定工作的指导。

第十一条　农村五保供养资金，在地方人民政府财政预算中安排。有农村集体经营等收入的地方，可以从农村集体经营等收入中安排资金，用于补助和改善农村五保供养对象的生活。农村五保供养对象将承包土地交由他人代耕的，其收益归该农村五保供养对象所有。具体办法由省、自治区、直辖市人民政府规定。

中央财政对财政困难地区的农村五保供养，在资金上给予适当补助。

农村五保供养资金,应当专门用于农村五保供养对象的生活,任何组织或者个人不得贪污、挪用、截留或者私分。

第四章　供养形式

第十二条　农村五保供养对象可以在当地的农村五保供养服务机构集中供养,也可以在家分散供养。农村五保供养对象可以自行选择供养形式。

第十三条　集中供养的农村五保供养对象,由农村五保供养服务机构提供供养服务;分散供养的农村五保供养对象,可以由村民委员会提供照料,也可以由农村五保供养服务机构提供有关供养服务。

第十四条　各级人民政府应当把农村五保供养服务机构建设纳入经济社会发展规划。

县级人民政府和乡、民族乡、镇人民政府应当为农村五保供养服务机构提供必要的设备、管理资金,并配备必要的工作人员。

第十五条　农村五保供养服务机构应当建立健全内部民主管理和服务管理制度。

农村五保供养服务机构工作人员应当经过必要的培训。

第十六条　农村五保供养服务机构可以开展以改善农村五保供养对象生活条件为目的的农副业生产。地方各级人民政府及其有关部门应当对农村五保供养服务机构开展农副业生产给予必要的扶持。

第十七条　乡、民族乡、镇人民政府应当与村民委员会或者农村五保供养服务机构签订供养服务协议,保证农村五保供养对象享受符合要求的供养。

村民委员会可以委托村民对分散供养的农村五保供养对象提供照料。

第五章　监督管理

第十八条　县级以上人民政府应当依法加强对农村五保供养工作的监督管理。县级以上地方各级人民政府民政部门和乡、民族乡、镇人民政府应当制定农村五保供养工作的管理制度,并负责督促实施。

第十九条　财政部门应当按时足额拨付农村五保供养资金,确保资金到位,并加强对资金使用情况的监督管理。

审计机关应当依法加强对农村五保供养资金使用情况的审计。

第二十条　农村五保供养待遇的申请条件、程序、民主评议情况以及农村五保供养的标准和资金使用情况等,应当向社会公告,接受社会监督。

第二十一条　农村五保供养服务机构应当遵守治安、消防、卫生、财务会计等方面的法律、法规和国家有关规定,向农村五保供养对象提供符合要求的供养服务,并接受地方人民政府及其有关部门的监督管理。

第六章　法律责任

第二十二条　违反本条例规定,有关行政机关及其工作人员有下列行为之一的,对直接负责的主管人员以及其他直接责任人员依法给予行政处分;构成犯罪的,依法追究刑事责任:

(一)对符合农村五保供养条件的村民不予批准享受农村五保供养待遇的,或者对不符合农村五保供养条件的村民批准其享

受农村五保供养待遇的;

(二)贪污、挪用、截留、私分农村五保供养款物的;

(三)有其他滥用职权、玩忽职守、徇私舞弊行为的。

第二十三条 违反本条例规定,村民委员会组成人员贪污、挪用、截留农村五保供养款物的,依法予以罢免;构成犯罪的,依法追究刑事责任。

违反本条例规定,农村五保供养服务机构工作人员私分、挪用、截留农村五保供养款物的,予以辞退;构成犯罪的,依法追究刑事责任。

第二十四条 违反本条例规定,村民委员会或者农村五保供养服务机构对农村五保供养对象提供的供养服务不符合要求的,由乡、民族乡、镇人民政府责令限期改正;逾期不改正的,乡、民族乡、镇人民政府有权终止供养服务协议;造成损失的,依法承担赔偿责任。

第七章 附 则

第二十五条 《农村五保供养证书》由国务院民政部门规定式样,由省、自治区、直辖市人民政府民政部门监制。

第二十六条 本条例自 2006 年 3 月 1 日起施行。1994 年 1 月 23 日国务院发布的《农村五保供养工作条例》同时废止。

《国务院关于在全国建立农村最低生活保障制度的通知》

各省、自治区、直辖市人民政府,国务院各部委、各直属机构:

为贯彻落实党的十六届六中全会精神,切实解决农村贫困人口的生活困难,国务院决定,2007 年在全国建立农村最低生活保障制度。现就有关问题通知如下:

一、充分认识建立农村最低生活保障制度的重要意义

改革开放以来,我国经济持续快速健康发展,党和政府高度重视"三农"工作,不断加大扶贫开发和社会救助工作力度,农村贫困人口数量大幅减少。但是,仍有部分贫困人口尚未解决温饱问题,需要政府给予必要的救助,以保障其基本生活,并帮助其中有劳动能力的人积极劳动脱贫致富。党的十六大以来,部分地区根据中央部署,积极探索建立农村最低生活保障制度,为全面解决农村贫困人口的基本生活问题打下了良好基础。在全国建立农村最低生活保障制度,是践行"三个代表"重要思想、落实科学发展观和构建社会主义和谐社会的必然要求,是解决农村贫困人口温饱问题的重要举措,也是建立覆盖城乡的社会保障体系的重要内容。做好这一工作,对于促进农村经济社会发展,逐步缩小城乡差距,维护社会公平具有重要意义。各地区、各部门要充分认识建立农村最低生活保障制度的重要性,将其作为社会主义新农村建设的一项重要任务,高度重视,扎实推进。

二、明确建立农村最低生活保障制度的目标和总体要求

建立农村最低生活保障制度的目标是:通过在全国范围建立农村最低生活保障制度,将符合条件的农村贫困人口全部纳入保障范围,稳定、持久、有效地解决全国农村贫困人口的温饱问题。

建立农村最低生活保障制度,实行地方人民政府负责制,按属地进行管理。各地要从当地农村经济社会发展水平和财力状况的实际出发,合理确定保障标准和对象范围。同时,要做到制度完善、程序明确、操作规范、方法简便,保证公开、公平、公正。要实行动态管理,做到保障对象有进有出,补助水平有升有降。要与扶贫开发、促进就业以及其他农村社会保障政策、生活性补助措施相衔接,坚持政府救济与家庭赡养扶养、社会互助、个人自立相结合,鼓励和支持有劳动能力的贫困人口生产自救,脱贫致富。

三、合理确定农村最低生活保障标准和对象范围

农村最低生活保障标准由县级以上地方人民政府按照能够维持当地农村居民全年基本生活所必需的吃饭、穿衣、用水、用电等费用确定,并报上一级地方人民政府备案后公布执行。农村最低生活保障标准要随着当地生活必需品价格变化和人民生活水平提高适时进行调整。

农村最低生活保障对象是家庭年人均纯收入低于当地最低生活保障标准的农村居民,主要是因病残、年老体弱、丧失劳动能力以及生存条件恶劣等原因造成生活常年困难的农村居民。

四、规范农村最低生活保障管理

农村最低生活保障的管理既要严格规范,又要从农村实际出发,采取简便易行的方法。

(一)申请、审核和审批。申请农村最低生活保障,一般由户主本人向户籍所在地的乡(镇)人民政府提出申请;村民委员会受

乡(镇)人民政府委托,也可受理申请。受乡(镇)人民政府委托,在村党组织的领导下,村民委员会对申请人开展家庭经济状况调查、组织村民会议或村民代表会议民主评议后提出初步意见,报乡(镇)人民政府;乡(镇)人民政府审核后,报县级人民政府民政部门审批。乡(镇)人民政府和县级人民政府民政部门要核查申请人的家庭收入,了解其家庭财产、劳动力状况和实际生活水平,并结合村民民主评议,提出审核、审批意见。在核算申请人家庭收入时,申请人家庭按国家规定所获得的优待抚恤金、计划生育奖励与扶助金以及教育、见义勇为等方面的奖励性补助,一般不计入家庭收入,具体核算办法由地方人民政府确定。

(二)民主公示。村民委员会、乡(镇)人民政府以及县级人民政府民政部门要及时向社会公布有关信息,接受群众监督。公示的内容重点为:最低生活保障对象的申请情况和对最低生活保障对象的民主评议意见,审核、审批意见,实际补助水平等情况。对公示没有异议的,要按程序及时落实申请人的最低生活保障待遇;对公示有异议的,要进行调查核实,认真处理。

(三)资金发放。最低生活保障金原则上按照申请人家庭年人均纯收入与保障标准的差额发放,也可以在核查申请人家庭收入的基础上,按照其家庭的困难程度和类别,分档发放。要加快推行国库集中支付方式,通过代理金融机构直接、及时地将最低生活保障金支付到最低生活保障对象账户。

(四)动态管理。乡(镇)人民政府和县级人民政府民政部门要采取多种形式,定期或不定期调查了解农村困难群众的生活状况,及时将符合条件的困难群众纳入保障范围;并根据其家庭经济状况的变化,及时按程序办理停发、减发或增发最低生活保障金的手续。保障对象和补助水平变动情况都要及时向社会公示。

五、落实农村最低生活保障资金

农村最低生活保障资金的筹集以地方为主,地方各级人民政府要将农村最低生活保障资金列入财政预算,省级人民政府要加大投入。地方各级人民政府民政部门要根据保障对象人数等提出资金需求,经同级财政部门审核后列入预算。中央财政对财政困难地区给予适当补助。

地方各级人民政府及其相关部门要统筹考虑农村各项社会救助制度,合理安排农村最低生活保障资金,提高资金使用效益。同时,鼓励和引导社会力量为农村最低生活保障提供捐赠和资助。农村最低生活保障资金实行专项管理,专账核算,专款专用,严禁挤占挪用。

六、加强领导,确保农村最低生活保障制度的顺利实施

在全国建立农村最低生活保障制度,是一项重大而又复杂的系统性工作。地方各级人民政府要高度重视,将其纳入政府工作的重要议事日程,加强领导,明确责任,统筹协调,抓好落实。

要精心设计制度方案,周密组织实施。各省、自治区、直辖市人民政府制订和修订的方案,要报民政部、财政部备案。已建立农村最低生活保障制度的,要进一步完善制度,规范操作,努力提高管理水平;尚未建立农村最低生活保障制度的,要抓紧建章立制,在今年内把最低生活保障制度建立起来并组织实施。要加大政策宣传力度,利用广播、电视、报刊、互联网等媒体,做好宣传普及工作,使农村最低生活保障政策进村入户、家喻户晓。要加强协调与配合,各级民政部门要发挥职能部门作用,建立健全各项规章制度,推进信息化建设,不断提高规范化、制度化、科学化管理水平;财政部门要落实资金,加强对资金使用和管理的监督;扶贫部门要密切配合、搞好衔接,在最低生活保障制度实施后,仍要坚持开发

式扶贫的方针,扶持有劳动能力的贫困人口脱贫致富。要做好新型农村合作医疗和农村医疗救助工作,防止因病致贫或返贫。要加强监督检查,县级以上地方人民政府及其相关部门要定期组织检查或抽查,对违法违纪行为及时纠正处理,对工作成绩突出的予以表彰,并定期向上一级人民政府及其相关部门报告工作进展情况。各省、自治区、直辖市人民政府要于每年年底前,将农村最低生活保障制度实施情况报告国务院。

农村最低生活保障工作涉及面广、政策性强、工作量大,地方各级人民政府在推进农村综合改革,加强农村公共服务能力建设的过程中,要统筹考虑建立农村最低生活保障制度的需要,科学整合县乡管理机构及人力资源,合理安排工作人员和工作经费,切实加强工作力量,提供必要的工作条件,逐步实现低保信息化管理,努力提高管理和服务质量,确保农村最低生活保障制度顺利实施和不断完善。

中华人民共和国国务院

2007 年 7 月 11 日

《关于切实做好被征地农民社会保障工作有关问题的通知》

（劳社部发［2007］14号）

各省、自治区、直辖市劳动和社会保障厅（局），国土资源厅（国土环境资源厅、国土资源局、国土资源和房屋管理局、房屋土地资源管理局）：

党中央、国务院高度重视被征地农民就业培训和社会保障问题，近年来先后下发了一系列重要文件，将做好被征地农民社会保障工作作为改革征地制度、完善社会保障体系的重要内容，摆在了突出位置，提出了明确要求。最近颁布的《物权法》，对安排被征地农民的社会保障费用作出了规定。许多地区开展了被征地农民社会保障工作，对维护被征地农民合法权益、促进社会稳定发挥了积极作用，但部分地区工作进展缓慢，亟待加快进度、完善政策、规范管理。为进一步贯彻落实《国务院关于加强土地调控有关问题的通知》（国发［2006］31号，以下简称国发31号文件）关于"社会保障费用不落实的不得批准征地"的精神，切实做好被征地农民社会保障工作，现就有关问题通知如下：

一、进一步明确被征地农民社会保障工作责任

为贯彻国发31号文件和《国务院办公厅转发劳动保障部关于做好被征地农民就业培训和社会保障工作指导意见的通知》（国办发［2006］29号，以下简称国办发29号文件）关于"实行一把手负责制,建立责任追究制度"和"严格实行问责制"的精神,地方各级人民政府主要负责人要对被征地农民社会保障工作负总责,劳动保障部门、国土资源部门要按照职能各负其责,制定切实可行的计划,加强工作调度和督促检查,切实做好本行政区域内被征地农民的社会保障工作。

各地要尽快建立被征地农民社会保障制度。按照国办发 29号文件要求,已经出台实施办法的省份,要认真总结经验,完善政策和措施,提高管理水平,加强对市县工作的指导;其他省份要抓紧研究,争取在今年年底前出台实施办法。要严格按国办发 29 号文件关于保障项目和标准的要求,尽快将被征地农民纳入社会保障体系,确保被征地农民原有生活水平不降低、长远生计有保障,并建立相应的调整机制。

二、确保被征地农民社会保障所需资金

各地在制订被征地农民社会保障实施办法中,要明确和落实社会保障资金渠道。被征地农民社会保障所需资金,原则上由农民个人、农村集体、当地政府共同承担,具体比例、数额结合当地实际确定。根据国办发 29 号文件和《国务院办公厅关于规范国有土地使用权出让收支管理的通知》(国办发〔2006〕100 号,以下简称国办发 100 号文件)规定,被征地农民社会保障所需资金从当地政府批准提高的安置补助费和用于被征地农户的土地补偿费中统一安排,两项费用尚不足以支付的,由当地政府从国有土地有偿使用收入中解决;地方人民政府可以从土地出让收入中安排一部分资金用于补助被征地农民社会保障支出,逐步建立被征地农民生活保障的长效机制。

各市县征地统一年产值标准和区片综合地价公布实施前,被征地农民社会保障所需资金的个人缴费部分,可以从其所得的土地补偿费、安置补助费中直接缴纳;各市县征地统一年产值标准和区片综合地价公布实施后,要及时确定征地补偿安置费用在农民个人、农村集体之间的分配办法,被征地农民社会保障个人缴费部分在农民个人所得中直接缴纳。

三、严格征地中对农民社会保障落实情况的审查

要严格执行国发31号文件关于"社会保障费用不落实的不得批准征地"的规定,加强对被征地农民社会保障措施落实情况的审查。被征地农民社会保障对象、项目、标准以及费用筹集办法等情况,要纳入征地报批前告知、听证等程序,维护被征地农民知情、参与等民主权利。市县人民政府在呈报征地报批材料时,应就上述情况作出说明。

劳动保障部门、国土资源部门要加强沟通协作,共同把好被征地农民社会保障落实情况审查关。需报省级政府批准征地的,上述说明材料由市(地、州)级劳动保障部门提出审核意见;需报国务院批准征地的,由省级劳动保障部门提出审核意见。有关说明材料和审核意见作为必备要件随建设用地报批资料同时上报。对没有出台被征地农民社会保障实施办法、被征地农民社会保障费用不落实、没有按规定履行征地报批前有关程序的,一律不予报批征地。

四、规范被征地农民社会保障资金管理

根据国办发100号文件规定,国有土地使用权出让收入全部缴入地方国库,支出一律通过地方基金预算从土地出让收入中予以安排。被征地农民社会保障所需费用,应在征地补偿安置方案批准之日起3个月内,按标准足额划入"被征地农民社会保障资金专户",按规定记入个人账户或统筹账户。劳动保障部门负责被征地农民社会保障待遇核定和资金发放管理,具体工作由各级

劳动保障部门的社保经办机构办理。

各地要制订被征地农民社会保障资金管理办法,加强对资金收支情况的监管,定期向社会公布,接受社会和被征地农民的监督。各地要按照国办发29号文件规定,确保必要的人员和工作经费。要加强被征地农民统计工作,做好对征地面积、征地涉及农业人口以及被征地农民社会保障参保人数、享受待遇人员、资金收支等情况的统计;加强对被征地农民社会保障工作的考核。

五、加强被征地农民社会保障工作的监督检查

根据中共中央办公厅、国务院办公厅《关于加强农村基层党风廉政建设的意见》(中办发[2006]32号)的要求,地方各级劳动保障部门、国土资源部门要认真贯彻落实有关方针政策,在对农村土地征收征用情况的监督检查中,切实搞好对被征地农民社会保障工作情况的监督检查,纠正征地过程中损害农民权益问题。

被征地农民社会保障资金要专款专用,独立核算,任何部门、单位和个人都不得挤占、截留、挪用、转借或擅自将资金用于任何形式的直接投资。被征地农民社会保障资金未能足额到位、及时发放的,要追究有关人员的责任。国家工作人员在被征地农民社会保障资金管理工作中玩忽职守、滥用职权、徇私舞弊的,要依照有关规定追究行政责任;构成犯罪的,依法追究刑事责任。

2007 年 4 月 28 日

《苏州市农村基本养老保险
管理暂行办法》

(苏府[2003]65号)

各市、区人民政府,苏州工业园区、苏州高新区管委会;市各委办局
(公司),各直属单位:

《苏州市农村基本养老保险管理暂行办法》已经市政府2003
年第5次常务会议讨论通过,现印发给你们,请认真贯彻执行。

2003年4月30日

第一条　为加快构筑我市农村社会保障体系,建立健全农村
基本养老保险制度,保障农村劳动者年老后的基本生活,维护农村
社会稳定,加快城市化进程,根据《中华人民共和国劳动法》和国
家有关法律、法规,以及市委、市政府《关于加快城市化进程的决
定》,结合我市农村基本养老保险工作的实际,制定本暂行办法。

第二条　农村基本养老保险由各级人民政府组织实施和管
理。县级市(区)人民政府应当加强对农村基本养老保险工作的
领导,将农村基本养老保险列入国民经济和社会发展计划。

第三条　市劳动和社会保障局是市政府主管全市劳动保障工
作的职能部门,负责全市农村基本养老保险的统筹规划、政策制
定、统一管理、综合协调和监督检查。县级市(区)劳动保障行政
部门在同级人民政府领导下,具体负责本辖区农村基本养老保险

工作。

第四条　按照政事分开的原则,加强农村养老保险经办机构建设。

（一）农村养老保险经办机构为全额拨款事业单位,各级人事、编制部门应增加其编制,其人员、设备和基金征缴等所需经费由同级财政预算安排解决。

（二）农村养老保险经办机构负责农村基本养老保险费的结算和征缴、个人账户的管理、退休养老待遇的发放,并提供与农村基本养老保险有关的咨询服务等具体业务工作。

第五条　实行农村基本养老保险应当遵循以下原则:

（一）坚持国家、集体和个人共同分担;

（二）坚持权利和义务相对应、自我保障与国家适当补助相结合、待遇水平与经济发展相适应;

（三）坚持全市基本框架相对统一,各地根据自身经济能力分步实施,并逐步向全市统一政策过渡。

第六条　根据农村劳动力不同的就业渠道,分别实行两种社会养老保险办法:

（一）农村各类企业及其从业人员,必须参加城镇企业职工基本养老保险。在实施步骤上,可采取逐步过渡措施,即根据农村各类企业的实际情况,采取调节缴费基数的过渡办法,逐步实现并轨。

1. 基本养老保险费缴费比例与城镇企业相统一。

2. 基本养老保险费缴费工资基数可按全市上年在岗职工平均工资一定比例或换算成绝对额确定。起步第一年按40%左右掌握,以后逐年提高4—5个百分点,经过4—5年过渡,按城镇企业职工基本养老保险制度的规定执行。

（二）建立农村基本养老保险制度，将从事农业生产（包括种植、养殖业等）为主的农村劳动力（以下简称纯农人员）纳入农村基本养老保险。对男满 60 周岁、女满 55 周岁及其以上的老年农民，逐步建立社会养老补贴制度。

第七条　建立完善以纯农人员为主体的农村基本养老保险制度。农村基本养老保险按下列办法组织实施：

（一）实施范围和对象。以从事农业生产为主、本市户籍的农村劳动力。

（二）基金筹集的原则。农村基本养老保险费根据"以支定收"原则筹集。基本养老保险费缴费比例与城镇企业相统一，缴费基数可按照当地上年农民人均纯收入或参照上年城镇企业职工平均缴费工资基数的 50% 左右确定，每年由市和县级市劳动保障行政部门确定和公布。

（三）建立财政补助和集体补贴制度。本市户籍纯农人员应缴纳的基本养老保险费，采取个人负担、财政补助和集体补贴三结合的办法筹集。为兼顾地区之间经济发展的差异，具体分担比例可由县级市（区）视经济承受能力自行确定，其中个人负担按 50% 左右掌握。

各地对本市户籍纯农人员参加农村基本养老保险实行的财政补助和集体补贴制度，可对纯农人员的年龄设置一定条件，一般按男满 45 周岁、女满 40 周岁左右掌握。

（四）建立农村基本养老保险个人账户。农村基本养老保险实行个人账户制度。个人账户记账利率由县级市（区）劳动保障行政部门按基金运营收益率或高于城乡居民同期银行存款利率每年定期公布。

第八条　对老年农民逐步建立社会养老补贴制度，县级市

（区）在确定补贴标准时，应充分考虑农民已有的土地保障情况和未来财政的承受能力，起步不宜过高。补贴所需经费，由各级财政、村集体经济等多渠道筹措解决。

第九条　实行老年农民社会养老补贴制度的，国家、集体和个人缴纳的基本养老保险费，可参照城镇企业职工基本养老保险的办法，按缴费工资基数的 11% 建立个人账户，按年结息，逐年积累，作为参保人员达到男满 60 周岁、女满 55 周岁退休养老年龄时计发个人账户养老金的依据。

第十条　未实行老年农民社会养老补贴制度的，农村基本养老保险原则上采取"大账户小统筹"的运作模式：

（一）国家、集体的补助补贴和参保个人缴纳的基本养老保险费总额或由个人全额缴纳的基本养老保险费，90% 左右记入个人名下，建立个人账户，按年结息逐年积累，作为今后计发基本养老金的依据；10% 左右建立统筹基金，适时为已享受基本养老金的农民适当增发养老金，以及给参保死亡人员家族计发丧葬补助费。

（二）参保人员按月享受基本养老金应同时具备下列条件：（1）达到男满 60 周岁、女满 55 周岁的退休养老年龄；（2）按规定缴纳基本养老保险费；（3）累计缴费年限满 15 年（180 个月）。

（三）参保人员到达退休养老年龄，但不足规定缴费年限的，可以继续缴纳基本养老保险费，推迟享受基本养老保险金的时间；也可采用补缴基本养老保险费的办法补足缴费年限后再享受。

（四）按月享受基本养老金的标准，按既能确保参保人员退休后的基本生活，又能体现参保人缴费多少的原则，实行基本养老金与个人账户积累额挂钩，具体由各县级市（区）制定相应计发办法。

第十一条　为有利于城乡劳动力就业统筹，方便职工流动，应建立农村基本养老保险和城镇职工基本养老保险的相互衔接机制。具体办法由市劳动和社会保障局制定。

第十二条　建立被征地农民的基本养老保险制度。按照"土地换保障"的思路,将被征地的保养人员和适龄劳动力逐步纳入城镇企业职工基本养老保险体系。所需费用由征地补偿安置费予以解决,不足部分由征地发生地的财政负担。具体实施办法,由市劳动和社会保障局会同财政、国土等有关部门负责制定,并报市人民政府批准后实施。

第十三条　实行社会化管理服务。各级农村社会保险经办机构应当强化服务功能,建立考核目标责任制,加强社会保险基金收缴力度。逐步建立以社会化管理为主要形式的农村社会保障管理服务体系,农村基本养老金委托银行、邮政等服务机构实行社会化发放。

第十四条　农村基本养老保险基金进入财政专户,实行收支两条线管理。为确保农村基本养老保险基金的安全运行和保值增值,各级劳动保障和财政部门必须坚持专款专用原则,除将基金的结余额存入银行和用于购买国债外,要在法律、法规和政策允许范围内,积极探索农村基本养老保险基金保值增值的新途径,运营所得收益归入农村基本养老保险基金。

第十五条　为增强农村基本养老保险基金的抗风险能力,各级财政应建立农村社会保障风险储备基金,列入当年预算。

第十六条　农村各类企业及其从业人员,在实行城镇企业职工基本养老保险制度过渡期内缴纳的基本养老保险费,由农村社会保险经办机构分别列账,纳入农村社会保险基金管理。

第十七条　在农村各类企业及其从业人员参加城镇企业职工基本养老保险的同时,有条件的企业应同时参加城镇企业职工基本医疗、失业、工伤、生育等其他社会保险。过渡期满后,农村各类企业及其从业人员参加的社会保险与城镇企业社会保险制度全面并轨。

第十八条　农村基本养老保险以县级市(区)为单位组织实施,对纯农人员采取的财政补助应按财政体制分级负责落实,具体事项由当地农村社会保险经办机构按规定办理。

第十九条　为顺利推进农村基本养老保险工作,进一步规范全市农村社会保障制度,自本暂行办法施行之日起,县级市(区)要结合本地实际,制定具体实施意见,采取有效措施,逐步向全市相对统一的农村基本养老保险办法过渡和并轨。各地凡制定农村社会保险制度以及涉及农村社会保险政策调整,须上报市人民政府批准后执行。市劳动和社会保障局要加强对这项工作的督促检查,确保全市农村基本养老保险工作的有序开展。

第二十条　本暂行办法由市劳动和社会保障局负责解释。

第二十一条　本办法自公布之日起施行。

《重庆市 2008 年 1 月 1 日以后新征地农转非人员基本养老保险试行办法》

第一条　为保障被征地农转非人员年老后的基本生活,根据《国务院关于加强土地调控有关问题的通知》(国发〔2006〕31 号)和《国务院办公厅转发劳动保障部关于做好被征地农民就业培训和社会保障工作指导意见的通知》(国办发〔2006〕29 号)有关规定,结合我市实际,制定本办法。

第二条　坚持多方筹资,政府、集体、个人共同负担,权利和义务相对应,保障水平与经济发展相适应的原则,将被征地农转非人员养老保障纳入城镇企业职工基本养老保险体系进行管理。

第三条　2008 年 1 月 1 日以后,我市行政区域内农村居民因土地被政府依法征收并进行了城镇居民身份登记,征地补偿安置方案依法批准之月年满 16 周岁以上的,适用本办法。

第四条　征地补偿安置方案依法批准之月,男年满 60 周岁、女年满 55 周岁以上的人员(以下简称老龄人员),按以下规定执行:

(一)老龄人员年满 75 周岁以上的每人按 15000 元的标准一次性缴纳基本养老保险费。不满 75 周岁的,在 15000 元的基础上,再按其不足 75 周岁的年限,每相差 1 年(不足 1 年的,按 1 年计算)增加 1300 元的标准,一次性缴纳基本养老保险费。

老龄人员不建立基本养老保险个人账户。

（二）老龄人员一次性缴纳的基本养老保险费完清后，从征地补偿安置方案依法批准的次月起，按征地补偿安置方案依法批准时我市城镇企业退休人员最低基本养老金标准按月发给养老待遇。年满70周岁以上的，同时按规定享受高龄增发养老金待遇（即年满70周岁的，每月增发50元；年满75周岁的，每月再增发50元。下同）。

（三）老龄人员在领取养老待遇期间死亡的，从其死亡的次月起停止支付养老待遇，并按我市城镇企业职工基本养老保险规定支付死亡待遇。其个人从安置补助费中一次性缴纳的基本养老保险费，扣除已支付养老待遇和死亡待遇后的余额一次性退还给指定受益人或法定继承人。

第五条　征地补偿安置方案依法批准之月，男年满50周岁不满60周岁、女年满40周岁不满55周岁的人员（以下简称"4050"人员），按以下规定执行：

（一）"4050"人员每人按41000元的标准一次性缴纳基本养老保险费。

（二）"4050"人员在达到法定退休年龄前，未继续缴纳城镇企业职工基本养老保险费的，不建立基本养老保险个人账户。从达到法定退休年龄的次月起，按我市城镇企业退休人员最低基本养老金标准按月发给养老待遇。年满70周岁后，同时按规定享受高龄增发养老金待遇。

在达到法定退休年龄前死亡的，将其个人从安置补助费中一次性缴纳的基本养老保险费一次性退还给指定受益人或法定继承人；在领取养老待遇期间死亡的，从其死亡的次月起停止支付养老待遇，并按我市城镇企业职工基本养老保险规定支付死亡待遇，其个人从安置补助费中一次性缴纳的基本养老保险费，扣除已支付养老待遇和死亡待遇后的余额一次性退还给指定受益人或法定继承人。

（三）"4050"人员在达到法定退休年龄前,继续缴纳城镇企业职工基本养老保险费不足 5 年的,从达到法定退休年龄的次月起,按下列办法计发养老待遇：

养老待遇 = 城镇企业退休人员最低基本养老金 × (1 + 继续缴费月数 × 1%)

在达到法定退休年龄前死亡的,将其个人从安置补助费中一次性缴纳的基本养老保险费和基本养老保险个人账户部分一次性退还给指定受益人或法定继承人。

在按月领取养老待遇期间死亡的,从其死亡的次月起停止支付养老待遇,并按我市城镇企业职工基本养老保险规定支付死亡待遇。其个人从安置补助费中一次性缴纳的基本养老保险费和基本养老保险个人账户部分,扣除已支付养老待遇和死亡待遇后的余额一次性退还给指定受益人或法定继承人。

（四）"4050"人员在达到法定退休年龄前,继续缴纳城镇企业职工基本养老保险费 5 年以上的,执行城镇企业职工基本养老保险办法。其一次性缴纳基本养老保险费作为 15 年缴费年限,缴费指数按 1 计算,按规定补建个人账户。

第六条　征地补偿安置方案依法批准之月,男年满 16 周岁不满 50 周岁、女年满 16 周岁不满 40 周岁的人员（以下简称中青年人员）,按以下规定执行：

（一）中青年人员一次性缴纳基本养老保险费的标准为:缴费基数 × 本市城镇个体劳动者基本养老保险缴费比例 × 本人应缴费年限。

缴费基数:按本办法实施时上年度全市城镇经济单位在岗职

工平均工资的60%确定。

本人应缴费年限:年满16周岁不满17周岁的补缴1年;年满17周岁不满18周岁的补缴2年;年满18周岁不满19周岁的补缴3年;年满19周岁不满20周岁的补缴4年;男年满20周岁不满40周岁、女年满20周岁不满30周岁的补缴5年;男年满40周岁不满50周岁、女年满30周岁不满40周岁的补缴10年。

中青年人员一次性缴纳基本养老保险费的年限计算为城镇企业职工基本养老保险缴费年限,缴费指数按1计算,按规定补建个人账户。

(二)一次性缴纳基本养老保险费后,执行城镇企业职工基本养老保险办法。

第七条　以上不同年龄段人员的缴费标准,今后随企业职工基本养老保险缴费基数的提高,通过国土行政管理部门调整征地补偿政策和标准,建立相应的调整机制。

第八条　征地土地补偿费主要用于统筹安排被征地农转非人员的基本养老保险,安置补助费应用于个人缴纳基本养老保险费。被征地农转非人员一次性缴纳的基本养老保险费由国土行政管理部门统一代缴。

符合条件享受城镇居民最低生活保障待遇的被征地农转非人员一次性缴纳的基本养老保险费,不纳入家庭收入项目计算。

第九条　被征地农转非人员征地前已参加城镇企业职工基本养老保险的,分别按以下办法处理:

(一)老龄人员已按月领取基本养老金的,不再执行本办法第四条的规定。

(二)"4050"人员参加城镇企业职工基本养老保险缴费年限已达到15年以上的,不再执行本办法第五条的规定;不足15年的,可按本办法第六条规定的缴费办法一次性补足。

(三)中青年人员参加城镇企业职工基本养老保险缴费年限已达到本办法第六条规定的缴纳年限的,不再执行本办法第六条的规定;不足本办法第六条规定的缴纳年限的,按本办法第六条规定的缴费办法一次性补足。

第十条　被征地农转非人员征地前已参加我市农民工养老保险的,其参加农民工养老保险的缴费年限每 2 个月折算为 1 个月的城镇企业职工基本养老保险缴费年限(折算后不足 1 个月的,按 1 个月计算,下同),并分别按以下办法处理:

老龄人员已按月领取农民工养老金的,不再执行本办法第四条的规定。

"4050"人员折算后的缴费年限已达到 15 年以上的,不再执行本办法第五条的规定;不足 15 年的,可按本办法第六条规定的缴费办法一次性补足。

中青年人员折算后的缴费年限已达到本办法第六条规定的缴纳年限以上的,不再执行本办法第六条的规定;不足本办法第六条规定的缴纳年限的,按本办法第六条规定的缴费办法一次性补足。

第十一条　各区县(自治县)人民政府负责本行政区域内被征地农转非人员基本养老保险的组织实施和社会化管理服务工作。要积极引导、帮助劳动年龄段的被征地农转非人员实现就业,全面提供政策咨询、就业指导、就业培训、职业介绍等服务,多渠道开发就业岗位,增强社区、企事业单位的就业吸纳能力,对"4050"人员要纳入就业困难群体,作为重点帮助对象,运用各项就业再就业扶持政策促进其就业。

各级劳动保障行政部门是被征地农转非人员基本养老保险的行政主管部门。各级城镇企业职工基本养老保险经办机构负责被征地农转非人员基本养老保险的经办工作。

各级国土行政管理部门负责被征地农转非人员参保资格条件的认定,以及被征地农转非人员一次性缴纳的基本养老保险费的代缴。

各级财政部门负责基金划拨和管理工作。

各级农业、民政、公安等部门按照各自职责,协同做好相关工作。

第十二条 各区县(自治县)人民政府、市政府有关部门要高度重视,积极推进被征地农转非人员基本养老保险工作。开展被征地农转非人员基本养老保险工作所需人员和经费等,由同级人民政府予以保障。

第十三条 本办法与国家今后出台的有关规定不一致的,按国家规定执行。

第十四条 市劳动保障局会同市国土房管局、市财政局制定本办法的具体实施意见。

第十五条 本办法自 2008 年 1 月 1 日起执行。

责任编辑:方国根

装帧设计:张玉敏

图书在版编目(CIP)数据

中国农村社会保障政策研究/严俊 著. -北京:人民出版社,2009.9

ISBN 978－7－01－008029－1

Ⅰ. 中…　Ⅱ. 严…　Ⅲ. 农村-社会保障-政策-研究-中国

　Ⅳ. F323.89

中国版本图书馆 CIP 数据核字(2009)第 108237 号

中国农村社会保障政策研究

ZHONGGUO NONGCUN SHEHUI BAOZHANG ZHENGCE YANJIU

严俊 著

人民出版社 出版发行

(100706　北京朝阳门内大街166号)

北京市文林印务有限公司印刷　新华书店经销

2009 年 9 月第 1 版　2009 年 9 月北京第 1 次印刷

开本:880 毫米×1230 毫米 1/32　印张:14

字数:324 千字　印数:0,001－3,000 册

ISBN 978－7－01－008029－1　定价:36.00 元

邮购地址 100706　北京朝阳门内大街 166 号

人民东方图书销售中心　电话 (010)65250042　65289539